Horst Wolniak
20/999

Geschichte des HANDWERKS

Traditionelle Berufe und das Arbeitsleben von früher

Horst Wolniak
Dr. Peter Albrecht

Geschichte des HANDWERKS

Traditionelle Berufe und das Arbeitsleben von früher

EDITION XXL

„Oh, Ihr Handwerker,
die Ihr nicht faul seid und wachsam
und vollkommen bei der Arbeit,
tüchtig und gewissenhaft Eure Pflicht erfüllt,
hört, was ich Euch zu sagen habe:

Eure Versorgung wird überfließen,
es wird keinen Mangel geben.
Vielfältig wird Eure Nahrung sein,
denn ich kenne Eure wirklich mühsame Arbeit,
die ein Handwerker nur gerne verrichtet,
wenn sein Bauch voll ist."

Ramses II. von Ägypten

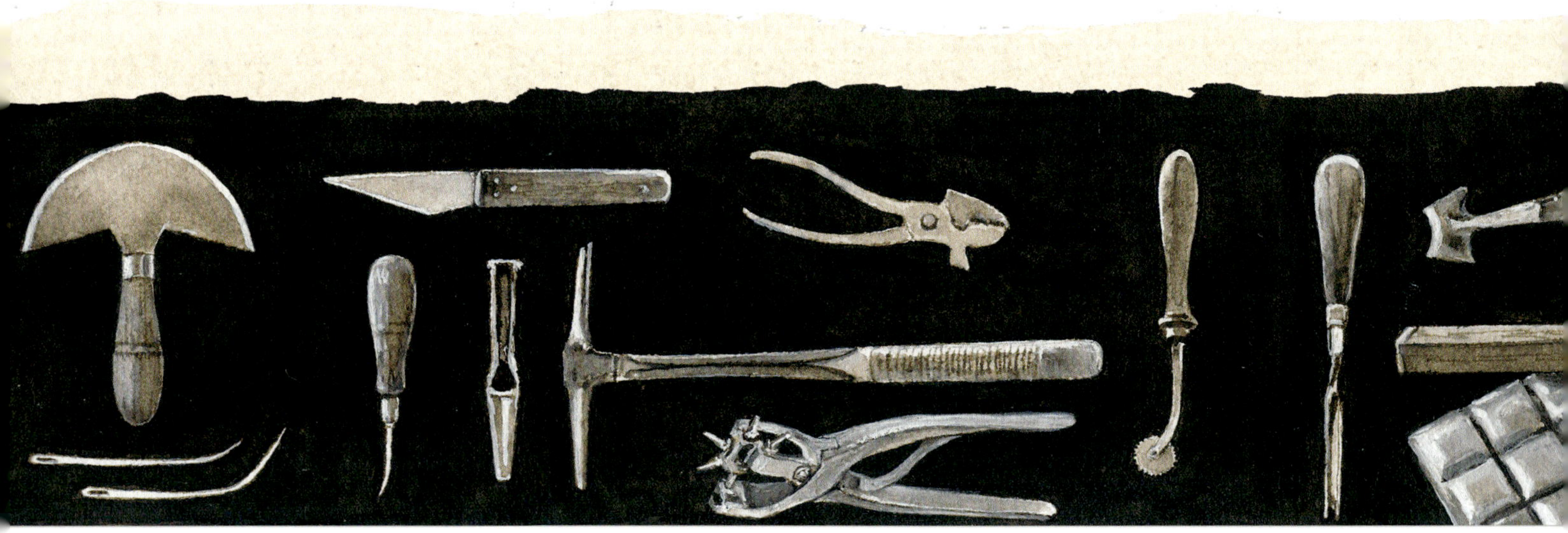

INHALT

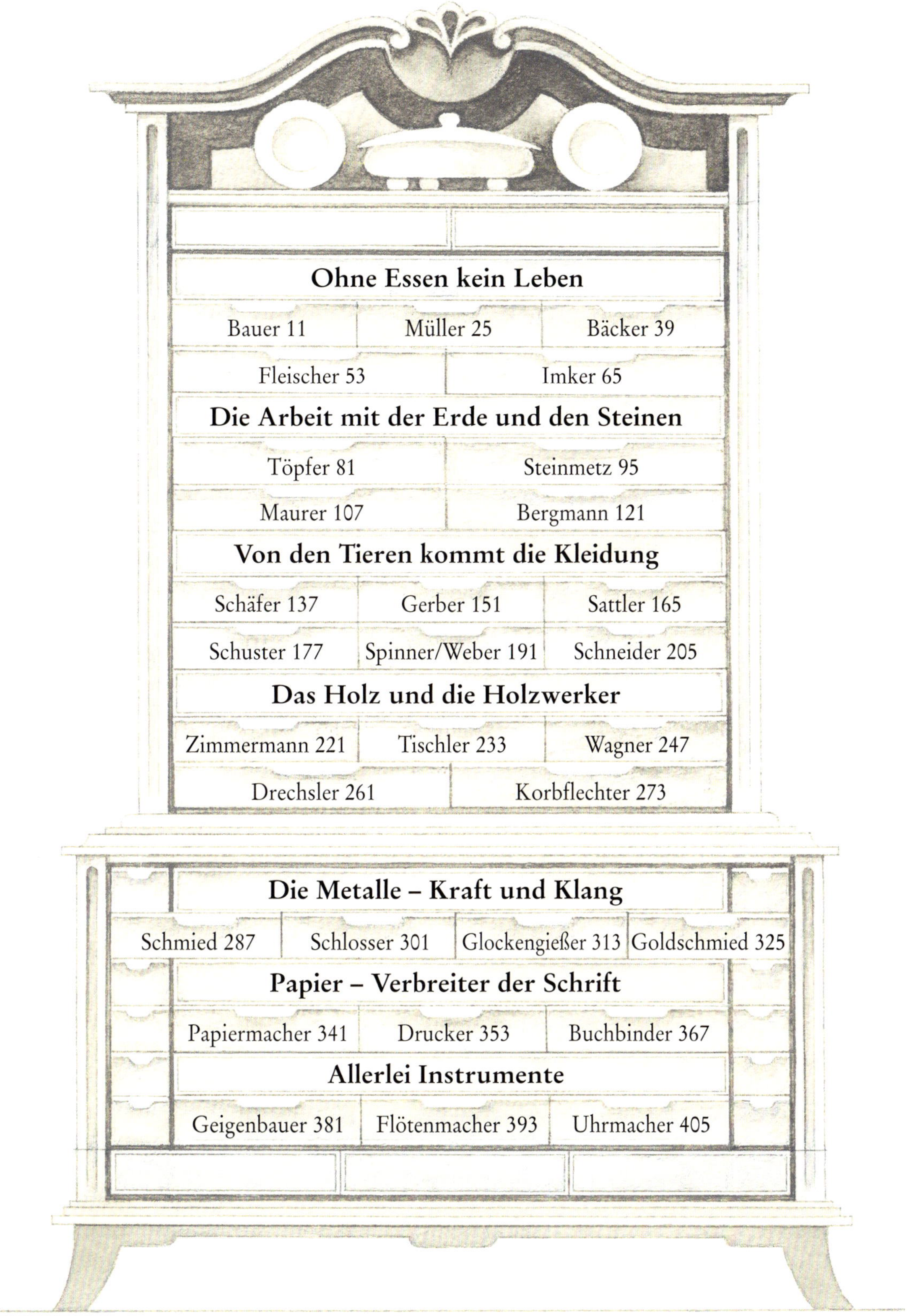

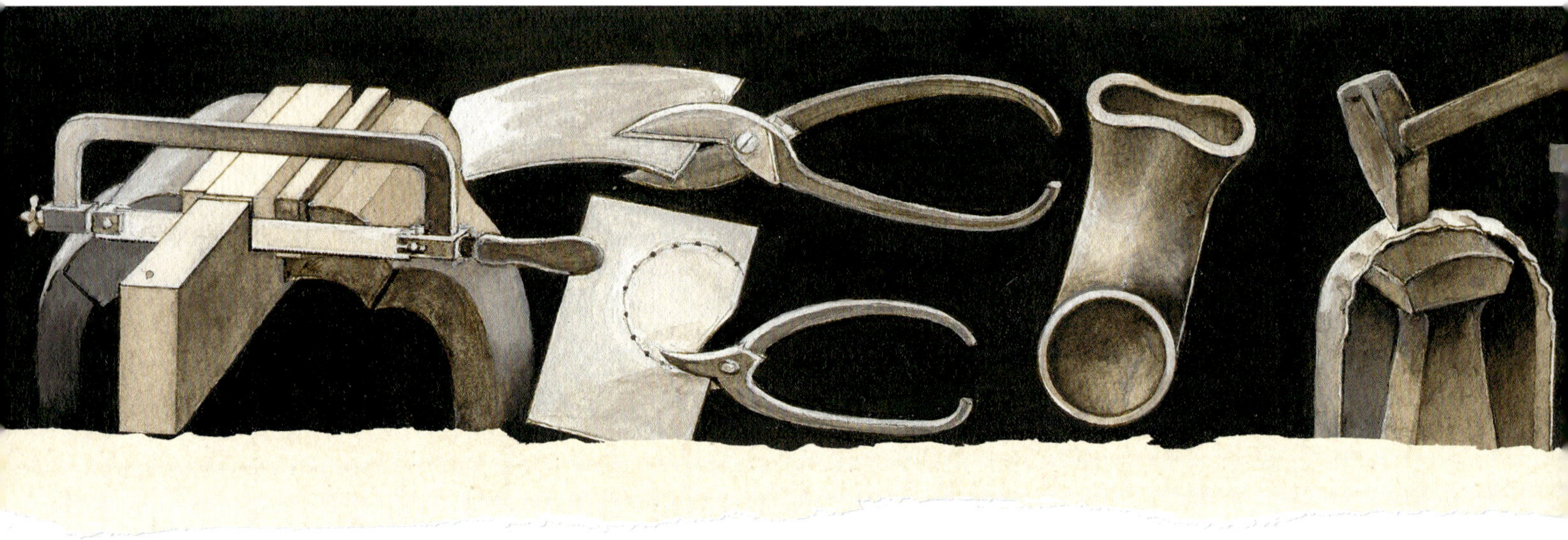

„Geschichte muss immer wieder
neu geschrieben werden,
nicht weil neue historische Tatsachen
bekannt werden,
sondern weil sich der Standpunkt
der Betrachter ändert.“

Arnold J. Toynbee, Historiker

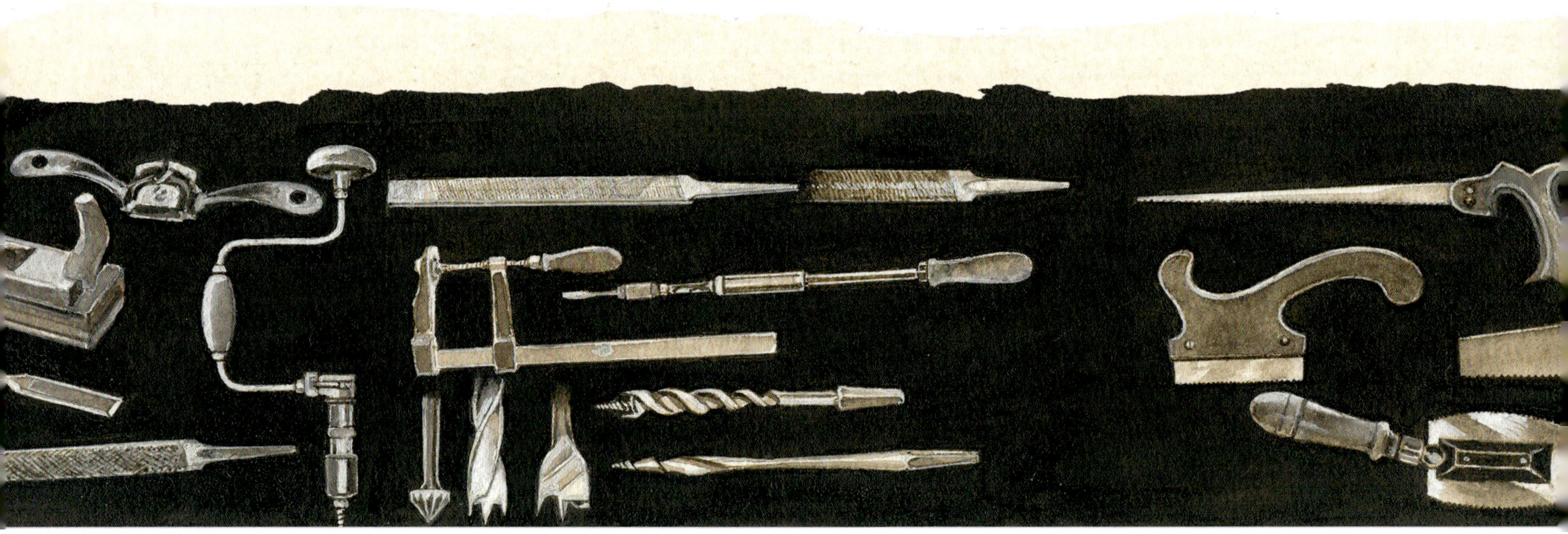

VORWORT

„Die“ Geschichte des Handwerks gibt es eigentlich gar nicht. Jeder Handwerksberuf hat seine eigene, mehr oder weniger lange Geschichte. Wir staunen, wie vor zweieinhalbtausend Jahren schon Stahlklingen geschmiedet wurden, deren sagenhaften Eigenschaften heute noch die Fantasien – zumindest in einschlägigen Filmen – anregen. Und wir wundern uns vielleicht, wie die Welt bis vor gut 500 Jahren ohne bedrucktes Papier auskommen konnte.

Als Produzenten der meisten materiellen Güter haben die Handwerker die Wirtschaft und das öffentliche Leben in ihrer Zeit wesentlich mitgeprägt. Handwerksgeschichte ist auch ein Stück Kulturgeschichte. Und so soll das vorliegende Buch neben der Vorstellung der handwerklichen Tätigkeiten auch einen Einblick in das kulturelle und soziale Umfeld der damaligen Handwerker gewähren.

Dieses Buch soll kein klassisches Geschichtsbuch und schon gar nicht ein Lehrbuch sein. Betrachten Sie es als ein wunderschönes Bilderbuch, blättern Sie darin, lesen Sie einzelne – am liebsten natürlich alle – Abschnitte und haben Sie vor allem viel Freude mit dem Buch.

„Wenn ich gut gegessen habe,
ist meine Seele stark
und unerschütterlich;
daran kann auch der schwerste
Schicksalsschlag nichts ändern.“

Jean Baptiste Molière

OHNE ESSEN KEIN LEBEN

„Wir pflügen und wir streuen
den Samen auf das Land.
Doch Wachstum und Gedeihen
steht nicht in unsrer Hand."

Matthias Claudius

DER BAUER

ZUR GESCHICHTE

Der Bauer ein Handwerker? Der Beruf des Landwirts wird zwar formal nicht zu den Handwerkerberufen gerechnet. Aber „Handwerker und Bauern“ bilden in mancherlei Hinsicht eine Einheit, und einige der klassischen Berufe haben ihre Wurzeln im „bäuerlichen Handwerker“.

Die Anfänge der Landwirtschaft markieren einen entscheidenden Wendepunkt in der Menschheitsgeschichte: Als umherziehende Jäger und Sammler lebten die Menschen buchstäblich von der Hand in den Mund. Erst als sie sesshaft wurden und dauerhafte Siedlungen anlegten, waren sie in der Lage, planmäßig Ackerbau zu betreiben und gezielt Vorräte anzulegen. Funde von Getreidekörnern deuten darauf hin, dass schon vor mehr als 15 000 Jahren Pflanzen systematisch genutzt wurden. Aus einer reinen Erntetätigkeit haben sich dann der geplante Pflanzenanbau und später die Pflanzenzüchtung entwickelt.

Etwa parallel zu dieser Entwicklung hat der Mensch begonnen, Tiere zu domestizieren. Bereits vor 9000 Jahren wurden im mittleren und fernen Osten Schafe, Ziegen und Schweine als Lieferanten von Fleisch und Fell in menschlichen Siedlungen gehalten. Mit der Zucht von Rindern gelangte man zu weiteren tierischen Produkten wie Milch und Käse. Und nicht zuletzt wurden Rinder als Arbeits- und Lasttiere eingesetzt.

Der griechische Dichter Hesiod (um 740 bis 670 v. Chr.) schilderte die Arbeit der Bauern und gab ihnen Anweisungen für die Herstellung ihrer landwirtschaftlichen Geräte: „Zwei Pflüge stelle dir hin und baue sie sorgsam im Hause. Bricht nämlich der eine, lässt du die Rinder den anderen aufs Feld holen. Lorbeer- oder Ulmendeichseln sind vor Wurmfraß am sichersten; der Scharbaum sei aus Eiche, aus Steineiche das Krummholz.“

Zur damaligen Zeit waren die Bauern noch ihre eigenen Werkzeugmacher. Im Rhythmus der Jahreszeiten wurde entweder auf dem Feld oder im Haus gearbeitet. Aus den saisonbedingten unterschiedlichen Tätigkeiten entwickelte sich ein Nebeneinander von Tätigkeiten, die Arbeitsteilung, die unter anderem zu den Berufen des Schmieds und des Zimmermanns führten.

Im Mittelalter wurde die so genannte Dreifelderwirtschaft eingeführt: Ein Drittel der Ackerfläche wurde mit Sommergetreide und ein Drittel mit Wintergetreide bestellt. Das letzte Drittel ließ man zur Schonung des Bodens brachliegen. Die Brachfläche wechselte jedes Jahr.

Das Mittelalter war für die Bauern eine schwere und folgenreiche Zeit. Das Prinzip der Realteilung, nach dem ein Bauer sein Land anteilig auf alle Kinder vererbte, führte dazu, dass die Höfe immer kleiner und unrentabler wurden. Hinzu kamen unter Karl dem Großen Belastungen durch die Pflicht zur Teilnahme an Kriegen. In der Folge gerieten die meisten Bauern in die Abhängigkeit der Adelsschicht. Die Grundherrschaft ging an König, Adel und Kirche über und umfasste neben der Verfügungsgewalt über Grund und Boden auch das Herrschaftsrecht über die Bauern, die auf diesem Grund und Boden lebten. Heute noch ist die Kirche, abgesehen vom Staat, der größte Grundbesitzer in Deutschland.

Die unfreien Bauern mussten ihrem Grundherren für die Nutzung von Grund und Boden regelmäßig bestimmte Erträge des Hofes wie Gemüse, Eier, Geflügel, Schweine oder Schafe abliefern und mussten darüber hinaus an einigen Tagen in der Woche so genannte Frondienste auf dem Herrenhof leisten. Obendrein hatten die Bauern auch noch eine Vielzahl von Abgaben zu entrichten: Weidezins, Kopfzins, Wachszins für die Kirche und Heiratsgebühr, um nur einige zu nennen. Auch für den Einsatz des herrschaftlichen Ebers zur Schweinezucht musste der Bauer extra bezahlen. Und wenn der Bauer starb, war der Grundherr, der auch oberster Richter war, der Haupterbe.

Erst im Spätmittelalter besserte sich die Lage der Bauern wieder. Sie erhielten größere Freizügigkeit, wurden rechtlich besser gestellt und bekamen größere Rechte am Hof. Das Selbstbewusstsein der Bauern stieg, und die Unzufriedenheit mit den Grundherren entlud sich im 14. und 15. Jahrhundert in den zahlreichen Bauernaufständen in Deutschland, Frankreich und England. Die Folgen der Bauernaufstände waren sehr unterschiedlich. In den Gebieten östlich der Elbe konnte sich die Gutsherrschaft festigen und bis weit ins 19. Jahrhundert behaupten. Im Süden und Südwesten Deutschlands konnten sich die Bauern zumindest vorübergehend durchsetzen. Aber auch in Bayern gehörten im 18. Jahrhundert nur etwa vier Prozent des Bodens den freien Bauern, alles andere den Grundherren.

WAS DER LANDWIRT ANBAUT

Weizen ist unser wichtigstes heimisches Getreide. Das Mehl davon wird vom Bäcker für Brot und von der Hausfrau zum Kuchenbacken verwendet. Weizen benötigt gute Böden, viele Nährstoffe und ausreichend Feuchtigkeit.

Hartweizen ist eine Sorte, die speziell für die Nudelherstellung (Spaghetti!) verwendet wird.

Roggen spielt vor allem in Deutschland als Mehllieferant für Brot eine wichtige Rolle. Bezüglich Boden und Klima ist Roggen anspruchsloser als Weizen.

Gerste ist das vielleicht älteste Getreide. Es wird als Futtermittel und nicht zuletzt als „Braugerste" für die Bierbrauereien angebaut. In Schottland und Irland dient die Gerste zur Herstellung von Whisky.

Hafer kann auch der Laie sehr gut erkennen, weil dessen Körner nicht an Ähren, sondern an Rispen wachsen. Haferbrei war im Mittelalter eine weit verbreitete Speise. Später verlor der Hafer für den Menschen an Bedeutung, während er ein wichtiges Pferdefutter blieb. Hafer ist aber nach wie vor auch für den Menschen ein wertvolles Nahrungsmittel. Haferkörner („Haferflocken") enthalten besonders viel Eiweiß und wertvolles Fett.

Mais stammt aus Amerika und wird etwa seit dem 17. Jahrhundert, in den letzten Jahrzehnten zunehmend, wirtschaftlich genutzt. Die in Deutschland angebauten Maissorten dienen vor allem als Futtermittel: als ganze Pflanze („Silomais") für die Rinder und als Körnermais für Schweine und Geflügel.

Raps ist eine Ölfrucht. Die leuchtend gelb blühenden Rapsfelder sind schon von weitem gut zu erkennen. Ihre unscheinbaren Früchte enthalten etwa 40 Prozent Öl, das nicht nur als Nahrungsmittel geschätzt ist, sondern zunehmend auch als Treibstoff für Motoren (Biodiesel) Verwendung findet.

Sonnenblumen gehören ebenfalls zu den Ölfrüchten und stammen ursprünglich aus Amerika. Die Sonnenblumenkerne enthalten 42 Prozent Öl und 19 Prozent Eiweiß und sind damit ein wertvolles Nahrungsmittel für Mensch und Tier.

Zuckerrüben liefern weltweit etwa ein Drittel des gesamten Zuckerbedarfs. Ihr Zuckergehalt beträgt 16 Prozent und mehr. Schon seit 1801 werden Zuckerrüben in Zuckerfabriken verarbeitet.

Die **Kartoffel** stammt ursprünglich aus Peru und Ekuador. Mitte des 16. Jahrhunderts holten spanische Seefahrer die Kartoffel nach Europa, wo sie aber lange Zeit weitgehend unbeachtet blieb. Erst Hungersnöte im 18. Jahrhundert zwangen die Menschen in Deutschland, die Kartoffel zu essen. Im Jahre 1756 erließ König Friedrich der Große von Preußen den Befehl, Kartoffeln im ganzen Lande anzubauen. Ab dieser Zeit konnte sich die Kartoffel durchsetzen. Heute verzehrt jeder Deutsche im statistischen Durchschnitt pro Jahr 73 Kilogramm Kartoffeln, davon 30 kg in Form von Pommes frites oder Chips.

Lein (Flachs) ist eine Pflanze, die vermutlich schon vor 10 000 Jahren zur Gewinnung von Fasern für Kleidungszwecke genutzt wurde. Das aus den Früchten gewonnene Leinöl ist sehr wertvoll, hat aber in Deutschland keine große Bedeutung. Das könnte sich jedoch in Zukunft ändern, da der Anbau von Lein als „nachwachsender Rohstoff" von der Europäischen Union gefördert wird.

Leguminosen sind kleeartige Pflanzen, zu denen unter anderem Erbsen, Bohnen und Lupinen gehören. Sie werden als Futterpflanzen angebaut, sind aber auch als Gründüngung sehr nützlich, da sie die Eigenschaft haben, in ihren Wurzeln Luftstickstoff zu binden und somit das Bodenleben zu begünstigen.

DIE TIERE DES BAUERN

Aus einem Bauernhof sind Tiere nicht wegzudenken. Die meisten der heute noch gehaltenen Tierarten wurden schon vor Jahrtausenden domestiziert. Sie wurden als Lasttiere, Arbeitstiere und Lieferanten von Fleisch, Leder oder Wolle genutzt und waren unter anderem ein Maßstab für den Wohlstand ihres Besitzers. Viele Tierarten des Mittelalters, darunter Rinder, Pferde und Schweine, waren deutlich kleiner und leichter als die heutigen Züchtungen.

Rinder werden seit über 6000 Jahren in Mitteleuropa gezüchtet. Das Rind war und ist bis heute das wichtigste Nutztier. Bis über das Mittelalter hinaus diente es vor allem der Versorgung mit Fleisch. Haut (Leder), Horn und Knochen wurden zur Herstellung von Gebrauchsgütern verwendet. Ochsen wurden als Arbeitstiere eingesetzt. Eine Milchwirtschaft fand nur in relativ geringem Umfang statt.

Pferde als Arbeitstiere, die leistungsfähiger als Ochsen waren, konnten sich nur die wohlhabenderen Bauern und natürlich die Grundherren leisten. Die Pferde des Mittelalters waren überwiegend derbe Rassen, die Fuhrwerke oder Pflüge ziehen oder Ritter mit ihren schweren Rüstungen tragen mussten. Erst die Reitpferde der Neuzeit waren schlanker.

Esel als Arbeitstiere wurden von den Römern in Mitteleuropa eingeführt. Nördlich der Alpen war ihre Verbreitung aber nicht so groß wie in ihren Ursprungsländern.

Heu einfahren

Schweine nahmen erst in den letzten Jahrhunderten das heutige Aussehen an. Bis dahin ähnelten sie mehr ihren wilden Urahnen, waren schlank, hochbeinig und ohne Speckansatz. Der kleine Bauer als Besitzer eines Schweins konnte sich glücklich schätzen.

Schafe und **Ziegen** waren früher von größerer Bedeutung als heute. Überall dort, wo die Weideverhältnisse eine Rinderhaltung nicht zuließen oder wo Rinder für den Bauern zu teuer waren, hielt man sich Schafe und Ziegen. Schafe lieferten Fleisch, Wolle, Milch, Häute, Felle und Wurstdärme. In vielen Klöstern wurde die Haut von Schafen zu Pergament verarbeitet.

Kaninchen wurden zwar schon von den Römern in Gehegen gehalten, setzten sich aber erst gegen Ende des 13. Jahrhunderts in Deutschland durch. Auch das Wildkaninchen ist erst seit dieser Zeit in Deutschland heimisch. Die ersten Tiere wurden auf der Nordseeinsel Amrum ausgesetzt.

Unter dem **Geflügel** spielten Gänse und Hühner eine wichtige Rolle. Der Gänsebraten war ein häufigeres Festessen als in unserer Zeit. Auch Tauben wurden gern gehalten. Enten waren dagegen weniger verbreitet.

Keine Nutztiere, aber nützliche Helfer des Bauern sind **Hund** und **Katze**. Schon sehr frühzeitig wurden Hunderassen für bestimmte Aufgaben, zum Beispiel für Schäfer oder für Jäger, gezüchtet.

Katzen, die schon die Kornkammern der alten Ägypter vor Mäusen und Ratten schützten, wurden in Mitteleuropa in größerem Umfang erst gehalten, als in den wachsenden Städten die schädlichen Nager zum Problem wurden.

DIE GERÄTE DES BAUERN

Der **Pflug** ist ein Gerät zum Wenden und Aufbrechen des Bodens. Die Äcker werden meistens im Herbst nach der Ernte gepflügt. Dann nimmt der gelockerte Boden den Winter über Luft und Wasser auf, und der Frost kann die Erde fein zerkrümeln.

Nach heutigen Erkenntnissen ist der Pflug seit etwa 3000 v. Chr. bekannt. Einer der ältesten noch erhaltenen Pflüge ist aus Eichenholz und stammt etwa aus dem 19. Jahrhundert v. Chr. Früher wurden die Pflüge überwiegend von Rindern gezogen. Bauern oder Dorfgemeinschaften, die es sich leisten konnten, benutzten die schnelleren, aber teureren Pferde. Im späten 19. Jahrhundert wurden vereinzelt Dampfmaschinen vor den Pflug gespannt, und in den 1920er Jahren begann – sehr allmählich – der Siegeszug des Traktors.

Die **Egge** dient wie der Pflug zur Bodenbearbeitung. Aber sie wendet den Boden nicht, sondern lockert ihn oberflächlich und glättet ihn dabei, zum Beispiel um den Boden für das Säen vorzubereiten. Die Egge wird wie der Pflug von Tieren oder Maschinen gezogen.

Der **Dreschflegel** ist ein einfaches Werkzeug, um die Körner aus dem geschnittenen Getreide zu schlagen. Er besteht aus zwei kräftigen, unterschiedlich langen Knüppeln, die durch einen Lederriemen lose verbunden sind. Der längere Knüppel wird mit beiden Händen so geschwungen, dass der angebundene kürzere Knüppel auf das Getreide drischt.

Seit der Mensch Getreidekörner erntet, gibt es wohl auch den Dreschflegel. Bei den alten Ägyptern war der Dreschflegel eines der Herrschersymbole des Pharao. Die alten Germanen benutzten Dreschflegel als Lärminstrumente, um böse Geister zu vertreiben. Und die Bauern des Mittelalters, die für ihre Herren

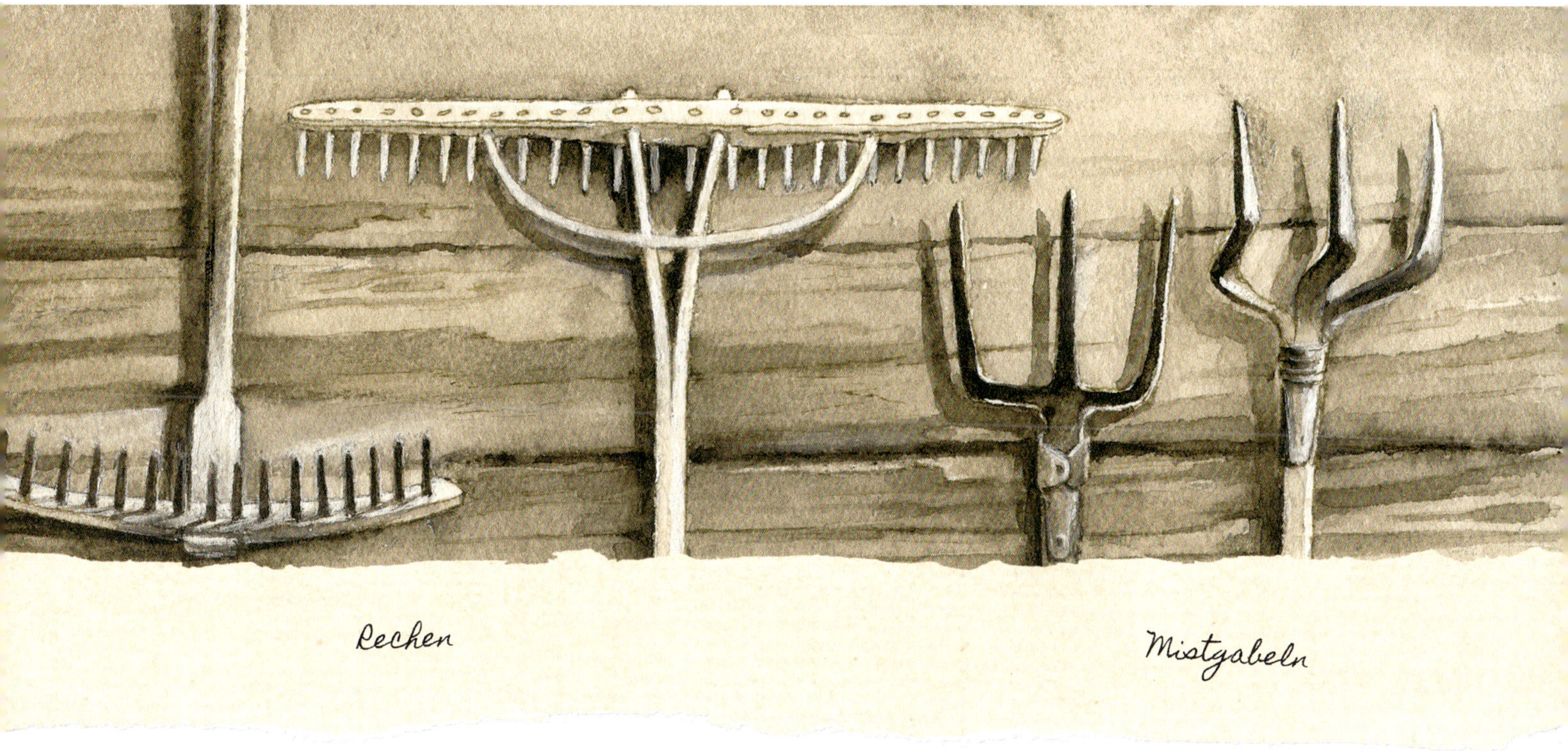

in den Krieg ziehen mussten, führten unter anderem Dreschflegel als Waffen mit. Vermutlich ist die halbmondförmige **Sichel** den meisten modernen Menschen vor allem als Wappensymbol der ehemaligen DDR (des „Arbeiter- und Bauernstaates") bekannt. Tatsächlich war die Sichel bis ins 19. Jahrhundert das wichtigste Gerät zum Ernten von Getreide. Die größere, rationellere Sense war zwar spätestens seit dem Mittelalter bekannt. Aber der grobe Hieb der Sense schüttelte mehr Körner aus den Ähren als der sanfte Sichelschnitt. Um den Verlust an Körnern gering zu halten, ließen die Grundherren mit der Sichel ernten.

Die **Sense** wurde überwiegend zum Mähen von Gras verwendet. Auch heute noch fehlt sie in keinem bäuerlichen Anwesen. Wiesenflächen, die für Maschinen unzugänglich sind, zum Beispiel steile Bergwiesen, werden nach wie vor mit der Sense gemäht.

Der **Traktor** (auch Schlepper oder Trecker genannt) ist aus der heutigen Landwirtschaft nicht mehr wegzudenken. Er ist nicht nur das „Zugtier" des Bauern, das er vor den Wagen spannt, sondern ein universelles Antriebsmittel für viele landwirtschaftliche Geräte. Die ersten Traktoren tauchten in den 1920er Jahren auf. Ihre große Verbreitung in Deutschland setzte nach dem Zweiten Weltkrieg in den 1950er Jahren ein.

Mit der Einführung des Traktors entstanden neuartige Maschinen, die über Wellen vom Traktormotor bewegt werden. Die revolutionärste derartige Erfindung ist wohl der Mähdrescher. Diese Maschine kann in einem Arbeitsgang das Getreide mähen, die Körner aus den Ähren dreschen und das Stroh zu Garben binden oder zu „handlichen" Ballen pressen.

Mir macht der Teufel keine Not,
ich schlag ihn schief und krumm
und dresch und hau und grab ihn tot
und pflüg ihn um und um.

Matthias Claudius

BAUERNREGELN

Aufgrund ihrer Abhängigkeit vom Wetter haben Bauern schon immer das Wetter sehr genau beobachtet. Ihre über Jahrhunderte gesammelten Erfahrungen haben sie in den so genannten Bauernregeln, meistens in Form von Reimen, festgehalten. Für die folgende Bauernregel haben die Meteorologen eine erstaunlich hohe Trefferquote von bis zu 80 Prozent (z.B. in München) festgestellt:

„Regnet es am Siebenschläfertag,
der Regen sieben Wochen
nicht weichen mag.“

Die Erklärung für dieses Phänomen ist, dass Ende Juni/Anfang Juli der so genannte Jetstream in seinem Verlauf festgelegt wird. Vom Jetstream hängt es ab, ob sich in unseren Breitengraden die gefürchteten atlantischen Tiefausläufer oder die warmen und trockenen Azorenhochs durchsetzen.

„Ehe nicht Pankratius,
Servatius und Bonifatius vorbei,
ist nicht sicher vor Kälte der Mai.“

„Abendrot – Gutwetterbot’ –
Morgenrot mit Regen droht.“

„Die erste Liebe und der Mai
gehn selten ohne Frost vorbei.“

Dreschen

Andere Bauernregeln entstammen dem Aberglauben oder sind einfach nur Nonsens, manchmal ein Stückchen Lebensweisheit, und manchmal karikieren sie den Bauernstand:

„Schlachtet der Bauer eine Henne,
so ist die Henne krank oder der Bauer."

„Wer einen Bauern betrügen will,
muss einen Bauern mitbringen."

„Ein Steckenpferd frisst mehr
als zehn Ackergäule."

„Die Leute lernst du auf dem Markt kennen,
nicht in der Kirche."

„Eine Ziege und ein Madel kosten mehr
als eine Kuh im Stadel."

„Je kleiner das Dorf,
desto bissiger die Hunde."

„Gehe nie zu deinem Fürst,
wenn du nicht gerufen wirst."

„Ein goldener Sattel ist viel wert,
aber er macht aus einem Esel kein Pferd."

DAS RIESENSPIELZEUG

Ein Märchen der Brüder Grimm

Im Elsass auf der Burg Nideck, die an einem hohen Berg bei einem Wasserfall liegt, waren die Ritter vorzeiten große Riesen. Einmal ging das Riesenfräulein herab ins Tal, wollte sehen, wie es da unten wäre, und kam bis fast nach Haslach auf ein vor dem Wald gelegenes Ackerfeld, das gerade von den Bauern bestellt ward. Es blieb vor Verwunderung stehen und schaute den Pflug, die Pferde und Leute an, das ihr alles etwas Neues war. „Ei", sprach sie und ging herzu, „das nehm ich mir mit." Da kniete sie nieder zur Erde, breitete ihre Schürze aus, strich mit der Hand über das Feld, fing alles zusammen und tat's hinein. Nun lief sie ganz vergnügt nach Haus, den Felsen hinaufspringend; wo der Berg so jäh ist, dass ein Mensch mühsam klettern muss, da tat sie einen Schritt und war droben.

Der Ritter saß gerad am Tisch, als sie eintrat. „Ei, mein Kind", sprach er, „was bringst du da, die Freude schaut dir ja aus den Augen heraus." Sie machte geschwind ihre Schürze auf und ließ ihn hineinblicken. „Was hast du so Zappeliges darin?" – „Ei Vater, gar zu artiges Spielding! So was Schönes hab ich mein Lebtag noch nicht gehabt." Darauf nahm sie eins nach dem andern heraus und stellte es auf den Tisch: den Pflug, die Bauern mit ihren Pferden; lief herum, schaute es an, lachte und schlug vor Freude in die Hände, wie sich das kleine Wesen darauf hin und her bewegte. Der Vater aber sprach: „Kind, das ist kein Spielzeug, da hast du was Schönes angestiftet! Geh nur gleich und trag's wieder hinab ins Tal." Das Fräulein weinte, es half aber nichts. „Mir ist der Bauer kein Spielzeug", sagte der Ritter ernsthaftig, „ich leid's nicht, dass du mir murrst, kram alles sachte wieder ein und trag's an den nämlichen Platz, wo du's genommen hast. Baut der Bauer nicht sein Ackerfeld, so haben wir Riesen auf unserm Felsennest nichts zu leben."

DER VOLLE SACK

Ein dicker Sack – den Bauer Bolte,
Der ihn zur Mühle tragen wollte,
Um auszuruhn mal hingestellt
Dicht an ein reifes Ährenfeld, –
Legt sich in würdevolle Falten
Und fängt 'ne Rede an zu halten.
Ich, sprach er, bin der volle Sack.
Ihr Ähren seid nur dünnes Pack.

Ich bin's, der Euch auf dieser Welt
In Einigkeit zusammenhält.
Ich bin's, der hoch vonnöten ist,
Dass Euch das Federvieh nicht frisst,
Ich, dessen hohe Fassungskraft
Euch schließlich in die Mühle schafft.
Verneigt Euch tief, denn ich bin Der!
Was wäret ihr, wenn ich nicht wär?

Sanft rauschen die Ähren:
Du wärst ein leerer Schlauch,
wenn wir nicht wären.

Wilhelm Busch

„Aus der Mühle schaut der Müller,
der so gerne mahlen will.
Stiller wird der Wind und stiller,
und die Mühle stehet still.

„So geht's immer, wie ich finde!",
rief der Müller voller Zorn.
„Hat man Korn, so fehlt's am Winde,
hat man Wind, so fehlt das Korn."

Wilhelm Busch

DER MÜLLER

ZUR GESCHICHTE DER MÜHLE

Getreide ist ein uraltes Nahrungsmittel des Menschen. Im Gebiet des heutigen Irak wurden schon vor 6000 Jahren die Vorläufer von Weizen, Gerste und Hirse kultiviert. Um 2000 v. Chr. tauchte das Getreide dann auch in Mitteleuropa auf.

Da die ganzen Getreidekörner schwer verdaulich waren, wurden sie zur Zubereitung der Nahrung ursprünglich mit Wasser und Fett zu einem dicken Brei zerrieben. Der Brei wurde dann zu kleinen Fladen geformt und auf stark erhitzten Steinen zu einer Art Brot „gebacken". Eine andere Möglichkeit war, die Fladen in heiße Asche zu legen.

Das Zerreiben der Getreidekörner von Hand auf Reibbrettern oder das Zerstampfen in Mörsern war nicht nur sehr mühselig, sondern ergab auch ein mehr oder weniger grobes Getreideschrot, aber kein feines Mehl. Ein wichtiger Fortschritt war die Handmühle, die um 500 v. Chr. in Griechenland auftauchte. Sie arbeitete mit runden, kegelförmigen Reibsteinen und erinnert uns an das Kegelmahlwerk der modernen Espressomaschinen. Mit diesen so genannten Glockenmühlen konnten schon antike „Großmühlen", teilweise mit Pferdekraft, betrieben werden.

Wassergetriebene Mühlen waren bereits den Römern bekannt. Sie vereinigten das Prinzip der ägyptischen Schöpfräder zur Bewässerung der Felder mit den aus Griechenland eingeführten Handmühlen. Die Römer führten auch eine Art Getriebe ein, mit dem sie die Kraft der Wasserräder mit ihrer horizontalen Achse auf die vertikale Achse der Mahlsteine umlenkten.

Wassergetriebene Mühlen dürften etwa seit 900 Jahren im alpenländischen Raum Verwendung finden. In den Alpen und in den Mittelgebirgen, zum Beispiel im Schwarzwald, waren die Chancen, das Gefälle der Bäche als Energiequelle zu nutzen, besonders gut.

Windmühlen wurden etwa ab dem 11. Jahrhundert in Europa errichtet. Möglicherweise wurde diese Innovation von den heimkehrenden Kreuzrittern mitgebracht. Bevorzugtes Baugebiet für Windmühlen waren die küstennahen Regionen in Norddeutschland und vor allem in Holland. Weiter südlich in Deutschland gab es Windmühlen erst seit dem 18. Jahrhundert.

Gegen Ende des Mittelalters wurde das so genannte Beutelwerk (beuteln = rütteln) eingeführt. Durch eine Rüttelvorrichtung wurde das Mahlgut in seine beiden Bestandteile Mehl und Kleie getrennt. Als Kleie bezeichnet man die wertvollen Randschichten des Getreidekorns, die als Tierfutter verwendet wurden und heute auch als Nahrungsmittelzusatz und Wirkstoff in der Kosmetikindustrie dienen.

Das berühmte „Klappern der Mühle" stammt von der Bewegung der Rüttelgabel im Beutelwerk.

Das Industriezeitalter brachte auch für die Mühlen wesentliche Veränderungen. Die Dampfmaschine machte die Mühlen von Wind und Wasser unabhängig. So konnten sich große Mühlenbetriebe in der Nähe der Ballungsgebiete ansiedeln und die meisten Kleinbetriebe, die an ihren Standort gebunden waren, vom Markt verdrängen. Hinzu kam, dass die höhere Leistung der Kraftmaschinen die Konstruktion größerer, rationellerer Mahlwerke gestattete. Mahlwalzen aus Gusseisen verdrängten die Mühlsteine.

Eine heutige moderne Getreidemühle ist ein mehr oder weniger vollautomatischer Industriebetrieb. Das vom Bauern angelieferte Getreide wird in ein riesiges Getreidesilo gepumpt, von dort aus entnommen, gereinigt, in einem mehrstufigen Prozess gemahlen und schließlich in ein Mehlsilo befördert, um anschließend in Säcke abgefüllt und verladen zu werden.

Großes Rad,
auch für Sägemühlen

Schrotgang

MÜHLENTYPEN

Allen damaligen Mühlen gemeinsam ist, dass die Getreidekörner zwischen zwei scheibenförmigen Mühlsteinen, von denen der eine sich dreht, zerrieben werden. Die Energiequelle, die das Mahlwerk antreibt, bestimmt den Grundtyp der Mühle: Wind oder Wasser.

Die älteste Windmühle in Europa war die so genannte Bockwindmühle. Bei ihr war das Mühlengebäude auf einem Fundament drehbar „aufgebockt". Das heißt, das ganze Gebäude konnte in die Windrichtung gedreht werden. Freunde von Wilhelm Busch kennen vielleicht dessen Bildergeschichte „Der Bauer und der Windmüller". In ihr sägt der Bauer die auf einem Holzpfahl stehende Bockwindmühle des bösen Müllers einfach um:

Zur Mühle geht der Bauersmann
und fängt sogleich zu sägen an.
Racknacks! Da bricht die Mühle schon.
Das war des bösen Müllers Lohn.
Der böse Müller aber kroch
schnell aus dem offnen Mühlenloch.

Aus dem frühen 16. Jahrhundert stammt die Holländermühle, auch Kappenwindmühle genannt. Bei ihr dreht sich nur der oberste Teil der Mühle, die „Kappe", mit dem Windrad. Diese Mühle verträgt wegen ihrer besseren Stabilität größere Windräder und ist daher leistungsfähiger.

ES KLAPPERT DIE MÜHLE …

Bei Wassermühlen wird die Kraft des fließenden Wassers über ein Wasserrad auf das Mahlwerk übertragen. Hierbei gibt es zwei Arten des Wasserzulaufs:

Beim Wasserzulauf von oben (oberschlächtiges Wasserrad) strömt das Wasser von oben her auf die Schaufeln des Wasserrads und treibt dieses durch seine Schwerkraft an.

Beim Wasserzulauf von unten (unterschlächtiges Wasserrad) taucht das Wasserrad in das fließende Gewässer ein und dreht sich entsprechend der Strömungsgeschwindigkeit des Wassers.

Bei dem folgenden bekannten Kinderlied handelt es sich offenbar um eine Mühle mit oberschlächtigem Wasserrad.

Es klappert die Mühle am rauschenden Bach,
klipp, klapp.
Bei Tag und bei Nacht ist der Müller stets wach,
klipp, klapp!
Er mahlet das Korn zu dem täglichen Brot,
und haben wir dieses, so hat's keine Not.
Klipp, klapp, klipp, klapp, klipp, klapp!

Flink laufen die Räder und drehen den Stein,
klipp, klapp,
sie mahlen den Weizen zu Mehl uns so fein,
klipp, klapp!
Der Bäcker dann Zwieback und Kuchen draus bäckt,
der immer den Kinder besonders gut schmeckt.
Klipp, klapp, klipp, klapp, klipp, klapp!

Wenn reichliche Körner das Ackerfeld trägt,
klipp, klapp,
die Mühle dann flink ihre Räder bewegt,
klipp, klapp!
Und schenkt uns der Himmel nur immer das Brot,
so sind wir zufrieden und leiden nicht Not.
Klipp, klapp, klipp, klapp, klipp, klapp.

Mühlsteine
(Läufer auf Bodenstein)
Läufer ca. 12 Zentner schwer

Reinigen des Schrotgangs
Der Läufer wird mit dem
Steinkran bewegt.

ALLERLEI MÜLLER

Anders als die Bauern, deren Anwesen durch die Realteilung im Falle der Vererbung immer kleiner wurden, konnten die Müller ihre Mühle natürlich nicht teilen und haben diese daher immer komplett an einen Sohn vererbt. So konnten diese Erbmüller oder Eigentumsmüller über Generationen hinweg ein für dörfliche Verhältnisse sehr stattliches Vermögen ansammeln.

In den Zeiten des 16. bis 18. Jahrhunderts stammten mehr als Dreiviertel aller Müller aus Müllerfamilien. Die mehrjährige Ausbildung zum Müller fand im in fremden Mühlen der näheren Umgebung, zum Teil auch im väterlichen Betrieb statt.

Da die Familien in der Regel mehrere Söhne hatten, mussten die nicht erbenden Söhne sich nach anderen Mühlen oder sogar nach anderen Berufen umsehen. Waren die Väter reich, so konnten sie vielleicht ihren Söhnen eine Mühle kaufen. Oder die Söhne, die auch den Müllerberuf erlernt hatten, pachteten eine Mühle. Daher nannte man sie Pachtmüller. Im schlimmsten Fall wurden sie Müllerknechte.

Eigentümer der verpachteten Mühlen waren entweder ebenfalls Müller oder häufig Grundherren. War der Grundherr eine Stadt, dann nannte man den Mühlenpächter Stadtmüller oder Ratsmüller. Ein Amtsmüller war, wer die Mühle von einem fürstlichen oder königlichen Amt gepachtet hatte.

Die Pachtmüller waren erheblich schlechter gestellt als die Eigentumsmüller. Die Pachtverträge wurden meistens nur für wenige Jahre abgeschlossen, um dann mit mehreren Bewerbern neu verhandelt zu werden. Das heißt, die Mühlen wurden zum höchstmöglichen Preis verpachtet, was den Pächtern wenig Möglichkeiten ließ, eigenes Vermögen anzusammeln.

Wenn es in einer Dorfgemeinschaft mehrere Mühlen gab, unterschied man die Müller oft nach ihrer örtlichen Lage in zum Beispiel Obermüller und Untermüller. Oder man fügte das Wort Müller dem Familiennamen oder einem besonderen Tätigkeitsmerkmal hinzu.

Wassermühlen wurden häufig auch als Sägmühlen zum Antrieb von Sägen in der Holzverarbeitung verwendet. Hieraus leiten sich die Bezeichnungen und späteren Familiennamen wie Holzmüller, Schneidmüller oder Brettschneider ab. Die Berufsbezeichnung „Müller und Zimmermann" war keineswegs selten. Solche Mühlen, die überwiegend in bergigen Regionen zu finden waren und oft als Nebenerwerb der Bauern betrieben wurden, waren natürlich nicht mit den reichen Mahlmüllern im Flachland vergleichbar.

Übrigens ist „Müller" der häufigste Familienname in Deutschland.

Mühleneinrichtung mit Walzenstuhl

Abgefülltes Mehl aus der Mischmaschine

DAS MÜLLERHANDWERK

Ursprünglich war es im Mittelalter zwar jedermann ausdrücklich erlaubt, auf seinem eigenen Grund und Boden eine Mühle zu bauen. Aber der Bau einer Mühle war eine kostspielige Angelegenheit, und wer nicht das Glück hatte, Grundherr zu sein oder eine Mühle zu erben, hatte kaum die Chance, jemals Eigentümer einer Mühle zu werden. Das heißt, die große Masse der Bauern war darauf angewiesen, das Getreide in einer der vorhandenen Mühlen gegen Lohn mahlen zu lassen.

Aus dieser Situation heraus entwickelte sich eine Art Monopol der örtlichen Mühlen: Um ihre Auslastung zu sichern, führte man den so genannten Mühlenbann ein, nach dem in einem bestimmten Gebiet keine weitere Mühle gebaut werden durfte. Darüber hinaus herrschte für die Bauern Mahlzwang. Jeder Bauer musste sein Getreide in einer festgelegten Mühle mahlen lassen. Dieser Mahlzwang wurde erst spät, zum Beispiel in Preußen im Jahr 1810, aufgehoben.

Die Abrechnung über die angelieferte Getreidemenge bzw. gemahlene Mehlmenge erfolgte über das so genannte Kerbholz. Für jedes angelieferte Scheffel Getreide wurde eine Kerbe in das Kerbholz geschnitten. Ein Bauer, der viele Scheffel Getreide ablieferte, hatte also „einiges auf dem Kerbholz". Um Schummeleien zu vermeiden, wurde das Kerbholz in doppelter Ausführung angelegt: Das Holz wurde der Länge nach gespalten, und die eine Hälfte bekam der Bauer, die andere Hälfte der Müller.

Der abgelieferten Getreidemenge entsprechend bekam der Bauer Mehl und Kleie. Der Müller wurde in der Regel in Naturalien vergütet: Er durfte den sechzehnten Teil des Getreides einbehalten. Dass manche Müller sich beim Abmessen des Getreides ab und zu verrechneten – natürlich zu ihren Gunsten –, darf man durchaus annehmen. Denn die Müller waren bei den Bauern alles andere als beliebt. Und im Mittelalter gehörten sie zu den „unehrlichen“ Berufen.

Erst im 17. Jahrhundert organisierten sich die Müller in Zünften und Innungen und gewannen an Selbstständigkeit und Ansehen.

Müller-Lehrlinge mussten von ehelicher Geburt sein und unbescholtene Eltern haben. Die Lehrzeit betrug drei Jahre. Die „ausgestandenen“ Lehrlinge wurden feierlich zu Gesellen ernannt und mussten dann wie andere Handwerkergesellen auf Wanderschaft gehen. Erst nach ihren Wanderjahren, in denen sie die Welt und ihr Handwerk kennen lernen sollten, konnten sie zum Müllermeister befördert werden.

SOMMERMITTAG

Nun ist es still um Hof und Scheuer,
Und in der Mühle ruht der Stein;
Der Birnenbaum mit blanken Blättern
Steht regungslos im Sonnenschein.

Die Bienen summen so verschlafen;
Und in der offnen Bodenluk,
Benebelt von dem Duft des Heues,
Im grauen Röcklein nickt der Puk.

Der Müller schnarcht und das Gesinde,
Und nur die Tochter wacht im Haus;
Die lachet still, und zieht sich heimlich
Fürsichtig die Pantoffeln aus.

Sie geht und weckt den Müllerburschen,
Der kaum den schweren Augen traut:
„Nun küsse mich, verliebter Junge;
Doch sauber, sauber! Nicht zu laut.“

Theodor Storm

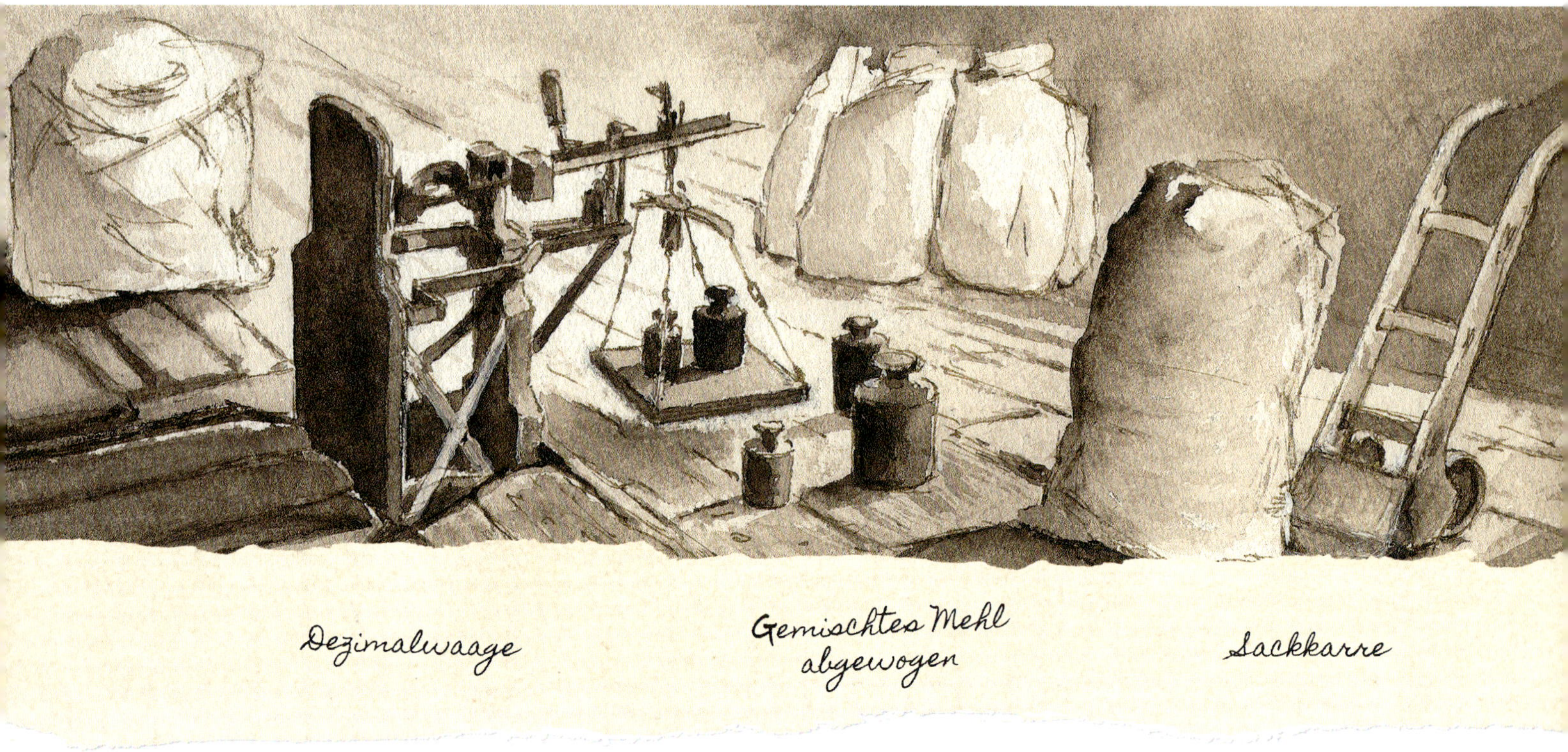

WAS DER MÜLLER MAHLT

Fein gemahlenes Mehl ist das wichtigste, aber nicht das einzige Produkt der Mühle. Je nachdem, wie fein oder grob die Getreidekörner zerkleinert werden, entstehen Graupen, Grütze, Futterschrot oder Grieß.

Die Feinheit des Mehls wird bestimmt, indem man Mehl verbrennt und die Asche wiegt. Je weniger Ascherückstände anfallen, desto feiner ist das Mehl, was durch eine Kennzahl ausgedrückt wird:

Weizenmehl Type 405: Dies ist das meistverwendete Mehl in Deutschland. Es ist ein sehr feines Kuchenmehl und für die meisten Backwaren im Haushalt geeignet.

Weizenmehl Type 550: Dieses Mehl ist kleberstark und insbesondere für fast alle Brotsorten und Hefeteige, auch Blätterteige, sehr gut geeignet.

Weizenmehl Type 1050 ist ein kräftiges braunes Mehl, das dem Vollkornmehl ähnelt, aber in seinen Nährwerten nicht an jenes heranreicht.

Weizenvollkornmehl besitzt als einziges Mehl noch alle Inhaltsstoffe des ganzen Weizenkorns.

WAS DER MÜLLER NICHT MAG

In Roggenfeldern tritt manchmal ein Getreidepilz auf, der eines der gefährlichsten Pflanzengifte enthält: Mutterkorn. Mutterkörner sind schwarz und ähneln in der Form den Getreidekörnern.

Mutterkörner müssen in der Mühle sorgfältig aus dem Getreide entfernt werden, da bereits kleine Mengen zu Vergiftungserscheinungen führen können. Die Vergiftung äußert sich durch Gliederschmerzen, Lähmungen, Durchblutungsstörungen bis hin zum Tod. Im Mittelalter, aber auch noch in der Neuzeit, fielen immer wieder viele Menschen diesem Nervengift zum Opfer.

DAS WANDERN IST DES MÜLLERS LUST

Das Wandern ist des Müllers Lust,
das Wandern ist des Müllers Lust,
das Wandern.
Das muss ein schlechter Müller sein,
dem niemals fiel das Wandern ein,
dem niemals fiel das Wandern ein,
das Wandern, das Wandern.

Vom Wasser haben wir's gelernt,
vom Wasser haben wir's gelernt,
vom Wasser.
Das hat nicht Ruh bei Tag und Nacht,
ist stets auf Wanderschaft bedacht,
ist stets auf Wanderschaft bedacht,
das Wasser, das Wasser.

Das sehn wir auch den Rädern ab,
das sehn wir auch den Rädern ab,
den Rädern,
die gar nicht gerne stille stehn
und sich mein Tag nicht müde drehn,
und sich mein Tag nicht müde drehn,
die Räder, die Räder.

Die Steine selbst, so schwer sie sind,
die Steine selbst, so schwer sie sind,
die Steine.
Sie tanzen mit den muntern Reih'n
und wollen gar noch schneller sein,
und wollen gar noch schneller sein,
die Steine, die Steine.

O Wandern, Wandern, meine Lust,
o Wandern, Wandern, meine Lust,
o Wandern.
Herr Meister und Frau Meisterin,
lasst mich in Frieden weiterziehn,
lasst mich in Frieden weiterziehn,
und wandern, und wandern.

Dachhaube mit Kammrad, Flügelwelle, Kronrad und Rollenlager

Hölzernes Rollenlager

Holländer-Windmühle

ÜBER MÜLLER UND MÜHLEN

Müller und Mühle waren offensichtlich mehr als andere Berufsstände ein beliebtes Thema für allerlei Geschichten und Sagen.

WIE EIN SCHILDBÜRGER MIT EINEM MÜHLSTEIN AM HALSE HINWEGLIEF

Einst hatten die Schildbürger eine Mühle gebaut. Den Mühlstein, den sie dazu brauchten, schlugen sie in einer Steingrube los, hoch oben auf einem Berg. Als sie ihn mit großer Mühe und Plage den Berg hinabgetragen hatten, fiel ihnen ein, wie einfach es damals mit den Bauhölzern gegangen war, die sie für ihr Rathaus gebraucht hatten. Und sie sprachen untereinander: „Was sind wir doch für Narren, dass wir uns so plagen! Mit viel weniger Mühe hätten wir dasselbe ausrichten können. Wir wollen doch den Stein wieder hinaufbalgen und ihn selbst hinablaufen lassen wie damals das Bauholz." Sie schleppten also den Stein mit viel größerer Mühe den Berg wieder hinauf.

Als sie ihn gerade hinabstoßen wollten, sagte einer der Schildbürger: „Wie sollen wir aber wissen, wohin er gelaufen ist? Unten ist ja niemand, der es uns sagen könnte." Doch der Schultheiß wusste Rat: „Einer von uns muss seinen Kopf durch das Loch stecken und mit hinablaufen." Die Mühlsteine haben nämlich in der Mitte ein großes Loch. So wurde einer gewählt, der seinen Kopf durch das Loch stecken und mit hinablaufen musste. Am Fuße des Berges war ein tiefer Fischweiher. Da hinein plumpste der Stein samt dem Schildischen. Nun hatte die Gemeinde beide verloren, denn keiner wusste, wo sie geblieben waren.

Sie argwöhnten aber, dass der Geselle mit dem Mühlstein entlaufen sei und hielten ihn für einen Dieb. In allen umliegenden Städten, Dörfer und Flecken ließen sie deshalb öffentliche Briefe anschlagen. Wo sich einer mit einem Mühlstein am Halse blicken ließe, sollte man ihn festnehmen, denn er habe Gemeingut gestohlen. Derweil lag der arme Teufel im Weiher und war tot. Die schwere Last hatte ihn dermaßen gedrückt und so tief hinuntergezogen, dass er keinem mehr zu verstehen geben konnte, wie gern er ihnen ihr Eigentum wieder zurückgegeben hätte. Nur hatte er eben mehr Wasser saufen müssen, als ihm lieb war.

DIE TEUFELSMÜHLE

Eine von den Brüdern Grimm herausgegebene Sage

Auf dem Gipfel des Rammberges im Haberfeld liegen teils zerstreute, teils geschichtete Granitblöcke, welche man des Teufels Mühle heißt. Ein Müller hatte sich am Abhang des Bergs eine Windmühle erbaut, der es aber zuweilen an Wind fehlte. Da wünschte er sich oft eine, die oben auf dem Berggipfel stünde und beständig im Gang bliebe. Von Menschenhänden war sie aber unmöglich zu erbauen. Weil der Müller keine Ruh darüber hatte, erschien ihm der Teufel, und sie dingten lange miteinander. Endlich verschrieb ihm der Müller seine Seele gegen dreißig Jahre langes Leben und eine tadelfreie Mühle von sechs Gängen auf dem Gipfel des Rammbergs, die aber in der nächstfolgenden Nacht vor Hahnenschrei fix und fertig gebaut sein müsste. Der böse Feind war das zufrieden und begann den Bau zur gesetzten Zeit; da aber der Müller aus der geschwinden Arbeit merkte, dass noch vor dem Ziel alles vollendet sein könnte, so setzte er den schon fertig daliegenden Mühlstein insgeheim auf die runde Seite und ließ ihn den Berg hinablaufen. Wie das der Teufel sah, dachte er noch den Stein zu haschen und sprang ihm nach. Allein der Mühlstein tat einen Satz stärker als den andern, so dass ihm der Böse nicht folgen konnte, sondern ganz bergab musste, eh er ihn zu fassen bekam. Nun mühte er sich, ihn schnell wieder bergan zu wälzen, und noch hatte er ihn nicht ganz oben, als der Hahn krähte und den Vertrag zunichte machte. Wütend fasste der böse Feind das Gebäude, riss Flügel, Räder und Wellen herab und streute sie weit umher, um dem Müller, der eine beinah fertige Mühle umsonst zu erhalten glaubte, das Wiederaufbauen zu vereiteln. Dann schleuderte er auch die Felsen, dass sie den Rammberg bedeckten. Nur ein kleiner Teil der Grundlage blieb stehen zum Angedenken seiner Mühle. Unten am Berge soll noch ein großer Mühlstein liegen.

„Unser täglich Brot gib uns heute."

Vaterunser

DER BÄCKER

ZUR GESCHICHTE

Brot ist sicherlich eines der ältesten vom Menschen zubereiteten Nahrungsmittel. Schon etwa 6000 v. Chr. fertigte man aus zerstampften Getreidekörnern einen dicken Brei an, der dann in Fladenform auf heißen Steinen zu einer Art Brot geröstet wurde. Heute umfasst das Brotsortiment in Deutschland über 300 verschiedene Brotsorten, mehr als in jedem anderen Land der Erde.

Spätestens 2000 v. Chr. war in Ägypten der Sauerteig bekannt. Damals gab es schon erstaunlich viele verschiedene Brotsorten, und unter den Dienern der hohen Beamten und der ägyptischen Oberschicht befanden sich Leute, die auf das Backen von Brot spezialisiert waren.

In Mitteleuropa wird der Beruf des Bäckers etwa seit dem späten 8. Jahrhundert ausgeübt. Zunächst waren es aber überwiegend Leibeigene und Knechte, die für Grundherren oder Klöster arbeiteten. Der Berufsstand des Bäckers entwickelte sich erst im 10. Jahrhundert, als die Städte größer wurden und ihre Bürger anders als die Landbevölkerung keine Möglichkeit hatten, ihr Brot selbst zu backen.

Nicht einmal jeder Bäcker hatte einen eigenen Backofen. Häufig waren es städtische Öfen, die sich mehrere Bäcker teilen mussten.

Etwa ab dem 12. Jahrhundert organisierten sich die Bäcker in Zünften. Eine Zunft war zum einen eine Interessengemeinschaft gegenüber der Obrigkeit und zum anderen eine berufsspezifische Selbstverwaltung mit weit reichenden Kompetenzen. Die Zünfte legten die Löhne, Arbeitszeiten und Preise fest. Sie stellten Qualitäts- und Gewichtsnormen und Richtlinien für die Lehrlingsausbildung auf, und sie überprüften auch deren Einhaltung. Ohne Zulassung durch die Zunft konnte kein Handwerker seinen Beruf ausüben, und jeder Verstoß gegen die Zunftordnung wurde empfindlich bestraft.

Eine der Strafen war das so genannte Bäckerschupfen. Ein Bäcker, dessen Brot zu leichtgewichtig oder mit schlechtem Mehl gebacken war, wurde zum öffentlichen, fast einem Volksfest gleichenden Bäckerschupfen verurteilt. Er wurde im offenen Wagen zu einem Tümpel oder Fluss gefahren, in einen hölzernen Käfig gesperrt und mittels einer langen Stange mehrmals in das schmutzige Wasser

Das Zunftzeichen lädt zum Betreten des Bäckerladens ein …

… wo die duftende Ware zur Auswahl bereit liegt.

getaucht. Diese Art der Bestrafung wurde jahrhundertelang beibehalten. Dokumentiert ist ihre Einführung unter anderem in Regensburg im Jahr 1320 und ihre Abschaffung in Wien im Jahr 1773.

In manchen Gegenden Deutschlands haben sich auch noch andere, frühere Bezeichnungen für den Bäcker erhalten: Das Wort „Beck“ steht für die ältere Schreibweise „Becker“, und die Berufsbezeichnung „Pfister“ (vom lateinischen „pistor“) existiert zum Beispiel noch in dem Firmennamen „Hofpfisterei“, einer bekannten Münchner Bäckerei, deren Mühle erstmals im Jahr 1331 urkundlich erwähnt ist. Der Pfister-Meister nahm damals eine Sonderstellung unter den Bäckern ein: Er durfte nicht nur backen, sondern auch selbst mahlen.

Mit der zunehmenden Verbreitung des Bäckerberufs ging eine Spezialisierung einher: Es entstanden die Berufe der Schwarzbäcker, Weißbäcker, Lebküchner, Pfefferküchler, Hartbäcker usw. Letztere produzierten in den Hansestädten den Schiffszwieback. Viele dieser Spezialbäcker bildeten ihre eigenen Zünfte und achteten streng darauf, dass kein zunftfremder Bäcker sich an ihren Spezialprodukten vergriff.

Zu Beginn des 19. Jahrhunderts kam es zur Auflösung der Zünfte. Es wurde die Gewerbefreiheit, nach der jeder seinen Beruf frei wählen konnte, eingeführt. An die Stelle der Zünfte traten die Innungen als Gewerbevereine.

Die Produktionsmethoden der Bäcker hatten sich über Jahrhunderte hinweg kaum verändert. Erst nach der Einführung der Kraftmaschinen konnten Geräte entwickelt werden, die den Bäckern einiges an Handarbeit abnahmen. Und erst nach dem Zweiten Weltkrieg entstanden in Deutschland Maschinen, die wesentliche Arbeitserleichterungen darstellten und die sich bis heute zu fast industriellen Produktionsanlagen entwickelt haben.

Nichtsdestoweniger ist handwerkliches Können, das der Kunde durchaus wahrnimmt, für das erfolgreiche Betreiben einer Handwerks-Bäckerei immer noch sehr wichtig.

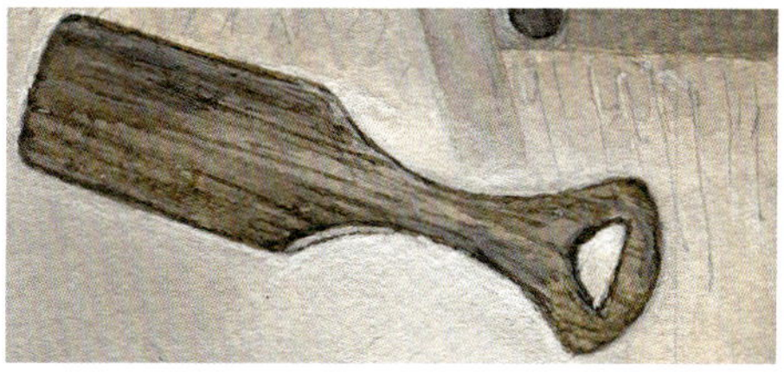

Am Abend vor dem Backtag werden Roggenmehl, Wasser und Salz verknetet.

Dann muss der Teig aufgehen. Danach wird er mit den Händen abgestochen …

… und bekommt eine runde Form.

DAS ZUNFTZEICHEN DER BÄCKER

Das vermutlich älteste Wappen der Bäckerzunft stammt aus dem Jahr 1111. Es enthält bereits die Brezel als Zunftzeichen. Wie die Brezel entstand und warum ausgerechnet sie in das Wappen gelangte, ist nicht bekannt. Es gibt hierzu nur Vermutungen und natürlich eine Reihe Anekdoten und Geschichten.

Eine der Vermutungen stützt sich auf das althochdeutsche „Brezitella“, was so viel wie „Ärmchen“ bedeutet. Das heißt, die Brezel könnte zwei verschränkte Arme symbolisieren und das wiederum könnten dann zwei betende Arme sein.

Die nachfolgend wiedergegebene Anekdote, deren Quelle unbekannt ist, ist eine von mehreren ähnlichen Geschichten, in denen die Brezel als „Erfindung in höchster Not“ erzählt wird.

Die Teiglinge sind nun für das Backhaus fertig.

Hier werden sie in den Ofen geschoben.

Vor dem Ende der Backzeit werden die Brote mit Salzwasser bestrichen. Davon bekommt die Kruste einen schönen Glanz.

ANEKDOTE ÜBER DIE ENTSTEHUNG DES ZUNFTZEICHENS DER BÄCKER

Eines Tages vergaß ein junger Bäckerbursche des Fürsten bei der Herstellung des Brotteiges das dafür notwendige Salz. Dadurch hatte das Brot einen ganz faden Geschmack. Als Strafe für seine Nachlässigkeit wurde der Bäckersbursche am Hofe zum Tode verurteilt. Er sollte den Löwen zum Fraß vorgeworfen werden. Der Junge flehte und bettelte um sein Leben, er bat um Gnade, mit dem Hinweis, er sei doch so jung und möchte den Fehler wieder gut machen. Der Fürst hatte Mitleid und wollte ihm sein Leben schenken, wenn er ein Gebäck erfindet, durch das die Sonne dreimal durchscheint.

In seiner Todeszelle bekam er Teig, um solch ein Gebäck herzustellen. Schaffte er es nicht, sollte er zum nächsten Mondwechsel den Löwen zum Fraß vorgeworfen werden. Tag und Nacht versuchte es der Bäckersbursche und probierte dies und jenes, aber so ein Gebäck konnte er einfach nicht herstellen. Auf dem Zellengang hörte er schon die Schritte der Henker, denn der Mondwechsel stand bevor. Auf dem Tisch hatte er aus Teig einen langen, dünnen Teigstrang geformt.

Da er bereits alle Hoffnungen aufgegeben hatte, ein Gebäck, durch das die Sonne dreimal durchscheint, herzustellen, wischte er mit der rechten Hand den Teigstrang vom Tisch. Die Zellentür ging auf und die Henker erblassten und staunten: Vor ihren Füßen lag das Gebäckstück, durch das die Sonne dreimal durchscheinen kann: die Brezel.

Das Leben des jungen Burschen war gerettet, und die Bäcker nahmen die „Brezel“, die von zwei Löwen gehalten wird, als ihr Zunftzeichen.

Ein heute noch benutzter Backofen in Franken.

Reisig, Knüppel und Scheite zum Anheizen des Backofens. Auf dem Korb liegt ein Ascheraker zum Herausholen der glühenden Asche.

GETREIDEARTEN

Alle Getreidearten gehören botanisch zu den Gräsern. Das Getreidekorn ist der Samen der Pflanze. Nach der Zeit der Aussaat unterscheidet zwar der Bauer zwischen Winter- und Sommergetreide, aber für den Bäcker spielt diese Unterscheidung keine Rolle.

Weizen ist die vielleicht wichtigste Getreideart. Man kennt heute über 12 000 Weizensorten, die je nach Klima, Bodenverhältnissen oder Verwendung der Körner zur Aussaat gelangen. Weizen ist sehr gut zum Mahlen und Backen, ganz besonders zum Backen von Kuchen, geeignet.

Weizen ist ein sehr hochwertiges Nahrungsmittel. Allerdings liegen die wertvollsten Stoffe in den Randschichten des Korns, die in der Mühle als Kleie abgesondert und zu Tierfutter verarbeitet werden. In Vollkorn-Produkten sind die wichtigen Vitamine und Mineralien noch erhalten.

Eine Unterart des Weizens ist der Hartgrießweizen. Wegen seiner Härte und glasigen Struktur wird er überwiegend in der Teigwarenfabrikation verwendet.

Roggen wird zwar in sehr viel geringeren Mengen als Weizen angebaut, ist aber an einigen Nährstoffen noch reicher als dieser. Da das Roggeneiweiß eine geringere Klebefähigkeit als Weizen besitzt, ist Brotteig aus Roggenmehl für den Bäcker schwieriger bzw. nur in Form von Sauerteig zu verarbeiten. Bei den Kunden ist jedoch der herzhafte Geschmack und die gute Haltbarkeit von Roggenbrot hoch geschätzt. Zunehmender Beliebtheit erfreuen sich auch Roggen-Mischbrote.

Für Roggenbrot wird stets Sauerteig verwendet. Das Brot ist daher besonders bekömmlich und für die Verdauung förderlich, vor allem, wenn es mit Kümmel, Fenchel oder Koriander – Gewürze, die man allerdings mögen muss – angereichert ist.

Auch der Segen vor dem Backen darf nicht fehlen.

Nach dem Backen erfolgt das Abkühlen der fertigen Brote. Oft werden sie gleich frisch vom Brett gekauft.

Hafer war bis in die Mitte des 18. Jahrhunderts für die Masse der Bevölkerung ein außerordentlich wichtiges Nahrungsmittel. In den Zeiten, als Brot für die einfachen Leute zu teuer war, bestanden deren Mahlzeiten zum großen Teil aus Haferbrei. Erst als Brot billiger wurde und die Kartoffel angebaut wurde, verlor der Hafer an Bedeutung. Heute wird Hafer überwiegend als Futtermittel angebaut.

Dabei ist Hafer außerordentlich reich an Eiweiß und wertvollen Vitaminen. Hafererzeugnisse sind darüber hinaus sehr gut verdaulich und spielen deshalb in der Säuglingsernährung eine wichtige Rolle. Zur Brotherstellung ist Hafer jedoch ungeeignet, außer als Beimischung in Form von Haferflocken.

Hafer gilt als Muntermacher, der die schlechte Laune vertreiben und die Konzentrationsfähigkeit erhöhen soll. Vielleicht werden deshalb Haferflocken zum Frühstück als Start in den Tag so sehr empfohlen.

Gerste ist eine sehr früh reifende Getreideart und wird daher gern in nördlicheren Ländern angebaut, zum Beispiel in Schottland, wo sie die Grundsubstanz für die Herstellung von Whisky bildet, aber auch als Brotgetreide angebaut wurde.

Reines Gerstenbrot findet man heute eher selten. Als Beimischung wird Gerstenmehl dagegen verwendet. Im Wesentlichen dient die Gerste jedoch als Futtermittel und als Braugerste zur Bierherstellung. Auch Graupen und Grützen werden aus Gerste hergestellt.

Dinkel, eine frühe Art des Weizens, ist deutlich nährstoffreicher als die heutigen Weizensorten. Er enthält viel Kieselsäure, die für Haut, Haare und Fingernägel wichtig ist. Da sein Eiweiß beste Klebefähigkeiten besitzt, ist Dinkel sehr gut zum Backen geeignet.

Reines Dinkelbrot wird eher selten angeboten. Die meisten Bäcker mischen Dinkel mit Weizen.

Hirse wurde schon vor 2500 Jahren in China angebaut und war bei uns lange Zeit als „Brot des kleinen Mannes“ sehr verbreitet. In manchen afrikanischen und asiatischen Ländern ist die sehr anspruchslose Hirse heute noch ein Hauptnahrungsmittel.

Zum Backen von Brot ist Hirse nur in Verbindung mit anderen Getreidearten geeignet.

WAS IST SAUERTEIG?

Brot aus Sauerteig ist nicht nur sehr würzig und wohlschmeckend, sondern auch gesundheitlich außerordentlich wertvoll. Der Sauerteig, der schon im alten Ägypten bekannt war, bewirkt, dass bestimmte Mineralien vom menschlichen Körper besser aufgenommen werden.

Wenn man einen Brei aus Roggenmehl und Wasser einige Tage ruhen lässt, wird er von Milchsäurebakterien und Hefepilzen befallen und beginnt zu gären: Es entsteht Sauerteig.

Der Bäcker überlässt es natürlich nicht dem Zufall, wann und durch welche Bakterien der Gärprozess angeregt wird.

Er verwendet spezielle Milchsäurebakterien und Hefekulturen für eine kontrollierte Gärung, um eine stets gleich bleibende Teigqualität zu erzielen. Die Lockerheit des Teigs wird durch die bei der Gärung entstehenden Kohlendioxidbläschen („Kohlensäure") bewirkt.

Üblicherweise wird von dem fertigen Sauerteig, der zu Brot weiterverarbeitet wird, ein Teil entnommen und als „Starthilfe" für einen neuen Sauerteig verwendet. Eine einmal angesetzte Sauerteigkultur kann tiefgefroren oder sogar getrocknet und später mit Wasser, Mehl und Wärme wieder reaktiviert werden, ohne dass dabei ihre speziellen Eigenschaften verloren gehen.

HEFE

Backhefe ist als Mittel zur Lockerung des Teigs eine Alternative zum Sauerteig. Für Kuchenteig wird als Triebmittel immer nur Hefe (Hefekuchen!) verwendet. Die in Würfeln abgepackte Bäckerhefe wurde ursprünglich aus Stämmen von Bierhefe gezüchtet und kultiviert. Sie zeichnet sich durch besonders hohe Triebkraft aus.

Brötchen backen ist eine Tätigkeit für sehr frühe Aufsteher.

Längsschnitt durch einen modernen Etagenbackofen

DAS BROT

Ich selber war ein Weizenkorn.
Mit vielen, die mir anverwandt,
lag ich im lauen Ackerland.
Bedrückt von einem Erdenkloß,
macht' ich mich mutig strebend los.

Gleich kam ein alter Has' gehupft
und hat mich an der Nas' gezupft,
und als es Winter ward, verfror,
was peinlich ist, mein linkes Ohr,
und als ich reif mit meiner Sippe,
o weh, da hat mit seiner Hippe
der Hans uns rundweg abgesäbelt
und zum Ersticken festgeknebelt
und auf die Tenne fortgeschafft,
wo ihrer vier mit voller Kraft
im regelrechten Flegeltakte
uns klopften, dass die Scharte knackte!

Ein Esel trug uns in die Mühle.
Ich sage dir, das sind Gefühle,
wenn man, zerrieben und gedrillt
zum allerfeinsten Staubgebild',
sich kaum besinnt und fast vergisst,
ob Sonntag oder Montag ist.

Und schließlich schob der Bäckermeister,
nachdem wir erst als zäher Kleister
in seinem Troge bass gehudelt,
vermengt, geknebelt und vernudelt,
uns in des Ofens höchste Glut.
Jetzt sind wir Brot. Ist das nicht gut?

Frischauf, du hast genug, mein Lieber,
greif zu und schneide nicht zu knapp
und streiche tüchtig Butter drüber
und gib den andern auch was ab!

Wilhelm Busch

BACKWAREN

Brot ist das wichtigste Erzeugnis des Bäckers, das es in Deutschland so vielfältig wie in keinem anderen Land der Erde gibt:

Weizenbrot wird aus Weizenmehl hergestellt. Dabei ist ein Roggenanteil von bis zu 10 Prozent erlaubt. Bei Roggenbrot ist es genau umgekehrt: Hier beträgt der Roggenanteil mindestens 90 Prozent und der Weizenanteil maximal 10 Prozent. Dazwischen liegen Mischbrote: Weizenmischbrot enthält mindestens 50 Prozent Weizen und Roggenmischbrot mindestens 50 Prozent Roggen.

Weißbrot ist Brot, das aus gesiebtem und daher besonders hellem Weizenmehl – ohne Zusatz von Roggenmehl – gebacken wird. Da Sauerteig für Weizenmehl weniger geeignet ist, verwendet man als Triebmittel zur Lockerung des Teigs Backhefe. Weißbrot gibt es in vielerlei Formen, wobei die kleinen „Brötchen", Semmeln oder die Stangenform des französischen Baguette besonders beliebt sind. Zu letzterem darf ein süddeutscher Bäcker zitiert werden, der hier ein Backgeheimnis verrät:

„Manche backen ein Baguette in nur zwei Stunden. Geschwindigkeit ist zwar in der Formel 1 der Schlüssel zum Erfolg, nicht jedoch beim Backen. Wir geben dem Baguette die Zeit, die es zur Entfaltung des köstlichen Geschmacks benötigt – ca. sechs Stunden – und lassen keine Maschinen ran. Das berühmte ‚Elsässer' entsteht in reiner Handarbeit."

Vollkornbrot wird aus ganzem Korn zubereitet, das nicht von den Randschichten (der Kleie) befreit wurde. Da sich in den Randschichten die meisten Nährstoffe, Fette und Ballaststoffe befinden, ist Vollkornbrot gesundheitlich besonders wertvoll. Andererseits verliert das Vollkornbrot durch die Fette, die ranzig werden können, an Haltbarkeit.

Bauernbrot ist keine besondere Brotart, sondern unterscheidet sich vom normalen Sauerteigbrot nur durch sein besonderes Backverfahren im traditionell handgemauerten Steinbackofen. Der Backvorgang verlangt viel handwerkliche Erfahrung, um die wunderbare, kräftige Kruste des Bauernbrotes zu erhalten.

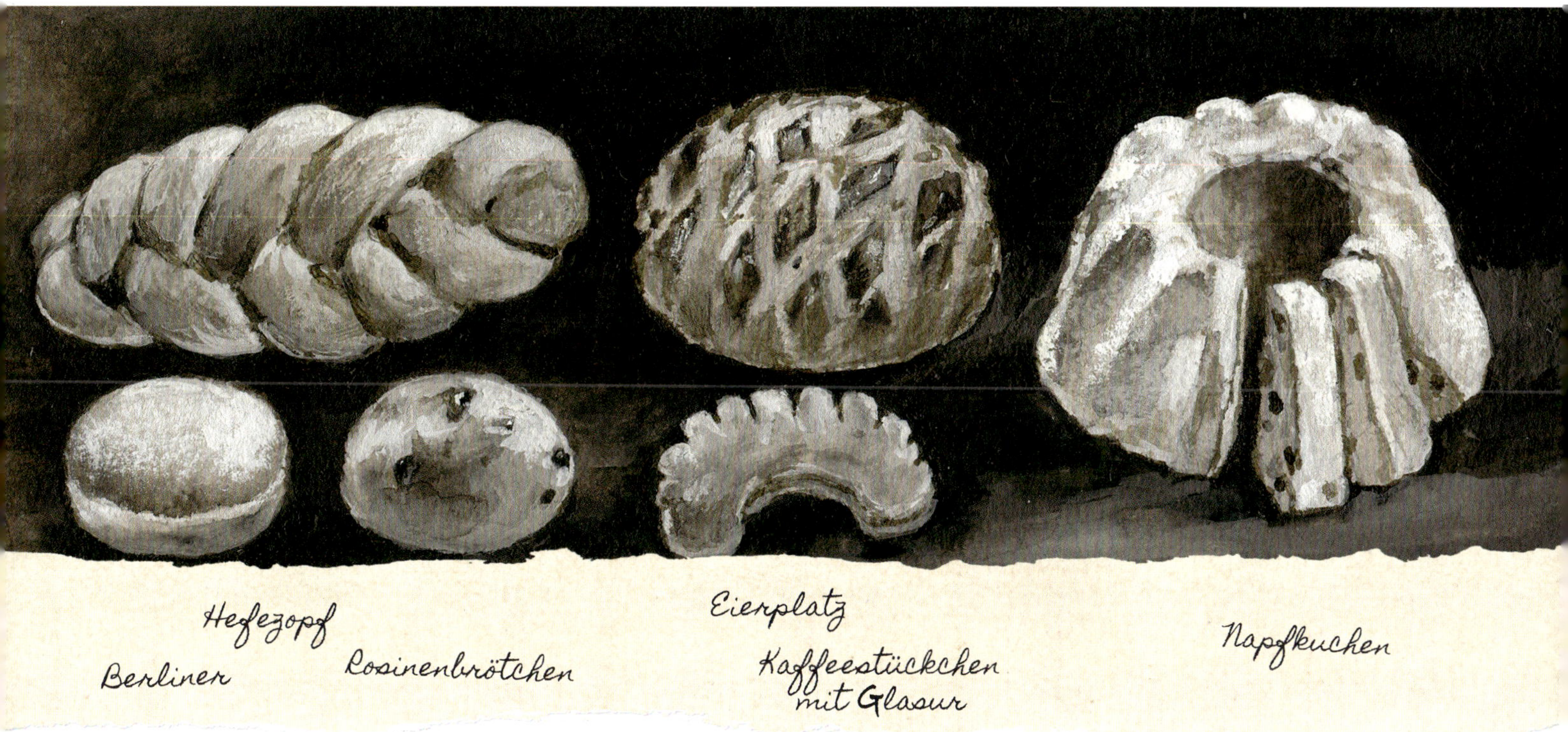

KUCHEN UND TORTEN

Die **Laugenbrezel** hat regional einige weitere Namen: Breze, Bretzel, Brezl, in Südbayern Brezn oder als Augsburger Spezialität Brezg. Für die traditionelle Laugenbrezel werden der Teig aus Weizenmehl angesetzt und die fertig geformte Brezel vor dem Backen für kurze Zeit in Natronlauge getaucht und mit grobem Salz bestreut. Durch die Lauge erhält die gebackene Brezel ihre typische braune Färbung und ihren besonderen Geschmack.

Eine besondere Kunst ist offenbar das Schlingen von Brezeln, für das die Bäcker eine besondere Wurftechnik anwenden. Angeblich soll es aber jahrelange Übung erfordern, eine perfekte Brezel zu formen.

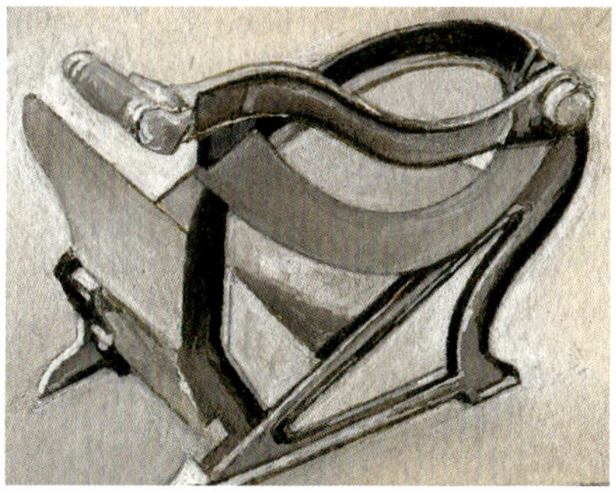

Kuchen und Torten werden heute überwiegend vom Konditor hergestellt, sind aber ursprünglich auch Waren des Bäckers.

Dass die **Schwarzwälder Kirschtorte** im Schwarzwald entstanden ist, lässt sich nicht nachweisen. Aber neben der Kuckucksuhr ist sie der berühmteste Exportschlager dieser Region. Und das Wichtigste an einer Schwarzwälder Kirschtorte ist weder die Schokolade noch das Sahnehäubchen, sondern das echte Schwarzwälder Kirschwasser.

Die **Sachertorte** ist vielleicht die berühmteste Torte der Welt. Sie wurde 1832 von dem Wiener Franz Sacher erfunden. Dieser sollte als Lehrling in Vertretung seines erkrankten Meisters ein Dessert für die Gäste seines Herren, des Fürsten Metternich, liefern. Franz Sacher kreierte eine zarte Schokoladentorte mit Marillenmarmelade und traf offensichtlich voll den Geschmack seiner Herrschaft. Als Sacher dann ausgelernt hatte und sich selbstständig machte, begann der Siegeszug seiner Torte, von der im Jahr 2001 das Haus Sacher 375 000 Stück verkaufte.

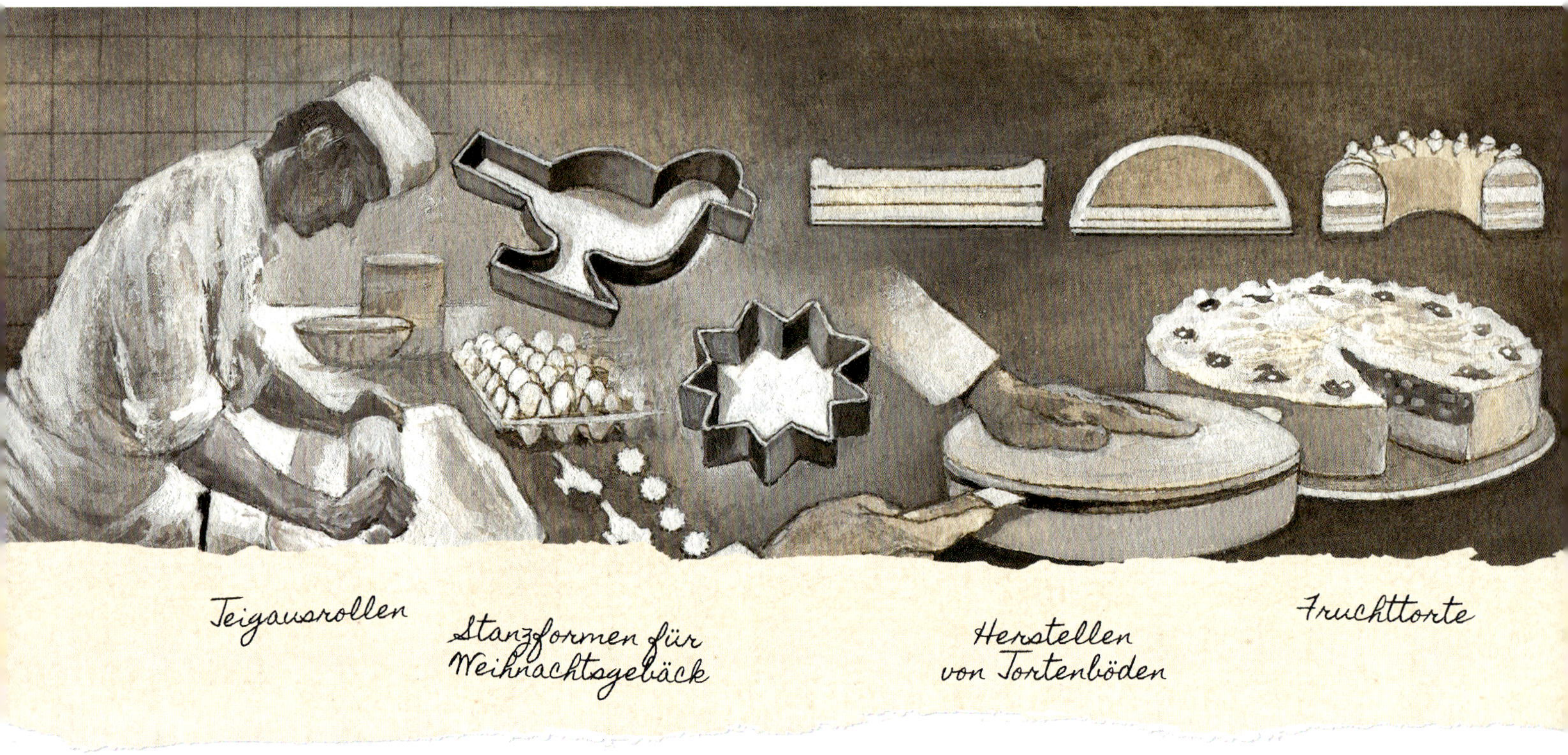

DER CHRISTSTOLLEN

Der Vorläufer des heutigen bekannten Christstollens war ein Fastengebäck, das in den Backstuben der Klöster entstanden ist. Erstmals ist das Gebäck 1330 in Naumburg erwähnt. Nicht viel später gehörte der Christstollen auch in Dresden zu den Erzeugnissen des Bäckerhandwerks. Seitdem gilt Dresden als die Heimat des berühmtesten Christstollens.

Ab dem Jahr 1560 war es in Dresden Tradition, dem Landesherren zu Weihnachten einen Stollen zu backen. Den größten jemals gebackenen Stollen bekam August der Starke. Das Gebäck soll 1800 kg gewogen und zur Speisung von 24 000 Personen gereicht haben.

Als Fastengebäck war der Christstollen ursprünglich nur aus einfachsten Zutaten, Hafer, Öl und Wasser, zubereitet, war also sicherlich keine Delikatesse. Zur Verbesserung des Geschmacks erwirkte man in Dresden im Jahr 1647 die päpstliche Genehmigung, für den Stollen Butter zu verwenden. Begründet wurde die Umstellung freilich mit dem Argument der Ölknappheit, weil in Sachsen ja keine Ölbäume gediehen.

NÜRNBERGER LEBKUCHEN

Die Ursprünge des Lebkuchens liegen in den Klöstern des 11. Jahrhunderts, wo man den Honig der Waldbienen für die Herstellung von Honigkuchen nutzte. Honig war zwar selten, aber wegen seiner Bekömmlichkeit und Nährkraft außerordentlich geschätzt. Die Bezeichnung Lebkuchen leitet sich von „Honig-Laib“ (rundes Stück) ab.

Die Gegend um Nürnberg war wegen ihrer geologischen und klimatischen Bedingungen für die Bienenzucht besonders gut geeignet und als „Bienengarten“ weithin bekannt. So entstand hier ein Zentrum der Honig- bzw. Lebkuchenbäckerei, die im 16. Jahrhundert einen gewaltigen Aufschwung erlebte. Der einfache Honigkuchen wurde mit Gewürzen angereichert und entwickelte sich zu den berühmten, würzigen Nürnberger Lebkuchen, deren genaue Rezepte heute noch streng geheim gehalten werden.

Der berühmteste der Nürnberger Lebkuchen ist nach der Burggräfin Elise benannt, einer begeisterten Kundin aus der Mark Brandenburg.

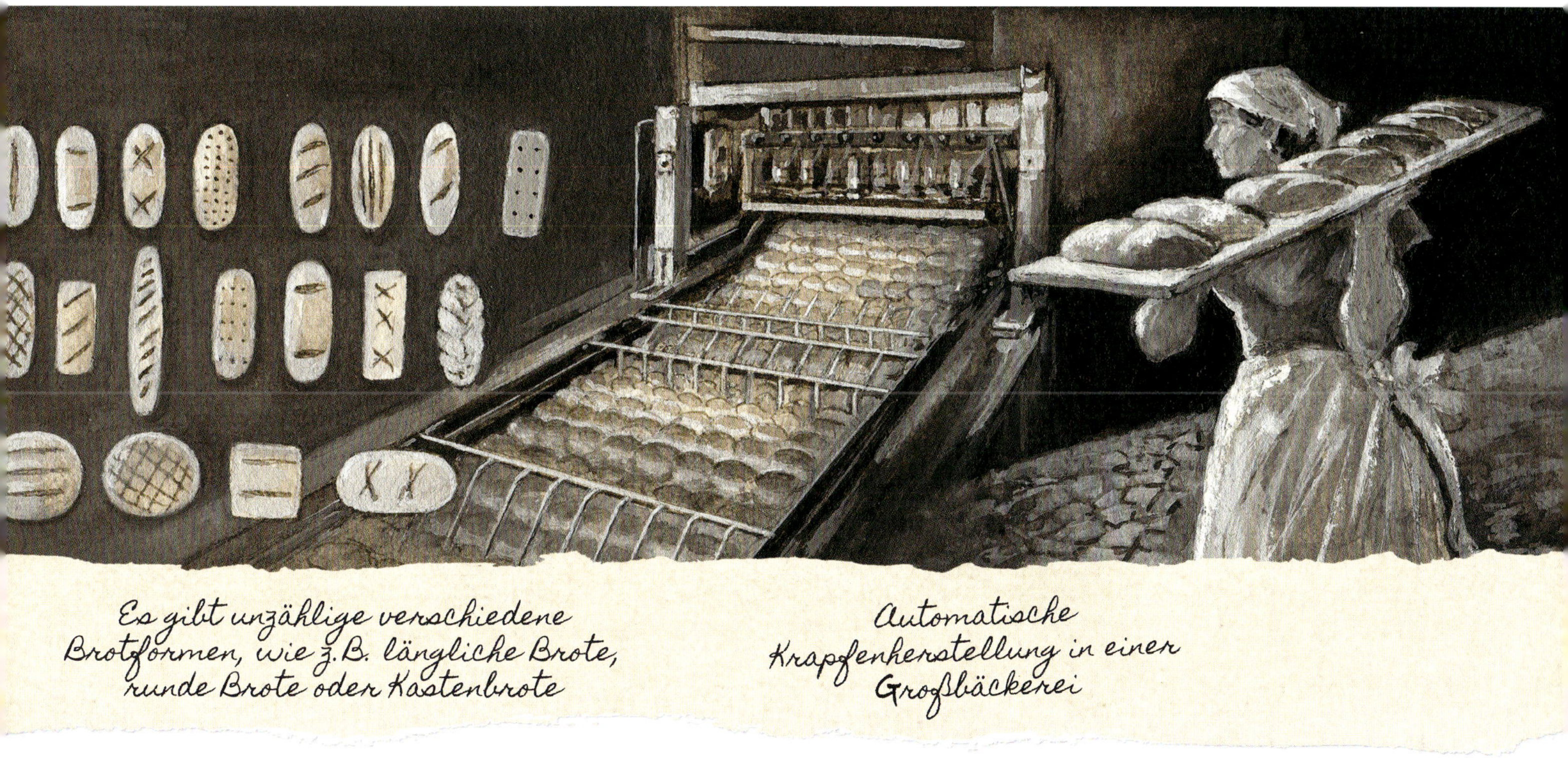

WIE EULENSPIEGEL EINEN BROTBÄCKER UM EINEN SACK VOLL BROT BETROG

„Lieber Gott, hilf", dachte Eulenspiegel, „wie soll ich die Mutter beruhigen? Wo soll ich Brot herbekommen für ihr Haus?" Und er ging aus dem Flecken, in dem seine Mutter wohnte, in die Stadt Staßfurt. Dort fand er eines reichen Brotbäckers Laden, ging hinein und fragte, ob der Bäcker seinem Herrn für zehn Schillinge Roggen- und Weißbrot schicken wolle. Er nannte den Namen eines Herren aus der Gegend und sagte, sein Herr sei hier zu Staßfurt, und benannte auch die Herberge, in der er sei. Der Bäcker solle einen Knaben mit in die Herberge zu seinem Herren schicken, dort wolle er ihm das Geld geben.

Nun hatte Eulenspiegel einen Sack mit einem verborgenen Loch. In diesen Sack ließ er sich das Brot zählen. Und der Bäcker sandte einen Jungen mit Eulenspiegel, um das Geld zu empfangen. Als Eulenspiegel einen Armbrustschuss weit von des Brotbäckers Haus war, ließ er ein Weißbrot aus dem Loch in den Dreck der Straße fallen. Da setzte Eulenspiegel den Sack nieder und sprach zu dem Jungen: „Ach, das besudelte Brot darf ich nicht vor meinen Herrn bringen. Lauf rasch damit wieder nach Haus und bring mir ein anderes Brot dafür! Ich will hier auf dich warten." Der Junge lief hin und holte ein anderes Brot. Inzwischen ging Eulenspiegel weiter und kam heim ans Haus seiner Mutter.

Als der Bäckerjunge mit dem Brot wiederkam, war Eulenspiegel mit den Broten verschwunden. Da rannte der Junge zurück und sagte das dem Bäcker. Der Brotbäcker lief sogleich zu der Herberge, die ihm Eulenspiegel genannt hatte. Doch dort fand er niemanden, sondern sah, dass er betrogen worden war.

Eulenspiegel brachte seiner Mutter das Brot nach Hause und sagte: „Schau her und iss, dieweil du etwas hast, und faste mit Sankt Nikolaus, wenn du nichts hast."

ZU GUTER LETZT

Bäcker aßen auch Fleisch. In den Annalen der Stadt Augsburg aus dem Jahre 1493 kann man nachlesen, dass der Bäckermeister Veit Gundlinger anlässlich seiner Hochzeitsfeier, die eine Woche dauerte, mit seinen 720 Gästen unter anderem 20 Ochsen, 95 gemästete Schweine, 46 gemästete Kälber, 5000 Hühner und 1000 Gänse verspeiste.

„Das Glück ist keine Dauerwurst,
von der man täglich eine Scheibe
herunterschneiden kann.“

Erich Kästner

DER FLEISCHER

ZUR GESCHICHTE

Seit frühester Zeit war der Mensch Jäger und Sammler. Er ernährte sich schon immer gleichermaßen von pflanzlichen und tierischen Produkten. Dabei spielten auch mystische Überlegungen eine Rolle. Man glaubte, wie manche Naturvölker heute noch, dass die Kraft und Klugheit der erlegten Wildtiere beim Essen auf den Menschen übertragen würden.

Als die Menschen sesshaft wurden, begannen sie auch, gefangene Wildtiere im Bereich ihrer Behausungen zu halten, um durch einen ständigen Fleischvorrat unabhängig vom momentanen Jagdglück zu werden. Die ersten „Haustiere" überhaupt waren wohl die Wildhasen. Im Gebiet des heutigen Irak wurden bereits um 8000 v. Chr. die ersten Schafe und um 6000 v. Chr. die ersten Schweine als Haustiere gehalten. Kurze Zeit später gab es auch Haus-Rinder. Das älteste Haustier Deutschlands ist das Schwein, über dessen Besitz ein Bauer des Mittelalters sehr glücklich gewesen sein muss. Denn in dieser Zeit entstanden die Glückssymbole rund um das Schwein.

Das Handwerk des Fleischers (oder Metzgers, Schlachters, Fleischhauers) ist sehr alt. In der Oberschicht des antiken Rom war der Fleischer als körperlich arbeitender Mensch jedoch nicht sonderlich angesehen, wenngleich er als Beschaffer von Fleisch unentbehrlich war. In Deutschland gehörten die Fleischer dagegen zu den angesehensten und wohlhabendsten Bürgern. Im frühen Mittelalter waren sie unter den ersten Handwerkern, die Zünfte bildeten.

Verbriefte Zunftrechte erhielten die Metzger im 13. und 14. Jahrhundert. Eines dieser Rechte war zum Beispiel, dass nur der Sohn eines Metzgers den Metzgerberuf weiter ausüben durfte. Damit schottete man sich gegenüber unerwünschter Konkurrenz ab. Die Satzungen der Zünfte waren streng, insbesondere auch in Bezug auf die geforderte Qualität. Die meisten Fleischerordnungen erlaubten die Viehschlachtung nur in den öffentlichen Schlachthäusern. Das Schlachten ohne Fleischbeschau „durch die geschworenen Meister, deren zum wenigsten zwei zugegen sein sollten", war verboten.

Entgegen manchen heutigen Vorstellungen war Fleisch neben Brot das Hauptnahrungsmittel der Bevölkerung. Aus Archiven geht hervor, dass im Jahre 1449 verarmte Münchner Bürger eine wöchentliche Fleischration von 1500 Gramm zu bekommen hatten. Das ist deutlich mehr als der heutige Pro-Kopf-Verbrauch an Fleischwaren. Erst im 18. und 19. Jahrhundert ging der Fleischverbrauch drastisch zurück und steigt seit den 1920er Jahren wieder kräftig an.

Als Schlachttiere dienten ebenso wie heute vor allem Schweine und Rinder sowie – wesentlich mehr als heute – Schafe. Auch Hühner und Gänse spielten eine wichtige Rolle. Der Gänsebraten war zwar ein Festtagsessen, aber keineswegs nur auf Weihnachten beschränkt.

BIS AUF WEITERS

Das Messer blitzt, die Schweine schrein,
Man muss sie halt benutzen,
Denn jeder denkt: Wozu das Schwein,
Wenn wir es nicht verputzen?

Und jeder schmunzelt, jeder nagt
Nach Art der Kannibalen,
Bis man dereinst „Pfui Teufel!“ sagt
Zum Schinken aus Westfalen.

Wilhelm Busch

KONSERVIEREN VON FLEISCH

In Zeiten ohne Kühlschrank war die Aufbewahrung von Fleisch ein Problem. Schon sehr frühzeitig wurden verschiedene Verfahren entwickelt, Fleisch für den Verzehr haltbar zu machen, unter anderem Pökeln, Räuchern und Trocknen an der Luft.

Pökeln ist eine sehr alte Konservierungsmethode, bei der das Fleisch mit einer speziellen Salzmischung eingerieben oder in eine entsprechende Salzlake eingelegt wird. Das Salz entzieht dem Fleisch sehr viel Feuchtigkeit und macht es so haltbarer. Gleichzeitig behält das Fleisch seine typische rote Farbe. Der Prozess des Pökelns dauert bis zu acht Wochen.

Beim **Räuchern** wird das Fleisch dem Rauch eines Holzfeuers ausgesetzt. Dabei gibt es zwei unterschiedliche Räucherverfahren:

Kalträuchern ist das klassische Verfahren, bei dem das Räuchergut in einer Räucherkammer in kaltem Rauch von maximal 25 °C bis zu zwei Wochen hängt. Frühere Bauernhäuser hatten fast immer einen speziellen Räucherkamin, der den abgekühlten Rauch aus dem Holzfeuer in eine Räucherkammer im Dachgeschoss leitete.

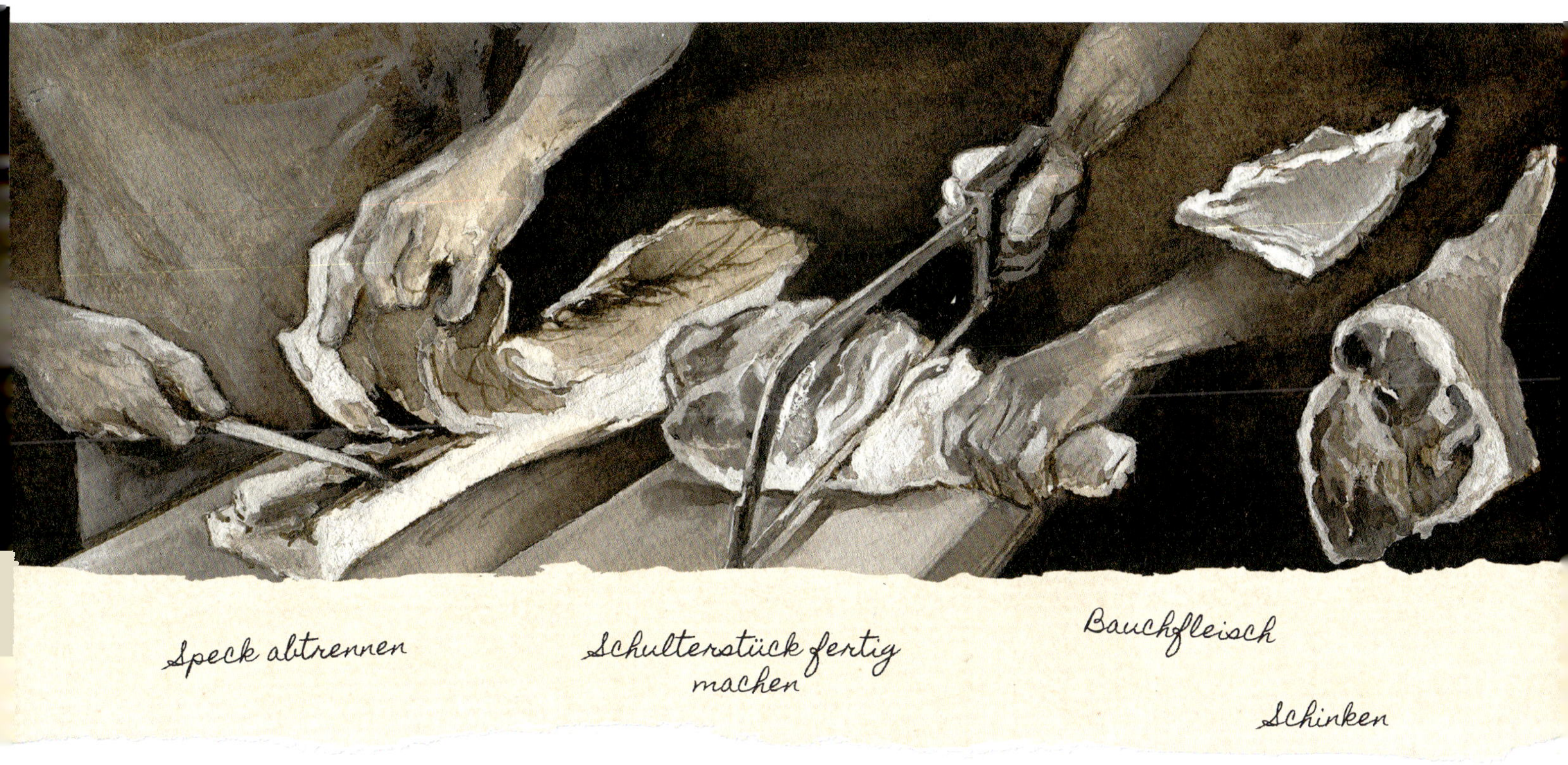

Während früher auch Rind- und Schaffleisch geräuchert wurde, verwendet man heute fast nur noch gepökeltes Schweinefleisch. Die geräucherte Ware ist sehr lange haltbar.

Heißräuchern ist ein Prozess, bei dem Fleisch und insbesondere Wurst im 80 bis 100 °C warmen Rauchstrom eines Räucherofens gegart werden. Der Räuchervorgang dauert nur wenige Stunden. Heißgeräuchertes ist aber im Gegensatz zu Kaltgeräuchertem nur wenige Tage haltbar und dient daher weniger der Konservierung als vielmehr der Geschmacksverbesserung.

Lufttrocknung von Fleisch erfordert geeignete klimatische Bedingungen und hat dort, wo sie möglich ist, eine uralte Tradition. Sehr viele italienische Wurst- und Schinkensorten sind luftgetrocknet. Sehr berühmt ist auch das Bündner Fleisch, eine Spezialität aus Graubünden, die aus dem mageren, gesalzten und gewürzten Fleisch der Rinderkeule gewonnen wird.

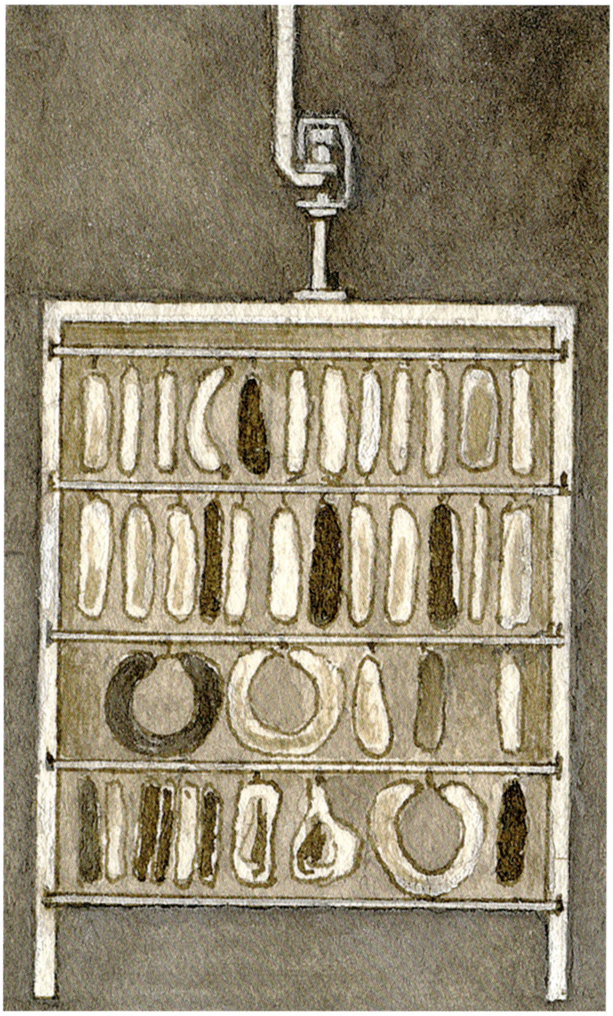

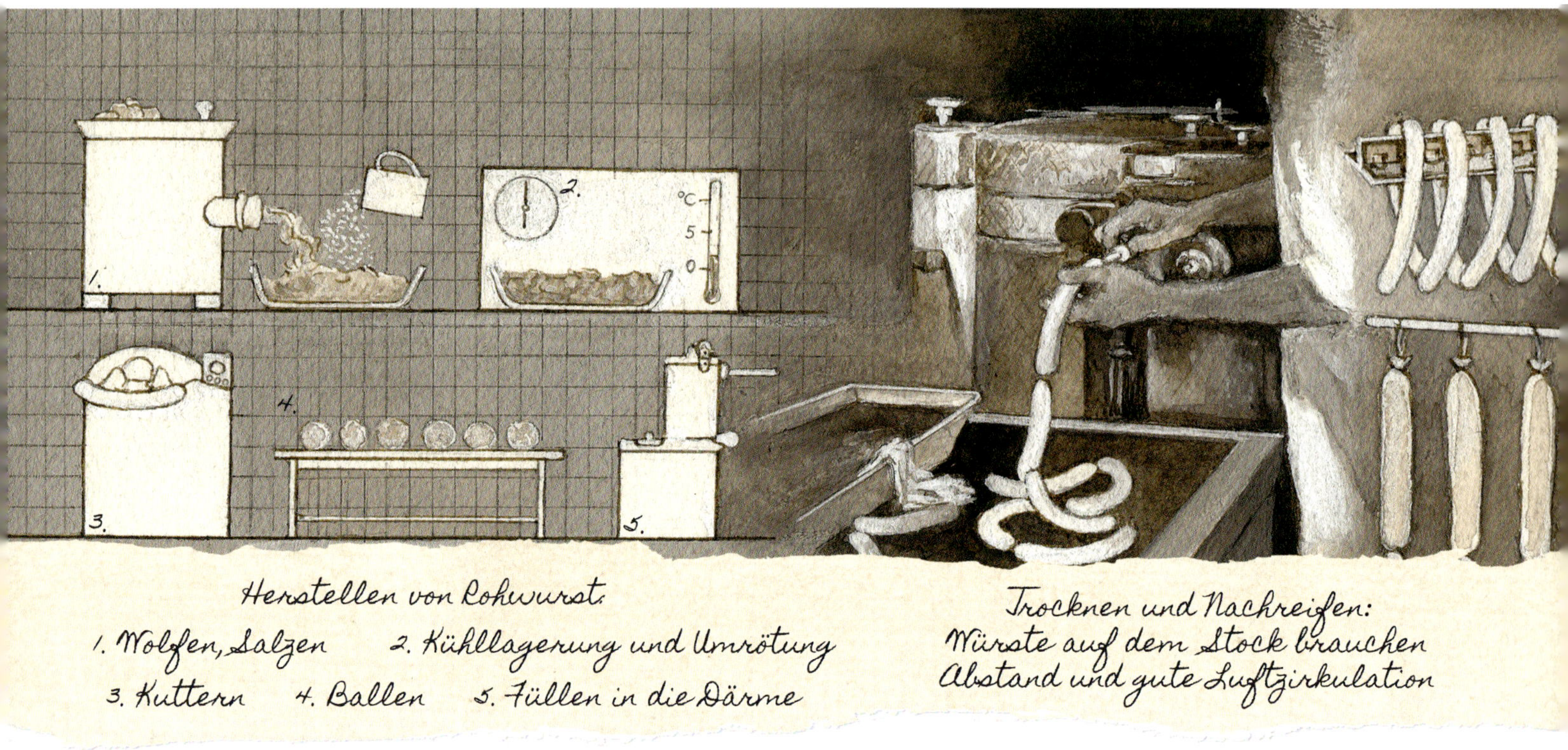

FLEISCH- UND WURSTWAREN

Die Griechen kannten schon vor 2500 Jahren Wurst, die Römer aßen sehr viel Wurst und die Deutschen haben die Qual der Wahl unter 1500 Wurstsorten. Bis ins 15. Jahrhundert wurde fast nur Schweinefleisch für Wurst verwendet. Später kam Kalbfleisch hinzu, und seit dem 17. Jahrhundert gibt es auch Hühnerwurst.

Rohwürste werden aus rohem Rind- und Schweinefleisch hergestellt. Das zerkleinerte Fleisch wird gewürzt, in Wursthüllen gefüllt und langsam getrocknet, eventuell auch geräuchert. Beim Trocknen verlieren die Würste einen erheblichen Teil ihres Gewichts. Daher haben durchgetrocknete Würste oft einen höheren Kilopreis als frisch abgefüllte.

Die bekannteste Rohwurst ist sicherlich die Salami, die aus der Lombardei stammt. Ursprünglich enthielt die italienische Salami einen bestimmten Anteil an Eselfleisch, die heutige echte Salami dagegen besteht ausschließlich aus Schweinefleisch. Sie ist im Vergleich zur deutschen Salami grober gehackt, aber fester gepackt, das heißt, sie ist im getrockneten Zustand sehr viel härter. Die Haltbarkeit ist besser als bei jeder anderen Wurst.

Brühwürste werden zunächst wie Rohwürste aus rohem Fleisch, Speck und Gewürzen hergestellt, aber dann als fertige Wurst in heißem Wasser gebrüht und eventuell geräuchert. Etwa die Hälfte aller Wurstsorten gehören zu den Brühwürsten, darunter die Bockwurst, die Gelbwurst, die Lyoner, die Mortadella und die Wiener Würstchen.

Eine Brühwurst-Spezialität ist die Münchner Weißwurst, die aus Kalbfleisch und Schweinespeck sowie Petersilie, Zitrone und Zwiebeln hergestellt wird. Früher sagte man, Weißwürste dürften das Mittagsläuten nicht hören, das heißt, sie sollten ganz frisch verzehrt werden. Dank Kühltechnik ist man heute von dieser Forderung abgekommen.

Die Weißwurst ist angeblich die Zufallserfindung eines Münchner Gastwirts. Ihm gingen am Rosenmontag 1857 die Schafsdärme für seine Kalbsbratwürstchen aus. Die Schweinedärme waren aber zu zäh für Bratwürste. In seiner Not füllte der Wirt die Schweinedärme mit der fertigen Wurstmasse und brühte sie in heißem Wasser, anstatt sie zu braten. So entstand die Weißwurst.

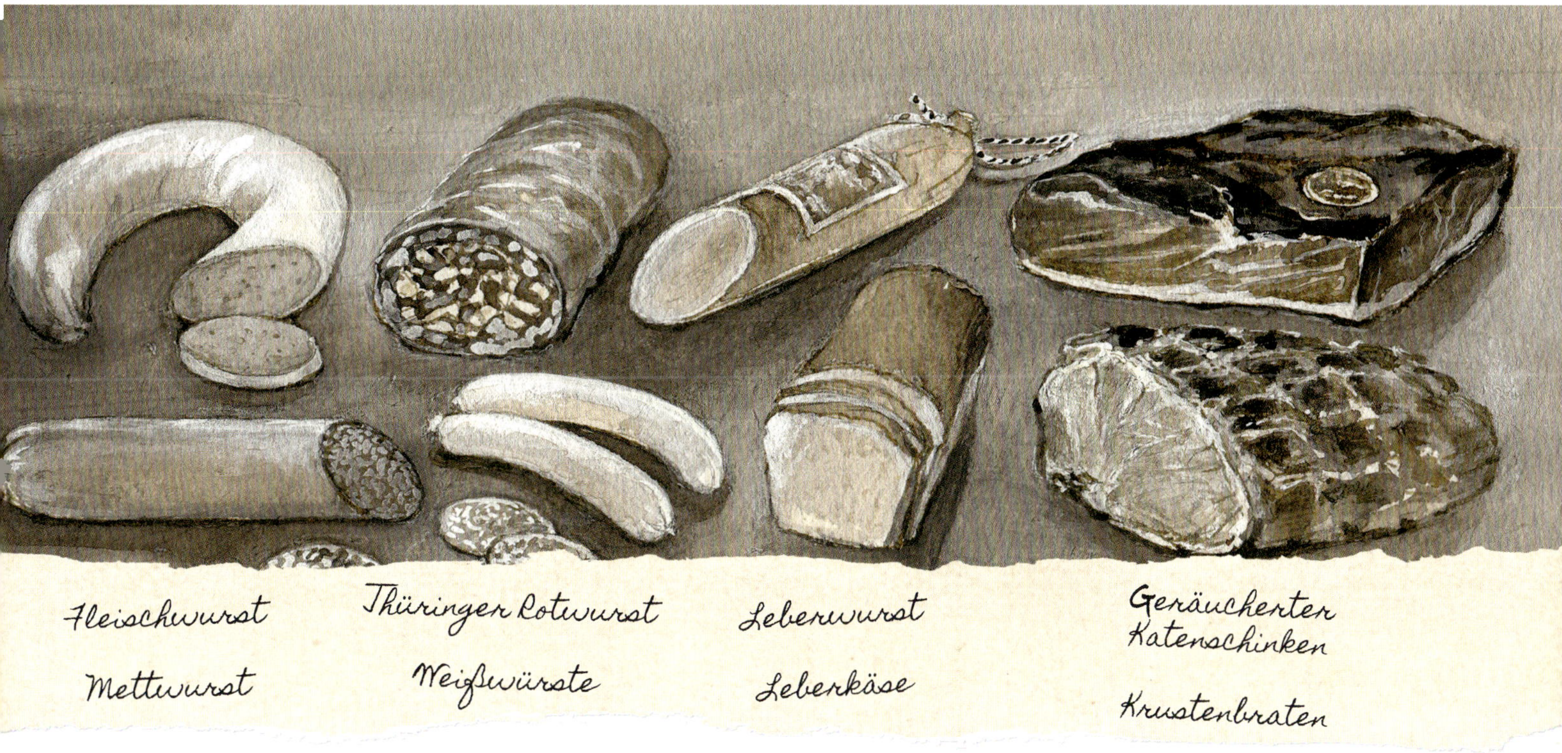

Kochwürste werden überwiegend aus vorgekochtem Fleisch hergestellt. Nach dem Abfüllen werden sie ein zweites Mal gekocht und eventuell geräuchert. Sie sind nicht so gut haltbar wie die anderen Wurstarten.

Typische Vertreter der Kochwurst sind Leberwürste und Rotwürste (Blutwürste). Hochwertige Leberwürste enthalten mindestens 25 Prozent Leber, die den Würsten das Aroma gibt.

Leberkäs, hochdeutsch auch Leberkäse, niederbayrisch auch Leberkas, ist eine bayerische Spezialität, die heute weit verbreitet ist. Er besteht aus gepökeltem Rind- und Schweinefleisch sowie Gewürzen, enthält aber weder Leber noch Käse. Die sehr feine Wurstmasse wird in rechteckigen Kastenformen gebacken – auch im heimischen Backofen –, bis sich eine braune Kruste bildet. Am besten schmeckt Leberkäs noch ofenwarm mit einer Semmel oder Brezel und einem Glas Bier.

Der Erfinder dieser bayrischen Spezialität ist übrigens ein Mannheimer Metzger, der 1776 vom bayrischen Kurfürsten Karl Theodor engagiert worden war.

Bratwurst ist eine aus Schweine- oder Kalbfleisch hergestellte und im Naturdarm abgefüllte Wurst, die gebraten oder gegrillt wird. Während die Bratwurst auf Volksfesten eine beliebte, aber nicht besonders hochwertige Ware darstellt, geriet sie in Franken und Thüringen zu einer wahren Delikatesse. Hier wird sie teilweise nur aus dem Schinkenfleisch vom Schwein hergestellt, was zu ihrer besonderen Qualität beiträgt.

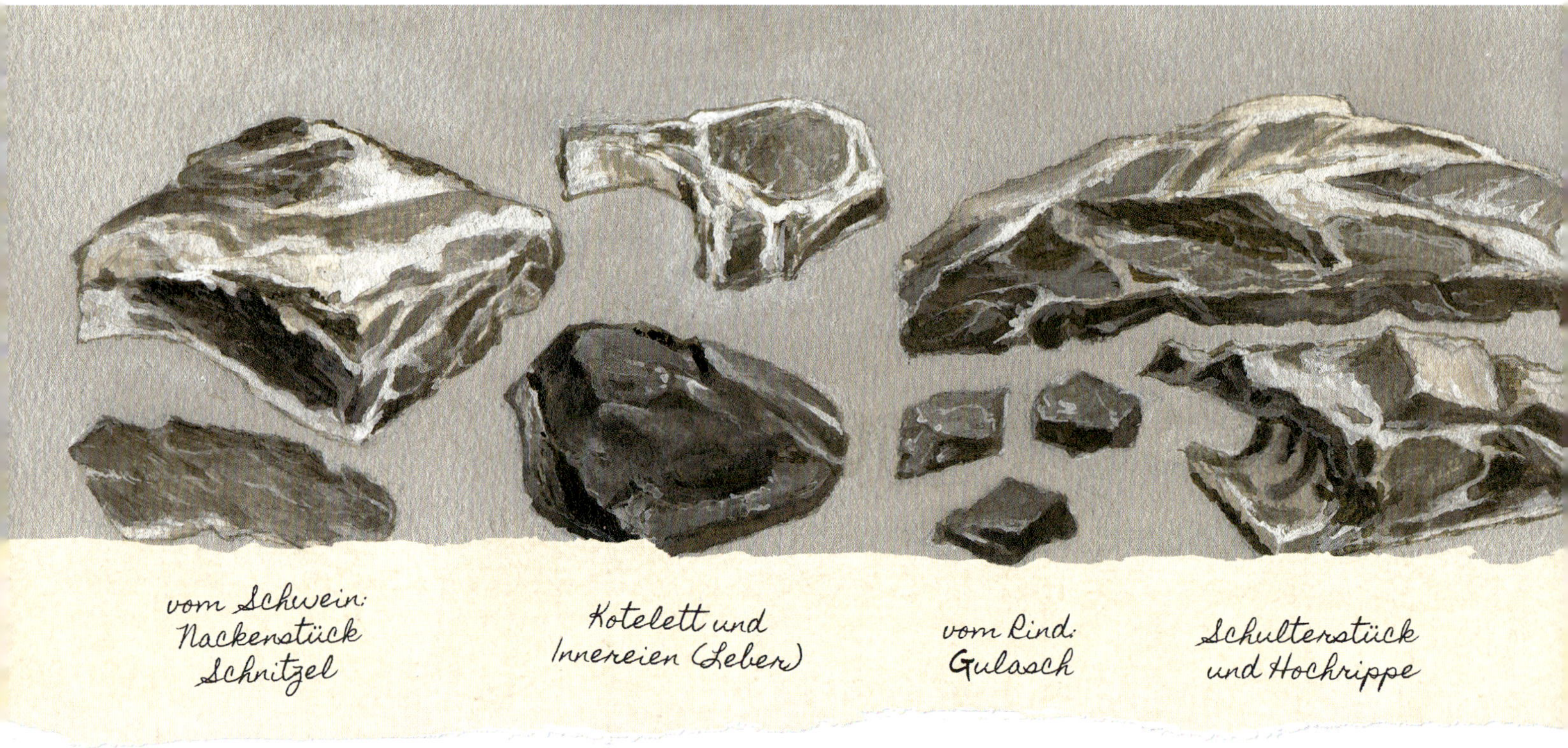

Die Thüringer Rostbratwurst hat eine jahrhunderte alte Tradition. Sie wird bereits 1404 erwähnt. Das älteste bekannte Rezept stammt aus der Weimarer Fleischerordnung von 1613. In der Thüringer Bratwurst werden als Gewürze Kümmel, Majoran und Knoblauch verwendet, die allesamt der Gesundheit förderlich sind. Für den Thüringer kommt keine andere Variante als ausschließlich die rohe Thüringer Rostbratwurst infrage, die auf einem Holzkohlengrill gebraten wird.

Fränkische Bratwürste werden typischerweise mit Sauerkraut oder Kartoffelsalat und Senf gegessen. Eine Spezialität sind die Saueren Zipfel, die in einem Essig-Zwiebel-Sud zubereitet werden.

Innerhalb der Schweiz ist der Raum um St. Gallen das so genannte Bratwurstland. Die dortigen Bratwürste werden mit Milch hergestellt und gelten als die Schweizer Delikatesse unter den Würsten. Die Rezepte werden von Generation zu Generation weitergegeben und nicht verraten.

Schinken gilt als das wertvollste Fleisch vom Schwein. Er kann gepökelt, gekocht, gebraten, getrocknet oder geräuchert werden und schmeckt immer vorzüglich.

Gekochter Schinken wird vor dem Kochen gepökelt und manchmal leicht geräuchert. Er ist aber nur kurze Zeit haltbar.

Roher Schinken wird entweder an der Luft getrocknet oder geräuchert. Der bekannte italienische Parmaschinken wird mehr als ein Jahr an der Luft getrocknet, und die Schweine werden – so heißt es – vor dem Schlachten mit Abfällen des Parma-Käses gefüttert, was zu dem besonderen Geschmack des Schinkens beiträgt.

Eine spanische Spezialität ist Schinken von Schweinen, die frei lebend sich von den Eicheln der Korkeiche ernähren.

Roh geräucherter Schinken mit kräftigem Geschmack ist der typische Westfälische Schinken. Der bekannte Schwarzwälder Schinken ist stark geräuchert.

Kasseler oder Kasseler Rippenspeer ist ein gepökeltes Schweinebruststück mit Rippen, das gerne kalt oder gebraten oder im Sauerkraut gekocht gegessen wird. Sein Name geht nicht auf die Stadt Kassel zurück, sondern auf den Berliner Schlachtermeister Cassel, der dieses Gericht erfand.

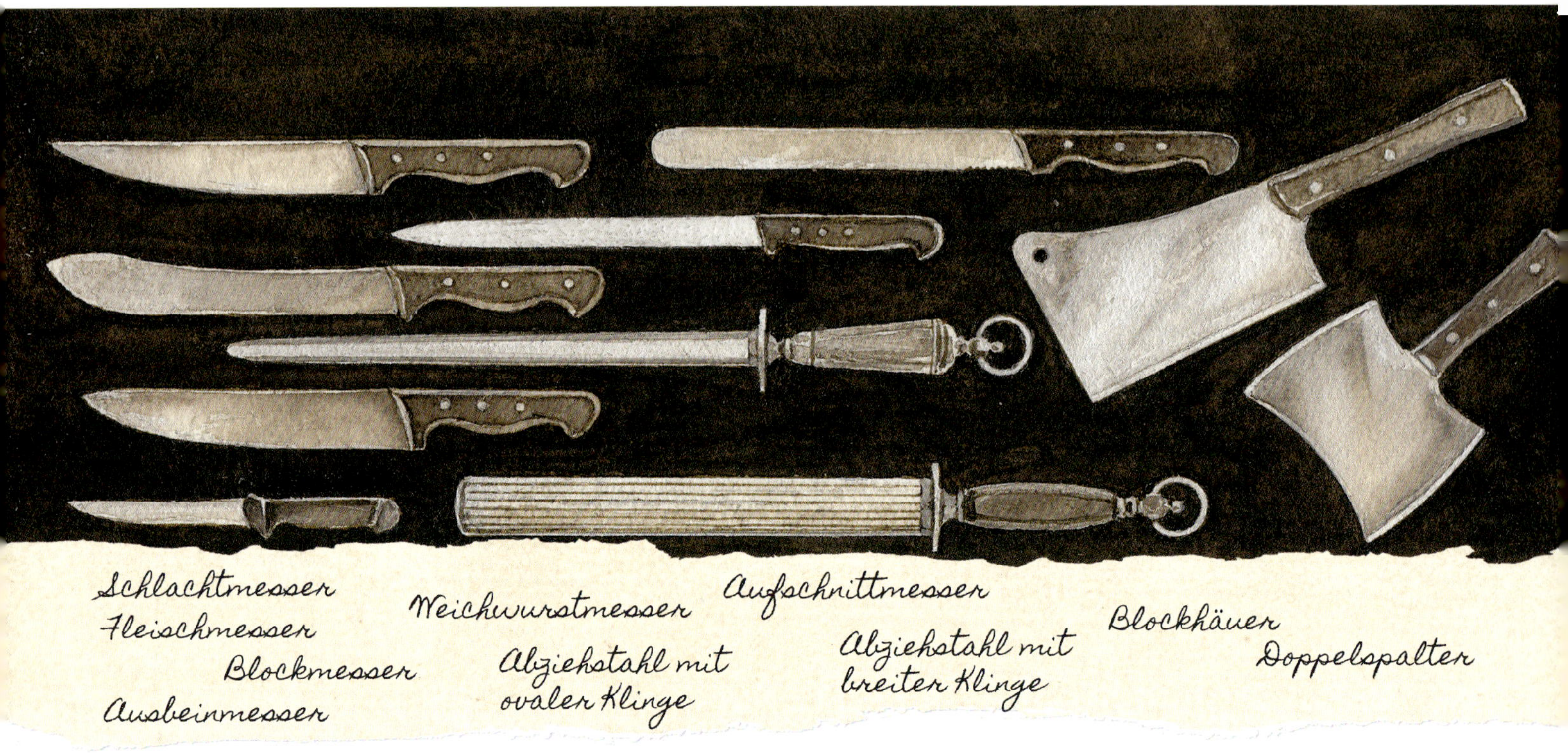

WIE EULENSPIEGEL IN ERFURT EINEN METZGER UM EINEN BRATEN BETROG.

Eulenspiegel konnte seine Schalkheit nicht lassen, als er nach Erfurt kam, wo er bald mit Bürgern und Studenten bekannt wurde. Einmal ging er zu den Fleischbänken, wo das Fleisch feilgeboten wurde.

Da sprach ein Metzger ihn an, ob er nicht etwas kaufen wolle, das er mit sich nach Hause trüge. Eulenspiegel sagte zu ihm: „Was soll ich mit mir nehmen?“ Der Metzger sprach: „Einen Braten.“ Eulenspiegel sagte ja, nahm einen Braten bei einem Ende und ging damit davon.

Der Metzger lief ihm nach und sprach zu ihm: „Nein, nicht so! Du musst den Braten bezahlen!“ Eulenspiegel entgegnete: „Von einer Bezahlung habt Ihr mir nichts gesagt, sondern Ihr sagtet, ob ich nicht etwas mit mir nehmen wolle.“ Der Metzger habe auf den Braten gewiesen, damit er den mit sich nach Hause nehmen solle. Das wolle er mit des Metzgers Nachbarn beweisen, die dabeistanden.

Die andern Metzger kamen dazu und sagten aus Hass, dass es wahr sei. Denn die andern waren dem Metzger feindlich gesonnen. Wenn jemand nämlich zu ihnen kam und etwas kaufen wollte, rief er die Leute zu sich und zog sie damit von ihnen ab. Darum stimmten sie zu, dass Eulenspiegel den Braten behielte.

Während der Metzger also zankte, nahm Eulenspiegel den Braten unter den Rock, ging damit hinweg und ließ sie sich darüber einigen, so gut sie konnten.

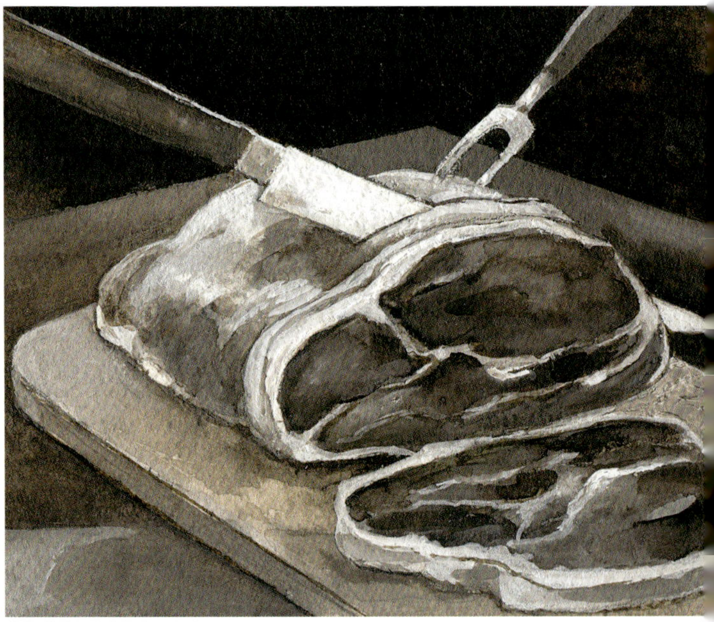

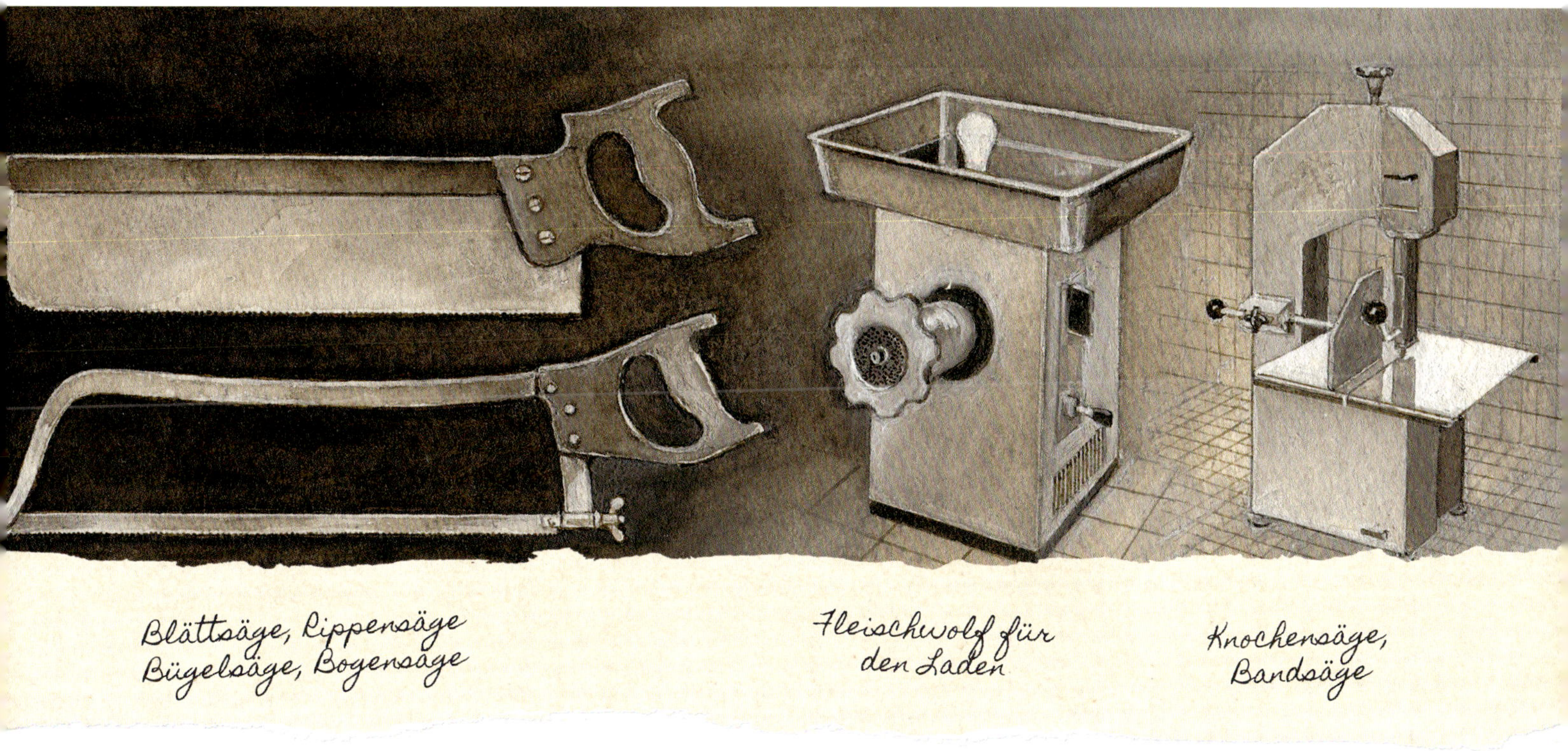

HANS IM GLÜCK

In dem Märchen vom Hans im Glück begegnet der Hans, der mit der eingetauschten Kuh, die sich nicht melken lassen wollte, nicht so ganz glücklich ist, einem Metzger mit einem Schwein:

Glücklicherweise kam gerade ein Metzger vorbei, der auf einem Schubkarren ein junges Schwein liegen hatte. „Was sind das für Streiche!“, rief er und half Hans auf. Hans erzählte, was vorgefallen war. Der Metzger reichte ihm seine Flasche und sprach: „Da trinkt einmal, und erholt euch. Die Kuh will wohl keine Milch geben, das ist ein altes Tier, das höchstens noch zum Ziehen taugt oder zum Schlachten.“

„Ei, ei“, sprach Hans, und strich sich die Haare über den Kopf, „wer hätte das gedacht! Es ist freilich gut, wenn man so ein Tier im Haus schlachten kann, was gibt das für Fleisch! Aber ich mache mir aus dem Kuhfleisch nicht viel, es ist mir nicht saftig genug. Ja, wer so ein junges Schwein hätte! Das schmeckt anders, dabei noch die Würste.“

„Hört, Hans“, sprach der Metzger, „euch zuliebe will ich tauschen und will euch das Schwein für die Kuh lassen.“

„Gott lohn euch eure Freundschaft!“, sprach Hans und übergab ihm die Kuh, und ließ sich das Schweinchen vom Karren losmachen und den Strick, woran es gebunden war, in die Hand geben.

„Ein Blumenglöcklein vom Boden hervor
war fröhlich gesprossen im lieblichen Flor.
Da kam ein Bienlein und naschte fein.
Die müssen wohl beide füreinander sein."

Johann Wolfgang von Goethe

DER IMKER

In solchen duftenden Freiheit sammeln die Bienen den besten Honig ein.

ZUR GESCHICHTE

Der erste Nachweis von Honigbienen findet sich in 50 Millionen Jahre altem Bernstein. Und als die ersten Menschen die Erde bevölkerten, waren Bienenvölker schon längst bestens organisierte kleine Staatswesen.

Der Mensch der Frühzeit hat als Sammler bereits den Honig als energiereiche Nahrung geschätzt. Eine Höhlenzeichnung in Spanien, die etwa 10 000 Jahre alt ist, zeigt den Menschen als Hönigjäger. Bald darauf muss die Kultivierung von Bienen begonnen haben, und bereits 4000 v. Chr. war die Bienenhaltung in Ägypten hoch entwickelt.

Auch im alten Griechenland wurden die Bienen, ihr Fleiß, ihre Baukunst und ihr Gemeinschaftssinn hoch geschätzt. Um 700 v. Chr. gab es bereits Bienenkörbe aus geflochtenem Stroh, und 620 v. Chr. regelte der weise Gesetzgeber Solon erstmals die Haltung von Bienen.

In Mitteleuropa wird die Bienenzucht zuerst durch die Westgoten und später, 800 n. Chr., durch Karl den Großen gesetzlich geregelt. Letzterer befahl, dass auf jedem Krongut die Imkerei betrieben werden solle. Bis zum Ende des 16. Jahrhunderts war die Bienenzucht sehr verbreitet und gelangte vor allem durch die Klöster zu hoher Blüte. Danach wurde der Honig, der bis dahin das wichtigste Mittel zum Süßen von Speisen und Getränken war, zunehmend durch billigeren Zucker aus der Neuen Welt ersetzt.

Die Zeidler, wie die Urimker damals genannt wurden, hatten das Recht, in der freien Natur Honig und Bienenwachs zu sammeln. Die Arbeit im Wald war wegen anderer Honigliebhaber, der Bären, nicht ganz ungefährlich. So hatten die Zeidler das Recht, Waffen zu tragen. Viele Abbildungen aus jener Zeit zeigen die Zeidler daher mit einer Armbrust. Die Zeidler hatten auch eine Reihe anderer Privilegien. So brauchten Zeidler mit weniger als 10 Bienenvölkern nach einer Verordnung Karls IV keine Steuern zu zahlen. Und für sie gab es sogar eine eigene Rechtsprechung mit so genannten Zeidlergerichten.

Zur Bestäubung dienende Bienenstände und Wanderwagen

Das Ausbeuten wilder Bienenstöcke war immer mit der Zerstörung der Waben und dadurch oft mit der Vernichtung des Bienenvolks verbunden. Wohl weniger aus Tierliebe als vielmehr aus Sorge vor schwindenden Ressourcen ging man immer mehr von der Nutzung der Wildbiene zur Haltung von Hausbienen über. In der Anfangszeit der Imkerei wurden die Bienen in Strohkörben oder hölzernen „Klotzbeuten“ (abgesägte und ausgehöhlte Baumstümpfe) mit fest eingebauten Waben gehalten. Um die Bienenvölker nicht zu stark zu belasten, wurden von den Waben nur Teile abgeschnitten, so dass den Bienen einerseits Honig zum Leben blieb und andererseits sie die Wabenreste wieder zu kompletten Waben aufbauen konnten.

Im 19. Jahrhundert wurde die herausnehmbare Wabe als Holzrahmen eingeführt. Damit wurde es auch möglich, den Honig durch Schleudern der entnommenen Wabe zu gewinnen. Das heißt, die Wabe wurde nicht beschädigt und konnte wieder verwendet werden. Die Erfindung der Honigschleuder war ein wichtiger Fortschritt.

Die Imkerei hat sich bis heute weitgehend unverändert erhalten. Wenn man in diesem Zusammenhang von der Anwendung moderner Technologien spricht, dann sind weniger die Geräte des Imkers gemeint als vielmehr die Fortschritte in der biologischen Bienenzüchtung.

Honigbienen beim Beflug

DER BIENENSTAAT

Ein Bienenvolk ist eine soziale Gemeinschaft mit strenger Arbeitsteilung. An ihrer Spitze steht die Bienenkönigin. Sie ist als einzige Biene fortpflanzungsfähig, und ihre ausschließliche Aufgabe ist es daher, Eier zu produzieren. Die Königin kann bis zu 2000 Eier pro Tag legen. Königinnen sind deutlich größer (länger) als gewöhnliche Bienen und können bis zu sechs Jahre alt werden.

Das „Volk" besteht vor allem aus Arbeiterinnen. Die Aufgabe der Arbeitsbienen ist es, sich um die Eier der Königin, die Brut, zu kümmern. Dazu bauen sie so genannte Waben aus Wachs, die aus sechseckigen Zellen – die ökonomischste Baumethode – bestehen. In diesen Zellen wird jeweils ein Ei der Königin abgelegt. Als Nahrung für den Nachwuchs werden die Waben mit dem gesammeltem Honig und den mitgebrachten Pollen gefüllt. Aus den befruchteten Eiern schlüpfen dann neue Arbeiterinnen oder auch neue Königinnen.

Es werden aber auch unbefruchtete Eier der Königin in Waben abgelegt. Aus diesen entstehen die männlichen Bienen, die Drohnen. Ein Bienenvolk zieht den Sommer über insgesamt bis zu 2000 Drohnen auf. Die einzige Aufgabe der Drohnen ist es, sich mit einer ausschwärmenden Königin, die sich auf dem „Hochzeitsflug" befindet, zu paaren. Anschließend haben die Drohnen ihre Schuldigkeit getan und können gehen, das heißt, sie werden aus dem Bienenstock vertrieben. Die Imker nennen diesen Vorgang Drohnenschlacht, weil keine der Drohnen den Winter überlebt.

Eine ausschwärmende Königin zieht eine Vielzahl von Arbeiterinnen mit sich. Lässt sie sich zum Beispiel auf einem Baumast nieder, so bilden die Arbeiterinnen eine dichte Traube um sie. Ist es eine junge Königin, die schwärmt, dann kann sich ein neues Bienenvolk bilden. Ein Imker, der einen solchen Bienenschwarm einfängt, kann auf diese Weise seine Bienenvölker vermehren. Schwärmt dagegen eine alte Königin, muss der Imker den Schwarm einfangen, um das Volk nicht zu verlieren.

Etwa im Oktober schlüpft die letzte Brut an Arbeiterinnen. Im Gegensatz zu allen früher geschlüpften Arbeitsbienen, die nur etwa sechs Wochen lang leben, überleben die Oktober-Bienen den gesamten Winter.

In der kalten Jahreszeit zieht sich das Bienenvolk in seinen Stock zurück und lebt von den gesammelten Vorräten.

Bienen verfügen über einen ausgeprägten Orientierungssinn und erstaunliche Kommunikationsfähigkeiten. Sammelbienen, die eine Futterstelle entdeckt haben, informieren ihre Kolleginnen im Bienenstock. Je nach Qualität, Entfernung und Richtung der Nahrungsquelle vollführt die Biene unterschiedlich ausgeprägte Tänze, so genannte Rund- oder Schwänzeltänze, auf einer Wabe. Die Tänze sind offensichtlich derart präzise und die Beobachtungsgabe der Zuschauerinnen derart groß, dass die informierten Bienen die Fundstelle bis auf wenige Meter anfliegen können.

AUSRÜSTUNG DES IMKERS

Der Imker braucht keine modernen, speziellen Maschinen für sein Handwerk. Seine Grundausstattung ist sehr einfach:

Als Schutz gegen eventuelle Bienenstiche trägt der Imker einen Schutzanzug, am besten einen Overall, der verhindert, dass Bienen in Kleidungsritzen krabbeln. Dazu trägt er einen Imkerhut mit einem Schleier, der bis auf die Schultern reicht, und natürlich Handschuhe.

Um die Waben aus dem Bienenstock zu nehmen, verwendet er einen Stockmeißel.

Ein feiner Handbesen dient dem Imker dazu, die auf den Waben sitzenden Bienen vorsichtig abzustreifen. Traditionell verwendeten die Imker hierzu eine große Gänsefeder.

Um die Bienen, die sich in ihrem Stock gestört oder bedroht fühlen, zu beruhigen, bläst der Imker aus einer Kräuterpfeife einen speziellen, feinen Qualm in Richtung der Bienen.

Das größte Gerät des Imkes ist die Honigschleuder, eine Zentrifuge. In ihr werden die Waben mit einer Handkurbel so in Rotation versetzt, dass der Honig aus den Wabenzellen getrieben wird und in ein Auffanggefäß rinnt.

„Wer mit Honig umgeht,
dem bleibt auch etwas
an den Fingern hängen."

BIENENSTICH I

„Der Honig
ist nicht weit
vom Stachel."

Der Stachel einer Biene ist mit einem Widerhaken versehen. Wenn die Biene nach dem Stich in die menschliche Haut wegfliegt, bleibt der Stachel stecken. Der Verlust des Stachels führt zum Tod der Biene. Allerdings stechen die Bienen sehr viel häufiger gegen feindliche Insekten, und dabei bleibt der Stachel nicht hängen.

„Der bekommt kein' Honig zu lecken,
der sich von der Bienen Stachel lässt schrecken."

BIENENSTICH II

Dieser Bienenstich ist ein außerordentlich schmackhafter Blechkuchen aus Hefeteig, mit einer Füllung aus Vanillepudding und einem köstlichen Belag aus gehobelten Mandeln, Butter, Sahne und Honig.

JUPITER UND DIE BIENEN
Eine Fabel

Die Bienen, unwillig darüber, dass sie nur für die undankbaren Menschen arbeiten sollten, brachten dem Jupiter die feinsten Waben zur Gabe und erbaten sich von ihm die Gnade, er möchte ihren Stacheln die Eigenschaft verleihen, recht empfindliche Schmerzen zu verursachen. „Es sei", sprach Jupiter, ergrimmt über die Rachgierde dieser so kleinen Tierchen, „aber so, dass auch ihr zugleich mit dem Stachel euer Leben lasset!"

Nachschau am Brut- und Futterstand

Zuchtwabenfläche

HONIG

Honig ist die natürliche Winternahrung der Bienen. Sie sammeln den Nektar der Blüten oder den so genannten Honigtau, der zum Beispiel auf Tannen durch Pflanzen- und Insektensekrete entsteht. Die „Rohstoffe“ werden durch körpereigene Stoffe der Biene im Bienenstock zu Honig verarbeitet und in den Waben gelagert. Eine mit fertigem Honig gefüllte Wabe wird von der Biene mit einem Wachsdeckel verschlossen.

Je nachdem, wo die Bienen sammeln und welche Pflanzen gerade blühen oder Honigtau tragen, entstehen sehr verschiedene Honigarten.

Blüten- oder Nektarhonig sammeln die Bienen aus den Blüten von Blumen oder Laubbäumen. Beliebte Blüten sind zum Beispiel Löwenzahn, Obstbaumblüten oder Lindenblüten. Blütenhonig ist meistens hellgelb und sehr süß. Junger Blütenhonig ist relativ dünnflüssig, kristallisiert aber schnell, was jedoch keinen Einfluss auf seine Qualität hat. Kristallisierten Honig kann man durch vorsichtiges Erwärmen, nicht über 40 °C, wieder verflüssigen.

Honigtauhonig stammt von Insekten, z. B. von Schildläusen, die aus Bäumen wie Tannen oder Linden zu ihrer eigenen Ernährung Pflanzensaft saugen. Der ausgeschiedene Pflanzensaft wird von den Bienen gesammelt und zu wertvollem, sehr mineralhaltigem Honig verarbeitet. Dieser Honig, speziell Tannenhonig, ist dunkel, sehr dickflüssig und hat einen unverwechselbaren kräftigen, würzigen Geschmack.

Manchmal wird Honig auch nach der Art seiner Gewinnung durch den Menschen bezeichnet:

Schleuderhonig wird durch Schleudern der Waben in Zentrifugen gewonnen.

Presshonig entsteht durch Auspressen der Waben und ist speziell bei Korbimkern in der Lüneburger Heide beliebt.

Waben- oder Scheibenhonig wird in den von Bienen gebauten und verdeckelten Waben angeboten, ist also absolut naturbelassen und selten.

Junge Bienen vor ihren Brutwaben

Die einzelnen Zellen der Wabe sind zur Mittelwand leicht abgesenkt. 12-18 Tage alte Stockbienen besitzen Drüsen, die flüssiges Wachs ausschwitzen.

Keinem Imker ist es möglich, das ganze Jahr über Honig gleicher Sorte und Qualität zu liefern, weil keine der von den Bienen aufgesuchten Pflanzen permanent blühen. Die meisten Nadelbäume blühen sogar nur alle paar Jahre. Wenn andererseits im Handel große Mengen Markenhonig mit immer gleich bleibenden Eigenschaften verkauft werden, dann kann es sich nur um entsprechende Mischprodukte aus verschiedenen Sorten und Quellen handeln. Das muss keine Abwertung dieses Honigs sein. Aber der Honigliebhaber sollte es sich nicht entgehen lassen, einmal einen frischen, sortenreinen Honig direkt vom Imker zu probieren.

Wahrhaft königlicher Honig ist „Gelée Royale", ein Spezialhonig, den die Bienen für ihre Königin zubereiten und in besonderen zapfenförmigen Königinneneizellen aufbewahren. Gelée Royale ist zu selten und zu wertvoll, um wie normaler Honig konsumiert zu werden, sondern wird fast als „Wunderheilmittel" betrachtet und angewandt.

„Zu den Bienen gehen, Gottes Wunder sehen, ist mehr wert als Gut und Geld."

Eine vom Imker gekennzeichnete Stockmutter (Herkunft, Jahrgang) im Kreise von Pflegerinnen

Königinnen-Versandkäfige

MET

Das Wort „Met“ stammt aus dem indogermanischen „Madhu“ und bedeutet „süßer Trank“. Mit einiger Sicherheit ist Met zusammen mit Wein das älteste alkoholische Getränk der Menschheit und vielleicht sogar noch älter als Wein. In Ägypten war Met seit 3500 v. Chr. bekannt.

Zur Herstellung von Met wurden Wasser und Honig angesetzt und zur Gärung gebracht. Dazu spuckte man ein paar Mal in das Gemisch. Der menschliche Speichel enthält nämlich Enzyme, die den Gärprozess anregen. Diese Tatsache war damals offenbar schon bekannt.

Für die alten Germanen war Met ein Getränk der Götter, dessen alkoholische Wirkung ihnen göttliche Kräfte zu verleihen schien. Sie tranken Met bei kultischen Festen, und viele Mythen und Sagen rankten sich um dieses Getränk. Unter Karl dem Großen fehlte Met an keiner kaiserlichen Tafel. Noch über das Mittelalter hinaus wurde ein großer, wenn nicht der größte, Teil des geernteten Honigs für die Herstellung von Met verwendet. In den Klöstern wurden Heilmittel aus Met gemixt.

Dem Met wurden und werden viele positive Eigenschaften nachgesagt. Sogar noch der Pfarrer und Naturheilkundler Sebastian Kneipp lobte den Met als verdauungsfördernd und den Körper reinigend und stärkend. Die Vitalität der Germanen und das damals erreichte hohe Lebensalter schrieb Kneipp dem hohen Konsum von Met zu.

Der Imker muss den festgesetzten Schwarm mit einigen Faustschlägen in die Fangkiste befördern. Mit dem Gänseflügel wird nachgeholfen.

Dann wird der Schwarm in eine leere Beute geschlagen, in die noch die bereitgestellten Mittelwände hineinkommen.

HONIG IM ESSEN

Bis zum Ende des 16. Jahrhunderts war Honig das wichtigste Lebensmittel zum Süßen von Speisen. Der beliebte Honigkuchen und der spätere Lebkuchen wurden bereits an anderer Stelle erwähnt. Honig wurde aber auch manchmal recht ungewöhnlich verwendet. Für ganz besondere Feste wurde schon mal ein Braten mit Honigwasser bestrichen. Und auf den klebrigen Saft drückte man Blattgold als besondere Zierde.

Honig und Met fanden auch bei der Konservierung von Obst Verwendung. Mit Honig und Gewürzen behandeltes Dörrobst wurde in dünne Scheiben geschnitten und als Delikatesse verspeist.

WACHS

Wachs ist ein körpereigenes Produkt der Bienen, das aus ihren Wachsdrüsen austritt. Die Bienen verwenden das Wachs zum Bau ihrer Waben. Der Imker gewinnt das hellgelbe bis braune Bienenwachs durch Einschmelzen der Waben.

Früher war Bienenwachs das übliche Material zur Herstellung von Kerzen. Vor allem die Klöster hatten einen hohen Bedarf daran. Heute sind Bienenwachskerzen eher Raritäten und fast zu schade, um abgebrannt zu werden. Bienenwachs leistet in medizinischen und kosmetischen Präparaten bessere Dienste.

BIENENGIFT

Ebenfalls für medizinische Anwendungen dient Bienengift, das von der Giftdrüse der Biene erzeugt wird. Früher hat ein Imker seinen rheumatischen Arm direkt von seinen Bienen stechen lassen. Und wenn er diese Prozedur freiwillig über sich ergehen ließ, dann muss er sich wohl des Erfolgs sicher gewesen sein. Heute wird Bienengift als anerkanntes Arzneimittel weniger schmerzhaft in Form von Ampullen und Salben verabreicht.

TILL EULENSPIEGEL IM BIENENKORB

In einer Zeit begab es sich, dass Eulenspiegel mit seiner Mutter in ein Dorf auf die Kirchweih ging; da sich nun der gute Eulenspiegel voll gesoffen hatte, suchte er ein Plätzchen, wo er sicher schlafen könnte. Da fand er hinten in dem Hof einen Haufen Bienenstöcke stehen, dabei lagen vier Stöcke, die leer waren, also kroch er in einen leeren Stock, der zunächst bei den Bienen lag, und meinte, er wolle ein wenig schlafen, und schlief von Mittag an, bis dass es schier Mitternacht ward, und seine Mutter meinte, er wäre wieder heimgegangen, da sie ihn nirgends sehen konnte.

Nun kamen in selbiger Nacht zwei Diebe und wollten einen Bienenstock stehlen und sprachen da zusammen: „Ich habe immer gehört, welcher der schwerste sei, sei auch der beste.“ Sie hoben nun die Körbe und Stöcke nacheinander auf, und da sie zu dem Korb kamen, darin Eulenspiegel lag, war der der schwerste; da sprachen sie: „Das ist der beste“, und sie nahmen diesen und trugen ihn fort. Jetzt erwachte Eulenspiegel und hörte ihre Anschläge, und es war so finster, dass keiner den anderen sehen konnte.

Da griff Eulenspiegel aus dem Korb dem Vordersten ins Haar und rupfte ihn tüchtig; der war nun zornig auf den Hintersten und meinte, der hätte ihn so sehr bei dem Haar gezogen, und fluchte auf ihn. Der Hinterste sprach: „Träumt dir, oder gehst du im Schlafe? Wie kann ich dich bei dem Haar ziehen? Ich kann kaum den Bienenstock mit meinen Händen halten!“

Eulenspiegel lachte heimlich und dachte: „Das Spiel wird gut werden“, und wartete, bis sie wieder eine Ackerslänge gegangen waren. Da rupfte er den Hintersten auch; der ward noch zorniger und sprach: „Ich trage, dass mir die Schultern krachen, und du ziehst mich so beim Haar.“ Der Vorderste sprach: „Du lügst, Schurke, wie soll ich dich beim Haar ziehen? Ich kann ja kaum den Weg vor mir sehen.“

Sie trugen den Stock mit Gezänk, nicht lange danach, da sie im größten Zanken waren, zog Eulenspiegel den Vordersten noch einmal am Haar, dass der Kopf an den Bienenkorb krachte; da wurde er so zornig, dass er den Bienenstock fallen ließ. Der

Hinterste tat das Nämliche und fiel dem Vordersten ins Haar, dass sie übereinander purzelten, sich verloren und keiner wusste, wo der andere blieb, kamen also im Finstern voneinander und ließen den Bienenstock liegen.

Da Eulenspiegel hörte, dass sie fort waren, schaute er aus dem Korb hervor, und da er sah, dass es noch finster war, blieb er darin liegen, bis es heller Tag ward. Da kroch er aus dem Bienenstock und wusste nicht, wo er war, doch kam er endlich zu einer Burg, da verdingte er sich als Hofjunge.

„Wer vor den Bienen läuft, den verfolgen sie."

„Der Honig des Reichtums kommt aus dem Bienenstock des Fleißes."

FUCHS UND BÄR

Die Liebe zum Honig wird in Goethes Gesang „Reineke Fuchs" dem Bären zum Verhängnis. Dort spricht der Bär zum listigen Fuchs:

Ei! verschmähet Ihr so den Honig,
den mancher begehret?
Honig, muss ich Euch sagen,
geht über alle Gerichte,
Wenigstens mir;
o schafft mir davon,
es soll Euch nicht reuen!

„Es ist um den Honig geschehen,
wenn der Bär ihn hütet."

„Behandele einen Stein wie eine Pflanze,
eine Pflanze wie ein Tier
und ein Tier wie einen Menschen.“

Indianisches Sprichwort

DIE ARBEIT MIT DER ERDE UND DEN STEINEN

„Scherben bringen Glück."

Unbekannt

DER TÖPFER

Töpferei

Fertig geformter Krug

ZUR GESCHICHTE

Ton ist ein Werkstoff, der überall auf der Welt vorkommt und schon frühzeitig vom Menschen genutzt wurde. Funde von Tonscherben lassen darauf schließen, dass schon um 8000 v. Chr., vielleicht sogar noch früher, einfache Gefäße aus Ton existiert haben müssen. Auch die ersten „Kunstwerke" des Menschen, Figuren aus Ton, stammen aus dieser Zeit. Bemalte Tonfiguren, die um 6500 v. Chr. entstanden sind, wurden in der heutigen Türkei gefunden.

Mit der Erfindung der Töpferscheibe und des geschlossenen Brennofens gelang es den Ägyptern, ab etwa 3000 v. Chr. hochwertige Keramikgegenstände herzustellen. In Europa war es vor allem das antike Griechenland mit seinen Inseln Kreta und Zypern, wo die Töpferkunst zu hoher Blüte gelangte.

Die Römer brachten die Töpferkunst nach Germanien. Vor allem im römisch besetzten Rheinland entstanden Töpfereien, die nach der Vertreibung der Römer durch die Germanen noch Jahrhunderte weiterexistierten.

Ein anerkannter Handwerkerberuf wurde die Töpferei in Deutschland im späten 14. Jahrhundert. Den ältesten bekannten Zunftbrief für das Töpferhandwerk im mitteldeutschen Raum bestätigte Friedrich XI. von Schönburg für die Waldenburger Töpfer 1388. Der Schwerpunkt der Töpferei lag zu dieser Zeit auf Gebrauchsgegenständen. Es entwickelte sich die Herstellung von Steinzeug mit einer Salzglasur. In den Ofen wurde Salz gegeben, das eine glasige Schicht auf der Gefäßoberfläche erzeugte. Die so genannte Hafnerkeramik, die bis ins 17. Jahrhundert weit verbreitet war, hatte eine Bleiglasur. Viele dieser Keramikgefäße sahen wie Metallgefäße aus und dienten wohl auch als billigerer Ersatz für diese. Von der Art der hergestellten Gebrauchskeramik kommt auch die Berufsbezeichnung „Kannenbäcker". Im südwestlichen Westerwald wird eine ganze Region mit heute noch sehr aktivem Töpfereigewerbe das Kannenbäckerland genannt.

Bemalen einer Keramikplatte

Glasieren

Im 16. und 17. Jahrhundert wurden in Frankreich und Belgien – zuerst in Antwerpen, dann in Delft – zinnglasierte Keramiken hergestellt, die auch von deutschen Töpfern übernommen und Fayencen genannt wurden. Eine Zinnglasur machte die Keramik wasserundurchlässig und schaffte eine dichte, weiße Oberfläche, die sich als Untergrund für Bemalungen besonders gut eignete.

Im Jahr 1701 ließ der Kurfürst von Sachsen, August der Starke, den Apothekergehilfen Johann Friedrich Böttger als angeblichen Hersteller von Gold nach Dresden bringen. Böttger gelang es natürlich nicht, Gold herzustellen. Aber er entwickelte ein Verfahren zur Herstellung von Feinsteinzeug. Anfang 1708 dokumentierte Böttger seine Versuche und Ergebnisse: Das europäische Porzellan, das „weiße Gold", war erfunden. Schon zwei Jahre später, 1710, wurde die Kurfürstlich-Sächsische Porzellan-Manufaktur Meißen gegründet. 1751 gestattete König Friedrich II. die Errichtung einer Porzellanmanufaktur in Berlin.

Die Töpferei mit der nach eigenen Angaben längsten Töpfertradition ist das Töpferhaus Arnold in der sächsischen Töpferstadt Kohren-Sahlis. Hier werden seit 1548 bis heute – sogar im selben Raum – ununterbrochen keramische Gebrauchsgegenstände und Ofenkacheln hergestellt.

Die selbstbewussten Kohrener Töpfer prägten einst diesen Werkstattspruch:

„Töpferstadt Kohren heißt es mit Recht,
wir Töpfer sind hier ein altes Geschlecht.
Drehen und formen mit der Hand –
bleiben stets treu unserem Handwerkerstand."

TON

Ton ist ein Verwitterungsprodukt von feldspathaltigen Gesteinen wie Basalt oder Granit oder von ebenfalls feldspathaltigem Sedimentgestein. Über Jahrmillionen haben Klima, Wasser, Wind und chemische Reaktionen das Gestein regelrecht pulverisiert. Es entstand Ton, der je nach Ursprungsgestein und Lage in unterschiedlichen Arten und Farbschattierungen auftritt. Der häufig zu findende bräunliche oder gelbliche Ton enthält vor allem Eisen, aber auch andere Metallverbindungen.

Ton ist in der Lage, die bis zu sechsfache Menge an Wasser zu binden und langsam wieder abzugeben, zum Beispiel an Pflanzen. Unter anderem deshalb ist Ton für die Landwirtschaft außerordentlich wichtig.

Für die Töpferei ist von größerer Bedeutung, dass Ton in feuchtem Zustand plastisch verformbar ist. Er quillt mit der Wasseraufnahme auf und schrumpft beim Trocknen wieder, behält aber seine Form bei. Durch starkes Erhitzen („Brennen“) erhärtet Ton.

Durch die Wahl unterschiedlicher Arten von Ton oder durch deren Mischung untereinander und durch Mischen mit Schamotte kann der Töpfer die Materialqualität auf seine Bedürfnisse ausrichten, zum Beispiel:

Magerer Ton hat um die 50 Prozent Schamotteanteil und liefert Keramiken mit hoher Hitzebeständigkeit. Dieser Ton ist aber schwer knetbar und für das Formen von Hand weniger geeignet.

Halbfetter Ton mit 10 bis 30 Prozent Schamotteanteil lässt sich vom Töpfer gut formen, hat eine geschmeidige Oberfläche und ist beim Trocknen gut beherrschbar.

Fetter Ton fühlt sich speckig an und hat sehr gute plastische Eigenschaften. Er stellt aber beim Trocknen hohe Anforderungen an das Geschick und an die Erfahrung des Töpfers.

Drehen einer flachen Form

Anfertigen einer eckigen Form mit gespanntem Schneidedraht

Lehm ist ein Gemenge aus Tonerde, Sand, feinen Gesteinsteilen und manchmal Kalk. Er ist neben Holz und Naturstein der älteste Werkstoff zum Bauen von Häusern. Die chinesische Mauer wurde vor etwa 4000 Jahren anfänglich aus Stampflehm gebaut. Aus Lehm werden Dachziegel und Fußbodenplatten gebrannt. Für die handwerkliche Töpferei hat Lehm jedoch keine große Bedeutung.

„Tropft ein durchlöcherter Krug, dann weiß man, dass noch Wasser darin ist.“

Sprichwort aus Mali

DIE TÖPFERSCHEIBE

Die Töpferscheibe ist eine der ältesten Erfindungen der Menschheit. Wer diese Technik zuerst einsetzte, ist nicht ganz geklärt. Sicher ist, dass die Töpferscheibe spätestens 3000 v. Chr. in Ägypten und wohl auch im heutigen Irak bekannt war. Möglicherweise war sie aber schon 2000 Jahre früher in Indien bekannt, was sich jedoch nur indirekt aus Keramikfunden folgern lässt.

Die Töpferscheibe ist eine rotierende, waagrechte Holzscheibe, auf deren Mitte – also direkt über der Drehachse – ein Tonklumpen gelegt wird. Wird der Tonklumpen bei sich drehender Scheibe mit den Händen geformt, so entstehen runde Tongebilde: Teller, Schalen, Gefäße usw.

Ein erster wichtiger Entwicklungsschritt war die fußbetriebene Töpferscheibe, wahrscheinlich eine Erfindung der Ägypter. Durch den Fußantrieb waren erstens beide Hände frei für das Modellieren des Tonklumpens, und zweitens konnte durch die Fußarbeit eine gleichmäßigere Drehbewegung erzielt werden.

Noch stetiger wurde die Drehbewegung durch eine europäische Erfindung im 16. Jahrhundert: das Schwungrad. Das Schwungrad wurde auch mit den Füßen angetrieben, sorgte aber durch seine Schwungmasse für eine konstantere Drehgeschwindigkeit. Im 19. Jahrhundert wurde das Fußpedal eingeführt, das dem Töpfer eine harmonischere Fußbewegung erlaubte. Der Gipfel des Komforts wurde im 20. Jahrhundert mit der Einführung des Elektromotors erreicht. Das Formen des Tons mit den Händen ist jedoch über die Jahrtausende immer gleich geblieben. Der Elektroantrieb erlaubt, bequem zwischen zwei prinzipiellen Betriebsarten, der langsam und der schnell drehenden Scheibe, zu wechseln.

Die langsam drehende Töpferscheibe verwendet man für Formungstechniken, bei denen die Keramik aus mehreren Tonstücken aufgebaut wird.

Die schnell drehende Töpferscheibe ermöglicht die Techniken des Hochziehens, Ausformens und Glättens. Dabei entsteht das Gefäß aus einem einzigen Tonklumpen, der in die Mitte der Töpferscheibe gelegt und zwischen den Fingern in die Höhe gezogen wird. So bildet sich eine gleichmäßig runde Wand.

VORBEREITEN DES TONS

Ton, der zu Gefäßen geformt und gebrannt werden soll, muss sehr gut vorbereitet sein. Vor allem muss die Tonmasse sehr homogen sein, das heißt, das Wasser und die Beimischungen im Ton müssen absolut gleichmäßig verteilt sein. Andernfalls würden beim späteren Brennen innere Spannungen entstehen, die zu Deformationen und Rissen führen und das Werk zerstören könnten. Ebenso schädlich sind Luftblasen im Ton, die das Werkstück beim Brennen zerspringen lassen. Daher muss der Töpfer vor dem Formen den Ton kneten, kneten und nochmals kneten.

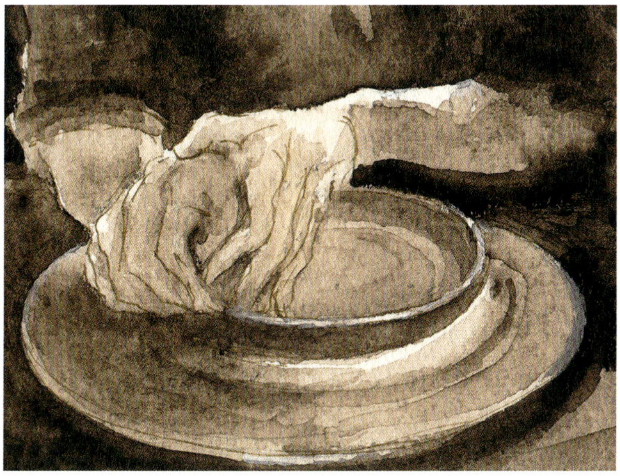

Die Porzellan-Manufaktur Nymphenburg berichtet, dass die Porzellanmasse nach langem, maschinellem Kneten noch zwei Jahre lang lagern muss, bevor sie die für die Weiterverarbeitung nötige Reife und Geschmeidigkeit letztendlich erreicht hat.

Mit einer ganz speziellen Tonmischung hat sicherlich jedermann schon einmal gearbeitet oder, besser gesagt, gebastelt. Wenn man das Wasser im Ton durch Öl ersetzt, wodurch ein Austrocknen des Tons verhindert wird, dann erhält man Plastilin oder Knetmasse, die bunt gefärbt als beliebtes Bastelmaterial dient.

FORMEN MIT DER HAND

Beim Formen mit der Hand wird der Ton, ausgehend von einem massiven Tonklumpen, zwischen dem Daumen und der Handinnenfläche gequetscht und in die gewünschte Form gebracht. Für den Beobachter sieht die Bewegung der Hände sehr einfach aus. Aber es gehört im wahrsten Sinne des Wortes sehr viel Fingerspitzengefühl dazu, Gefäße mit gleich bleibender Wanddicke und geschmeidiger Oberfläche zu formen. Wird nicht mit der Töpferscheibe gearbeitet, wie zum Beispiel bei eckigen Gefäßen, dann sind gewisse Unregelmäßigkeiten und Asymmetrien unvermeidlich.

Beim Arbeiten mit der schnellen Töpferscheibe, dem Drehpressen, wird ein Tonklumpen genau auf die Mitte der Scheibe gelegt und in die gewünschte runde Form gepresst. Durch Formen mit Daumen und Handinnenflächen wird das Gefäß „aufgezogen", das heißt, von unten nach oben gestreckt und aufgebaut.

Die Hände des Töpfers müssen stets nass gehalten werden, damit der Ton unter den Händen leicht gleitet. Es ist sehr viel Übung und Erfahrung notwendig, bis gute Formen auf Anhieb gelingen.

Die so genannte Wulsttechnik erfordert die langsam drehende Töpferscheibe. Hierbei werden der Boden und die Wände des Gefäßes aus dünnen, seilartigen Tonsträngen aufgebaut. Die Stränge, die in ihrer Dicke sehr gleichmäßig sein müssen, werden als Gefäßboden spiralförmig gelegt. Die Gefäßwände bauen sich aus Wulstringen nach oben auf.

Ein besondere Schwierigkeit hierbei ist das Vermeiden von Lufteinschlüssen, die entstehen können, wenn die Wulstübergänge verbunden und die Nahtstellen verstrichen werden. Jeder kleinste Hohlraum könnte das Gefäß beim Brennen zerspringen lassen.

Verschiedene Formungstechniken

PLATTENTECHNIK

Tonplatten werden geformt, um entweder Ofenkacheln oder Fußbodenplatten zu brennen oder um sie – vor dem Brennen – als Bausteine für größere Gefäße zu verwenden.

Zum Formen von Tonplatten verwendet man entweder zwei Holzleisten als Rahmen, in welchem ein Tonklumpen mit dem Rollholz ausgerollt und auf die gewünschte Dicke gebracht wird. Oder man nimmt einen größeren Tonblock und schneidet von ihm mit einem feinen Draht „Scheiben". Sollen die Tonplatten zu einem Gefäß zusammengesetzt werden, dann lässt man sie an der Luft etwas trocknen, bis sie genügend steif sind, um mit ihnen arbeiten zu können.

Kacheln für Fußböden und Öfen waren schon in der Antike üblich und sind zum Teil bis heute erhalten geblieben. In Kirchen findet man Fußbodenkacheln, die seit vielen Jahrhunderten „in Gebrauch" sind.

GIESSEN

In der Keramikindustrie ist das Gießen die wohl wichtigste Art der Serienproduktion von Gefäßen. Dabei wird in eine Gussform aus Gips die keramische Gießmasse, so genannter Schlicker, gefüllt. Der Gips entzieht der Gießmasse Wasser und lässt diese daher außen, das heißt, am Übergang zum Gips, schneller trocknen als innen. Wenn nach einiger Zeit eine hinreichend dicke Keramikschicht entstanden ist, wird der innere, noch flüssige Schlicker ausgegossen. Nach weiterem Trocknen kann das gegossene Stück vorsichtig der Gussform entnommen werden.

Die Gießtechnik wird in modifizierter Art auch für die vielfach sehr komplizierten Gefäßformen der Porzellanindustrie verwendet.

VERZIEREN

Die meisten handwerklich produzierten Tonwaren erhalten nach dem Formen noch eine Verzierung, die bis auf wenige Ausnahmen vor dem Brennen aufgebracht wird. Wenn der Gegenstand einige Zeit an der Luft getrocknet und leicht erhärtet ist, lässt er sich mit allerlei Werkzeugen bearbeiten.

Die Oberfläche kann durch Schmirgeln geglättet und poliert werden. Es können Verzierungen eingeritzt und die Gefäßwände mit Schneidwerkzeugen durchbrochen werden. Mit Stempeln lassen sich reliefartige Texturen erzeugen.

Eine der Möglichkeiten zur farblichen Gestaltung ist das Bepinseln oder Übergießen mit andersfarbigem flüssigem Ton, dem Tonschlicker. Dabei sind fast alle Farben möglich. Mit einem spitzen Werkzeug kann der Tonschlicker partiell wieder entfernt werden, so dass sich mehrfarbige Muster ergeben. Beim Brennen gehen der Tonschlicker und das Werkstück eine feste Verbindung ein. Diese Technik wurde schon im antiken Griechenland praktiziert.

Glasuren bestehen aus Mineralien (Quarzsand), die mit etwas Ton, Metalloxiden und Schmelzmitteln vermischt sind und beim Brennen eine glasähnliche Schicht bilden. Die Glasur wird entweder auf den ungebrannten Tongegenstand oder nach einem ersten, leichten Brand aufgetragen.

Glasuren lassen das poröse Tongefäß wasserdicht werden. Darüber hinaus können sie dem Werkstück interessante, charakteristische Farben geben. Die Farbe wird von den Metalloxiden beigesteuert. Italienische zinnglasierte Keramik (Majolika) ist weiß und sieht wie Porzellan aus, ebenso die Delfter Fayence, deren Glasur Blei- und Zinnoxide enthält.

Eine Bleiglasur wird durch Zusatz von Kupfer grün. Durch Wärmebehandlung kann Kupfer auch rot werden, und durch Eisenbeimischungen entstehen Farben wie Gelb, Braun, Graugrün und Blau. Genau vorherbestimmte Farbwirkungen zu erzielen, gehört zur Kunst des Töpferhandwerks.

Auch transparente Glasuren, die einfach nur die Farbe des Grundwerkstoffes hervorheben, sind sehr verbreitet.

Passkorrektur am harten Gefäß für die Deckelgröße

Polieren der trockenen Oberfläche mit einem Messergriff

Einwachsen der polierten Keramik

Die Salzbrandglasur ist ein sehr altes Verfahren. Hierbei wird das Tongefäß im Brennofen bei 1300 °C direkt mit Kochsalz beworfen, was zu der typischen Oberflächenstruktur der Salzbrandgefäße führt („Orangenhaut“). Das Natrium aus dem Kochsalz verbindet sich mit der Glasur zu einer außerordentlich harten, kratzfesten Oberfläche. Da für diesen chemischen Prozess das offene Feuer entscheidend ist, kann eine Salzbrandglasur nicht in modernen elektrischen Brennöfen erzielt werden.

SCHERBEN BRINGEN GLÜCK

Polterabend nennt man den Abend vor der Hochzeit eines Brautpaares. Die zumeist ungeladenen Gäste zertrümmern vor der Tür des Brautpaares mitgebrachtes Geschirr. Alte Blumentöpfe anstelle von Geschirr sind verpönt. Die Scherben sollen dem Brautpaar Glück bringen und böse Geister vertreiben. Das Brautpaar muss die Scherben gemeinsam zusammenfegen, sollte sich aber trotzdem bei den Gästen bedanken.

BRENNEN

Die noch feuchten Werkstücke müssen vor dem Brennen möglichst langsam trocknen. Wasserdampf, der sich im Material beim Brennen bildet, könnte wie eingeschlossene Luft das Brenngut zerspringen lassen. Die Lufttrocknung muss zudem an allen Stellen des Werkstücks gleichmäßig erfolgen. Da der Schwund, also das Schrumpfen des Tongegenstands, je nach Tonart zwischen 8 und 15 Prozent beträgt, würde ein ungleichmäßiges Trocknen eine Deformation des Werkstücks zur Folge haben.

Der chemische Vorgang, der mit dem Brennen verbunden ist, setzt bei etwa 650 °C ein. Hier wandelt sich der Ton zum „Scherben". Das Gefäß wird hart und wasserfest, ist aber porös und wasserdurchlässig. Zur Keramik, die in diesem Temperaturbereich gebrannt wird, gehört die Irdenware, das heißt, einfaches Geschirr, Blumentöpfe und Ähnliches. Terrakotta ist die italienische Variante der Irdenware.

Bei Temperaturen über 1000 °C schließen sich die Poren des Scherbens. Er wird wasserdicht und erreicht seine höchstmögliche Härte. Einen Brand in diesem Temperaturbereich nennt man auch Glasurbrand, weil hierbei Glasuren aufgeschmolzen werden können. Fayencen, Kunstkeramik, Wand- und Bodenfliesen, Sanitärkeramik und Steinzeug aller Art werden als Glasurbrand hergestellt.

Bei noch höheren Temperaturen, um 1300 bis 1480 °C, verglast der Scherben. Für diesen Brand kann man nur besonders reinen Ton verwenden, nämlich den Porzellan-Schlicker. Dann entsteht die reinweiße Färbung des Porzellans.

Das Brennen von Porzellan erfolgt in mehreren Stufen. Nach einem ersten Brand bei rund 950 °C wird auf die noch poröse Oberfläche die Glasur aufgetragen. Im anschließenden „Scharffeuerbrand" entsteht das Porzellan. Das Werkstück schrumpft dabei um bis zu 15 Prozent. Falls das Porzellanstück noch bemalt wird, erfolgt nach dem Malen ein weiterer Brand, der Dekorbrand, der bei etwa 850 °C die Farben fixiert und zum Leuchten bringt.

Brennöfen

DAS SCHERBENGERICHT

Das Scherbengericht ist heute ein geflügeltes Wort, im antiken Athen war es jedoch eine von der Bürgerversammlung vollzogene Abstimmung. Mittels dieser Abstimmung konnten unliebsam gewordene Bürger für 10 Jahre in die Verbannung geschickt werden.

Das Scherbengericht fand einmal im Jahr im Januar statt. Zu einer Verurteilung kam es, wenn 6000 Scherben mit dem darauf geschriebenen Namen des oder der zu Verbannenden abgegeben wurden. Eine Rückkehr der Verbannten – unter ihnen viele bekannte Politiker – vor Ablauf der 10 Jahre wurde zwar mit der Todesstrafe bedroht. Aber wenn es im Interesse des Staates lag, holte man die Verurteilten auch vorzeitig zurück.

„Der kluge Ehemann kauft seiner Frau
nur das teuerste Porzellan,
weil er dann sicher sein darf,
dass sie es nicht nach ihm wirft."

Unbekannt

„Holz verfault, doch Stein bleibt Stein,
drum muss der Steinmetz der Erste sein."

Alter Spruch der Steinmetzhandwerker

DER STEINMETZ

Steinmetz bei der Arbeit

So entsteht eine runde Säule:
Viereck, Achteck, Sechzehneck, Rundung
Im Hintergrund: Vorgehauener Block

ZUR GESCHICHTE

Das Steinmetzhandwerk ist eines der ältesten Bauhandwerke. Nicht die ältesten, vielleicht aber die gewaltigsten und wunderbarsten Bauwerke, an denen Steinmetze maßgeblich beteiligt waren, sind die Pyramiden und die Sphinx von Giseh in Ägypten. Mit vergleichsweise primitiven Werkzeugen und Messmethoden wurden hier gewaltige Steinmassen passgenau bearbeitet und zusammengefügt.

Später in der Antike waren es die griechischen Tempel wie die Akropolis in Athen und die großartigen Bauwerke Roms, die unter den Händen der Steinmetze entstanden. Ohne Mörtel, allein durch präzise behauene und ineinander gefügte Steine schufen sie Steinkonstruktionen wie den berühmten Aquädukt „Pont du Gard" in Südfrankreich. Aber auch die künstlerisch tätigen Steinbildhauer der Antike waren zu außerordentlichen Leistungen fähig. Ihre Marmorstatuen dienten den größten Künstlern der Renaissance, zum Beispiel Michelangelo, als Vorbild.

In Mitteleuropa entwickelte sich eine durch Stein geprägte Architektur unter Karl dem Großen, der im Jahr 808 Hamburg als befestigte Siedlung mit dauerhaften Bauwerken aus Stein gründete. Die Kunst der Steinbearbeitung machte Fortschritte und erreichte in der Gotik einen ersten Höhepunkt. Aus dieser Zeit stammen viele berühmte Kathedralen.

Gegen Ende des 12. Jahrhunderts wurden die ersten Steinhauerzünfte gebildet. Wie in anderen Zünften wurden Rechte und Pflichten der Handwerksbetriebe geregelt und kaiserliche Privilegien für die Steinhauer erstritten. Der ausgelernte Geselle konnte sich nach seinen Wanderjahren einen Meisterbetrieb aussuchen, um dort sein Meisterstück anzufertigen. Danach war er ein freier Meister und durfte hoffen, in einen Steinmetzbetrieb einheiraten zu können.

In der ersten Hälfte des 19. Jahrhunderts wurden nach und nach alle Zünfte aufgelöst und die Gewerbefreiheit eingeführt. Das heißt, das lokale Monopol der ortsansässigen Handwerker fiel. An die Stelle der Zünfte traten die Innungen als freiwillige Vereinigungen der Handwerksbetriebe.

Mit der Industrialisierung, das heißt, mit der Einführung von Kraftmaschinen, waren große technische Fortschritte in der Steinbearbeitung verbunden. Maschinelle Sägen im Steinbruch sowie motorisierte Hebezeuge und Transportmittel erleichterten dem Steinmetz die Arbeit. Mittlerweile verbessern computergesteuerte Maschinen die Wirtschaftlichkeit der Betriebe.

Wasserstrahlanlagen und Diamantseilsägen mit mehreren parallelen Seilsägen erlauben ein hochpräzises und schnelles Trennen und Schneiden von Steinblöcken zu Platten. Auch das Gravieren und das Fräsen von Reliefs in Stein, zum Beispiel für Grabsteine, erfolgt heute mit Unterstützung von Maschinen.

Die manuelle Steinbearbeitung mit Hammer und Meißel durch den Steinbildhauer, den Kunsthandwerker, hat sich dagegen im Laufe der Jahrhunderte nur wenig geändert.

ARBEITSGEBIETE DER STEINMETZE

Beim Beruf des Steinmetz denkt man heute wohl zuerst an Grabsteine. Arbeiten an Grabmälern, sei es neue zu erstellen oder vorhandene zu überarbeiten, gehören sicherlich zum Kerngeschäft vieler Handwerksbetriebe. Dass der Steinmetz aber sehr viel zum Gelingen fast aller Bauvorhaben beiträgt, wird erst deutlich, wenn man sich überlegt, wo überall im Haus bearbeiteter Stein verwendet wird:

Die Fensterbänke bestehen meistens aus geschliffenen und polierten Marmor- oder Granitplatten. Stufen vor dem Haus sind fast immer und Treppen im Haus manchmal aus Stein gefertigt. Auch Fußboden- und Terrassenbeläge aus Marmor, Solnhofener Platten, Granit oder anderem Naturstein kommen vom Steinmetz. In Luxusküchen werden die Speisen auf hochwertigen Arbeitsplatten aus Stein zubereitet, und teure Bäder sind mit Marmor ausgekleidet. Und schließlich werden die Fassaden eleganter Bürohäuser oft mit edlen Steinplatten verziert.

Nicht zuletzt sollen die Steinbildhauer genannt werden, die künstlerisch-kreativ tätig sind. Sie fertigen nach ihren eigenen Entwürfen zunächst Modelle aus Ton oder Gips an und übertragen diese dann auf den zu bearbeitenden Stein. Das Behauen, Schleifen und Polieren des Steins erfolgt zwar auch mit Maschinen, aber nur als Kraftunterstützung. Die eigentliche Gestaltung erfolgt durch die Hand des Künstlers oder der Künstlerin.

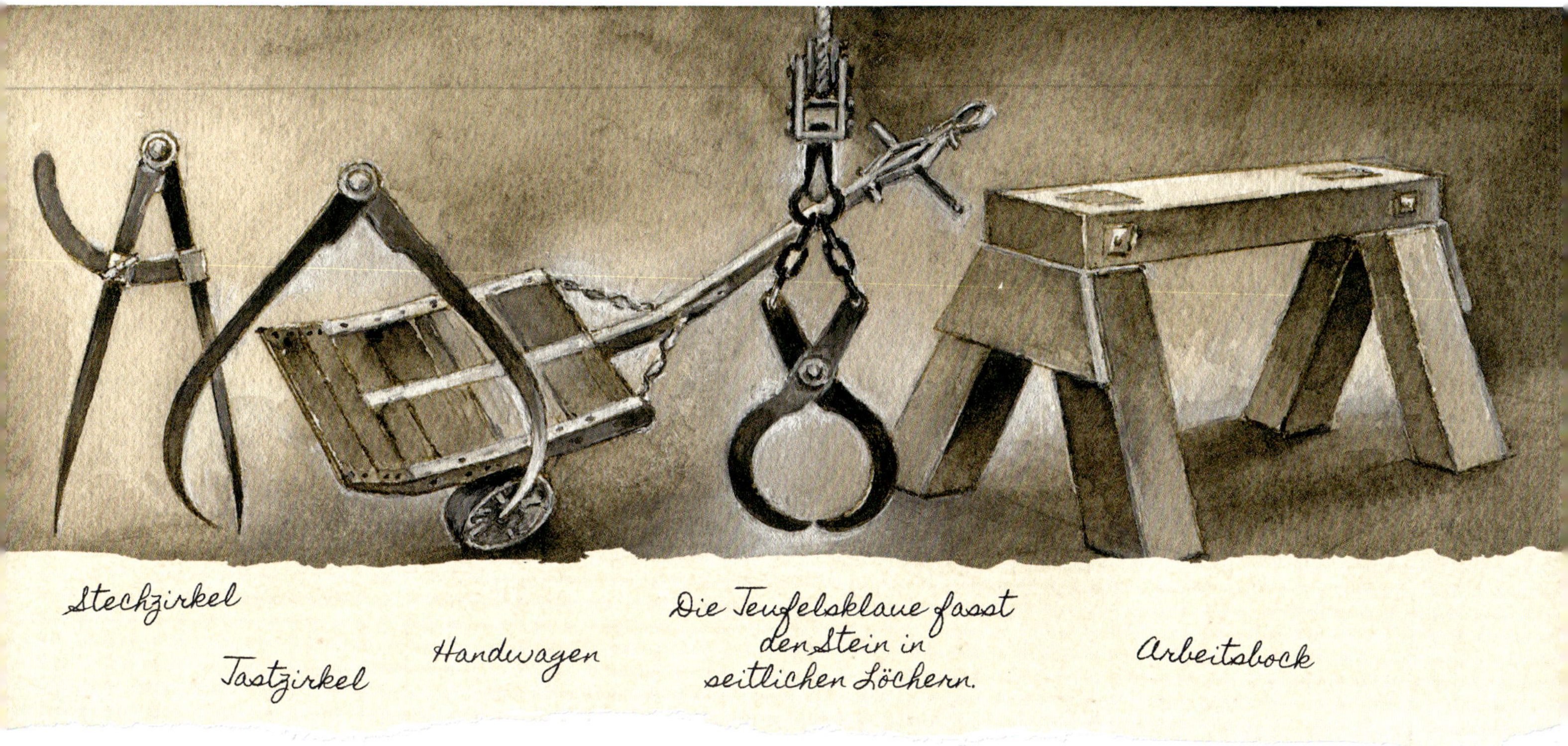

Die Zeit der ganz großen Kunstwerke aus Stein scheint vorüber zu sein. Jedoch bereiten die vielen „kleinen“ Kunstwerke in Parks und Fußgängerzonen den Menschen vielleicht mehr an täglicher Freude als die berühmten, aber weggesperrten Exponate in den Museen.

SAMSTAGSREINIGUNG

Aus einer alten Zeitungsnotiz

Besonders die Steinmetze legten großen Wert darauf, am Sonnabend zu kehren und zu fegen, „als käme der liebe Gott zu Besuch“. War die Reinigung nicht pünktlich fertig, wurden die Langsamen zu zwei Runden Bier verurteilt. Der zünftige Steinmetz fegte fast immer, wenn er die Arbeit verließ, seinen Stein ab. Dies sollte aus damaliger Sicht verdeutlichen, dass da keine „Bauern“ am Werk waren, wie es hieß.

Im Steinbruch

GESTEINSARTEN

Die Gesteine, mit denen es der Steinmetz zu tun hat, lassen sich entsprechend ihrer Entstehung in drei Gruppen unterteilen.

Aus dem Erdinneren kommt das magmatische Gestein, das aus erkalteten und erhärteten Mineralschmelzen (Magma, Lava) besteht. Der bekannteste Vertreter dieser Gruppe ist der sehr harte Granit, den der Steinmetz unter anderem für hoch beanspruchte Bodenplatten verwendet.

Aus der Ablagerung von Verwitterungsprodukten entstanden die Sedimentgesteine, die relativ weich und manchmal porös sind. Unter diesen Gesteinen sind viele, für die der Mensch nützliche Anwendungen gefunden hat: Sandstein, den der Bildhauer nutzt, Tonstein (siehe Töpfer), Salzsteine, Kalkstein, Gips und Kreide. Auch Steinkohle ist ein Sedimentgestein.

Die dritte Gruppe bilden die metamorphen Gesteine, die durch hohen Druck oder hohe Temperatur aus anderen Gesteinen entstanden sind. Angehörige dieser Gruppe sind viele Steine mit Kristallstruktur wie zum Beispiel Quarz oder Glimmer, unter anderem auch Edelsteine. Für den Steinmetz und Bildhauer ist der Marmor der wichtigste Vertreter dieser Gruppe.

Marmor entsteht aus Kalkstein, wenn dieser durch darunter liegende heiße Magmablasen enorm aufgeheizt und unter hohen Druck gesetzt wird. Die bekannte „Marmorierung“ des Gesteins kann beliebige Farben annehmen. Marmor existiert an vielen Orten in aller Welt, darunter in den Mittelmeerländern, in China und im Nahen Osten.

Der mit Abstand berühmteste und bei den Künstlern beliebteste Marmor kommt aus dem italienischen Carrara an der toskanischen Riviera, dem weltweit größten Abbaugebiet für Marmor. Er besitzt eine sehr feine Körnung und eine wunderbare, glänzend weiße Farbe. Carrara-Marmor ist vergleichsweise sehr hart und hat die positive Eigenschaft, dass er nicht brüchig ist und den Künstler böse überrascht.

Michelangelo suchte sich die Marmorblöcke für seine Skulpturen persönlich vor Ort aus. Die beste Sorte des Carrara-Marmors ist nach ihm benannt.

Atlas-Sklave, unvollendet nach Michelangelo, Marmor

Dresdner Zwinger: die Hermen

MICHELANGELO UND SEINE STATUE

Die folgende Anekdote wurde in leicht abgewandelter Form mehrfach über Michelangelo berichtet: Eines Tages wurde Michelangelo in Florenz beauftragt, eine Statue von außergewöhnlicher Schönheit zu schaffen. Er suchte daraufhin nach einem geeigneten Marmorblock. Nach einer Weile fand er einen fast vollkommen von Unkraut überwucherten Block, der dort vergessen worden war. Diesen Marmorblock ließ Michelangelo von seinen Arbeitern in sein Atelier bringen.

Dann begann er damit, die Statue des David aus dem Stein zu hauen. Dafür brauchte er zwei ganze Jahre. Und zwei weitere Jahre dauerte es, bis er die Statue durch Schleifen und Polieren vollendete.

Als die Statue feierlich enthüllt wurde, waren viele Menschen gekommen, um die unvergleichliche Schönheit des David zu bewundern. Man fragte Michelangelo, wie es ihm denn möglich gewesen war, eine so wunderschöne Statue zu erschaffen. Der Bildhauer sprach: „Der David war immer schon da gewesen. Ich musste lediglich den überflüssigen Marmor um ihn herum entfernen.“

J.G. Schadow
Luise von Preußen

Marmorgruppe „Sakuntala"
nach Camille Claudel

„Wenn nichts mehr zu helfen scheint,
schaue ich einem Steinmetz zu,
der vielleicht 100-mal auf einen Stein hämmert,
ohne dass sich auch nur der geringste Spalt zeigt.
Doch beim 101. Schlag wird er entzweibrechen.

Ich weiß, dass es nicht dieser Schlag war,
der es vollbracht hat,
sondern alle Schläge zusammen."

Jacob Riis

STEINMETZZEICHEN

Steinmetzzeichen lassen sich an fast allen mittelalterlichen Bauwerken – in Deutschland ab ca. 1050 –, manchmal auch schon an Gebäuden der Antike, entdecken. Es sind kleine, etwa fünf bis sieben Zentimeter große Symbole mit ziemlich geheimnisvollem Aussehen. Dementsprechend ranken sich um diese Zeichen auch allerlei Vermutungen, was die Bedeutung der Symbole angeht.

Festzustehen scheint, dass einem neuen Steinmetz meister, der in die Zunft aufgenommen wurde, ein persönliches Steinmetzzeichen verliehen wurde. Mit diesem Symbol sollte er alle von ihm gefertigten Arbeiten kennzeichnen.

Allerdings können die Steinmetzzeichen nicht allzu individuell – etwa wie Künstlersignaturen an Gemälden – gewesen sein. Dieselben Symbole findet man in ganz Europa, und alle Gebäude mit gleichem Zeichen können nicht das Werk ein und desselben Meisters gewesen sein. Möglicherweise gab es einen allgemein üblichen Zeichenvorrat, aus dem das Zeichen für einen Steinmetz ausgewählt wurde.

Untersuchungen am Regensburger Dom haben ergeben, dass im Laufe seiner Baugeschichte etwa 1000 verschiedene Steinmetzmeister mit der Errichtung und Ausschmückung der Kirche beschäftigt waren. Aus der Häufigkeit der einzelnen Zeichen kann man Rückschlüsse ziehen, wie lange der einzelne Handwerker am Bau mitwirkte. Offensichtlich war es für manche Steinmetze nur ein einmaliger „Nebenjob“ und für andere eine richtige Lebensaufgabe.

Nicht mit Steinmetzzeichen zu verwechseln sind die Steinzeichen. Sie haben mit dem Steinmetz nichts zu tun, sondern kennzeichnen die Gesteinslage, aus der ein Stein stammt. Alle Steine derselben Steinschicht haben dasselbe Steinzeichen.

Antiqua in Steintafel gehauen

Marmorrelief

LEONARDO UND DIE BILDHAUEREI

Leonardo da Vinci, das Universalgenie der Renaissance, war unter anderem auch ein großartiger Bildhauer. Aber er mochte diese Tätigkeit nicht allzu sehr, und noch weniger mochte er seinen Zeitgenossen, den charakterlich schwierigen Michelangelo. Wohl auch in Anspielung auf diesen „Barbaren" schrieb er in sein Tagebuch einige nicht ganz ernst zu nehmende Bemerkungen.

Bildhauerei, so schrieb er, sei im Grunde nur eine rein mechanische Tätigkeit: „Der Bildhauer, der den Marmorblock bearbeitet, schwitzt stark, und sein Schweiß vermischt sich mit den Staubwolken des Marmors zu einem klebrigen Brei, der sein Gesicht überzieht. So in weißen Staub gehüllt sieht er wie ein Bäcker aus. Marmorsplitter fliegen umher, und das ganze Haus ist mit Splittern und Staub erfüllt.

Vergleiche diese arme Gestalt mit dem Maler, der sich zum Arbeiten hinsetzt, gut gekleidet ist und mit einem kleinen Pinsel in feine Farben eintaucht. Sein Haus ist rein und mit schönen Bildern gefüllt. Und bei der Arbeit kann er der Musik lauschen, die nicht

„Maurer, hört den Klang der Lieder,
höret unsre Harmonie!
Schließt die Kette, treue Brüder,
keine Macht zerstöret sie!
Lasst im Herzen widerhallen,
was der Hammerschlag gebeut;
dann lernt ihr mit Wohlgefallen
Maurerpflicht und Menschlichkeit.“

Altes Maurerlied

DER MAURER

Auf der Baustelle

ZUR GESCHICHTE

Das Handwerk des Maurers hat – zumindest außerhalb Deutschlands – eine äußerst lange Tradition. Schon einige Tausend Jahre vor Beginn unserer Zeitrechnung waren am Bau der Pyramiden gelernte Bauarbeiter beteiligt, und sie waren bereits in Hierarchien gegliedert, die Parallelen zu unseren heutigen Verhältnissen aufweisen. Ein Bauarbeiter konnte zum Aufseher, dann zum Vorsteher und schließlich zum Meister aufsteigen. Heute sprechen wir von Maurergeselle, Vorarbeiter, Polier und Meister. Der höchste damals zu erreichende Rang war der „königliche Meister der Bauleute", der mit dem heutigen Architekten vergleichbar ist.

Die Baukunst des antiken Rom gehört zu den wichtigsten kulturellen Leistungen dieser Epoche. Die römischen Maurer und Steinarbeiter errichteten Gebäude, steinerne Bogenbrücken und Aquädukte, die zum Teil heute noch – nach rund 2000 Jahren – funktionsfähig sind.

Nördlich der Alpen war diese Steinbaukunst zunächst nicht üblich. Städte und städtisches Leben, das mit Rom vergleichbar gewesen wäre, waren unbekannt. Das Leben spielte sich in den germanischen Dorfgemeinschaften ab. Als Baumaterial für die kleinen Häuser wurde das Holz der damals noch reichlich vorhandenen Wälder verwendet. Bauholz war wiederum im Mittelmeerraum eine Rarität.

Erst die Besatzungstruppen der Römer führten den Steinbau in Germanien ein. Unter ihrem Einfluss entwickelte sich in den folgenden Jahrhunderten das Maurerhandwerk. Es entstanden die Berufe der Maurer und Ziegelmacher. Allerdings blieb der Steinbau lange Zeit den großen Repräsentativbauten, Burgen, Schlössern und vor allem dem Sakralbau vorbehalten.

Die Häuser der Bürger und Bauern bestanden immer noch aus Holzkonstruktionen, die sich aus den frühen Pfostenbauten zu den heute noch bekannten Fachwerkbauten entwickelten. Als man nämlich die Pfosten der primitiven Gebäude wegen der schnellen Fäulnis nicht mehr in die Erde eingrub, sondern auf ein Fundament aus Steinen setzte, musste man die Stabilität der Häuser anderweitig sichern: Man führte innerhalb der Wandbereiche schräg gestellte Streben und Riegel ein und gelangte so zu einem „Holzskelett" mit guter Steifigkeit.

Die Wände zwischen den Balken wurden zunächst mit Lehm und später mit Ziegelsteinen ausgefüllt. Der Fachwerkbau war lange Zeit die vorherrschende Bauform und erlebte seinen technischen und handwerklichen Höhepunkt erst im 17. Jahrhundert.

Der Begriff des Maurermeisters taucht in Deutschland erstmals im 7. Jahrhundert auf. Der Zusammenschluss der Maurer in Zünften erfolgte zusammen mit anderen Zünften allgemein im 13. Jahrhundert. Zu dieser Zeit bildeten auch die Gipser eine eigene Zunft.

Eine Seltenheit erwähnt die Chronik des Frauenklosters zu Säckingen im Jahre 1336, nämlich die erste und wohl einzige Baumeisterin des Mittelalters.

Die handwerkliche Tätigkeit der Maurer hat sich in den Jahrhunderten wenig geändert. Mit der Einführung der Kraftmaschinen wurde allerdings die körperlich sehr schwere Arbeit etwas leichter. War früher der Flaschenzug die einzige Alternative zum Hochschleppen der Ziegel auf das Gerüst, so wird das Baumaterial heute mit Transportmitteln und Kränen direkt an den Arbeitsplatz des Maurers befördert. Und das Anrühren des Mörtels erfolgt auch nicht mehr von Hand in einer großen Blechwanne, sondern mit elektrisch betriebenen Mischern.

Als Baumaterialien sind vor allem Beton, aber auch Stahl und Glas hinzugekommen. Beton und Stahl bieten den Vorteil einer rationelleren Bauweise. Sie können als industriell vorproduzierte Komponenten an die Baustelle geliefert und rasch verarbeitet werden.

Das aus Ziegelsteinen gemauerte Haus bietet jedoch auch heute noch die beste Wohnqualität und das beste Wohnklima.

BAUSTOFFE

Einer der ältesten Baustoffe der Menschheit ist Lehm, der seit mehr als 9000 Jahren verwendet wird. Lehm ist fast überall verfügbar und einfach, vor allem ohne komplizierte Werkzeuge, zu verarbeiten. Noch heute lebt etwa ein Drittel aller Menschen in Behausungen aus Lehm. Eines der größten Bauwerke aus Lehm ist sicherlich eine Sonnenpyramide in Mexiko, für die neben anderem Baumaterial zwei Millionen Tonnen Lehm verarbeitet wurden.

In der Antike waren behauene Natursteine das bevorzugte Baumaterial. Die Steinblöcke wurden in Steinbrüchen gewonnen, in mühseliger Arbeit zur Baustelle transportiert und mit Hammer und Meißel in die gewünschte Form gebracht. Das Kolosseum in Rom, eines der imposantesten Gebäude der Antike, wurde aus Travertinblöcken gebaut, von denen jeder einzelne fünf Tonnen wog. Dass die damaligen Bauhandwerker keine maschinellen Hilfsmittel zur Verfügung hatten, ist heute kaum mehr vorstellbar.

Ziegelsteine wurden schon im antiken Griechenland verwendet und sind immer noch das beliebteste Baumaterial. Während früher Vollziegel gebrannt wurden, hat sich im 20. Jahrhundert der Hohlziegel durchgesetzt, der Luftröhren besitzt und damit leichter und besser wärmeisolierend ist als der Vollziegel.

Bindemittel haben die Aufgabe, die aufeinander und nebeneinander gesetzten Steine zu verkleben und zu verkitten. Die wichtigsten Bindemittel waren und sind Zement, Kalk und Gips. Durch Mischen mit Wasser erhält man eine teigige Masse, die zu einem steinartigen Baustoff aushärtet. Zement ist ein so genanntes hydraulisches Bindemittel, das nicht nur an der Luft, sondern auch unter Wasser aushärtet.

Je nach Verwendungszweck und gewünschten Eigenschaften mischt der Maurer die Bindemittel mit anderen Stoffen. Die wohl bekannteste derartige Mischung ist der Mörtel, der aus Zement (oder Kalk), Sand und Wasser besteht. Er verbindet die Ziegel oder Steine im Mauerwerk. Zum Verputzen, also zum Abdecken und Glätten der Maueroberfläche, verwendet man Putze, die dem Mörtel sehr ähnlich sind, aber je nach gewünschter Oberflächenstruktur unterschiedliche Beimischungen, zum Beispiel Quarzsand, enthalten. Moderne Putze können als Bindemittel auch Kunstharze enthalten („Kunststoffputz").

KALK BRENNEN

Das Brennen von Kalk ist war schon im Altertum eine Technik, mit der man den Rohstoff für Mörtel, nämlich „gebrannten Kalk", herstellte. Eine römische Kalkbrennerei kann heute noch in Bad Münstereifel besichtigt werden.

Zum Brennen von Kalk werden Kalksteine aus dem Steinbruch zerkleinert und in einem großen, festen Ofen auf 900 bis 1200 °C erhitzt. Der Vorgang des Brennens dauert einige Tage. Dabei entstehen Calciumoxid – das ist der gebrannte Kalk – und Kohlendioxid, das an die Luft entweicht. Der gebrannte Kalk ist weiß und lässt sich sehr leicht pulverisieren.

Durch Zugabe von etwas Wasser kann man das Calciumoxid in Calciumhydroxid, gelöschten Kalk, umwandeln. Diese chemische Reaktion läuft unter großer Wärmeentwicklung ab. Gelöschter Kalk ist ein weißes Pulver, das unter anderem von Malern zur Herstellung von Wandfarben und in der Landwirtschaft als Düngemittel für Obstbäume und Wiesen, insbesondere wenn diese übersäuert sind, verwendet wird.

Um Mörtel herzustellen, mischt man gebrannten Kalk mit einem Überschuss an Wasser und Sand. Beim Abbinden reagiert der Kalkmörtel mit dem Kohlenstoffdioxid der Luft und bildet wieder kristallinen, harten Kalk, der chemisch dem ursprünglichen Kalk aus dem Steinbruch entspricht.

STUTTGARTER MÖRTEL

Im Mittelalter wurde im Gebiet Württembergs etwa viermal so viel Wein angebaut wie heute. Der Weinbau nahm derart überhand, dass Anfang des 14. Jahrhunderts die Anlage zusätzlicher Rebfluren verboten wurde, um die Versorgung der Menschen mit anderen Produkten der Landwirtschaft nicht zu gefährden. Trotzdem reichten oft die Fässer nicht aus, die Weinflut zu fassen. 1386 soll einer alten Stuttgarter Chronik zufolge mehr Wein als Wasser geflossen sein, so dass man den Mörtel beim Hausbau mit Wein anrühren musste.

BAUSTILE

Während in den Dörfern und Siedlungen lange Zeit Holz das bevorzugte Baumaterial war, fand die Steinbaukunst der Römer Eingang in den Bau von Herrschaftssitzen und vor allem Kirchen.

Die **Romanik** stellt die erste der großen Stilrichtungen dar und war in der Zeit zwischen dem 10. und der ersten Hälfte des 13. Jahrhunderts vorherrschend. Romanische Bauten weisen feste, strenge Strukturen auf und wirken oft festungsähnlich. Ein wichtiges Merkmal sind die Rundbögen über Säulen oder Pfeilern. In romanischen Kirchen wird die Schwere des Steins deutlich hervorgehoben. Die Mauern haben eine Stärke, die über das konstruktiv Notwendige weit hinausgeht. Der Gläubige soll in der Wucht der Kirche die Mächtigkeit Gottes spüren und demütig in die Knie gezwungen werden. Dieser Eindruck wird durch die Darstellung von Dämonen und Bestien an den Portalen und Kapitellen noch verstärkt.

Eine Neuerung der romanischen Basilika ist die um 1100 einsetzende Wölbung des gesamten Innenraums im Mittelschiff. Gegen Ende der romanischen Periode bilden sich immer mehr Zierformen und Ornamente heraus, die schon auf die nächste Stilrichtung weisen.

Der **gotische Stil** entwickelte sich in Frankreich bereits in der ersten Hälfte des 12. Jahrhunderts und wurde in Deutschland erst hundert Jahre später übernommen. Auf dem romanischen Grundriss der Querhausbasilika mit Kreuzrippengewölbe aufbauend entstanden Kirchen, die leichter, luftiger und höher wirkten. Die Rundbogen wurden zu Spitzbogen in die Höhe gezogen. Auch die Fenster wurden nach oben gestreckt und erhielten Spitzbogen. Die Querschiffe wurden kürzer und die Seitenschiffe als Chorumgänge länger. Die für die Gotik typischen Kreuzrippengewölbe wirken fast schwerelos.

Eines der bekanntesten gotischen Bauwerke ist neben dem Ulmer Münster – mit dem höchsten Kirchturm der Welt – der Kölner Dom, dessen Grundstein 1248 gelegt wurde. Die Bauarbeiten wurden nach 300 Jahren aus Geldmangel eingestellt, und erst weitere 300 Jahre später wurden die Arbeiten wieder aufgenommen. Schließlich war der Dom 1880 fertig gestellt.

Mangels ausreichender Mengen an Natursteinarten (Sandstein, Kalkstein, Marmor) waren in Norddeutschland gebrannte Backsteine für gotische Bauten

Großes Ziegel- und Klinkerwerk:
Das Gebäude mit dem Luftdurchzug
lagert die noch ungebrannten Steine.

Anlage zur Herstellung
von Baustoffen

weit verbreitet. Da Backstein im Gegensatz zu Sandstein vom Steinmetz nicht behauen werden kann, musste auf Schmuckformen weitgehend verzichtet werden. Deshalb wirken die dunkelroten Kirchen und Rathäuser der reichen Hansestädte sehr monumental und manchmal streng.

Der Baustil der **Renaissance** kam aus den reichen Städten Italiens, allen voran Florenz, im 16. Jahrhundert nach Deutschland. Die Handwerker der Renaissance, Baumeister, Steinbildhauer und Maler – oft alles in einer Person –, sahen die Kunst der Antike als Vorbild. Im Gegensatz zur Gotik ist die Gliederung der Gebäude horizontal. Aus der Antike bekannte Details wie Säulen mit Kapitellen tauchten wieder auf. Der aufkommende Wohlstand der Handel treibenden Städte äußerte sich in den vielen aufwändigen Profanbauten der Renaissance.

Ähnlich wie bei der Entwicklung von der Romanik zur Gotik wurde der strengere, einfachere Stil der Renaissance durch weniger strenge, fließendere und üppigere Formen abgelöst: Ab der Mitte des 17. Jahrhunderts begann die Epoche des Barock, die Sinnesfreude ausstrahlte. Profanbauten, zum Beispiel Schlösser, und Sakralbauten wiesen die gleichen architektonischen Merkmale auf und entfalteten die gleiche Pracht. Unter August dem Starken entstand das barocke Dresden, und im bayerischen Wies errichtete man auf einer Viehweide die heute so berühmte Wallfahrtskirche.

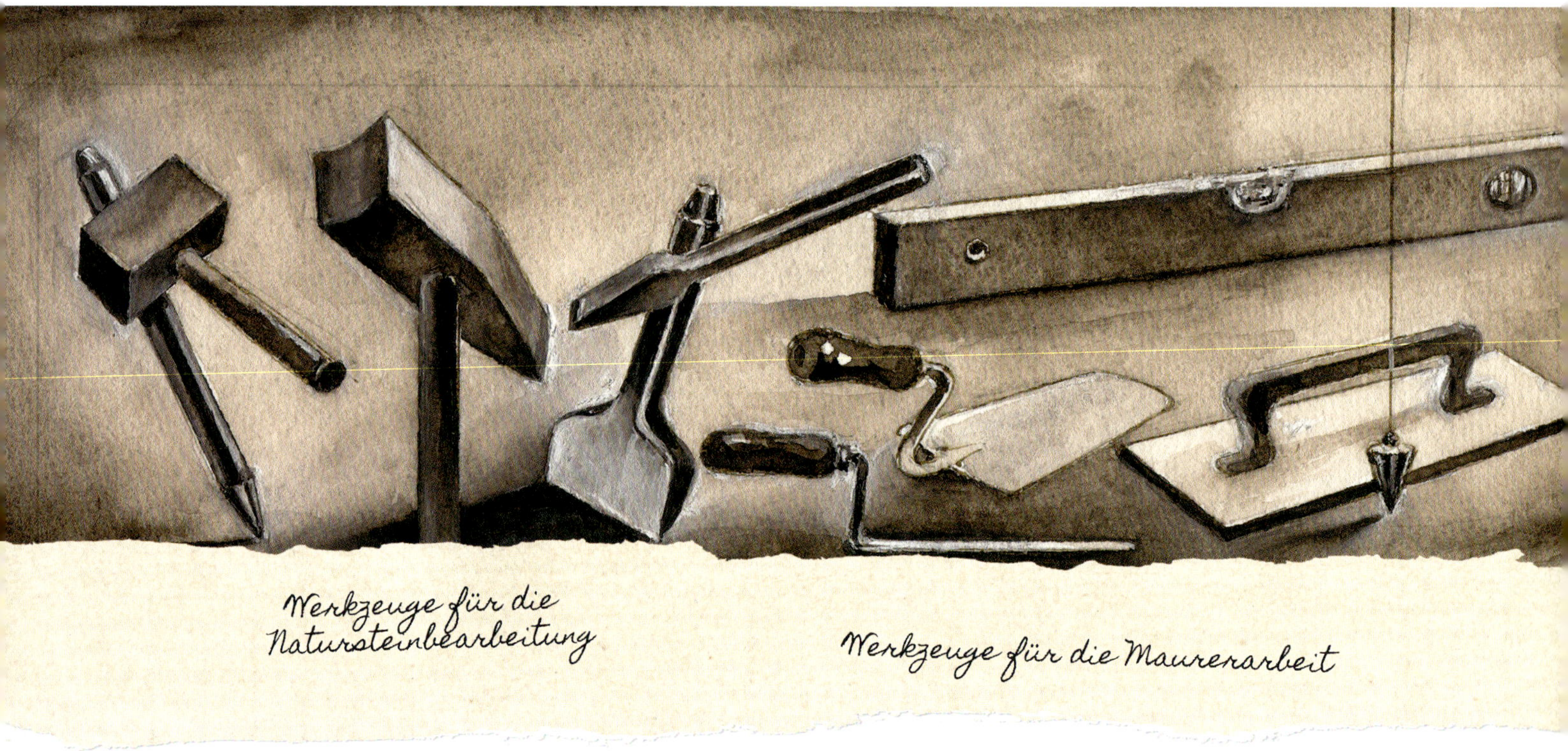

WERKZEUGE UND GERÄTE

Die meisten Werkzeuge des Maurers, soweit es sich nicht um motorgetriebene Geräte handelt, sind vermutlich ebenso alt wie das Handwerk selbst. Erstaunlich ist aber, dass nicht nur Werkzeuge wie Hammer und Meißel schon lange in Gebrauch sind, sondern auch verschiedene Vermessungsgeräte.

Schon 3000 v. Chr. kannten die Sumerer und Babylonier einfache Messzeuge wie Messlatten und Seile mit „genormter" Länge. Spätestens die Ägypter benutzten schon das Senklot, ein Gewicht, das an einem Bindfaden hängt. Mit dem Senklot wird heute noch überprüft, ob eine Mauer tatsächlich senkrecht hochgezogen wurde. Auch die Setzwaage oder Wasserwaage war schon für die Ägypter ein übliches Instrument, um die Einhaltung der Horizontalen zu überprüfen. Schon damals war die Messgenauigkeit so gut, dass man auf eine Entfernung von 100 Metern einen Höhenunterschied von 4 Zentimetern feststellen konnte.

Um weiter entfernte Messpunkte auf ihre Höhe zu überprüfen, verwendete man die Schlauchwaage. Das ist ein mit Wasser gefüllter langer Schlauch, an dessen Enden der Wasserspiegel auf gleichem Niveau liegt (wie die Oberfläche eines Sees). Zur Messung mit der Schlauchwaage sind natürlich zwei Arbeiter erforderlich. Eine moderne elektronische Variante, die nur einen Bediener benötigt, ist die Laserwasserwaage, deren Laserstrahl die Überbrückung größerer Abstände erlaubt.

Das Werkzeug, das man sicherlich am meisten mit dem Beruf des Maurers verbindet, ist die Maurerkelle. Dieses im Grunde sehr einfache Werkzeug hat erstaunlich viele, regional unterschiedliche Ausprägungen erfahren:

Die am weitesten verbreitete Maurerkelle hat ein trapezförmiges Blatt. Je nach Größe und Form des Halses – das ist das Verbindungsstück zwischen Blatt und Griff – unterscheidet man die „große Maurerkelle mit S-Hals", die italienische Maurerkelle und die Berner Putzkelle. Ähnlich, aber vorne abgerundet, ist die Düsseldorfer Maurerkelle.

Eine dreieckige Blattform hat die Berliner Maurerkelle. Schlank und spitz ist die Hamburger Spitzkelle. Und ganz schlank und schmal, ein Spezialist unter den Kellen, ist die Dänische Fugenkelle.

Mit dem Aufbruchhammer

Schütten einer Stahlbetondecke

DER FLASCHENZUG

Der Flaschenzug wurde zwar schon von Archimedes im 3. Jahrhundert v. Chr. erfunden, aber die mit seiner Handhabung verbundenen Probleme der Gravitation haben auch neuzeitlichen Anwendern immer wieder neue Rätsel aufgegeben, wie die folgende Geschichte zeigt. Der Unglücksrabe, der mit den Tücken eines Flaschenzugs zu kämpfen hatte, schildert in unterschiedlichen Versionen die Begebenheit einmal als eingegipster Arbeiter seinem Chef und ein anderes Mal als neu angekommener Engel dem heiligen Petrus im Himmel.

„Als ich die Arbeiten am Dach beendet hatte, blieb eine größere Menge Ziegel übrig. Ich zog also eine leere Kiste mit dem Flaschenzug hoch zum Dach und knotete das Seil unten fest. Dann stieg ich auf das Dach und füllte die Kiste mit Ziegeln. Anschließend stieg ich wieder hinunter und löste den Knoten.

Unglücklicherweise war die mit den Ziegeln gefüllte Kiste wohl schwerer als ich. Auf jeden Fall kam die Kiste herunter, und ich wurde hochgezogen. Ich wollte natürlich nicht runterfallen und klammerte mich fest an das Seil. Auf halber Höhe traf ich die Kiste, oder genauer, die Kiste traf mich – an der Schulter.

Ich war dann ziemlich schnell oben und kam erst zum Stillstand, als mein Kopf mit voller Gewalt gegen den oberen Balken stieß. Aber das wäre nicht so schlimm gewesen, wenn ich mir am Flaschenzug nicht noch den Daumen einquetscht hätte.

Zur gleichen Zeit war die Kiste endlich unten. Aber sie schlug etwas hart auf, kippte um, und alle Ziegel fielen heraus. Jetzt war die Kiste offensichtlich leichter als ich. Nur so kann ich mir erklären, dass sie wieder hochkam. Und ich kam am Seil wieder runter.

Und wieder genau auf halber Höhe traf ich die Kiste, das heißt, ich traf sie nur fast. Die Kiste raste knapp an mir vorbei, und dabei hat irgendeine scharfe Kante mir das rechte Bein aufgeritzt.

Ich war dann sehr schnell wieder unten und fiel in die Ziegelscherben. Dabei muss ich mir die Arme aufgeschnitten haben. Voller Geistesgegenwart sagte ich mir: ‚Nicht noch einmal!' und ließ das Seil los. Vermutlich sauste die Kiste dadurch wieder runter. Genaueres weiß ich nicht. Aber woher sonst sollte der Schädelbruch kommen?"

Schwerstarbeitende in einer Ziegelfabrik

DER ZIEGLER

Die ersten Ziegeleien in Deutschland sind römischen Ursprungs. Es waren kleine Betriebe mit kleinen Brennöfen, die nur den lokalen Markt zu versorgen hatten. Erstens war der Transport der schweren Ziegel aufwändig und zweitens waren Lehm- und Tongruben sowie Brennholz fast überall verfügbar. Daher bestand keine Notwendigkeit, größere Betriebe für Abnehmer im weiteren Umkreis zu bauen.

Bis ins 18. Jahrhundert wurden viele einfache Häuser, auch Fachwerkhäuser, meistens mit Stroh oder Schilf gedeckt. Dann wurden in den Städten allmählich Strohdächer wegen der Brandgefahr verboten, und der Bedarf an Ziegeln zur Eindeckung der Dächer stieg an. So entstanden im Laufe des 19. Jahrhunderts größere Ziegeleien, die durch die zunehmende Mechanisierung ihre Produktivität beträchtlich erhöhen und viele Kleinbetriebe verdrängen konnten.

Das Anfertigen der Ziegel war eine körperlich sehr schwere Arbeit. Der Ton musste zunächst barfüßig mit den Füßen geknetet werden. Wenn der Ton zum Verarbeiten reif war, kam er in die Ziegelform, wurde in dieser an der Luft getrocknet und anschließend im Brennofen gebrannt. Das Brennen dauerte einige Tage. Die Brennöfen waren etwa drei mal sechs Meter groß und bis zu zwei Meter hoch. Der Ofen wurde bestückt und angeheizt. Anschließend wurde er für die Dauer des Brennens zugemauert.

Die einfachste und vermutlich auch älteste Form des gebrannten Ziegels ist der quaderförmige Backstein, der für das Errichten von Mauern hergestellt wurde. Dachziegel waren zwar schon zur Zeit der Römer bekannt, wurden aber erst ab dem 8. Jahrhundert in nennenswertem Umfang verwendet. Die ersten Anwender von Dachziegeln waren Klöster. Diese so genannten Klosterziegel sahen wie der Länge nach halbierte Röhren aus und wurden versetzt übereinander gelegt. Dieser Ziegeltyp wurde allgemein als „Mönch und Nonne" bezeichnet.

In jüngerer Zeit entstanden die heute noch gebräuchlichen, aber relativ teuren „Biberschwänze", flache Tonziegel mit einer abgerundeten Spitze.

Für Ziegel soll man nur allerbesten Lehm verwenden.

Ziegelform und Drahtbügel zum Abschneiden des überschüssigen Lehms

Ein Ziegler thut man mich nennen
Auß Lättn kan ich Ziegel brennen
Gelatt und hell, Kälend darbey,
Daschen Ziegl, auch sonst mancherley,
Damit man deckt die Heusser obn,
Für Regen, Schnee und Windes thobn,
Auch für der heyssen Sonnen schein,
Cynira erfund die Kunst allein.

Hans Sachs

RICHTFEST

Das Richtfest (auch Hebefest oder Hebauf) wird traditionell gefeiert, wenn der Rohbau eines Gebäudes fertig gestellt und der Dachstuhl „aufgerichtet“ ist. Dieser wird mit dem Richtkranz oder dem Richtbaum geschmückt.

Zum Richtfest lädt der Bauherr die bis dahin beteiligten Handwerker, den Architekten, Helfer und Nachbarn ein. Der Zimmermann oder der Polier hält eine Ansprache und verkündet den Richtspruch. Der Richtspruch ist ein Dank an den Bauherrn, ein Dank an Gott für das bisherige gute Gelingen und eine Bitte um Gottes Segen für das Haus. Der Redner trinkt ein Gläschen Wein oder Schnaps auf das Wohl der Beteiligten und wirft am Ende des Richtspruches das Glas vom Dach.

Im Anschluss an den Richtspruch folgt der so genannte Richtschmaus, eine Feier auf der Baustelle oder in einem nahe gelegenen Wirtshaus. Der Bau herr bezahlt die Zeche als Dank an seine Handwerker.

RICHTFEST

Ludwig Uhland

Das neue Haus ist aufgericht’,
gedeckt, gemauert ist es nicht.
Noch können Regen und Sonnenschein
von oben und überall hinein.
Drum rufen wir zum Meister der Welt,
er wolle von dem Himmelszelt
nur Heil und Segen gießen aus
hier über dieses offne Haus.
Zuoberst woll’ er gut Gedeihn
in die Kornböden uns verleihn;
in die Stube Fleiß und Frömmigkeit,
in die Küche Maß und Reinlichkeit,
in den Stall Gesundheit allermeist,
in den Keller dem Wein einen guten Geist.
Die Fenster und Pforten woll’ er weihn,
dass nichts Unseliges komm herein,
und dass aus dieser neuen Tür
bald fromme Kinder springen herfür.
Nun, Maurer, deckt und mauert aus!
Der Segen Gottes ist im Haus!

SCHUTZHEILIGER DER MAURER

Zwischen 1063 und 1073 wurde in Venedig der Dom San Marco gebaut. Dabei soll nach der Legende ein Maurer vom Gerüst gefallen, nach seinem Gebet zum heiligen Markus aber unverletzt geblieben sein. Seitdem ist Markus der Schutzheilige der Maurer. Reliquien des heiligen Markus befinden sich unter anderem seit 830 auch auf der Insel Reichenau bei Konstanz.

„Glückauf, du holdes Sonnenlicht,
sei innig mir gegrüßt!
Der achtet deiner Strahlen nicht,
der täglich sie genießt.

Ich aber steige Tag für Tag
hinab in'n tiefen Schacht,
wo bei des Fäustels munterm Schlag
kein Sonnenstrahl mir lacht.

Drum grüßt dich auch der Bergmann froh,
steigt er zum Licht herauf;
kein ander Herz begrüßt dich so,
kein Mund ruft so: Glückauf!"

Altes Bergmannslied

DER BERGMANN

ZUR GESCHICHTE

Als der Mensch begann, Werkzeuge für die Jagd und für die Versorgung seiner Jagdbeute herzustellen, suchte er in der Natur nach geeigneten Materialien. Ein mineralisches Gestein, das für Schneidwerkzeuge hervorragend geeignet war, ist der Feuerstein. Die Spuren des bislang ältesten Feuersteinbergwerks Europas wurden im Kleinwalsertal entdeckt und sind mehr als 10 000 Jahre alt. Der Feuerstein wurde „im Tagebau" aus dem Fels geschlagen. Werkzeuge aus diesem Gestein, Klingen, Schaber und Pfeilspitzen, wurden schon früher in der Umgebung dieses Bergwerks gefunden.

Der älteste bislang nachgewiesene Untertagebergbau fand im südlichen Schwarzwald statt. Hier wurde um 5000 v. Chr. Hämatit oder Roteisenstein gewonnen.

Bis ins Mittelalter galt das Hauptinteresse des Bergbaus der Gewinnung von Kupfer- und Eisenerzen. Erst im 12. und 13. Jahrhundert wurden in den Gebieten von Aachen und Dortmund das Vorkommen und die Verwendung von Steinkohle erwähnt. Anfangs wurde nur oberflächlich und wenig systematisch nach Kohle gegraben. Für die örtlichen Bauern war das Graben nach Kohle eher eine Nebentätigkeit. Man sprach damals auch von „Kohlengräberei" und noch nicht von Bergbau.

Im 18. Jahrhundert, als das Holz der Wälder als Brennstoff knapper und Steinkohle zum Schmelzen von Eisenerz verwendet wurde, setzte eine intensivere Kohleförderung ein. Und man begann verstärkt, mit Stollen und Schächten die tiefer liegende Kohle abzubauen. Es entstanden sehr viele, aber kleine Zechen, deren Schächte nur bis zum Grundwasserspiegel reichten. Die Bergbautechnik wurde später gewissermaßen importiert, indem man Bergleute aus alten Erzbergbaugebieten anheuerte.

Ein großes Problem war erstaunlicherweise der Abtransport der geförderten Steinkohle. Der Ausbau der Straßen wurde lange Zeit von der Bevölkerung abgelehnt, weil sie in Kriegszeiten Truppendurchmärsche mit allen ihren Konsequenzen befürchtete. So wurde die Kohle zunächst auf dem Rücken von Pferden abtransportiert. Erst später wurde der Transport mit Pferd und Wagen möglich. Als die Ruhr 1780 schiffbar gemacht wurde, konnte der Transport von Kohle wesentlich leichter und billiger gestaltet werden.

Untertagearbeit – Hauer „vor Ort"

Die wachsende Bedeutung des Bergbaus dokumentiert ein Berggesetz von 1766, das König Friedrich der Große von Preußen erließ. Das Gesetz regelte die Erschließung von Bodenschätzen im Ruhrgebiet, also die Schürfrechte, und die Aufsicht über die Bergwerke. Eine staatliche Bergbehörde, das Bergamt, leitete mit eigenen Beamten sämtliche Zechen und legte die Löhne, die Arbeitszeiten und die Kohlenpreise fest. In einer ergänzenden Bergordnung erhielten die Bergleute besondere Privilegien. Sie wurden vom Militärdienst und von Grundsteuern befreit, und ihnen wurde im Krankheitsfall Unterstützung durch Knappschaftskassen zugesichert.

Zu Beginn des 19. Jahrhunderts wurden die Schächte immer tiefer – einige hundert Meter – in die Erde gegraben. Um das in die Schächte fließende Grundwasser abzupumpen, setzte man Dampfmaschinen ein. Zum Transport der Kohlenwagen unter Tage wurden bald Pferde eingesetzt. Zunächst ließ man die Pferde täglich in die Gruben hinab. Später verlegte man die Pferdeställe unter Tage.

Ein wesentlicher Fortschritt im Bergbau war um 1858 die Einführung des Drahtseils und des Förderkorbes, um die Bergleute nach unter Tage zu bringen. Bis dahin war es sehr mühselig und zeitraubend, an die immer tiefer gelegenen Arbeitsplätze der Hauer zu gelangen. Die Bergleute mussten überwiegend an Leitern in den Schacht hinab- und bei Schichtende wieder hinaufsteigen. Schon bei einer Tiefe von 200 Metern brauchte der Bergmann eine Stunde, um wieder ans Tageslicht zu kommen. Mit dem Förderkorb schaffte er es in wenigen Minuten. Daher war schon 10 Jahre nach Einführung des Förderkorbes der größte Teil der Zechen mit dieser Technik ausgestattet.

DAS BERGWERK

Die Schächte moderner Steinkohlenbergwerke im Ruhrgebiet führen heute in Tiefen bis zu 1400 Metern. Ihre Stollen, das sind die mehr oder weniger horizontal verlaufenden Gänge, können sich über mehrere Kilometer erstrecken. Dementsprechend lange Zeit brauchen die Bergleute, um an ihren Arbeitsplatz zu gelangen.

Die Förderschächte dienen dem Transport von Menschen, Material und Kohle, und sie beherbergen auch die Versorgungsleitungen für Wasser, Strom und Luft. Jedes Bergwerk hat mindestens zwei Schächte, von denen einer Frischluft zuführt und der andere die verbrauchte Luft abführt.

Von den Schächten aus führen die waagrechten Stollen mit abzweigenden „Richtstrecken" zur Kohle hin. Die waagrechten Ebenen werden Sohlen genannt. Die übereinander liegenden Sohlen sind zum Teil durch Schächte verbunden, die nicht bis ans Tageslicht führen. Man nennt sie daher Blindschächte. Direkt an der Kohle folgen die „Flözstrecken" genannten Gänge dem Verlauf der Kohleschicht.

Zum Abbau der Kohle muss das Gestein gelockert werden. Früher wurde das Gestein vorsichtig mit Schießpulver, später mit Dynamit, gesprengt. Heute verwendet man auf langen Strecken vorwiegend Vortriebsmaschinen, die sich mit gewaltigen Schneidköpfen in den Berg fräsen. An kleinen Strecken ist der Bergmann noch selbst gefordert. Aber hier wurde sein klassisches Hauwerkzeug durch den Presslufthammer ersetzt.

Die herausgebrochene Kohle wird auf mitunter kilometerlangen Transportbändern und Wagen zu den Schächten und dann mit den Förderkörben über Tage befördert.

Steinkohlenbergwerk
Die Hauptfördersohle liegt in
1000 Metern Tiefe

Eine moderne Anlage
Die Zeche Rossenray mit dem
75 Meter hohen Förderturm

Der Förderturm ist das von weitem sichtbare Erkennungsmerkmal eines Bergwerks. Von ihm aus führen die Seile mit den Förderkörben hinab in die Schächte.

Mit dem Vordringen des Bergbaus in immer größere Tiefen in der Mitte des 19. Jahrhunderts wurden leistungsfähigere Fördermaschinen benötigt. In dieser Zeit entstand der Malakowturm, ein aus Ziegelsteinen gemauerter Förderturm. Er ersetzte die bis dahin üblichen relativ einfachen Seilwinden. Der Name dieses Turms geht auf das Fort Malakow bei der Festung Sewastopol zurück, dessen Türme ähnlich aussahen. Die massiven Mauern des Malakowturms mussten die Lagerkräfte der Seilscheiben aufnehmen, was sich aber auf Dauer nicht bewährte. Trotz ihrer aufwändigen Bauweise waren die Türme gegen Schwingungen, die zwangsläufig über die Seile übertragen wurden, sehr empfindlich. Daher ging man gegen Ende des 19. Jahrhunderts zu Stahlkonstruktionen über.

Den Förderturm als einstöckiges Strebengerüst kann man als den Prototyp aller modernen Förderanlagen bezeichnen. Die Seilräder sind parallel auf einer Achse, das heißt auf einer Ebene, angeordnet. Das Maschinenhaus mit den Antriebsmotoren steht ebenerdig neben dem Förderturm.

Wenn es die räumlichen Gegebenheiten erfordern, kann man die Seilräder auch – leicht versetzt – übereinander auf zwei Ebenen anordnen. Man spricht dann von einem doppelstöckigen Strebengerüst.

Mit den heutigen, relativ leichten Elektromotoren ist es möglich, das Maschinenhaus direkt in den Förderturm, und zwar oberhalb der Förderkonstruktion, einzubauen. Diese Konstruktion wird Turmförderanlage genannt.

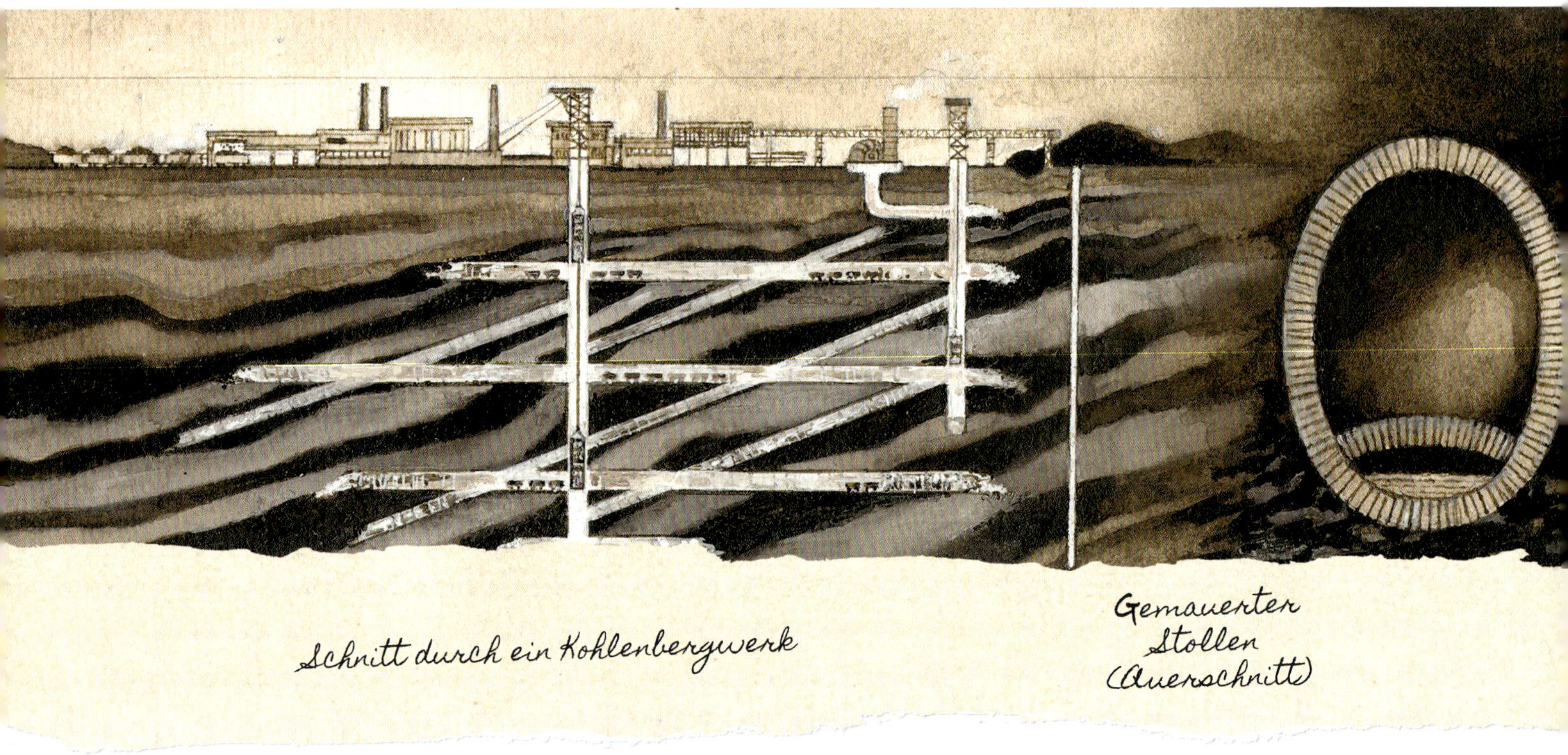

EINIGE BEGRIFFE AUS DER BERGMANNSSPRACHE

Abteufen: Herstellen eines (senkrechten) Schachts

Arschleder: Lederschutz des Bergmanns

Auffahren: Herstellen eines Stollens

Bewetterung: Frischluftzuführung

Fahren: unter Tage gehen

Fahrt: Leiter zum Auf- und Absteigen im Schacht

Frosch: ölbetriebene Grubenlampe

Grube: Untertagebetrieb eines Bergwerks

Hauer: Bergmann mit Hauerprüfung

Hund: schienengebundener Förderwagen

Kunst: maschinelle Einrichtung im Bergbau

Schießen: bergmännischer Ausdruck für Sprengen

Schlepper: Bergmann, der Förderwagen schiebt

Seilfahrt: das Fördern von Personen im Schacht

Steiger: Aufsichtsperson mit Studium

Über Tage: über der Erdoberfläche

Unter Tage: unter der Erdoberfläche

Wasserhaltung: Räume unter Tage mit Pumpanlagen

Wetter: Luft

Antike Bergleute
Römisches Flachrelief
aus Spanien

Ausschnitt aus dem
Schauinsland-Fenster
(Freiburger Münster) um 1350

Bergmann
in Festtracht

Der „Kumpel"
Die Züge sind von
harter Arbeit
gekennzeichnet.

FAHRKUNST

In der Bergmannssprache ist „Fahrt“ eine Leiter zum Auf- und Absteigen im Schacht. Und „Kunst“ ist eine maschinelle Einrichtung. Demnach ist „Fahrkunst“ eine maschinelle Einrichtung zum Auf- und Absteigen in einem Schacht, und zwar eine recht originelle.

Die Fahrkunst wurde 1833 im Bergbau des Harzes entwickelt, wo die Schächte bereits eine Tiefe von über 600 Metern erreichten und die Bergleute stundenlang mit dem Auf- und Abstieg anstatt mit produktiver Arbeit beschäftigt waren.

Die erste Fahrkunst bestand aus zwei 657 m langen Gestängen, die aus je zwei starr verbundenen Drahtseilen gefertigt und in Abständen von 3,2 m mit Griffen und Tritten versehen waren. Beide Gestänge hingen dicht nebeneinander und wurden mit einer Hubhöhe von 1,6 m ständig gegenläufig auf und ab bewegt. Das heißt, wenn sich ein Gestänge nach oben bewegte, senkte sich das andere und umgekehrt.

Der Bergmann bestieg das Gestänge, wenn sich die Bewegungsrichtungen umkehrten, wenn also beide Gestänge für einen Augenblick stillstanden. Er wurde dann um einen Hub nach oben oder nach unten befördert. Sobald sich die Bewegungsrichtungen wieder umkehrten, wechselte er das Gestänge. Auf diese Weise konnte der Bergmann durch ständiges Wechseln des Gestänges einfach und schnell große Höhenunterschiede bewältigen.

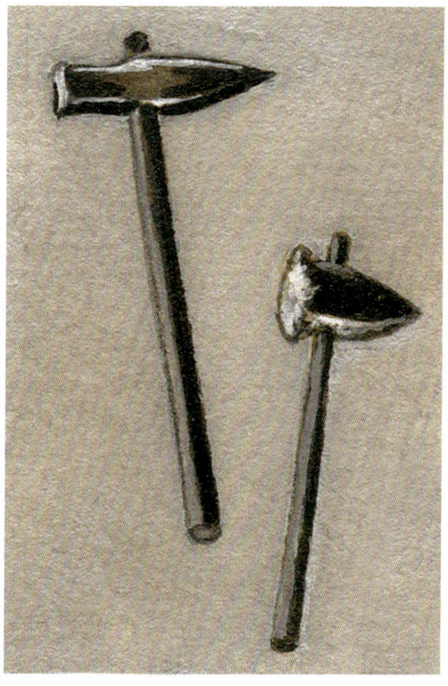

Kinderarbeit im Bergwerk um 1840 in England: Stoßen und Schieben des Förderwagens zum Hauptstollen (Fassungsvermögen bis zu 250 kg)

Förderung des „schwarzen Goldes" heute

ARBEITSBEDINGUNGEN

Die Bergordnungen sahen zwar schon in den 1860er Jahren den Acht-Stunden-Tag für Bergarbeiter vor. Aber die tatsächlichen Arbeitszeiten waren deutlich länger. Denn mit der Regelung war die Arbeitszeit vor Ort gemeint. Die lange Zeit für die Fahrt in den Schacht und zur Kohle, die Zeit für das Entgegennehmen der Werkzeuge und Lampen und die Zeit für die Rückkehr über Tage wurden auf die Arbeitszeit nicht angerechnet. So dauerte für den Bergmann eine Schicht durchaus zehn bis zwölf Stunden.

Die Arbeitsbedingungen unter Tage waren alles andere als einfach. Durch die Erdwärme stieg die Temperatur mit zunehmender Tiefe stetig an, so dass bei 600 Metern Tiefe etwa 30 °C erreicht wurden. Hinzu kam eine hohe Luftfeuchtigkeit und natürlich der Gesteins- und Kohlenstaub. Vor Ort waren die Flöze oft so niedrig, dass die Bergleute nur kniend oder liegend die Kohle aus dem Gestein lösen konnten. Diese schwierigen Arbeitsbedingungen schlugen sich auch in der Lebenserwartung der Bergleute nieder. Viele waren schon mit 35 Jahren verbraucht und am Ende ihres Lebens.

In früheren Jahrhunderten war Kinderarbeit durchaus üblich, auch in Bergwerken. Aber 1839 ließ der König von Preußen die Kinderarbeit gesetzlich einschränken: Das Mindestalter arbeitender Kinder wurde auf neun Jahre festgesetzt, und ihre Arbeitszeit wurde auf zehn Stunden pro Tag beschränkt. Zudem wurde Kinderarbeit an Sonn- und Feiertagen und in Nachtschichten abgeschafft. In der Praxis wurden diese Einschränkungen jedoch wenig beachtet.

Als eine weitere Maßnahme zum „Jugendschutz" wurde 1854 die Beschäftigung von Jugendlichen unter 16 Jahren unter Tage im Ruhrgebiet verboten.

Labyrinthartiges Gewirr von Stollen, Schächten und Sälen in einem Salzbergwerk

Die Bergleute genossen zwar eine Reihe von Privilegien, aber ihre Arbeitslöhne reichten selten aus, um den Lebensunterhalt für die Familie zu bestreiten. So war es die Regel, dass Ehefrauen und Kinder mitarbeiten mussten. In den bäuerlich geprägten Gegenden hatten die Bergleute anfangs noch eine kleine Landwirtschaft zu betreiben. Dazu gehörten auch Geflügel, eine Ziege, die Milch gab, und – schon seltener – eine Kuh. Man ernährte sich hauptsächlich von Brot, Kartoffeln und einfachem Gemüse, das der eigene Garten lieferte. Und nicht zuletzt waren gedörrte Pflaumen ein wichtiges Nahrungsmittel.

HÖHERE INSTANZEN

Eine Geschichte aus der Bergbaustadt Alsdorf

Es kam ein Bergmann nach der Schicht zum Steiger und sagte: „Herr Steiger, meine Frau lässt fragen, ob ich nicht etwas mehr verdienen könnte. Sie meint, ich könnte wohl Hauer werden!"

Der Steiger dachte nach und fragte zurück: „Deine Frau meint das, und sie wäre damit einverstanden?" – „So ist es", antwortete der Bergmann, „erst gestern hat sie das gesagt." – „Wenn das so ist", gab der Steiger ernst zurück, „dann muss ich auch zuerst meine Frau fragen, ob sie damit einverstanden ist." Dabei drehte er sich um und ließ den verdutzten Bergmann stehen.

Seit dem ersten Stollenbau im 17. Jahrhundert erstreckt sich ein Schweizer Salzbergwerk über eine Länge von fast 50 Kilometern.

Beförderungswagen aus früher Zeit

WIE KOHLE ENTSTAND

Das Ruhrgebiet war vor rund 300 Millionen Jahren eine schwülwarme, fast subtropische Waldlandschaft mit Mooren und Sümpfen. Das flache Land senkte sich in den Jahrmillionen langsam ab und wurde zwischendurch von Meereseinbrüchen – davon fünf sehr bedeutenden – überflutet. Hochwasser führende Flüsse lagerten Geröll ab, und ausbrechende Vulkane bedeckten das Land mit Asche.

In den ruhigeren Jahrtausenden herrschte eine sehr üppige Flora mit riesigen Farnen, Schachtelhalmen und mächtigen Bäumen. Die abgestorbenen Pflanzen versanken im Morast und gerieten dabei unter Luftabschluss. Sie verfaulten nicht, sondern verdichteten sich zu Torfschichten. Die heutigen Moor- und Torfgebiete sind Nachfahren jener uralten Moore.

Durch die Absenkung des Landes und Ablagerung von Sedimenten aus den Flüssen und Meeren gerieten die Torfschichten in immer größere Tiefen von bis zu 3000 Metern. Unter dem enormen Druck und den hohen Temperaturen in dieser Tiefe bildete sich aus den Torfschichten die Kohle. Der Prozess lässt sich gut verfolgen, wenn man Kohleproben aus unterschiedlichen Tiefen vergleicht: Je tiefer die Lagerstätte, desto fester und für die Verarbeitung hochwertiger ist die Steinkohle. Gewissermaßen ein Zwischenprodukt vom Torf zur Steinkohle ist die Braunkohle, die immer nahe der Erdoberfläche liegt und im Tagebau gewonnen wird.

Die ehemaligen Torfschichten, die zu Steinkohle geworden sind, nennt man Flöze. Die Steinkohle des Ruhrgebiets liegt in über 200 Schichten, also Flözen, die bis zu zweieinhalb Meter Dicke aufweisen. Die Flöze liegen jedoch nicht waagrecht wie die ehemaligen Torfschichten, sondern sind durch geologische Verwerfungen zu einem Gebirge aufgefaltet worden. Dabei wurden auch manche Schichten zerrissen und bis an die Erdoberfläche geschoben.

Wasserschöpfrad: Das Grubenwasser wird in das oben gelegene Gerinne aus seitlich geöffneten Schöpfkästen entleert (Handbetrieb).

Die Bohrlöcher für die Kalisalzgewinnung werden hergestellt.

Durch zahlreiche Bohrungen und Gesteinsuntersuchungen ist das Profil des unterirdischen Steinkohlegebirges sehr genau bekannt. Darüber hinaus liefern die fossilen Inhalte der Kohleschichten sehr präzise Informationen über Klima, Flora und Fauna dieses Karbon-Zeitalters.

DIE ÄLTESTE KOHLENGRUBE AN DER RUHR

Eine bekannte Legende

Nicht weit von Langenberg an der Ruhr hütete einmal ein Junge die Schweine. Es war im Spätherbst, und der Wind wehte kalt. Da gedachte der Junge ein Feuer anzuzünden, um sich zu wärmen. Aus einem nahen Wäldchen schleppte er dürres Reisig herbei. Dann sah er sich nach einer Stelle für sein Feuerchen um. Am Fuße eines Baumes hatte eine Mutte, so nennt man dort die Sau, ein tiefes Loch gewühlt; das schien dem Jungen die geeignete Stelle zu sein. Bald loderte ein helles Feuer empor.

Als der Schweinehirt seine Herde heimtrieb, brannte das Feuer noch immer, obwohl der Holzvorrat längst aufgebraucht war. Der Junge wunderte sich sehr darüber. Am folgenden Morgen, als er die Schweine wieder zur Weide trieb, wunderte er sich noch mehr; denn das Feuer war noch nicht erloschen.

Es erhielt sich aber nicht durch Holz, sondern durch schwarze Erde. Das erzählte der Junge seinem Vater; der kam und fand in dem Loch zu seiner Freude gute Kohle. Er legte an dieser Stelle eine Grube an, die noch heute besteht. Sie ist das älteste Kohlenbergwerk an der Ruhr und führt den Namen „Op de Mutte“.

Gesteinsausschnitt in einem Titanzugang
Die dunklen Ausfüllungen
sind reines Erz.

Blei-Zink-Erz aus
einer Grube im Harz

GESCHREI IM ERZGEBIRGE

Im Jahr 1168 entdeckten Kaufleute in der Nähe des heutigen Freiberg im Erzgebirge völlig überraschend Silbervorkommen. Die sensationelle Entdeckung sprach sich sehr schnell herum, und es erfolgte ein großes „Bergkgeschrey", wie die Chronik zu berichten weiß. Es siedelten sich Bergleute, Handwerker und Händler an, es entstand eine Stadt, und um das Jahr 1300 war Freiberg die größte Stadt Sachsens. Die Blüte des Silberbergbaus hatte allerdings bald ihren Höhepunkt überschritten.

1471 brach am Schneeberg im Erzgebirge erneut das Silberfieber aus. Eine einzige Grube lieferte innerhalb eines Jahres 14 Tonnen Silber, darunter den größten zusammenhängenden Silberblock, der je in Europa gefunden wurde. Es wurde mehr Silber gefördert, als die Münzpräger verarbeiten konnten. Kurze Zeit später wiederholte sich die Geschichte am Schreckenberg. Das Silberdorf Frohnau – die spätere Stadt St. Annaberg – wuchs und wurde innerhalb weniger Jahrzehnte größer als Dresden. Und die in St. Joachimsthal im böhmischen Erzgebirge geprägten „Joachimstaler", die später nur noch „Taler" genannt wurden, verhalfen der Silberwährung zum Durchbruch.

In der Mitte des 16. Jahrhunderts war der Höhepunkt des Silberbergbaus im Erzgebirge endgültig überschritten. Und als 1873 das Deutsche Reich seine Währung auf Gold umstellte, wurde der Abbau von Silber weitgehend eingestellt.

Neben Silber wurden im Erzgebirge in bedeutendem Umfang auch Blei, Kupfer, Zinn und Zink gefördert. Insbesondere die Gewinnung von Zinn ist immer noch von Bedeutung.

Im westlichen Erzgebirge wurde ab dem 14. Jahrhundert Eisenerz abgebaut. Da das Eisen früher zu den niederen Metallen gezählt wurde, unterlag der Eisenbergbau nicht den Bergbauvorschriften. Das heißt, die jeweiligen Grundbesitzer verliehen in eigener Verantwortung die Schürfrechte.

DER TRAUM DES DANIEL KNAPPE

Eine alte Sage aus Annaberg im Erzgebirge

Im Dorfe Frohnau lebte ein Bergmann mit seiner Frau und sieben Kindern. Er war ein fleißiger und rechtschaffener Mann und hieß Daniel Knappe. Er war unverschuldet in große Not geraten und wusste keinen Ausweg. Da erschien ihm im Traum ein Engel, der sagte: „Geh hinaus in den Wald am Fuße des Schreckenberges. Dort wirst du eine Tanne finden, die alle anderen Bäume an Höhe überragt. Sie hat in den Zweigen ein Nest mit goldenen Eiern. Suche den Baum, denn die Eier sind dein! Doch wisse sie auch wohl zu gebrauchen!“

Am nächsten Morgen brach der Bergmann auf, um jenen Baum zu suchen. Und bald hatte er tatsächlich die Tanne entdeckt, von der er sich die goldenen Eier versprach. Er war bis in die höchsten Wipfel gestiegen, doch fand er weder das Nest noch die Eier und stieg traurig wieder vom Baum.

Er setzte sich, dachte über sein Schicksal nach und überlegte, ob er den Traum nicht falsch gedeutet haben könnte. Dabei fiel ihm ein, dass mit den Zweigen vielleicht auch die Wurzeln des Baumes hätten gemeint sein können. So eilte er heim, holte Werkzeug und begann, um den Baum herum die Erde aufzubrechen. Er traute seinen Augen nicht, denn gar nicht weit von der Oberfläche blinkten ihm mächtige Silbergänge entgegen, die sich nach allen Seiten ausbreiteten.

Alsbald war die Kunde über die Entdeckung über alle Lande verbreitet. Das machte Mut zum Bergbau. Und so zogen viele her, um sich in der wilden Gegend niederzulassen und zu schürfen. Herzog Georg der Bärtige veranlasste die Gründung einer neuen Bergstadt. Am 21. September 1496 wurde der Grundstein zum ersten Haus dieser neuen Stadt am Schreckenberg gelegt, die später Sankt Anna zu Ehren Annaberg genannt wurde. Zum Andenken an Daniel Knappe heißen noch heute die Bergleute „Knappen“ und der Fundort nach Knappes Weib Katharina

„Der einzige,
der einen Ozelotpelz wirklich braucht,
ist der Ozelot.“

Bernhard Grzimek

VON DEN TIEREN KOMMT DIE KLEIDUNG

„Komm, Freund! Wir wollen Schäfer werden.
Dies stille Volk besitzet noch
Die süße Ruh, das Glück der Erden.
Was zauderst du? Komm Freund! Komm doch!
Dort blüht bei aufgeräumten Sinnen
Noch alte Treu und Redlichkeit,
Auch in den schönsten Schäferinnen.
Dort, dort ist noch die güldne Zeit."

Gotthold Ephraim Lessing

DER SCHÄFER

ZUR GESCHICHTE

Unsere heutigen Hausschafe stammen von Wildschafen ab, die vor über 9000 Jahren oder sogar noch früher im Vorderen Orient domestiziert wurden. Ursprünglich wurden Schafe ausschließlich für die Fleischversorgung gehalten. Diese Urschafe hatten auch noch keine Wolle, sondern lange Haare. Die Wolle entwickelte sich erst einige Tausend Jahre später, als die sehr anpassungsfähigen Tiere in klimatisch anderen Regionen angesiedelt wurden.

In Mitteleuropa ist das Hausschaf seit etwa 6000 Jahren bekannt. Da es sehr anspruchslos ist, fand es große Verbreitung, und es entwickelten sich viele, an die neuen Lebensräume angepasste Rassen. So entstanden Rassen mit unterschiedlicher Körpergröße, unterschiedlicher Horngestalt und unterschiedlicher Fleischbildung. Bei einigen Schafen bildeten sich am Schwanz größere Fettablagerungen, von denen sie in Notzeiten zehren konnten.

Besonders wichtig wurden die Veränderungen im Haarkleid der Schafe. Die Haare wurden zunächst länger als bei den Wildschafarten und wuchsen kontinuierlich weiter, das heißt, der jährlich zweimalige Haarwechsel (zum Sommer/zum Winter), der bei Wildtieren üblich ist, entfiel. Die Haare kräuselten sich, und es entstand die Wolle. Diese Entwicklung vom Haar zur Wolle wurde von den Ägyptern durch Zucht und Auslese gesteuert. Von hier aus breitete sich das Wollschaf in Europa aus. Die Römer setzten die Zucht in Richtung feinwolliger Schafe fort.

Im Mittelalter war die Haltung von Schafen sehr verbreitet, wobei zunächst aber das Interesse am Fleisch im Vordergrund stand. Später nahm der Bedarf an Wolle stark zu, was die Schafhaltung dann noch intensivierte. Vielfach bestellten die Dorfgemeinschaften einen hauptberuflichen Schäfer, der alle Tiere der Gemeinschaft zu hüten hatte. Als Berufshirten verdingten sich oft Männer, die wegen irgendwelcher Gebrechen keine körperlich schwere Arbeit auf Bauernhöfen oder in Handwerksbetrieben leisten konnten.

Im 14. Jahrhundert entwickelte sich – zunächst in Süddeutschland – die Wanderschäferei. Gemeinden und Landesherren stellten den Schäfern anderweitig nicht genutzte Flächen als Weide gegen Gebühr zur Verfügung. War eine Wiese abgeweidet, dann zog der Schäfer mit seiner Herde weiter. Mit dem Aufblühen der Wollwirtschaft wurde die Wanderschäferei in großem Umfang betrieben.

Die intensive Schafhaltung und Wollerzeugung hielt bis zur Mitte des 19. Jahrhunderts an. Dann setzten billige Wollimporte ein, die einen starken Rückgang der heimischen Wollproduktion zur Folge hatten.

Seit den 1970er Jahren hat die Schafhaltung jedoch wieder zugenommen. Durch Rationalisierung in der Landwirtschaft, die großflächige Felder und Äcker erfordert, sind viele kleine „unrentable" Brachflächen entstanden, die als Schafweiden neue Verwendung finden. Vor allem an der norddeutschen Küste werden größere Herden gehalten, die durch Beweiden und Verdichten der Deiche wertvolle Dienste leisten. Auch auf Heideflächen werden Schafe im Sinne der Landschaftspflege gehalten.

Keine andere Berufsgruppe kommt so häufig in Märchen, Gedichten, Legenden und Liedern vor wie die der Schäfer und Schäferinnen. Das vermeintlich ungezwungene Leben in der freien Natur hat immer die romantischen Fantasien der Dichter angeregt.

Milchschafe in gesunder Lebensform

FRÜHLING

Benjamin Franklin Wedekind

Willkommen, schöne Schäferin
In deinem leichten Kleide,
Mit deinem leichten frohen Sinn,
Willkommen auf der Weide.

Sieh, wie so klar mein Bächlein fließt,
Zu tränken deine Herde!
Komm, setz dich, wenn du müde bist,
Zu mir auf die grüne Erde.

Und trübt sich der Sonne goldiger Schein,
Und fällt ein kühlender Regen,
Dann ist mein Mantel nicht zu klein,
Wollen beide darunter uns legen.

Heidschnucken in der Lüneburger Heide

SCHAFRASSEN

Die große Anpassungsfähigkeit der Schafe hat je nach örtlichen Verhältnissen – Bodenbeschaffenheit, Nahrungsangebot, Klima – viele Rassen entstehen lassen. So werden in Niedersachsen 78 Schafrassen gehalten, und in Bayern werden 38 Schafrassen züchterisch betreut. Nach dem Verwendungszweck werden die Schafrassen eingeteilt in Feinwollschafe, Landschafe, Milchschafe, Fleischschafe und Pelzschafe.

Die **Feinwollschafe** werden heute unter dem Namen Merinoschafe zusammengefasst. Sie wurden schon von den Römern, später insbesondere von den Mauren und Spaniern gezüchtet. Die große Nachfrage nach Wollprodukten führte zu einer außerordentlich weiten Verbreitung der Merinoschafe, die eine sehr feine und dichte Wolle tragen. Ihre Einzelhaare sind gut gekräuselt, was für die Wollverarbeitung wichtig ist. Merinoschafe sind sehr fruchtbar und sind nicht nur besonders genügsam, sondern bevorzugen sogar Weideflächen mit geringem Nährstoffgehalt.

Landschafrassen sind mischwollig und haben sich einen Teil ihrer Ursprünglichkeit erhalten. Durch Kreuzung mit anderen Züchtungen sind viele andere Rassen entstanden. Die in Deutschland bekannteste Rasse ist die Heidschnucke. Sie kommt, wie der Name schon sagt, überwiegend in den Heidelandschaften Norddeutschlands vor. Das Haar der Heidschnucke ist extrem lang, Kopf und Beine sind häufig schwarz. Heidschnucken werden vor allem wegen ihres hervorragenden, würzigen Fleisches gehalten. Ihre Wolle ist für die Herstellung von feinerem Gewebe ungeeignet.

Die **Milchschafrassen** sind Landrassen, die auf Milchleistung gezüchtet wurden. Am bekanntesten ist das Ostfriesische Milchschaf, das vergleichsweise groß und sehr fruchtbar ist.

Fleischschafe wurden ab dem 18. Jahrhundert bis heute in England gezüchtet. Die einzelnen Rassen sind bezüglich Größe, Wolle und Widerstandsfähigkeit sehr unterschiedlich.

Eine Besonderheit stellt das **Soayschaf** von der Westküste Schottlands dar. Diese Rasse braucht nicht geschoren zu werden. Die Schafe werfen ihre kurze, gekräuselte Winterwolle selbst ab, indem sie sich an Bäumen oder Zäunen scheuern. Darüber hinaus können sie ganzjährig auf der Weide bleiben.

WOLLE

Die Umwandlung des ursprünglichen Haarkleides der Wildschafe in ein Wollvlies mit immer feinerer Qualität ist ein Entwicklungsprozess, der bis ins 20. Jahrhundert reicht. Im Mittelalter war Spanien das Zentrum für die Zucht feinwolliger Schafe. Einflussreiche spanische Herdenbesitzer konnten sich lange Zeit ein Monopol in der Zucht der berühmten Merinoschafe sichern. Der Export von Zuchttieren war bei Todesstrafe verboten. Erst 1751 wurde das Monopol aufgehoben, und das Merino wurde sehr schnell in ganz Europa das Stammtier der meisten heutigen feinwolligen Schafe.

Das abgeschorene, zusammenhängende Wollkleid des Schafes nennt man Wollvlies. Es kann bis zu fünf Kilogramm wiegen. Die hochwertigen Vliese des Merinoschafes sind allerdings leichter. Nach dem Scheren, das heißt, vor dem Spinnen wird das Wollvlies in vier unterschiedliche Qualitäten aufgeteilt. Die wertvollste Wolle kommt von den Schultern des Schafes, die nächsten Qualitäten von den seitlichen Partien des Brustkorbs, vom Rücken und Hals. Die geringste Wollqualität liefern Bauch und Füße. Neben der Feinheit der Wolle ist deren Kräuselung ein wichtiges Qualitätsmerkmal: je besser die Kräuselung, desto besser die Spinnfähigkeit.

Auch der Zeitpunkt der Schur hat Einfluss auf die Wollqualität: Lammwolle stammt aus der ersten Schur des sechs Monate alten Lamms. Jährlingswolle wird nach etwa einem Jahr gewonnen. Ferner unterscheidet man, je nachdem, ob das Schaf einmal oder zweimal jährlich geschoren wurde, zwischen Einschurwolle und Zweischurwolle.

Die Bezeichnung „Schurwolle“ oder „Reine Schurwolle“ besagt, dass es sich um neue, von einem lebenden Tier gewonnene Wolle handelt und nicht um die Wolle aus aufbereiteten Alttextilien.

Ein wertvolles Nebenprodukt, das beim Waschen der Wolle anfällt, ist das Wollfett oder Lanolin. Es wird zum Teil der veredelten Wolle wieder zugesetzt, und zum Teil findet es als wichtiger Rohstoff Eingang in der Kosmetikindustrie.

WARUM SCHAFWOLLE VERFILZT

Unter dem Mikroskop kann man feststellen, dass die einzelnen Wollhaare eine schuppenförmige Oberfläche besitzen. Die Schuppen bewirken, dass in einem Wollstoff dem Wollhaar leichter mit den Schuppen als gegen die Schuppen eine – mikroskopisch kleine – Verschiebung möglich ist. Winzige Wanderungen der Wollhaare treten tatsächlich in einem Wollstoff auf, wenn Feuchtigkeit, Wärme und Bewegung – und ganz besonders die Waschmaschine – auf die Wolle einwirken. Einzelne Wollfasern lösen sich aus der Stoffstruktur und verhaken sich zu Filz.

Bei der Filzherstellung ist dieser Effekt gewollt: Man lässt hierbei die Wollfasern zu einer textilen Fläche verfilzen.

DIE ARBEIT DES SCHÄFERS

Je nach Sichtweise ist für den Außenstehenden der Beruf des Schäfers romantisch, langweilig oder – für manchen von Stress Geplagten – ein Traumberuf. Die Schäfer sehen das etwas anders. Langweilig wird ihnen nie, Romantik findet nur in Zusammenhang mit der Natur statt, und ein Traumberuf ist er für viele Schäfer tatsächlich.

Die früheren Schäfer waren bei Wind und Wetter draußen bei ihren Schafen, bereiteten sich ihre Mahlzeiten am offenen Feuer zu und sahen oft tagelang keinen Menschen. Der Schäferwagen war ihre Behausung, und wenn sie nicht mit ihren Schafen beschäftigt waren, strickten sie – natürlich mit Schafwolle.

Dieses Leben prägte die Schäfer. Ihre große Natur verbundenheit machte sie zu ausgezeichneten Wetter kundlern, und manchen Schäfern wurden besondere Fähigkeiten in der Heilkunde nachgesagt. Die zeitlose Einsamkeit regte auch den einen oder anderen Schäfer zu philosophischen Betrachtungen an.

Auf der Weide gibt es für die Schäfer viel zu tun. Der Zustand der Tiere muss ständig überwacht werden. Hufe müssen nachgeschnitten und auf Hufkrankheit untersucht werden. Die Schafe müssen geimpft und gegen Parasiten wie Läuse, Zecken und Schaflausfliege behandelt werden. Sogar gegen Lungenentzündung behandelt der Schäfer seine Tiere mit Spritzen oder Spray selbst. Der Wanderschäfer hat zudem noch die Koppeln immer wieder neu aufzustellen.

Jeweils im Frühjahr und im Herbst ist an trockenen Sonnentagen das Scheren der zum Teil widerspenstigen Schafe angesagt. Die Rohwolle wird bereits vom Schäfer nach Feinheitsgrad vorsortiert. Gute Wolle ist bei der Schur zehn bis zwölf Zentimeter lang und trocken. Längere Wolle verliert an Qualität.

Einen wesentlichen Beitrag zum Lebensunterhalt eines Schäfers liefert das Lammfleisch, das durch die natürliche Lebensweise der Schafe im Freien nicht nur sehr schmackhaft, sondern auch vergleichsweise sehr gesund ist.

In einer Umzäunung

Ein krankes Tier wird behandelt.

DER HIRTENKNABE

Heinrich Heine

König ist der Hirtenknabe,
Grüner Hügel ist sein Thron;
Über seinem Haupt die Sonne
Ist die große, goldne Kron.

Ihm zu Füßen liegen Schafe,
Weiche Schmeichler, rotbekreuzt;
Kavaliere sind die Kälber,
Und sie wandeln stolzgespreizt.

Hofschauspieler sind die Böcklein;
Und die Vögel und die Küh,
Mit den Flöten, mit den Glöcklein,
Sind die Kammermusici.

Und das klingt und singt so lieblich,
Und so lieblich rauschen drein
Wasserfall und Tannenbäume,
Und der König schlummert ein.

Unterdessen muss regieren
Der Minister, jener Hund,
Dessen knurriges Gebelle
Widerhallet in der Rund.

Schläfrig lallt der junge König:
„Das Regieren ist so schwer,
Ach, ich wollt, dass ich zu Hause
Schon bei meiner Kön'gin wär!

In den Armen meiner Kön'gin
Ruht mein Königshaupt so weich,
Und in ihren schönen Augen
Liegt mein unermesslich Reich!"

HIRTENHUNDE

Noch bevor der Mensch Schafe gezähmt und als Haustiere gehalten hat, war der Hund schon ein Begleiter des menschlichen Jägers. Und als die Menschen teils sesshaft wurden, teils als Nomaden mit ihrem Vieh die Weideplätze wechselten, dienten ihnen Hunde als Wächter und Beschützer vor Raubtieren.

Im alten Ägypten wurden bereits mehrere Hunderassen gezüchtet, und um 400 v. Chr. schrieb der Grieche Xenophon ein Werk über „die Kunst der Hundeführung".

Die Züchtung von Hirtenhunden entsprang dem Wunsch nach Hunden, die eine Herde zusammenhalten konnten sowie gelehrsam und folgsam waren, damit sie den Anweisungen des Hirten sofort folgen konnten. Sie mussten aber auch hinreichend intelligent sein, um bei Bedarf selbst die Initiative ergreifen zu können. Neben diesen allgemeinen Züchtungszielen wurden für spezielle Bedürfnisse unterschiedliche Eigenschaften der Hirtenhunde weiterentwickelt. So wurden zum Hüten einer ruhig grasenden oder langsam ziehenden Schafherde andere Hunde gebraucht als zum Treiben von Pferde- oder Rinderherden in weiten Steppenlandschaften.

Bei den großen Hirtenhunden wie dem ungarischen Komondor war die Veranlagung, eine Herde zu hüten und zu beschützen, ein wichtiges Merkmal. Diese Hirtenhunde besitzen ein ausgeglichenes Wesen und wenig Aggressivität, jedoch eine bedingungslose Verteidigungsbereitschaft gegenüber Angreifern wie Wölfen oder Bären. Sein langes, dichtes und fast verfilztes Deckhaar ist ein erstrebtes Zuchtmerkmal, das den Hund vor allem gegen schlechtes Wetter schützen soll.

Ähnliche Eigenschaften wie der Komondor besitzt der Bobtail, eine alte englische Rasse mit dichtem zottigem Fell und über die Augen hängenden Haaren.

Der Deutsche Schäferhund ist der wohl bewährteste Diensthund überhaupt. Schäferhunde lernen sehr schnell und haben einen außerordentlich guten Geruchssinn. Ihr Kampftrieb ist manchmal deutlich ausgeprägt, und sie brauchen in der Erziehung eine starke Hand. Sie werden vor allem als Schutzhunde, Suchhunde, Rettungshunde und Blindenhunde eingesetzt. Ihrem Namen gemäß, als Hunde des Schäfers, werden sie jedoch nur noch sehr selten eingesetzt.

DER HUND UND DAS SCHAF

Eine Fabel

Man sagt, dass zur Zeit, als die Tiere noch sprechen konnten, das Schaf zu seinem Herrn geredet habe: „Du tust sonderbar daran, dass du uns, die wir dir Wolle, Käse und Lämmer schenken, nichts gibst, als was wir uns auf der Erde selbst suchen, dem Hunde

aber, der dir nichts dergleichen gewährt, von jeder Speise mitteilst, die du selbst hast."

Als der Hund dies hörte, soll er gesagt haben: „Beim Jupiter, ich bin es ja, der dich und deine Gefährten bewacht, damit ihr nicht von Dieben gestohlen oder vom Wolfe zerrissen werdet. Denn ihr würdet, wenn ich euch nicht bewachte, nicht einmal in Ruhe weiden können."

Hierauf soll es auch das Schaf recht und billig gefunden haben, dass der Hund ihm vorgezogen wurde.

Vorläufiges Aufziehen mit der Flasche

Mutterglück

DER SCHÄFER UND DER ALTE AUS DEM BERG

Ein Märchen der Brüder Grimm

Nicht weit von der Stadt Wernigerode befindet sich in einem Tal eine Vertiefung in steinigem Erdboden, welche das Weinkellerloch genannt wird und worin große Schätze liegen sollen. Vor vielen Jahren weidete ein armer Schäfer dort seine Herde.

Einmal, als es eben Abend werden wollte, trat ein greiser Mann zu ihm und sprach: „Folge mir, so will ich dir Schätze zeigen, davon du dir nehmen kannst, so viel du Lust hast." Der Schäfer überließ dem Hunde die Bewachung der Herde und folgte dem Alten. In einer kleinen Entfernung tat sich plötzlich der Boden auf, sie traten beide ein und stiegen in die Tiefe, bis sie zu einem Gemach kamen, in welchem die größten Schätze von Gold und edlen Steinen aufgetürmt lagen. Der Schäfer wählte sich einen Goldklumpen, und jemand, den er nicht sah, sprach zu ihm: „Bringe das Gold dem Goldschmied in der Stadt, der wird dich reichlich bezahlen." Darauf leitete ihn sein Führer wieder zum Ausgang, und der Schäfer tat, wie ihm geheißen war, und erhielt von dem Goldschmied eine große Menge Geld.

Erfreut brachte er das Geld seinem Vater. Dieser sprach: „Versuche noch einmal in die Tiefe zu steigen." „Ja, Vater", antwortete der Schäfer, „ich habe dort meine Handschuhe liegen lassen, wollt Ihr mitgehen, so will ich sie holen." In der Nacht machten sie sich beide auf, fanden die Stelle und den geöffneten Boden und gelangten zu den unterirdischen Schätzen. Es lag noch alles da wie das erste Mal, auch die Handschuhe des Schäfers waren da; beide luden so viel in ihre Taschen, als sie tragen konnten, und gingen dann wieder heraus, worauf sich der Eingang mit lautem Krachen hinter ihnen schloss.

Die folgende Nacht wollten sie es zum dritten Mal wagen, aber sie suchten lange hin und her, ohne die Stelle des Eingangs oder auch nur eine Spur zu entdecken. Da trat ihnen der alte Mann entgegen und sprach zum Schäfer: „Hättest du deine Handschuhe nicht mitgenommen, sondern unten liegen gelassen, so würdest du auch zum dritten Mal den Eingang gefunden haben, denn dreimal sollte er dir zugänglich und geöffnet sein. Nun aber ist er dir auf immer unsichtbar und verschlossen."

Geister können das, was von den irdischen Menschen zurückgelassen worden, nicht behalten und haben nicht Ruh, bis es jene wieder zu sich genommen.

Uralte Kunst aus dem Heiligen Land

Christus, der gute Hirte

ZEUS UND DAS SCHAF

Eine Fabel von Äsop

Das Schaf musste von allen Tieren am meisten leiden. Da trat es vor den Gott Zeus und bat, sein Elend zu mindern.

Zeus schien willig und sprach zu dem Schaf: „Ich sehe wohl, mein frommes Geschöpf, ich habe dich allzu wehrlos erschaffen. Nun wähle, wie ich diesem Fehler am besten abhelfen soll. Soll ich deinen Mund mit schrecklichen Zähnen und deine Füße mit Krallen rüsten?“ „Oh nein“, antwortete das Schaf, „ich will nichts mit den reißenden Tieren gemein haben.“

„Oder“, fuhr Zeus fort, „soll ich Gift in deinen Speichel legen?“ „Ach“, versetzte das Schaf, „die giftigen Schlangen werden ja so sehr gehasst!“

„Nun, was soll ich denn? Ich will Hörner auf deine Stirne pflanzen und Stärke deinem Nacken geben“, schlug Zeus vor. „Auch nicht, gütiger Vater“, meinte das Schaf, „ich könnte leicht so stößig werden wie der Bock.“ „Und gleichwohl“, sprach Zeus, „musst du selbst schaden können, wenn sich andere hüten sollen, dir zu schaden.“

„Müsst ich das?“, seufzte das Schaf. „Oh, so lass mich, gütiger Vater, wie ich bin. Denn ich fürchte, das Vermögen, schaden zu können, erweckt die Lust, schaden zu wollen. Und es ist besser, Unrecht zu leiden als Unrecht zu tun.“

Zeus segnete das fromme Schaf, und es vergaß von Stund an zu klagen.

„In des Leders Werdegang
ist die Hauptsach' der Gestank.
Kalk, Alaun, Mehl und Arsen
machen's gar recht weiß und schön.
Eigelb, Pinkel, Hundeschiete
geben ihm besond're Güte.
Drum bleibt stets ein Hochgenuss
auf den Handschuh zart ein Kuss."

Alter Gerberspruch

DER GERBER

Erste Vorarbeit: Freilegen des Tieres

Rohhaut

ZUR GESCHICHTE

Jagen ist die vielleicht älteste Tätigkeit des Menschen. Und seitdem der Mensch jagt, verwendet er nicht nur das Fleisch, sondern auch die Felle und Häute der erbeuteten Tiere. Sehr frühzeitig suchte und fand er Wege, die Häute zu konservieren, das heißt, haltbarer zu machen. Bereits um 8000 v. Chr. waren dem steinzeitlichen Menschen einige Gerbstoffe bekannt, mit denen er die Häute einrieb.

Nicht sehr viel später, etwa ab 6000 v. Chr., beherrschte man schon die Fettgerbung, die heute Sämischgerbung genannt wird. Und auch die anderen, heute noch gängigen Gerbverfahren der Weißgerbung mit Alaun oder der Lohgerbung mit der Rinde von Pflanzen wurden bereits vor einigen Tausend Jahren angewandt.

Hinweise auf ein ausgeprägtes Gerberhandwerk in Deutschland finden sich allerdings erst gegen Ende des 13. Jahrhunderts. In einer Urkunde von 1311 wird erstmals eine Lohmühle im Siegerland genannt, das damals und für sehr lange Zeit eine herausragende Stellung in der Lederherstellung einnahm.

Als Lohmühle wurde eine Wassermühle bezeichnet, die auf das Zerkleinern vom Baumrinde (Lohe) spezialisiert war. Die gemahlene Rinde von überwiegend Eichen und Erlen mit ihrem hohen Tanningehalt war der wichtigste Rohstoff der Gerber. Wenn es um die Nutzung der Bäche als Energiequellen ging, waren die Lohmühlen Konkurrenten der Getreidemühlen, was hin und wieder zu Streitigkeiten vor Gericht führte.

Auch die Gerber selbst waren mit ihren Betrieben auf das fließende Wasser der Bäche oder innerstädtischen Kanäle angewiesen. Unter anderem rammten sie Pfähle in die Bäche und hängten an die Pfähle ihre Häute zum Wässern. Die Gebühren, die eine Stadt für die Wassernutzung erhob, richteten sich nach der Anzahl der Pfähle. Und wenn ein Gerber „alle Felle davonschwimmen sah", dann konnte man das durchaus noch wörtlich nehmen. Aber allzu häufig kam dies wohl nicht vor. Denn die Gerber gehörten zu den besten Steuerzahlern, verdienten also gut, und das, obwohl es sehr viele Gerbereien gab. Aus Biberach berichtet die Chronik, dass 1734 die Anzahl der Weißgerber allzu groß war und deshalb 25 Mitglieder ihrer Zunft per Losentscheid die Stadt verlassen mussten.

Als Weißgerber bezeichnete man – auch heute noch – diejenigen Betriebe, die als Gerbmittel Alaun benutzten, um sehr helles, „weißes" Leder herzustellen, zum Beispiel Ziegenleder für dünne, edle Lederkleidung wie Handschuhe.

Die Lohgerber oder Rotgerber verwendeten die zuvor erwähnte Rinde tanninhaltiger Sorten als Gerbmittel. Sie verarbeiteten vor allem Rinderhäute zu robustem Leder für Sattler und Schuhmacher.

Die Sämischgerber arbeiteten mit Fischtran als Gerbmittel. Aus Hirschhäuten schufen sie dickes, aber geschmeidiges Leder für die Herstellung von Kleidung. Die „Hirschlederne", die früher manchmal vererbt wurde, ist heute noch die renommierteste und dauerhafteste aller Lederhosen.

Heutige Gerbereien arbeiten seit einigen Jahrzehnten überwiegend mit industriell hergestellten Gerbstoffen, unter denen die Chromsalze die größte Verbreitung gefunden haben. Von hier stammt die wohlklingende Bezeichnung „Chromleder".

Das Handwerk der Gerber war für deren Nachbarn nicht allzu angenehm. Die vielen Abfälle, der Gestank faulender Haut- und Fleischteile, die als Grundstoff für die Leimherstellung gesammelt wurden, sowie die damalige Entsorgungspraxis, Abfälle einfach auf die Straße oder bestenfalls in den Bach zu werfen, stellten eine erhebliche Belastung und Belästigung dar. So hat man immer wieder versucht, die Gerber in eigenen Vororten oder außerhalb der Stadt anzusiedeln.

Die Arbeitsabläufe des Gerbens sind bis heute weitgehend unverändert geblieben. Aber in den ganz wenigen verbliebenen Gerbereibetrieben sorgt heute die Technik dafür, dass kaum mehr belästigender Geruch nach außen dringt. Und leider ist die Herstellung von Leder zum überwiegenden Teil in billiger produzierende Länder verlagert worden.

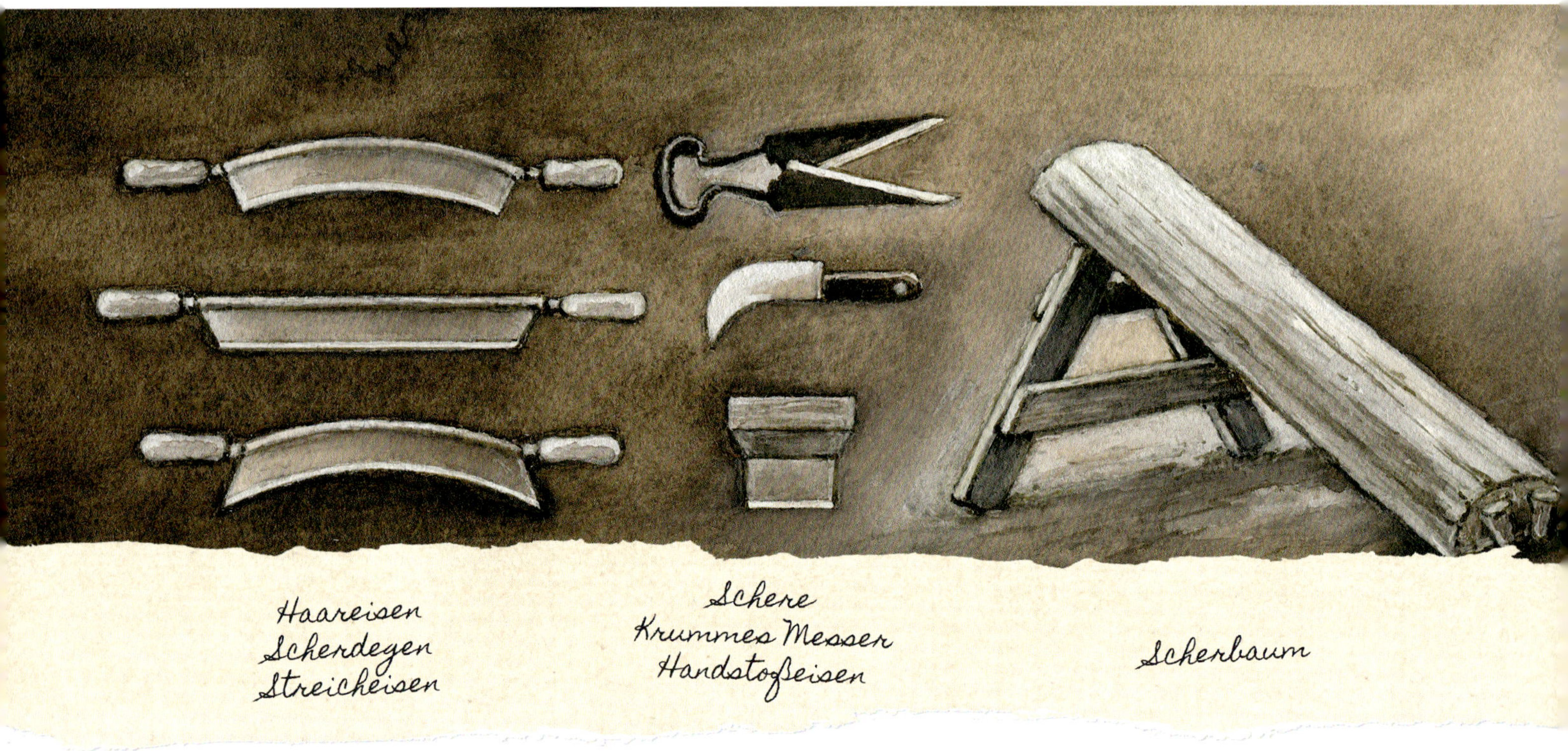

DAS GERBEN

Das Gerben war ein sehr langwieriger Prozess. Zunächst wurden die rohen Felle zur Konservierung auf der Fleischseite mit einer dicken Salzschicht bedeckt und wochenlang gelagert. Dabei wurde den Gewebezellen ein großer Teil ihres Wassers entzogen. Anschließend wurden die Häute einige Tage lang in frischem Wasser geweicht und gewaschen, um das Salz wieder loszuwerden.

Die Enthaarung der Häute erfolgte in einer Kalkbrühe, Äscher genannt, und dauerte auch bis zu zwei Wochen, wobei die Häute täglich gewendet werden mussten.

Der nächste Arbeitsschritt erforderte sehr viel Geschick vom Gerber: Es mussten die verbliebenen Haare und restliche Fleisch- und Fettstückchen von der Haut geschabt werden. Dazu wurde die Haut auf einen Scherbaum, einen dicken, runden Holzbalken, gezogen und mit dem Haareisen oder dem Scherdegen geschabt. Eine ungeschickte Bewegung hätte die Haut aufritzen und beschädigen können. Abschließend wurde das Material durch eine Salzsäurelösung gezogen, in der die losen Fleischreste aufgelöst und ausgespült wurden.

Nun konnte der eigentliche Gerbvorgang beginnen. In Gerbgruben von zwei Metern Tiefe und zwei Metern Durchmesser wurden die Häute aufgeschichtet. Zwischen je zwei Häute kam eine Schicht Lohe, also gemahlene Rinde. Mit Wasser aufgefüllt, entwickelte sich eine gerbsäurehaltige Lohbrühe, die den chemischen Prozess des Gerbens bewirkte. Der Gerbstoff Tannin ließ die Eiweißstoffe der Haut gerinnen, und die Haut wurde zu Leder. Der Vorgang des Gerbens dauerte viele Monate, in manchen Fällen – je nach Lederart – bis zu eineinhalb Jahre. Nach jeweils ein paar Monaten wurden die Häute gewendet, die verbrauchte Lohe ausgetauscht und frische Lohe eingeschichtet. Bedingt durch die lange Prozesszeit brauchte der Gerber viele Gerbgruben. 20 Gruben waren keine Seltenheit.

Nach dem Gerben musste das Leder mehrmals gewaschen, gebürstet, getrocknet und geglättet werden. Und je nach Verwendungszweck wurde es weich gemacht, gefärbt oder in seiner Oberflächenstruktur verändert.

Entfleischen und Enthaaren auf dem Gerberbaum

DER WEISSGERBERGESELL

Anekdote eines unbekannten, aber glaubwürdigen Verfassers

Eines Morgens blickte der Alte Fritz aus seinem Schloss in Potsdam und bemerkte einen Handwerksburschen. Der hatte sein Reisebündel abgelegt, blieb eine ganze Weile stehen und sah sich nur um.

Der König wurde neugierig, und er ließ den Handwerksburschen zu sich rufen. Als der eingetreten war, fragte ihn der König:
„Wer ist Er?"
„Ein Weißgerbergeselle."
„Wo will Er hin?"
„Nach Berlin."
„Und wo kommt Er her?"
„Aus Leipzig."
„Gibt's denn da keine Arbeit und keinen Verdienst?"
„O ja, zu leben gibt's wohl, aber man will sich doch, wenn man auf der Wanderschaft ist, auch einmal die großen Städte weit und breit ansehen – und Berlin soll ja eine schöne Stadt sein. Und man soll auch da zu leben haben."
„Das ist richtig, wenn man arbeitet."
„Ich bin meiner Lebtage kein Faulenzer gewesen."

„Nun, das freut mich", sagte drauf der König, „geh Er in Gottes Namen nach Berlin und tue Er seine Schuldigkeit! Hier hat Er zwei Friedrichsdor."

„Tausend Dank, Euer Majestät! Oh, wenn ich doch dankbar sein könnte! Nun, ich komme ja wieder nach Sachsen, und dann werde ich allen Leuten erzählen, was der König von Preußen für ein gnädiger und freigebiger Herr ist."

„Nein, nein, das tue Er nicht", erwiderte der König, „es möchten sich sonst viele Weißgerbergesellen bei mir melden und sich erkundigen, ob Er die Wahrheit gesagt hat."

Räuchern macht Leder wasserfest.

Vorsichtiges Weichreiben und Geschmeidigmachen des Leders über dem Brett

LEDER

Leder hat im wahrsten Sinne des Wortes zwei Seiten: eine Narbenseite, auf der beim Tier die Haare waren, und eine Fleischseite. An der Narbenbildung erkennt man am besten, von welchem Tier das Leder stammt.

Dickes Leder wird sehr häufig gespalten, das heißt, in zwei oder mehr Lederschichten getrennt. Die Schicht mit den Narben wird dann zu Glatt- und Nubukleder verarbeitet, während man von der Schicht auf der Fleischseite das weiche und geschmeidige Velours- oder Spaltleder herstellt. Dieses Leder wird in der Alltagssprache auch häufig als Wildleder bezeichnet, auch wenn es nicht von Wildtieren stammt.

Innerhalb dieser Oberbegriffe gibt es eine Reihe von anderen Lederbezeichnungen, die entweder auf den Ursprung des Leders oder auf die Verarbeitungsweise oder auf die Verwendung hinweisen:

Nappaleder ist ein sehr weiches und geschmeidiges Glattleder, das insbesondere als Handschuh- und Bekleidungsleder Verwendung findet.

Rindbox ist ein sehr kräftiges, chromgegerbtes Rindleder und wird für Schuhe und Lederwaren verwendet. Boxcalf ist sehr ähnlich und ebenfalls chromgegerbt, stammt aber vom Kalb und ist daher weicher. Es wird wie Rindbox vor allem zu Taschen und Schuhen verarbeitet.

Nubuk ist ein Rind- oder Kalbleder von der Narbenseite, das durch leichtes Schleifen eine sehr feine, veloursähnliche Oberfläche bekommen hat.

Saffian ist ein mit pflanzlichen Gerbstoffen hergestelltes Ziegenleder, das für feine Lederwaren verwendet wird. Kleidung aus Saffianleder knirscht oder rauscht beim Tragen. Chevreau ist ebenfalls ein Ziegenleder, das aber chromgegerbt ist und für festere Lederwaren wie Schuhe verwendet wird.

Lammvelours ist naturgewachsenes Schaf- oder Lammfell, das – mit der Wolle nach innen – für warme Kleidung (Lammfellmantel) und Winterstiefel verwendet wird.

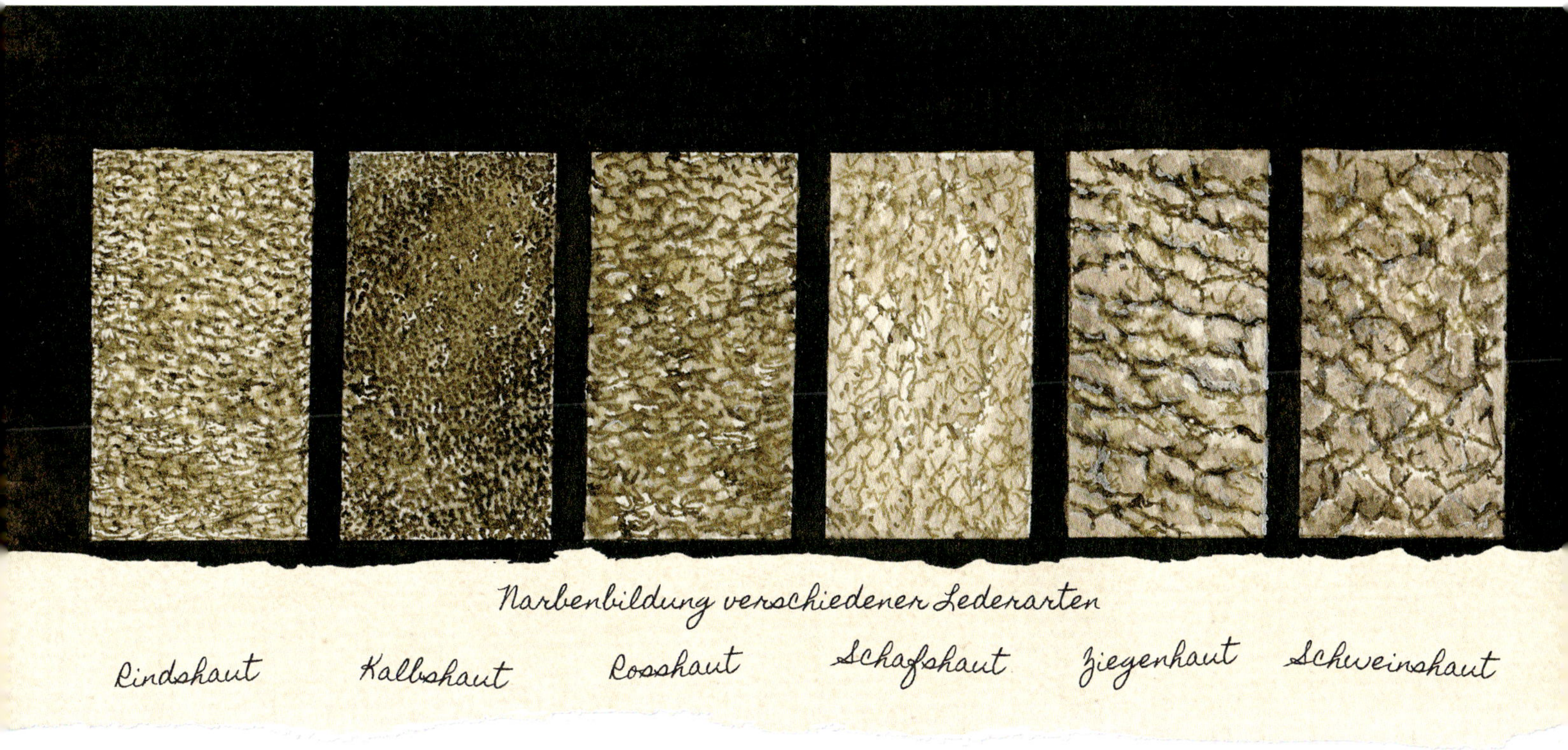

Wildleder stammt von den Wildtieren Hirsch, Elch, Reh oder Gemse. Es hat traditionell eine leicht aufgeraute Oberfläche und wird sehr viel für Trachtenbekleidung verwendet. Hirsch- und Elchleder sind sehr dick und warm, dennoch aber wie die anderen Wildlederarten weich und geschmeidig.

Die Schuhmacher unterteilen ihr Leder in drei Kategorien. Als Oberleder bezeichnen sie das Leder für die äußeren Schuhoberteile und den Schuhschaft. Dabei kann es sich um jede Lederart handeln. Zur Auskleidung der Schuhe verwendet man Futterleder, das sehr dünn und flexibel sein muss und wesentlichen Einfluss auf den Tragekomfort des Schuhs hat. Als Sohlleder wird schließlich kräftiges und strapazierfähiges Rindleder verwendet.

Färben mit der Spritzpistole

Industrielles Narbenpressen oder Chagrinieren

ZURICHTEN

Nach dem Gerben ist das Leder noch nicht gebrauchsfertig. Je nach Verwendungszweck müssen noch einige Arbeitsgänge durchlaufen werden, die man insgesamt als Zurichten bezeichnet. Im Vordergrund stehen dabei der Schutz der Lederoberfläche gegen chemische und mechanische Einflüsse und die Verbesserung der optischen und fühlbaren Eigenschaften. Das Leder erhält sein endgültiges Aussehen.

Da größere Lederflächen, insbesondere wenn sie wie bei Ledermöbeln von mehreren Tieren stammen, nie exakt die gleiche Färbung aufweisen, wird Leder im Allgemeinen gefärbt. Beim Färben mit wasserlöslichen Anilinfarben wird das gegerbte Leder in großen Fässern gefärbt. Die Farbe dringt dabei tief ins Leder ein. Kleine Verletzungen der Lederoberfläche beim Gebrauch der Lederware machen sich daher farblich nicht allzu sehr bemerkbar.

Eine andere Methode des Färbens ist das Aufbringen einer dünnen Schicht Deckfarbe. Hierzu werden wasserunlösliche Pigmentfarben verwendet, die heute fast ausschließlich im Sprühverfahren aufgetragen werden. Deckfarben können einerseits natürliche Unregelmäßigkeiten der Lederoberfläche verbergen, andererseits aber die feinen Lederporen verstopfen und damit eine gute Eigenschaft des Leders, nämlich atmungsaktiv zu sein, beeinträchtigen.

Eines der ältesten Färbemittel für rötliches Leder stammt aus den Wurzeln des Krapp, einem Familienmitglied der Rötegewächse. Bereits die Perser und Inder haben diese Pflanze kultiviert. Auch die Türken verwendeten Krapp zum Färben ihrer typischen Kopfbedeckung, des Fez, und die französischen Soldaten des frühen 19. Jahrhunderts trugen leuchtend rote, mit Krapp gefärbte Hosen.

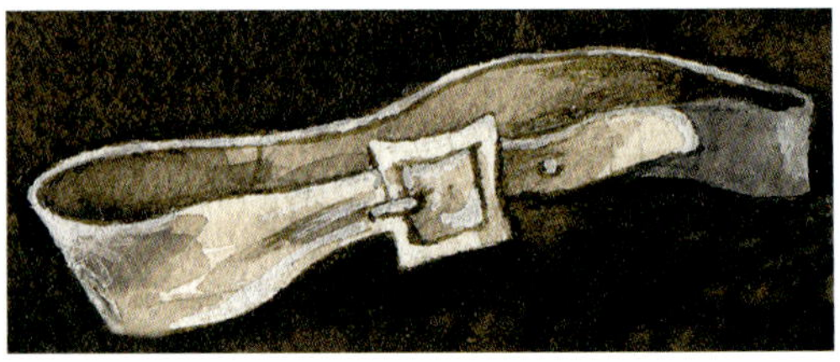

DUFTENDES LEDER

Eine Pflanze, mit deren Rinde man Leder gelb färbte, ist die Berberitze, ein Ziergehölz, das man heute noch in vielen Gärten und Parks findet. Zum Färben verwendete man die Rinde der Berberitze.

Nach dem Färben werden viele Lederarten noch gewalkt. Hierdurch erhält auch dickes Leder eine gewisse Geschmeidigkeit. Es fasst sich angenehm weich und samtig an.

Die Stadt Grasse in Südfrankreich war ursprünglich eine Stadt der Gerber und weit bekannt für feinste Lederwaren. Aber über der Stadt herrschte ständig ein unvorstellbarer Gestank. Die Gerber benutzten allerlei „Geheimrezepte" für ihre Gerberbrühe, und dabei waren sie nicht zimperlich. Zur Eichenrinde mischten sie Urin, Tiergalle, Lauge und verschiedene unappetitliche Chemikalien. Dieser Gestank haftete auch noch an den edlen Lederwaren, so dass man dazu überging, nach Wohlgerüchen zu suchen, mit denen man das Leder behandeln konnte.

Schließlich gewann man aus den aromatischen Kräutern der Umgebung – in der heute noch in großem Umfang Lavendel angebaut wird – ätherische Öle, mit denen die Lederwaren parfümiert wurden. Der Erfolg war überwältigend. Aus Grasse kamen fortan duftende Handschuhe und Taschen. Und um den damals sehr intensiven menschlichen Körpergeruch zu übertünchen, erfand man Gürtel aus „Duftleder", die reißend Absatz fanden.

Grasse stieg zur Weltmetropole für Parfüm auf und verdrängte allmählich die Gerber aus der Stadt.

Spalten der Haut in Narbenspalt (Vollleder) und Fleischspalt (Spaltleder)

Schema eines maschinellen Spaltvorgangs

DIE LEDERHOSE

Die Lederhose ist keineswegs eine bayerische Erfindung. Wahrscheinlich besaßen schon die Reitervölker in der Antike dieses Kleidungsstück. Eine an den Knöcheln zusammengebundene Hose wurde von den Kelten und den Germanen getragen und sogar von den römischen Soldaten in Germanien übernommen.

Im Alpenraum wurden Wildlederhosen aus Hirsch-, Rehbock- oder Gamsleder, die bunt gefärbt und reich verziert waren, auch vom Adel getragen. Bauern, denen die Jagd verboten war und die deshalb an Wildleder nicht herankamen, trugen schwarze Hosen aus Ziegen- oder Schafleder. Als Gerbverfahren wurde das Sämischgerben mit Fischöl angewandt, das die Beinkleider geschmeidig, angenehm zu tragen und gleichzeitig wasserdicht werden ließ.

Anfang des 18. Jahrhunderts war die Lederhose in den Alpenländern ausgesprochen modern. Sogar Altarfiguren aus dieser Zeit zeigen Heilige in ledernen Kniebundhosen. Die Mode wechselte, und mit dem beginnenden Industriezeitalter verschwand die Lederhose, das heißt, sie wurde zu einer reinen Arbeitskleidung der Landbevölkerung.

Erst gegen Ende des 19. Jahrhunderts gewann sie wieder an Beliebtheit. Mit den Trachtenvereinen, die um diese Zeit vor allem in Bayern gegründet wurden, kam die traditionelle Lederhose wieder zu Ehren und zu breiter Akzeptanz.

In Österreich machte sich Kaiser Franz Joseph um die Lederhose verdient. Er trug sie anlässlich seiner Sommeraufenthalte in Ischl und wollte damit seine Volksverbundenheit demonstrieren, was ihm auch gelang. Die Angehörigen des bayerischen Königshauses taten es ihm nach und bevorzugten die lederne Hose bei ihren feudalen Jagdveranstaltungen. Und als 1920 die Salzburger Festspiele erstmals eröffnet wurden, war die Tracht mit Lederhosen für Bevölkerung, Schauspieler und Touristen eine Selbstverständlichkeit.

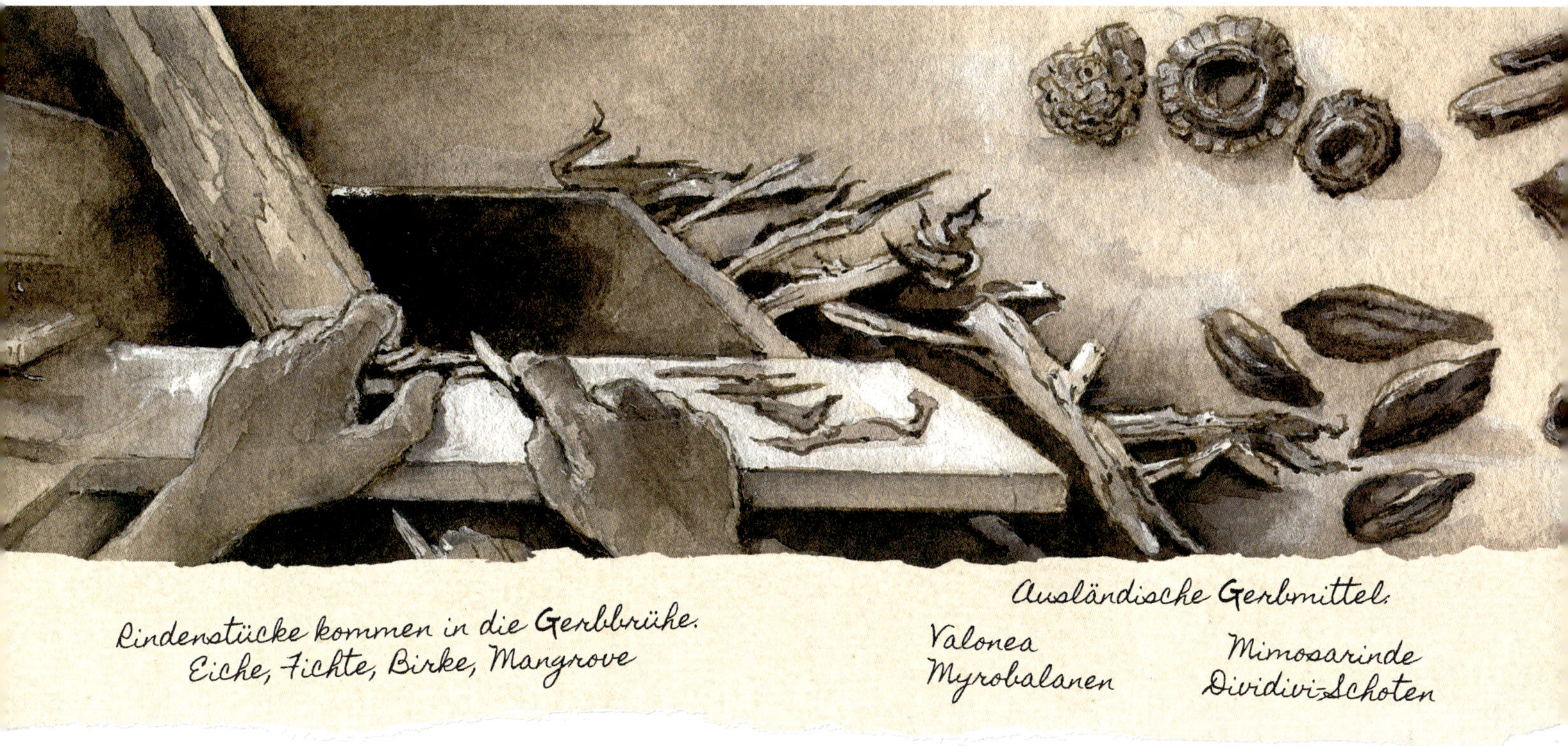

Neben der traditionellen ledernen Kniebundhose entstand in der Mitte des 19. Jahrhunderts die „Kurze", eine kniefreie Lederhose. Bei der arbeitenden Landbevölkerung wurde sie schnell angenommen, nicht zuletzt, weil sie viel billiger war als die lange Hose. Von der ärmeren Bevölkerung wurde die „Kurze" oder „Krachlederne" sogar im Winter getragen, wobei man die nackten Beine durch lange Strümpfe oder lange, sichtbare Unterhosen vor der Kälte schützte.

Eine Fehlentwicklung in der Augen der Traditionalisten war die aus der „Kurzen" entstammende „Sepplhose". Sie war grau, extrem kurz und hatte aufgebogene Stulpen. In der Zeit zwischen den beiden Weltkriegen fand sie große Verbreitung – vor allem in den Städten – und wurde für die „Gebirgler" zum kitschigen Symbol deutscher Wanderlust und Heimatverbundenheit.

Eine andere Personengruppe störte etwas ganz anderes: Der Hosenlatz, eine bei Bedarf herunterklappbare, aber nicht immer ganz blickdichte Einrichtung, erregte schon immer das Missfallen der hohen Geistlichkeit. Im 17. Jahrhundert wurden Vorschriften zur Beschaffenheit der Vorderseite männlicher Lederhosen formuliert. Und selbst zu Beginn des 20. Jahrhunderts bezeichnete der konservative Klerus die kurze Lederhose mit Hosenlatz als lüstern, schamlos und für kirchliche Feiern unzulässig.

Ein unbestrittenes Schmuckstück und Pflichtteil einer jeden echten Lederhose ist der Hosenträger oder Hosenkraxen. Die Hosenkraxen sind meistens aus demselben Leder wie die Hose gefertigt und sind vorne durch einen „Quersattel" verbunden. Der Sattel ist fast immer reich bestickt oder kostbar verziert und neben dem ebenfalls verzierten Hosenlatz ein wichtiger Blickfang.

Und nicht zuletzt muss die rechte Seite der Lederhose eine Stiletttasche aufweisen. Früher verwahrte der Träger hier sein Besteck. Heute blickt aus der Stiletttasche der Hirschhorngriff eines feststehenden Messers.

Das Handgerben mit Stampfer erfordert vorsichtige Behandlung

Maschinelle Fassgerbung (Schnellgerbung)

SEEBACHLICHTLE VERSENGT HOSENBÖDEN

Eine Sage aus dem Allgäu

In der Umgebung von Kempten gab es einst für verspätete Wanderer eine ganze Anzahl gnädiger Lichtlein, die sich bereit fanden, den Leuten heimzuleuchten. Von der Sulzberger Gegend her war es schwer, die Stadt zu finden. Aber wenn man sich mit dem Seebachlichtle gut stellte, führte es einen sicher ans Stadttor.

Nur eine Bedingung war dabei: Man musste auf dem ganzen Weg den Mund halten können. Nicht ein Sterbenswörtle durfte man sagen und auch nicht etwa pfeifen und johlen, ob es einem im schwarzen Wald, mutterseelenallein mit dem geisternden Licht, auch noch so gruselte.

Das Seebachlichtle brannte einem beim ersten Laut, den man gab, unfehlbar den Hosenboden durch, selbst wenn man die dickste Hirschlederne anhatte. Es heißt, dieses Lichtle sei die Seele einer alten Kemptener „Geggerbix“, einer berüchtigten Klatschbase, gewesen, die in ihrem Leben durch ihre Geschwätzigkeit viel Unheil angerichtet hatte.

In alter Zeit ging in Kempten die Redensart: „Die schwätzt, wie wenn se an iserna Hose ahätt!“, weil das Seebachlichtle nur Leuten mit einer eisernen Hose nichts anhaben konnte.

Gruben- oder Versatzgerbung
Die Hautblöße fährt mit dem Laufkran durch den „Farbengang".

Strecken und Dehnen des Leders (Stollen)

EULENSPIEGEL BEIM LEDERGERBER

Als Eulenspiegel von Leipzig wegreiste, kam er nach Braunschweig zu einem Gerber, der Leder für die Schuhmacher gerbte. Es war Winterszeit, und Eulenspiegel dachte sich: „Du solltest es bei diesem Gerber diesen Winter aushalten." Und er verdingte sich bei dem Gerber als Geselle. Als er nun acht Tage bei dem Gerber gewesen war, da fügte es sich, dass der Gerber als Gast essen wollte. Eulenspiegel sollte an diesem Tag Leder gar machen. Da sagte der Gerber zu Eulenspiegel: „Siede den Zuber voll Leder gar!" Eulenspiegel sprach: „Ja, was soll ich für Holz dazu nehmen?" Der Gerber sagte: „Was soll diese Frage? Wenn ich kein Holz in den Holzstapeln hätte, so hätte ich wohl noch so viele Stühle und Bänke, womit du das Leder gar machen könntest." Eulenspiegel sagte ja, es sei gut.

Der Gerber ging zu Gast. Eulenspiegel hängte einen Kessel übers Feuer, steckte das Leder hinein, eine Haut nach der andern, und sott das Leder so gar, dass es unter den Fingern zerfiel. Während Eulenspiegel das Leder gar sott, zerschlug er alle Stühle und Bänke, die im Hause waren, steckte sie unter den Kessel und sott das Leder noch mehr. Als das geschehen war, nahm er das Leder aus dem Kessel und legte es auf einen Haufen. Dann ging er aus dem Hause vor die Stadt und wanderte hinweg.

Der Gerber dachte an nichts Böses, trank den ganzen Tag und ging des Abends trunken zu Bett. Am Morgen verlangte ihn zu wissen, wie sein Geselle das Leder gegerbt hatte. Er stand auf und ging in das Gerbhaus. Da fand er das Leder übergar gesotten und in Haus und Hof weder Bänke noch Stühle. Er wurde ganz verzweifelt, ging in die Kammer zu seiner Frau und sprach: „Frau, hier ist Schlimmes zu sehen! Ich glaube, unser Geselle ist Eulenspiegel gewesen, denn er pflegt alles das zu tun, was man ihn heißet. Er ist hinweg, hat aber alle unsere Stühle und Bänke ins Feuer geworfen und das Leder damit zersotten." Die Frau fing an zu weinen und sagte: „Folge ihm geschwind und eilig nach und hole ihn wieder zurück!" Der Gerber sprach: „Nein, ich begehre seiner nicht wieder. Er bleibe nur aus, bis ich nach ihm schicke."

„Einen Sattel,
der den Rücken deines Pferdes aufreibt,
sollst du selbst dann verbrennen,
wenn sein Kopf aus Gold wäre.“

Kirgisischer Spruch

DER SATTLER

Die „eingekleideten" Pferde.

Ein strapazierfähiger Sattel erfordert beste Arbeit.

Zaumzeug für Turnierpferde

ZUR GESCHICHTE

Der Beruf des Sattlers ist, wie der Name schon andeutet, eng mit der Domestizierung der Pferde und ihrer Nutzung als Arbeitstiere verbunden, was spätestens vor etwa 5000 Jahren der Fall war. Zunächst setzte man die Pferde als Lastenträger und dann als Zugpferde ein. Die Perser waren vermutlich die ersten Reiter und verfügten um 500 v. Chr. über berittene Kampftruppen. Somit gehört der Sattler, der für die Pferde ledernes Zaumzeug und Sättel herstellt, sicherlich zu den ältesten Gewerben.

Einen breiten Raum in der Tätigkeit des Sattlers nahm die Herstellung und Instandhaltung der Geschirre von Zugtieren ein. Einen Ochsen, der vor den Pflug gespannt wurde, hatte fast jeder Bauer, einen Reitsattel dagegen nicht. So war im Mittelalter in jeder größeren Ansiedlung ein Sattler zu finden. Kleinere Ortschaften und Dörfer wurden von den Sattlern besucht. Man sagte, sie gingen „auf die Stör". Sie wanderten mit ihrem Werkzeug von Hof zu Hof und arbeiteten, das heißt, reparierten beschädigte Zaumzeuge und Geschirre direkt auf dem Hof. Sie erhielten vom Bauern Unterkunft und Verpflegung und zogen nach getaner Arbeit weiter.

Junge Männer, die das schwierige und komplizierte Sattlerhandwerk erlernen wollten, gingen zu einem Sattlermeister 3 bis 4 Jahre in die Lehre. In dieser Ausbildungszeit arbeiteten die Lehrlinge ohne Bezahlung. Der Meister stellte nur Kleidung und Werkzeug zur Verfügung. Erst als Geselle bekam der Sattler Geld, wenn er sich bei einem Meister anstellen ließ.

Eine wichtige Erfindung des Mittelalters war das Kummet, eine neuartige Jochkonstruktion für Zugtiere. Die bis dahin üblichen Jochkonstruktionen erschwerten die Atmung der Tiere und konnten nur für Ochsen – dank ihrer Hörner – verwendet werden. Das neue Kummet wurde den Zugtieren um den Hals gelegt und war auch für Pferde geeignet. Damit konnte man das Pferd, das die doppelte Arbeit eines Ochsen leistete, besser in der Landwirtschaft einsetzen.

Mit dem Aufkommen der Kutschen fanden die Sattler neue Betätigungsfelder. Die Innenausstattung der Fahrzeuge und die Klappverdecke offener Kutschen benötigten viel Leder und damit auch viel Sattlerarbeit. Auch hier sorgten die Sattler für einen

wichtigen Fortschritt, der die Kutschen für den Personentransport komfortabler machte: Der Aufbau der Kutschen wurde über schwingende Riemen am Fahrgestell befestigt, wodurch das Fahren auf den holperigen Wegen etwas erträglicher wurde. Mit dem Reisen in der Kutsche entstand auch ein Bedarf an Reisegepäck. Also fertigten die Sattler auch Lederkoffer und Reisetaschen.

Als der späte Nachfolger der Kutsche, das Auto, erfunden wurde, bildete sich der Spezialberuf des Autosattlers heraus. Die führenden Automobilhersteller haben heute noch eigene Sattlereien.

In den letzten Jahrzehnten hat der in breiten Bürgerschichten aufkommende Reitsport dem Sattlerhandwerk wieder starken Auftrieb gegeben. Heute muss ein Sattler wieder Sättel und Zaumzeug herstellen und reparieren können.

VIEL ZU TUN

Viel zu tun hatten die Sattler in den großen Städten mit Brauereien, die das tägliche Bier mit Pferdefuhrwerken verteilten. So berichtet die Berliner Schultheiss-Brauerei, dass sie in den Jahren 1904/1905 für die Bierversorgung einen Fuhrpark mit 866 Pferden und rund 650 Wagen zur Verfügung gehalten habe.

DER SATTEL

Der Sattel stellt – um ein modernes Wort zu gebrauchen – die Schnittstelle zwischen Reiter und Pferd her. Er muss sowohl an den Reiter als auch an das individuelle Pferd angepasst sein, und er muss darüber hinaus auch bestimmte funktionelle Eigenschaften aufweisen. Dementsprechend gibt es eine große Anzahl unterschiedlicher Sattelarten und Ausführungen. Man kann die Sättel in zwei Hauptkategorien gliedern:

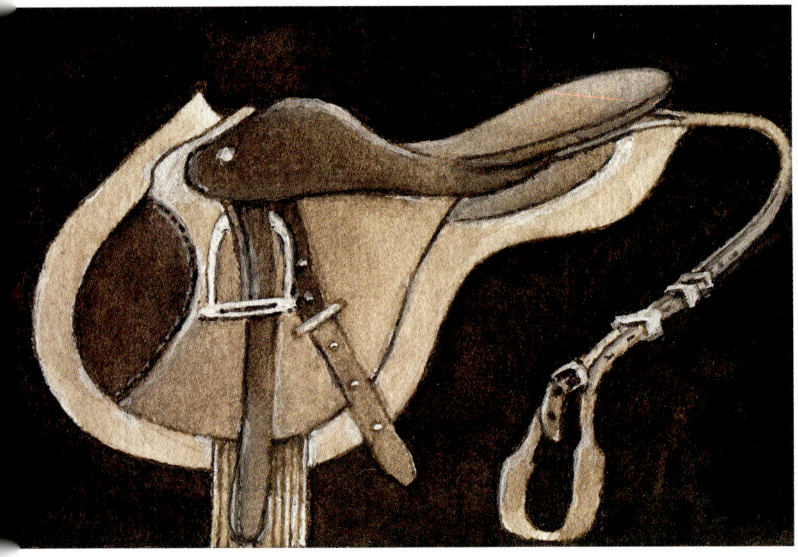

Die Sportsättel oder Pritschensättel haben eine geringe Unterpolsterung und verteilen das Reitergewicht fast gar nicht. Aber sie ermöglichen es dem Reiter, das Pferd fein abgestimmt zu dirigieren. Für lange Ritte sind diese Sättel nicht geeignet.

Die Trachtensättel haben dagegen eine große Unterpolsterung, die das Reitergewicht gut verteilt. Es sind für den Reiter bequeme Sättel, die sich für längere Ritte oder auch für die tägliche Arbeit mit dem Pferd eignen.

Aus diesen Hauptgruppen leiten sich weitere Sattelarten ab. Hier sind einige:

Der klassische **Dressursattel** hat eine kleine Auflagefläche und eine geringe Polsterung. Der Reiter sitzt sehr tief. Die seitlichen Sattelblätter sind lang und verlaufen gerade nach unten, um die für das Dressurreiten erforderliche Sitzposition zu unterstützen. Dagegen ist der klassische Springsattel etwas länger und mit seinen nach vorn gezogenen Sattelblättern so geformt, dass der Reiter bei der Landung nach dem Sprung einen guten Halt findet. Die stärkere Polsterung hilft dabei dem Pferd. Der

Vielseitigkeitssattel ist ein Kompromiss aus Dressur- und Springsattel, der es dem Reiter erlaubt, mit nur einem Sattel für beide Reitarten auszukommen. Mit der so genannten Vielseitigkeitsprüfung hat der Sattel jedoch nichts zu tun.

Der **Westernsattel** wurde in Amerika für die Cowboys der Viehweiden entwickelt. Er verteilt das Reitergewicht sehr gut und ist ausreichend bequem, um die tägliche Arbeit auf dem Pferderücken zu ermöglichen. Charakteristisch für den Westernsattel ist das Horn, an dem der Reiter sein Lasso befestigt.

Der **Wanderreitsattel** ist wie der Westernsattel für ständiges Reiten, z. B. für mehrtägige Wanderritte, konzipiert. Er liegt großflächig auf, um bei den langen Ritten keine Druckstellen zu erzeugen. Ähnliche Eigenschaften wie der Wanderreitsattel hatten die früheren Militärsättel.

Eine Besonderheit ist der **Damensattel**. Er sollte den reitenden Damen ermöglichen, ohne „unzüchtig" gespreizte Beine zu sitzen. Beim Damensattel befinden sich beide Beine auf der linken Seite des Pferderückens. So konnte die Dame auch im Rock reiten.

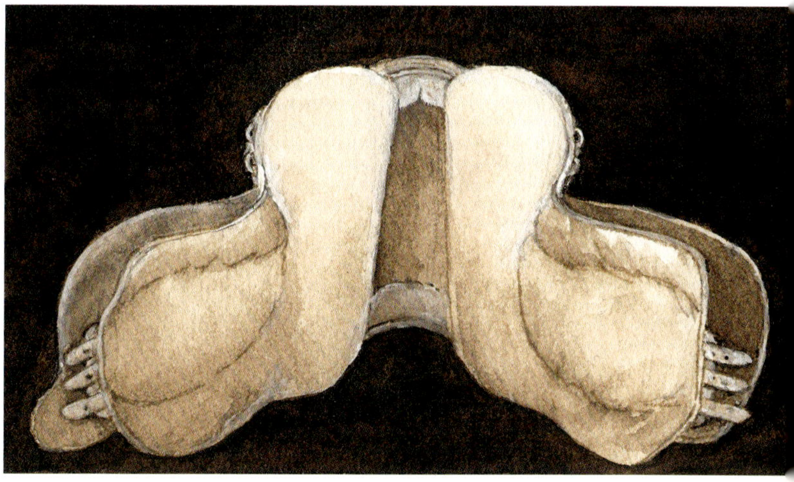

„Die Reiter machen viel Vergnügen,
besonders wenn sie unten liegen."

Wilhelm Busch

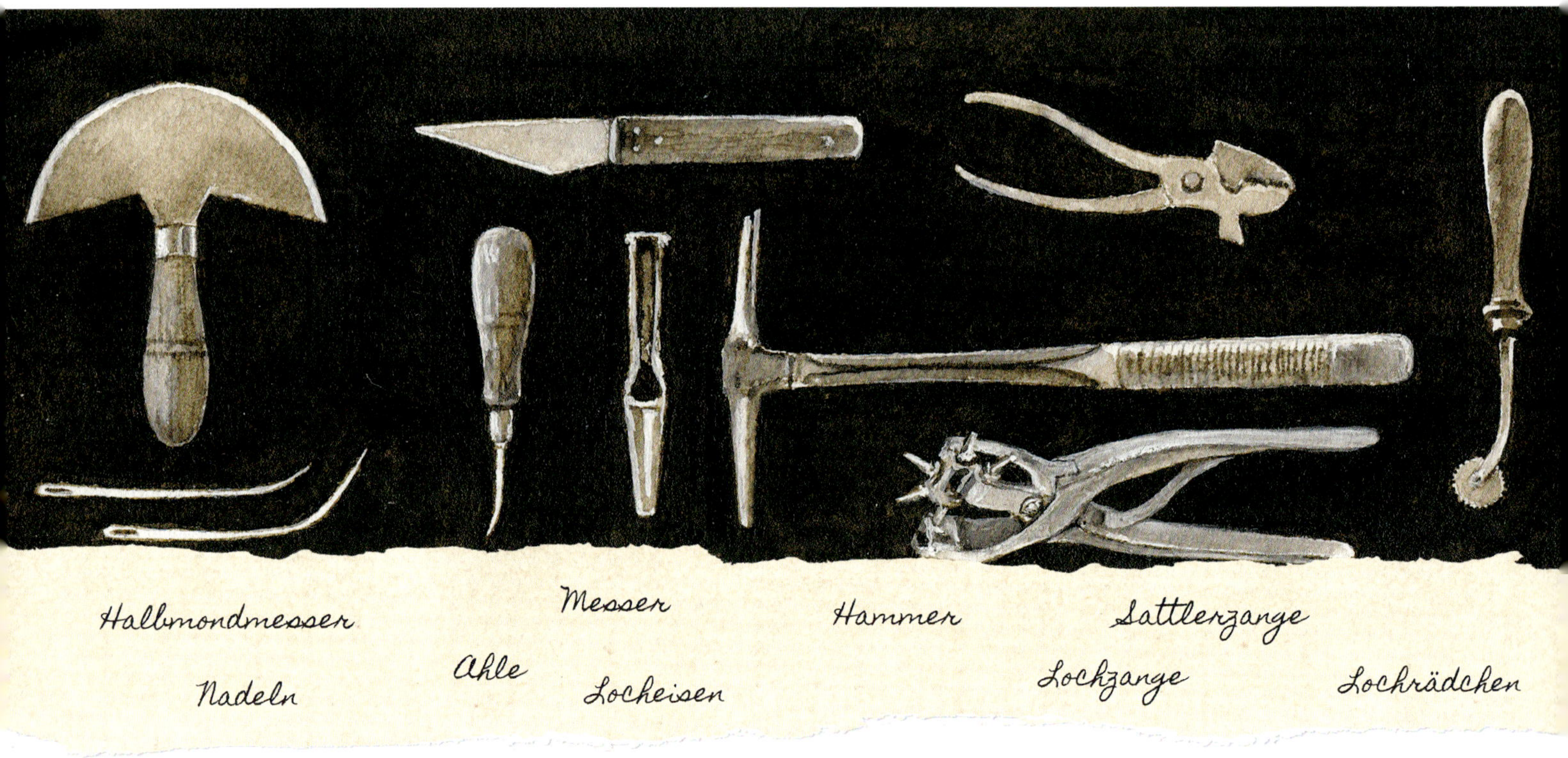

SATTLERWERKZEUG

Sattlerarbeit ist Handarbeit. Komplizierte Geräte oder gar Maschinen brauchte der Sattler nicht. Da seine Werkzeuge zudem klein und handlich waren, konnte er ohne weiteres auf die Stör gehen und seine (Reparatur-)Arbeiten direkt beim Kunden verrichten. Die wichtigsten Handwerkszeuge des Sattlers sind:

Das Halbmondmesser. Mit dem Halbmond werden die Lederstücke, zum Beispiel auch Riemen oder Gürtelecken, nach Augenmaß geschnitten und abgekantet. Wichtig ist, dass der Halbmond die größtmögliche Schärfe aufweist.

Die Ahle dient zum Stechen von Löchern. Mit der Nähnadel würde es nicht gelingen, in dickeres Leder Löcher zu stechen und das Nähgarn durchzuziehen. Daher wird jedes einzelne Loch für den Faden mit der Ahle vorgestochen. Dabei unterscheidet der Sattler zwischen einer schwertförmigen Schneidahle, mit der neue Löcher gestochen werden, und einer Rundahle, mit der vorhandene Löcher zu Reparaturzwecken geweitet werden.

Die Nähnadeln, mit denen man nicht stechen muss, haben abgerundete Spitzen. Je nach der Lage der Nahtstelle verwendet der Sattler gerade oder gekrümmte Nadeln. Um das kräftige Nähgarn leichter durch das Nadelöhr ziehen zu können, wird es durch vorsichtiges Schaben angespitzt und mit Bienenwachs versteift.

Damit die Nahtlöcher in gleichmäßigen Abständen gesetzt werden, markiert der Sattler die Einstichstellen zuvor mit dem Nahtabstandsmarkierer oder Lochrädchen. Und mit dem Nahtversenker schneidet er eine Rille in das Leder, in dem die Naht versenkt wird. Eine ungeschützt auf dem Leder liegende Naht könnte zu leicht durchscheuern.

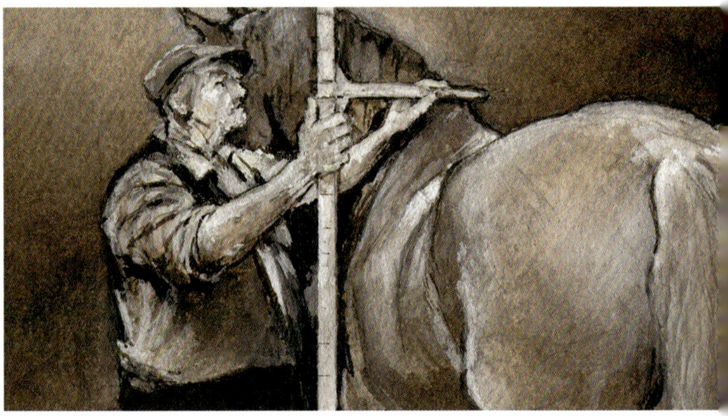

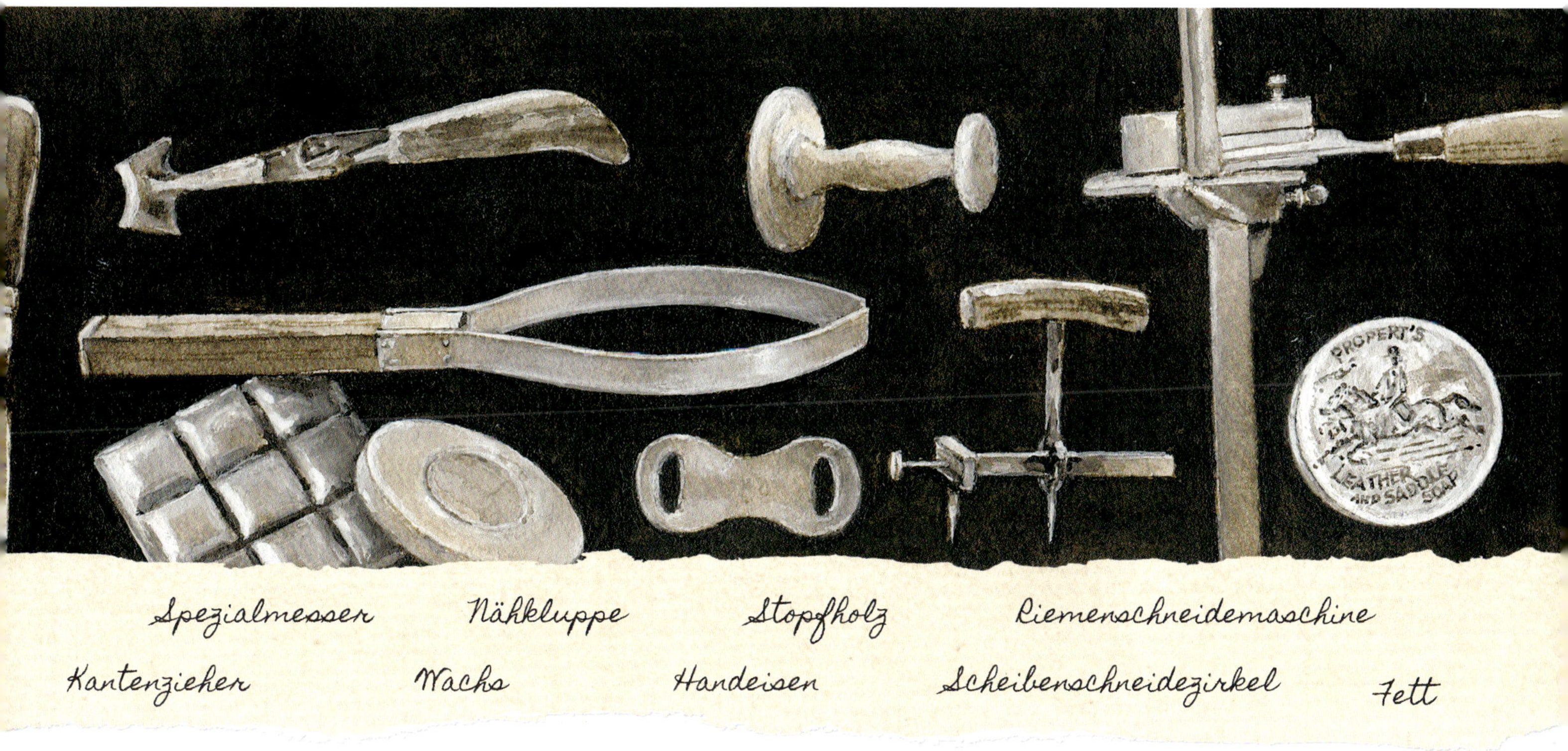

Größere Löcher, zum Beispiel für Gürtelschnallen, werden mit dem Locheisen oder mit der kleineren und schwächeren Lochzange hergestellt.

Zur Fixierung des in Arbeit befindlichen Materials benützt man einen Nähkloben. Dies ist eine Art Schraubstock oder Schraubzwinge, allerdings aus Holz anstatt aus Metall, damit das eingespannte Leder nicht beschädigt wird.

Die Riemenschneidemaschine gestattet es dem Sattler, Lederstreifen mit exakt konstanter Breite zu schneiden. Und mithilfe des Scheibenschneidezirkels gelingen ihm runde Schnitte. Die Schärfmaschine verwendet er, um das Leder an den Enden keilförmig auszudünnen, damit beim Aneinandernähen zweier Stücke keine Stoßstellen und Stufen entstehen. Und mit dem Kantenzieher werden die Kanten der Lederteile schön abgerundet.

Die Sattlerzunft wird fröhlich blühn,
so lang sie darf vom Leder ziehn
und ohne eine Straf' zu leiden
aus fremder Haut darf Riemen schneiden.

Alter Sattlerspruch

SATTLER HEUTE

Leder ist nach wie vor ein außerordentlich beliebtes und wertvolles Material, und zudem ist es für den heutigen Bürger bezahlbar. Das war nicht immer so. Im Mittelalter konnten sich viele Menschen nicht einmal Lederschuhe leisten. Und wenn doch, dann wurden sie nur am Sonntag getragen.

Die heutigen Sattler fertigen unter anderem Freizeit- und Sportartikel wie Taschen, Rucksäcke, Boxhandschuhe und Fußbälle, für die „Leder“ ein Qualitätsmerkmal ist.

Zur Herstellung eines Fußballs wählen die Sattler das zu verarbeitende Lederstück aus und überprüfen die Qualität des Materials. Dann zeichnen sie nach Schablone die benötigten Teile auf dem Leder an, schneiden sie mit einer Schneidemaschine grob aus und pressen die Teile anschließend in einer Walzmaschine, um ein späteres Dehnen des Leders zu verhindern. Anschließend werden die Einzelteile mit einer Stanzmaschine exakt ausgestanzt. Die Lederkanten werden mit dem Schärfmesser oder einer Schärfmaschine abgeflacht, damit beim Zusammennähen der Teile keine Nahtwülste entstehen.

Der Nähvorgang erfolgt vielfach noch von Hand, was später auf dem Etikett des Fußballs mit „handgenäht“ stolz vermerkt wird.

Bevor das letzte Teilstück eingenäht wird, wird der aufblasbare Gummiballon, die so genannte Blase, in die Lederhülle geschoben. Anschließend muss sehr vorsichtig weitergenäht werden, um die Blase nicht zu verletzen.

Die Berufsgruppe der Autosattler hat sich auf die Inneneinrichtung und Polsterung von Autositzen spezialisiert. Hier hat sich die Arbeitsumgebung zwar vollständig geändert, aber die besonderen Fähigkeiten des Sattlers sind dennoch nach wie vor gefragt. Der Sattler muss jedes eintreffende Leder genau untersuchen und qualitativ bewerten. Ein Computer sammelt die Merkmale jedes einzelnen Stücks aus dem gesamten Ledervorrat. Wenn später Leder für einen Fertigungsauftrag gebraucht wird, kann der Sattler die infrage kommenden Lederstücke aus dem Computer abrufen und seine Wahl treffen.

Auch die Lederzuschnitte erfolgen mit Unterstützung des Computers. Er optimiert die Nutzung eines Stückes Leder, das heißt, der Computer sorgt für minimierte Abfallmengen. Mithilfe eines Laserstrahls wird das Leder positioniert und dann mit einem extrem scharfen Wasserstrahl geschnitten.

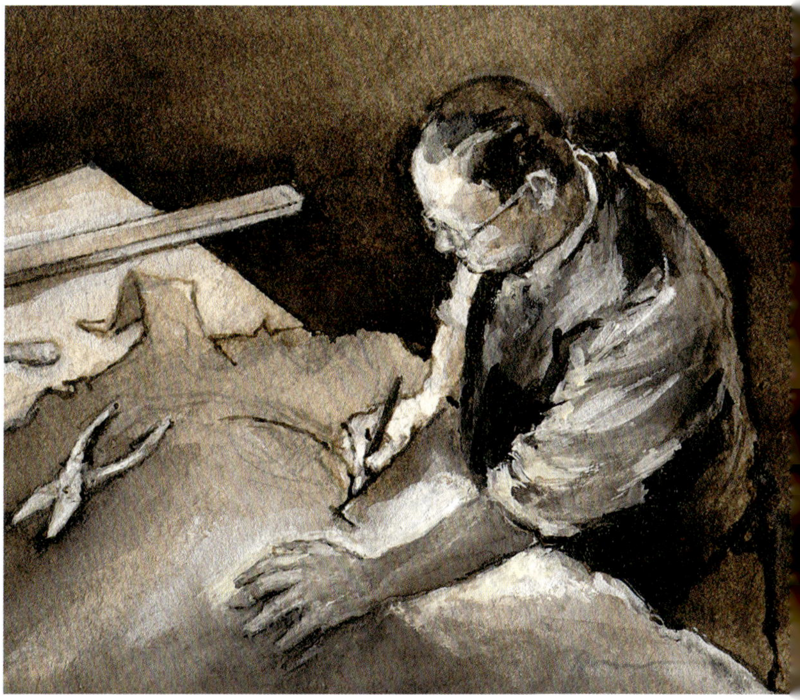

Ein Kummet entsteht

Ausstopfen mit Stroh, Pferdehaar oder Wolle

OKTOBERFEST

Am 17. Oktober 1810 wurde auf einer riesigen Wiese unterhalb der Münchner Bavaria anlässlich der Vermählung des späteren Königs Ludwig I. mit Therese von Sachsen-Hildburghausen ein Pferderennen abgehalten. Die Wiese wurde daraufhin nach der Braut Theresienwiese benannt, und zur Erinnerung an die Hochzeit wurde das Rennen zusammen mit einem großen Fest jährlich wiederholt. 1820 wurde die Veranstaltung aus Gründen der Witterung auf den September vorverlegt. Ab dem Ersten Weltkrieg wurden keine Pferderennen mehr ausgetragen, aber das Fest, genannt Oktoberfest, blieb. Das Oktoberfest dauert zwei Wochen und endet stets am ersten Sonntag im Oktober.

Die großen Münchner Brauereien sind mit 13 Festzelten vertreten und bieten Sitzplätze für 100 000 Gäste – viele durstige Oktoberfest-Besucher müssen dennoch stehen. Ein Höhepunkt kommt gleich zu Beginn des Festes: der „Einzug der Wiesn-Wirte“, ein Festumzug von der Innenstadt zur Theresienwiese. Mit prächtigen Pferdegespannen, dem Stolz der Brauereien, werden riesige hölzerne Fässer Bier zum Festplatz gefahren. Und dabei wird an nichts gespart. Allein für ein einziges Pferdegeschirr aus Messing und Leder bezahlen die Brauereien angeblich um die 30.000 Euro.

Zweispänner – ein Kummet muss gut sitzen.

STREIT UM ROHSTOFFE

Dass der Krieg um Ressourcen nicht erst in der Neuzeit entbrannt ist, zeigen die Recherchen des Oberlehrers Bretschneider, der 1925 in alten Archiven folgende Begebenheit fand:

„1623 bis 1626 lebten die Kirchberger Tuchmacher mit den Zwickauer Sattlern in Streite. Die Letzteren waren bei der kurfürstlichen Regierung klagbar geworden gegen die Ersteren, weil diese Kuhhaare in der Zwickauer Pflege zur Anfertigung loser Tuche aufgekauft haben sollen und dadurch das Sattlerhandwerk schädigten. Die Klageschrift lief zugunsten der Tuchmacher aus, und in einer gemeinsamen Sitzung der Gegner einigte man sich, reichte sich die Hände und versprach, den Streit ruhen zu lassen und in Frieden leben zu wollen."

„Es gibt kaum etwas auf dieser Welt,
das nicht irgendjemand
ein wenig schlechter machen kann
und etwas billiger verkaufen könnte,
und die Menschen, die sich nur am Preis orientieren,
werden die gerechte Beute solcher Machenschaften."

John Ruskin

DER SCHUSTER

Schuhzeug wartet auf Reparatur

Ein Schuhmacher alten Schlages

ZUR GESCHICHTE

Die älteste Form der Fußbekleidung sind Felle, die sich die Menschen spätestens vor 12 000 Jahren um die Füße wickelten. Eines der ältesten Paar Schuhe, die aus unseren Breiten bekannt sind, trug der vor einigen Jahren aus dem Gletschereis geborgene Ötztalmann, genannt „Ötzi“. Er lebte vor etwa 5300 Jahren und war mit hirschledernen Schuhen bekleidet.

Die Römer waren wie auf vielen anderen Gebieten auch im Schusterhandwerk außerordentlich fortschrittlich und ihrer Zeit weit voraus. Sie unterschieden bereits zwischen linkem und rechtem Schuh und zogen das Leder über zwei verschiedene Formen, die so genannten Leisten. Aber mit dem Zusammenbruch des römischen Reiches gerieten solche Feinheiten der Kultur in Vergessenheit. Erst in der Mitte des 19. Jahrhunderts entdeckten die Schuhmacher neu, dass der Mensch einen rechten und einen linken Fuß hat.

Im frühen Mittelalter kannte man in der Schuhherstellung noch keine Arbeitsteilung. Schlachten, Tierhäute gewinnen, Leder gerben und Leder verarbeiten lag in den Händen derselben Handwerker. So entwickelte sich das Berufsbild des Schusters als ein Spezialist der Lederverarbeitung relativ spät. Die ersten Zünfte entstanden im späteren 13. Jahrhundert, viele aber auch erst zu Beginn des 15. Jahrhunderts.

Die Lehrlingsausbildung zum Schuster war langwierig und dauerte bis zu sieben Jahre. Wer Meister werden wollte, musste nach seinen Wanderjahren sein Meisterstück, oder besser, seine Meisterstücke anfertigen. Das waren – regional unterschiedlich – mehrere Paar Schuhe für „Manns- und Weiberleut", die ganz bestimmte Eigenschaften und Ausstattungsmerkmale haben mussten.

Bald schon spezialisierten sich die Schuster weiter und gliederten sich in Untergruppen auf. Der Stadtschuster fertigte vor allem neue Schuhe an und machte nur gelegentlich Reparaturen. Der Flickschuster war dagegen nur für das Reparieren von Schuhen zuständig. Auf dem Land ging – ähnlich wie der Sattler – der Hausschuster mit seinem Handwerkszeug in einem Sack von Hof zu Hof und bot seine Arbeit an. Seine Hauptarbeit bestand im Reparieren, denn Schuhe waren kostbar und wurden so lange repariert, bis sie buchstäblich auseinander fielen. Wenn der Hausschuster Glück hatte, durfte er neue Schuhe anfertigen. Dazu brauchte er etwa einen Tag.

Im 19. Jahrhundert kam ein weiterer Spezialist hinzu. Es entwickelte sich so etwas wie eine Schuhmode, und die auf Modeschuhe spezialisierten Schuster nannten sich fortan Schuhmacher.

Mit der Einführung der Gewerbefreiheit zu Beginn des 19. Jahrhunderts verloren die Zünfte an Bedeutung, und zur gleichen Zeit setzten auch technische Neuerungen ein. Die beginnende Industrialisierung brachte dem Schuhmacherhandwerk 1850 die Einführung der Nähmaschine, bald darauf der Stanzmaschine und weiterer Produktionsmaschinen. Bis 1895, also innerhalb von weniger als 50 Jahren, war die Produktion von Schuhen industrialisiert. Schuhe wurden zur billigen Massenware. Die Fertigung von Schuhen als manuelles Handwerk wurde weitgehend eingestellt oder auf Spezialgebiete wie die Herstellung orthopädischer Schuhe beschränkt.

DIE SCHUSTERWERKSTATT

Einen zentralen Platz der Schusterarbeit nimmt der Schustertisch ein. Hier finden sich die Werkzeuge, die der Schuster brauchte, als es noch keine Maschinen gab: Nagelständer und Nageleisen zum Nageln der Schuhe, Behälter für die Holz- und Eisennägel, Hammer, Raspel, Ahlen und Messer. Mit dem Schuhmaß wurde die Größe des Fußes gemessen.

Auf einem Schneidbrett wurde das Leder zugeschnitten, und mit dem Klopfstein wurde das eingeweichte Sohlenleder geklopft, damit die Poren wasserfest abgedichtet wurden. Zum Einweichen des Leders diente eine Wasserschüssel, die unter dem Tisch stand.

Eine interessante Erfindung waren die so genannten Schusterkugeln auf dem Arbeitstisch. Dabei handelte es sich um ein kleines Eisengestell, an dem zwei Glaskugeln von etwa 15 cm Durchmesser aufgehängt waren. Die Kugeln wurden mit Wasser gefüllt und das Gestell vor eine Lichtquelle, zum Beispiel eine Petroleumlampe, platziert. Das Licht wurde nun von den Gläsern wie in einem Brennglas zu einem kräftigen Strahl gebündelt. In diesem gebündelten Licht konnte der Schuster auch noch am Abend seine Schuhe nähen.

Als die Industrialisierung einsetzte, konnte der Schuster sich zwar keine Industriemaschinen leisten, aber einige kleine Maschinen erleichterten ihm doch die Arbeit. Anstatt des Klopfsteins benutzte er eine Lederwalze, die das eingeweichte Sohlenleder verdichtete. Die Nähmaschine löste das Nähen von Hand mit dem Pechdraht ab, Schleifmaschinen ersetzten zum Teil die Raspel und mit der Holznagelmaschine konnten die Schuhsohlen schneller mit Holznägeln befestigt werden.

Die Bergbauern im Alpengebiet konnten im Winter, wenn draußen der Schnee meterhoch lag, nur in der warmen Stube arbeiten. Viele von ihnen übten daher handwerkliche Nebenberufe aus, unter anderem auch den des Schusters. Diese Bauernschuhmacher hatten keine eigene Werkstatt. Sie hatten ihren Arbeitsplatz in einer Ecke der Wohnstube eingerichtet und fertigten für Bauern, Holzknechte und Jäger derbe Bergschuhe aus Rindleder. Da der Fußboden der meistens nicht unterkellerten Räume stets kalt war, errichteten sie ihren Arbeitsplatz auf einem kleinen Podest, das die Füße vor der Kälte des Bodens schützte.

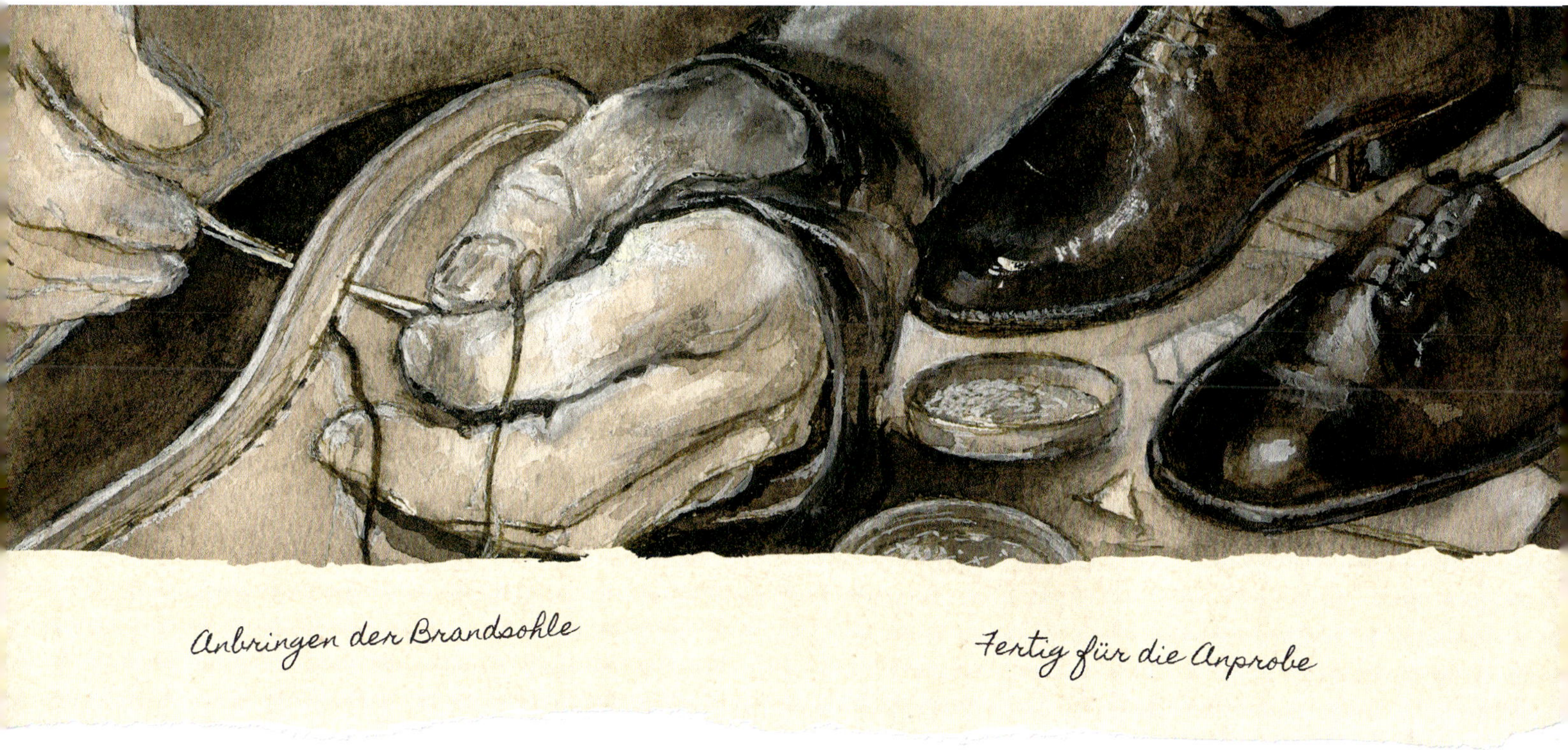

EIN SCHUH ENTSTEHT

Der Schuhmacher hatte für jeden seiner Kunden individuelle Leisten, die dem Fuß immer wieder angepasst wurden. Der Leisten war die Modellform für das Schaftleder, das zugeschnitten und vernäht wurde. Als Nächstes wurde die Brandsohle zugeschnitten und mit dem Schaftleder mittels Passnägeln vernagelt. Dann kam die Hinterkappe an die Reihe.

Mit der Schuhahle wurden die Nahtlöcher vorbereitet, und mit Hanfgarn, das man durch ein Stück Pech zog, um es als „Pechdraht" haltbarer zu machen, wurden dann Schuhschaft, Brandsohle und die Hinterkappe fest vernäht. Dann wurden die Passnägel entfernt und durch Pinnen, Holznägel, ersetzt. Zuletzt wurde die Ledersohle aufgenagelt. Mit Messer und Raspel hat der Schuster dann die Sohle geglättet und den Absatz aufgenagelt. Um die Sohle beim Laufen zu schonen, wurden der Absatz und die Sohlenspitze häufig noch mit Eisenplättchen und Stoßeisen beschlagen.

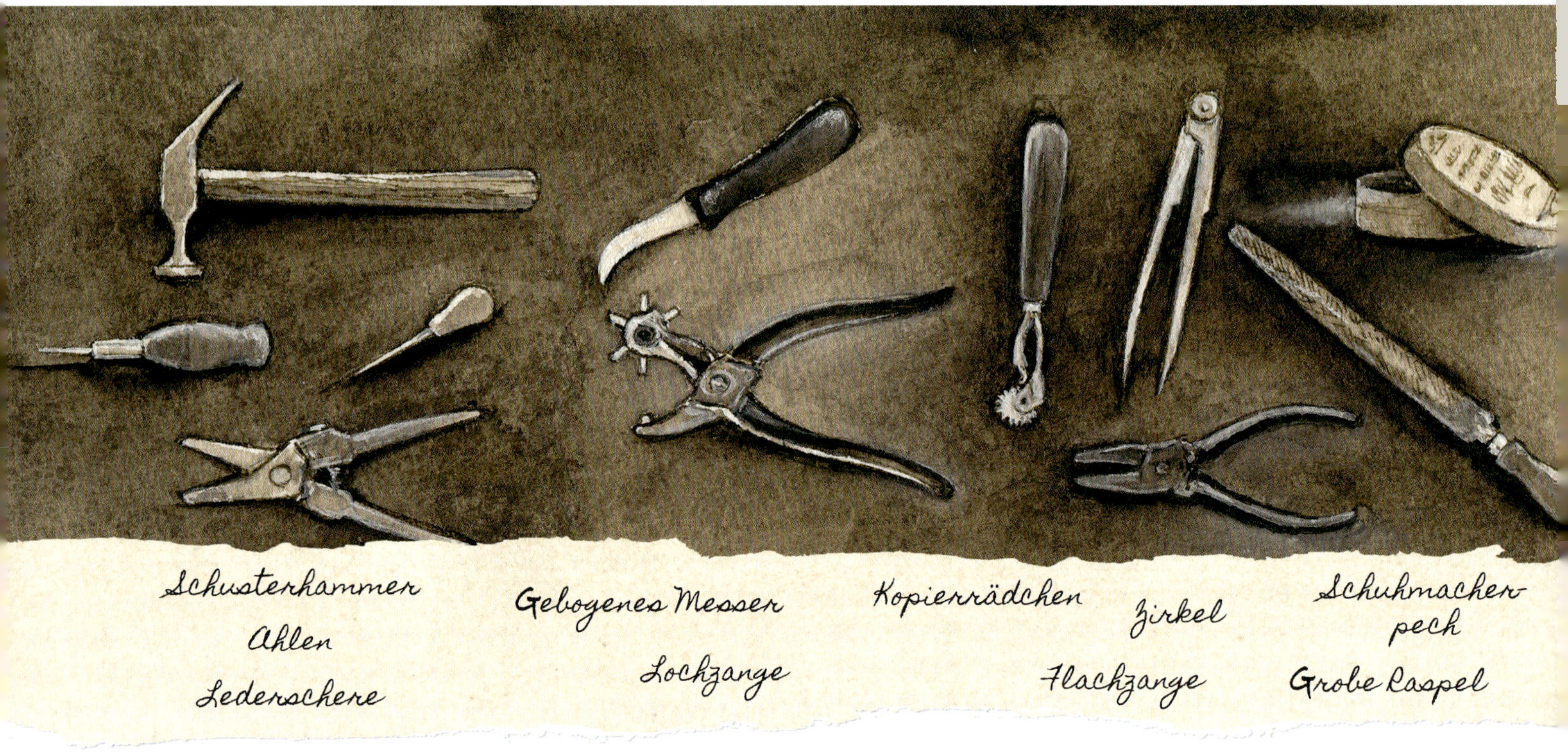

HOLZSCHUHE

Schuhe aus Holz waren schon im Altertum bekannt. Bereits vor der Zeitenwende importierten die Römer von den Kelten produzierte Schuhe aus Birkenholz. Danach schienen diese in Vergessenheit geraten zu sein und tauchten erst im Mittelalter wieder auf.

Im 15. Jahrhundert und danach war das Tragen von Holzschuhen dann sehr verbreitet. In der holländischen Stadt Leiden wurden die „Klompen“ erstmals 1429 erwähnt. In Deutschland waren es vor allem der Norden und der Osten, wo sich Holzschuhe weitgehend durchsetzten. Holzschuhe waren robust und – zumindest beim Stehen, weniger beim Laufen – sehr bequem. Und sie waren vor allem vergleichsweise billig. Ein Holzschuhmacher benötigte etwa zwei Stunden, um ein Paar anzufertigen. So wurde der Holzschuh allgemein der Werktagsschuh. Die besser gestellte Bevölkerung zog aber am Sonntag und an Feiertagen Lederschuhe an.

Die Holzschuhe verbreiteten sich derart, dass sich die Schuster als Lederschuhhersteller in ihrer Existenz bedroht fühlten. Sie erreichten 1717 einen Erlass von König Friedrich Wilhelm I., dass fortan hölzernes Schuhwerk weder hergestellt noch getragen werden dürfte. Neun Jahre später wurde die Verordnung noch dahin gehend verschärft, dass das Tragen von Holzschuhen mit Gefängnisstrafe bedroht wurde. Genützt hat dies alles aber nichts. Die ländliche Bevölkerung verteidigte ihre Holzschuhe mit Sensen und Dreschflegeln gegen die Schuster. Das Holzschuhhandwerk entwickelte sich weiter, und zu Beginn des 20. Jahrhunderts führten Handwerksbetriebe sogar noch industrielle Fertigungsmethoden ein.

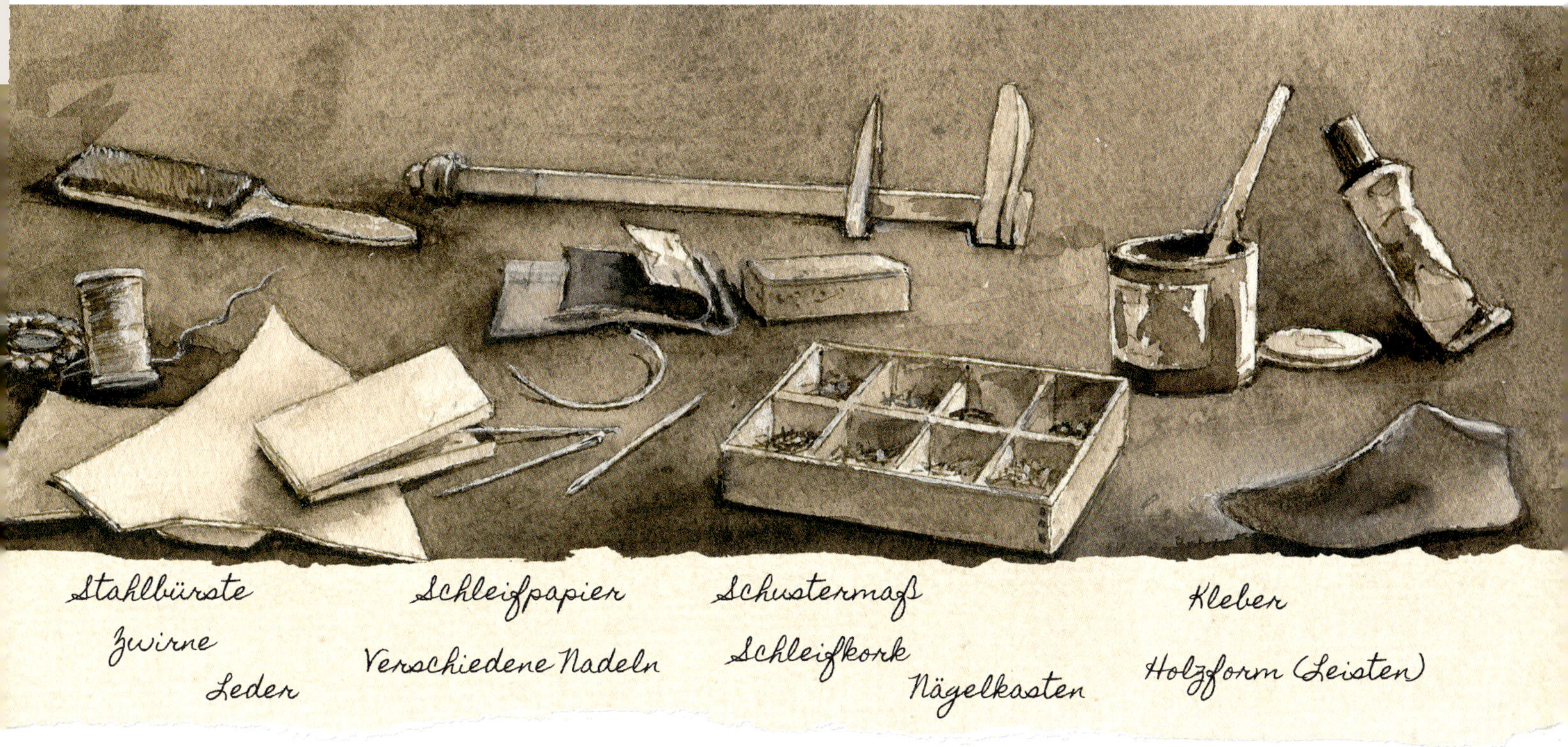

RIESENSCHUHE

Im Jahre 1929 hatte der Oberstdorfer Schuhmachermeister Josef Schratt die Idee, einen riesengroßen Schuh herzustellen – vom Guiness-Buch der Rekorde wusste er damals noch nichts. Er machte sich an die Arbeit, und das Ergebnis war ein Schuh der Größe 450. Neun Rinder mussten ihre Haut für den Schuh hergeben.

Der Schuh wurde eine große Attraktion, bis eine amerikanische Firma verkündete, sie hätte den größten Schuh der Welt produziert. Dies ließ Schratt nicht ruhen, bis amtlich – durch Polizisten – bestätigt wurde, dass sein Schuh der größere wäre. Der Wettstreit um den größten Schuh erregte international Aufsehen, und Schratt war ein gefragter Mann bei allerlei Ausstellungen.

Während des Zweiten Weltkriegs fiel der Schuh der Lederknappheit zum Opfer und musste sein Leder für viele kleine – normale – Schuhe hergeben.

Aber Josef Schratt ruhte nicht, bis er 1950 seinen eigenen Rekord überboten hatte. Sein neuer größter Schuh der Welt hatte die Schuhgröße 480 und wog 600 Kilogramm. Der Schuh hatte eine Einlegesohle, in die sich vier Männer legen konnten.

Beinahe wäre auch der zweite Schuh verloren gegangen. Diebe hatten ihn entwendet, konnten aber kurz vor der Grenze ins Ausland geschnappt werden. Heute kann der Schuh im Oberstdorfer Heimatmuseum bewundert werden.

Schuhzeug für alle Zwecke
Der Schuster bringt es immer wieder in Ordnung.

SCHUHMODE

Schuhmode im heutigen Sinne gibt es zwar erst seit dem 19. Jahrhundert. Aber schon im Mittelalter gab es modische Entwicklungen. Und es gab – genau wie heute – Modetorheiten, denen man sich unterwarf, auch wenn man in den Schuhen kaum mehr laufen konnte.

Eine dieser Entwicklungen war der Schnabelschuh. Er hatte eine lange, nach oben halbmondförmig gebogene Spitze. Die Länge der Spitze war in einer strengen Kleiderordnung festgelegt. Danach stand dem einfachen Mann eine Spitzenlänge von einem halben Fuß zu, während für fürstliche Füße Schuhspitzen von zweieinhalb Fuß Länge vorgesehen waren. Aus praktischen Erwägungen wurde die Spitze mit Schnüren am Fußgelenk oder an der Wade festgebunden.

Die Schuhform hatten möglicherweise die Kreuzritter aus dem Orient importiert, und sie fand vielleicht Anklang, weil sie an den gotischen Baustil mit seinen nach oben spitz auslaufenden Bogen und Fenstern erinnerte. Diese Schuhe trug man zur vornehmen Kleidung, und man bewegte sich darin auch – gezwungenermaßen – vornehm, nämlich sehr langsam.

Die modische „Gegenbewegung" war der Kuhmaulschuh. Er war vorne stumpf und breit auslaufend, dass er seitlich hochgebunden werden musste, wenn man sich nicht selbst auf die Schuhe treten wollte.

Um 1500 wurden bei den Damen überhohe Stelzschuhe modern, die knapp 500 Jahre später im ebenso wenig praktischen Plateausohlenschuh ein Comeback feierten. Immerhin stand damals die Kirche dieser Mode positiv gegenüber: Die Laufbehinderung halte die Trägerin von mancher Sünde ab. Mit anderen Worten, Seitensprünge waren in diesen Schuhen Gott sei Dank kaum möglich.

Zu Beginn des 17. Jahrhunderts tauchte der Stiefel auf, und zwar zunächst bei den Landsknechten im Dreißigjährigen Krieg. Neben praktischen Vorzügen erwies sich der Stiefel auch als ein Mittel, die eigene Person imposanter erscheinen zu lassen. Diesen Effekt machten sich später unter anderem Kaiser Napoleon und der gestiefelte Kater im Märchen zunutze. Aber auch beim Stiefel wurde modisch übertrieben: Überdimensionale Stiefelschäfte fingen bei Regen wie ein Trichter das Wasser auf und mussten am Bein festgebunden und abgedichtet werden.

Ebenfalls im 17. Jahrhundert kam ein Detail in Mode, das sich in vielen Varianten bis heute gehalten hat: der Absatz. Über den Ursprung dieser Erfindung gibt es viele Deutungen. Einmal soll ein kleines Mädchen, das nicht immer nur auf die Stirn geküsst werden wollte, den Absatz erfunden haben. Plausibler, aber weniger romantisch ist die Erklärung, dass der Absatz dem Reiterstiefel einen besseren Halt im Steigbügel bietet. Und noch plausibler ist, dass ein Soldat mit Absätzen am Stiefel noch ein paar Zentimeter imposanter erscheint. Wie dem auch sei, unbestritten ist sicherlich, dass Absätze am Damenschuh den Fuß schlanker und den Schritt eleganter erscheinen lassen.

Während der Stiefel bis heute der bevorzugte Schuh für Uniformen geblieben ist, wurde er als „ziviler" Schuh schon zur Zeit Ludwigs XIV. wieder abgelöst. Es folgte wieder ein Gegensatz, nämlich der eher verspielte Knöchelschuh mit Schleifchen und dazu seidenen Strümpfen.

Das Ende dieser Mode kam sehr abrupt mit der Französischen Revolution, als alle Traditionen abgeschafft wurden und der einfache Holzschuh, der „Sabot", wieder zu Ehren kam. Aus den lauten Geräuschen der trampelnden „Saboteure" leitete sich das Wort Sabotage ab.

Allmählich setzte sich aber wieder Eleganz durch, und die Schuhmacher kümmerten sich mehr denn je um die Damenschuhe. Man legte Wert auf Anmut und Schönheit und auf schmeichelnde Schuhe. Im Laufe des 19. Jahrhunderts wurden die elegante und absatzlose Stiefelette und später der schmale Halbstiefel modern. Beide kann man gelegentlich heute auch wieder beobachten.

Seit etwa den 1920er Jahren hat sich bei Damen und Herren im Wesentlichen der Halbschuh durchgesetzt, wobei die Damenschuhe fantasievoll bunt und die Herrenschuhe konservativ schwarz auftreten.

Neue Sohlen und Absätze sind nötig.

BERÜHMTER SCHUSTER

Der wohl berühmteste Schuster und die nach Luther bekannteste literarische Figur des 16. Jahrhunderts ist Hans Sachs (1494–1576). Er wanderte als Geselle quer durch Deutschland, ließ sich 1517 als Meister im heimatlichen Nürnberg nieder und wurde aktives Zunftmitglied der „Meistersinger". Neben seiner Schuhmacher-Arbeit dichtete er bis ins hohe Alter unter anderem mehr als 4000 Meisterlieder und 1800 Spruchgedichte.

Sein Gedicht über gutes Benehmen bei Tisch ist hier auszugsweise wiedergegeben.

EIN TISCHZUCHT

Hör, Mensch! wenn du zu Tisch willt gahn,
Dein Händ sollt du gewaschen han.
Lang Nägel ziemen gar nit wohl,
Die man heimlich abschneiden soll.

Nit schnaude oder säuisch schmatz!
Nit ungestüm nach dem Brot platz,
Dass du kein Gschirr umstoßen tust!
Das Brot schneid nit an deiner Brust!
Greif auch nach keiner Speise mehr,
Bis dir dein Mund sei worden leer!
Red nicht mit vollem Mund! Sei mäßig!
Sei in der Schüssel nit gefräßig,

Und käue mit verschlossem Mund!
Schlag nit die Zung aus gleich eim Hund,
Zu ekeln! Tu nit geizig schlinken!
Und wisch den Mund, eh du willt trinken,
Dass du nit schmalzig machst den Wein!
Trink sittlich und nit hust darein!

Gezänk am Tisch gar übel staht.
Sag nichts, darob man Grauen hat,
Und tu dich auch am Tisch nit schneuzen,
Dass ander Leut an dir nit scheuzen!
Geh nit umzausen in der Nasen!
Des Zahnstührens sollt du dich maßen!
Im Kopf sollt du dich auch nit krauen!
Dergleichen Maid, Jungfrau und Frauen
Solln auch keim Floch hinunterfischen.
Ans Tischtuch soll sich niemand wischen.

Nach dem sollt du vom Tisch aufstehn,
Dein Händ waschen und wieder gehn
An dein Gewerb und Arbeit schwer.
So sprichet Hans Sachs, Schumacher.

Hämmern auf dem Amboss

Auch solche Arbeiten werden gemacht.

BERÜCHTIGTER SCHUSTER

Im „Berliner Lokal-Anzeiger" vom 17. Oktober 1906 konnte man die folgende Meldung lesen:

„Ein Vorfall, wie er in der heimischen Verbrechergeschichte seinesgleichen sucht, hat sich am gestrigen Abend in dem benachbarten Köpenick zugetragen. Dort hat ein Gauner in der Maske eines Gardeoffiziers mithilfe einer Abteilung Soldaten, die er durch eine gefälschte Kabinettsorder täuschte, den Bürgermeister und den Stadt-Rendanten im Rathaus verhaftet, beide unter militärischer Bewachung nach Berlin transportieren lassen und dann die Stadtkasse, in der sich etwas über 4000 Mark in bar befanden, ausgeraubt. Polizei und Gendarmerie sind in fieberhafter Tätigkeit, des Gauners, der mit seinem Raube unangefochten entkam, habhaft zu werden."

Ganz Deutschland lachte über den Schuster Wilhelm Voigt, der mit seiner Gaunerposse den uniformgläubigen Amtsschimmel lächerlich machte. Dabei wollte der arbeitslose Schuster nichts weiter als einen Pass, um aus Deutschland ausreisen zu können. Den Pass gab ihm die Behörde nicht, weil er keine Arbeit hatte. Und ohne Pass bekam er keine Arbeit. In seiner Verzweiflung besorgte sich Voigt beim Trödler eine Hauptmannsuniform, und dem Uniformträger Voigt, dem „Hauptmann von Köpenick", öffneten sich alle Türen einschließlich derjenigen zur Stadtkasse.

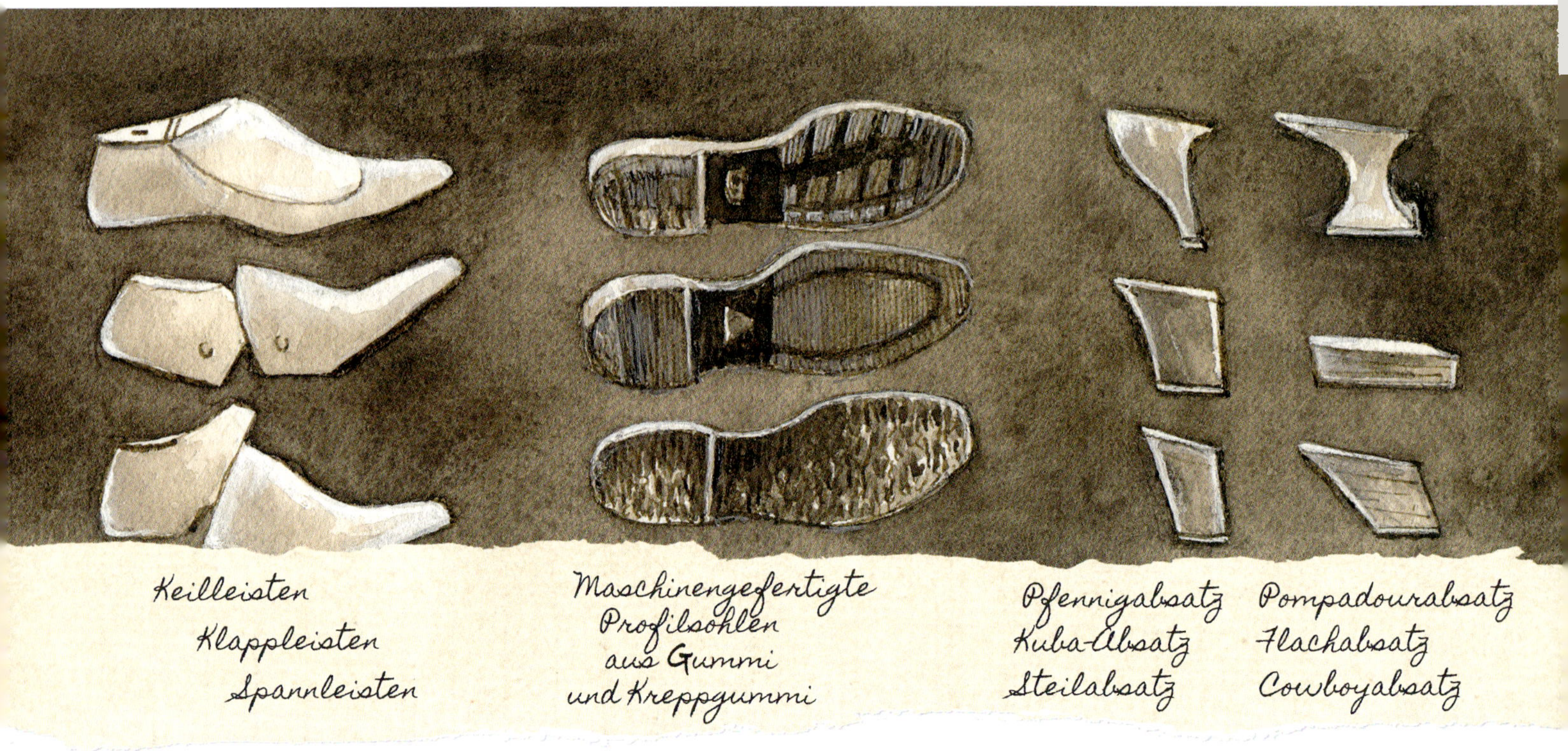

HEILIGE SCHUSTER

Crispinus und Crispinianus

Die Legende berichtet von Crispin und seinem Bruder Crispinianus, Söhne einer vornehmen römischen Familie, dass sie zusammen mit dem Sohn eines römischen Senators nach Soissons kamen, um dort als Glaubensboten zu wirken. Ihren Lebensunterhalt verdienten sie als Schuhmacher, den Armen machten sie unentgeltlich Schuhe, wodurch sie viele für den Glauben gewannen.

In den Christenverfolgungen unter Kaiser Maximinianus wurden sie vom Präfekten Rictiovarus verhaftet und gefoltert: Er ließ ihnen Pfrieme unter die Fingernägel stecken, sie mit flüssigem Blei übergießen, sie ins Feuer und in eiskaltes Wasser werfen und schließlich enthaupten. Andere Überlieferungen berichten, dass ihnen wie Bartholomäus die Haut bei lebendigem Leibe abgezogen wurde.

Rucksäcke, ungewöhnliches Schuhwerk und Taschen werden wieder instand gesetzt.

UND NOCH EIN SCHUSTER

Die folgende Anekdote stammt von einem unbekannten Verfasser.

ICH BIN AUCH SCHUSTER

Im Jahre 1867 kauft sich Bismarck die Güter Varzin, Wussow, Puddiger, Misdow und Gomitz mit Charlottental. Die nächste Eisenbahnstation war damals Schlawe. Da Bismarck in jener Gegend noch nicht sehr bekannt war, so ereignete sich bei seiner ersten Ankunft folgender scherzhafte Zwischenfall:

Es gehörte zur Unterhaltung der Schlawer Bürger, dass sie nachmittags ihren Spaziergang nach dem Bahnhof machten und die daselbst ankommenden Fremden musterten. So traf es sich, dass ein Schuhmacher aus Schlawe am Bahnhof war, als Bismarck dort ausstieg, dessen hohe Persönlichkeit dem braven Handwerksmeister als etwas Besonderes auffiel.

Bismarck ging einige Male auf dem Bahnsteig auf und ab, setzte sich dann auf eine Bank und zündete sich eine Zigarre an. Den Schuhmachermeister plagte die Neugier, von dem Fremden Näheres zu erfahren, und er setzte sich schüchtern an das andere Ende der Bank, allmählich dem Ankömmling immer näher rückend. Zuletzt fasste er sich ein Herz und fragte den hohen Herrn:
„Sie kommen wohl aus Berlin?"
„Sie haben Recht. Wer sind Sie denn aber?"
„Ich bin der Schuhmacher Th. aus Schlawe – und mit wem habe ich die Ehre?"
„Ich bin auch Schuster."
„Schuster? Ei der Tausend, was Sie sagen! Da haben Sie gewiss eine feine Kundschaft in Berlin?"
„Das will ich meinen, sehr hohe Damen und Herren!"

In demselben Augenblick kam ein Postbeamter in voller Uniform und meldete dem Fremden ehrerbietig: „Exzellenz, die Extrapost steht bereit!"

Stotternd wollte sich der Handwerksmeister über seine Dreistigkeit einem so hohen Herrn gegenüber entschuldigen, aber Bismarck ließ ihn nicht zu Worte kommen, sondern klopfte ihm vertraulich auf die Schulter und sagte: „Wenn Sie einmal nach Berlin kommen, so besuchen Sie mich in meiner Werkstatt, Wilhelmstraße Nr. 76. Auf Wiedersehen!"

„So schauet mit bescheidnem Blick,
Der ewigen Weberin Meisterstück.
Wo ein Tritt tausend Fäden regt,
Die Schifflein hinüber, herüber schießen,
Die Fäden sich begegnend fließen,
Ein Schlag tausend Verbindungen schlägt.
Das hat sich nicht zusammen gebettelt,
Sie hat's von Ewigkeit angezettelt;
Damit der ewige Meistermann
Getrost den Einschlag werfen kann."

Johann Wolfgang von Goethe
aus „Gott und Welt"

SPINNER UND WEBER

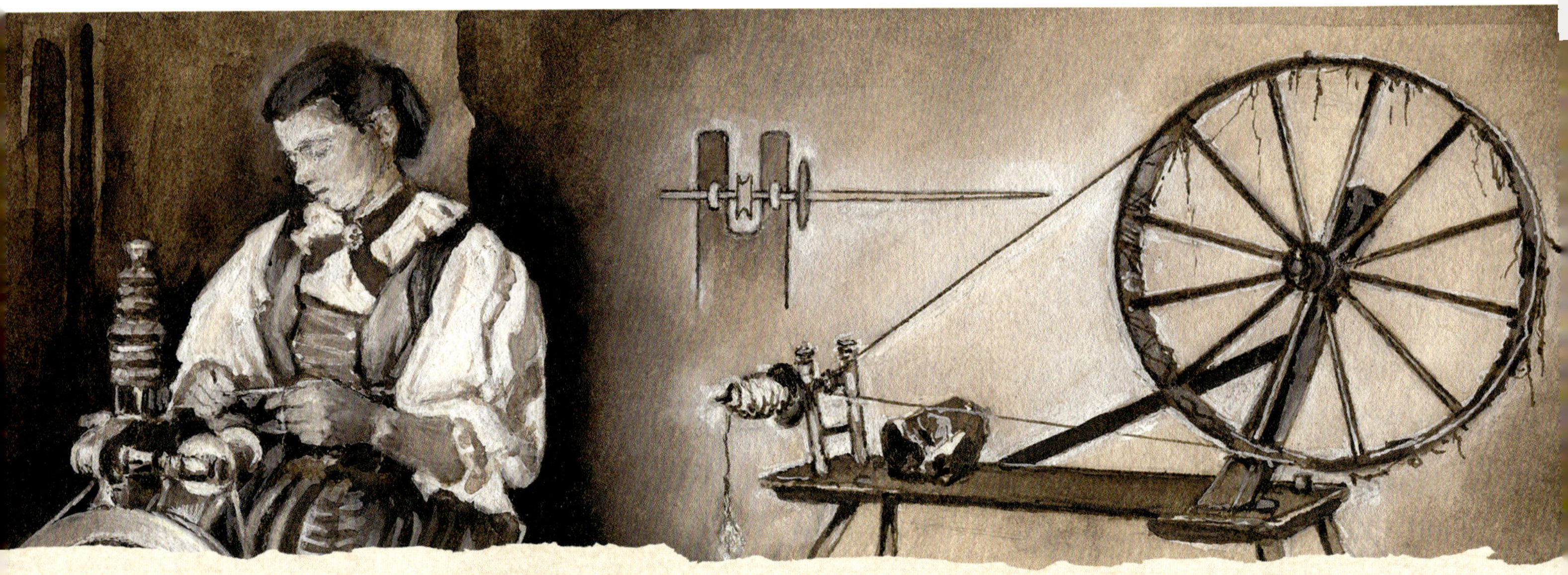

Der idyllische Anblick

Spinngestell mit Spindel und Schnurscheibe

Altes Handrad mit großem Antriebsrad

ZUR GESCHICHTE

Das Spinnen und das Weben gehören zu den ältesten technologischen Fähigkeiten der Menschheit. Beim Spinnen werden Pflanzenfasern oder Tierhaare zu langen Fäden verdrillt. Das erste Werkzeug zum Spinnen war vermutlich ein Holzstab, auf den der gesponnene Faden aufgewickelt wurde. Das Spinnrad, das bis in die jüngste Vergangenheit für das Spinnen von Hand benutzt wurde, war vermutlich schon den Frühkulturen in Asien, mit Sicherheit aber den Römern bekannt.

In Mitteleuropa hielt man offenbar nicht allzu viel vom Spinnrad. Es war zwar bekannt, wurde aber in Frankreich noch gegen Ende des 13. Jahrhunderts als Teufelswerk verboten. Wahrscheinlich hat erst die aufkommende Baumwolle dem Spinnrad zum Durchbruch verholfen. Die kurzen Baumwollfasern verlangten – um haltbare Fäden zu erzeugen – nach einer höheren Spinnqualität, die mit der einfachen Spindel nicht zu erreichen war.

Die ersten Spinnräder wurden noch in der Hand gehalten, so dass nur eine Hand zum Spinnen frei war. Die späteren und bis heute üblichen Spinnräder werden mit dem Fuß angetreten und erlauben somit das beidhändige Spinnen, das einen gleichmäßigeren Faden ermöglicht. Im 18. Jahrhundert wurde in England die Spinnmaschine erfunden, mit der dann eine Massenproduktion von Baumwollgarnen einsetzte.

Zum Weben der gesponnenen Fäden verwendete man bereits in der Jungsteinzeit einfache Gewichts-Webstühle, deren Prinzip bis ins Mittelalter beibehalten wurde. In den Ländern des Vorderen Orients war die Webkunst schon hoch entwickelt und blieb bis ins 13. Jahrhundert weltweit führend. Zudem kamen aus dem Osten und über den Osten Seidengewebe, für die im Abendland die Rohstoffe fehlten.

Aber auch die Griechen beherrschten die Weberei und betrieben eine Art künstlerischer Bildweberei. Und sogar die Germanen waren schon in der Lage, relativ komplizierte Muster zu weben.

Im späten Mittelalter und danach wurde die Weberei ein blühender Wirtschaftszweig. Allein die Augsburger Weberzunft hatte um die Mitte des 15. Jahrhunderts über 700 Mitglieder. Und Mitglieder waren nur die Meister, das heißt, jeder Meister hatte noch Gesellen und Lehrlinge, die ebenfalls mit der Weberei ihr Brot verdienten.

Handspindeln, seit Jahrhunderten bekannt

Spinnrad

Spinneinrichtung mit Flügel, Spindel und Spulenantrieb

Mit der steigenden Nachfrage nach Tuch konnten die Weber bald nicht mehr mithalten, aber nicht, weil es an Webekapazität gemangelt hätte. Es gab auch genügend Rohstoffe. Der Engpass lag bei den Spinnerinnen, von denen etwa zehn benötigt wurden, um einen einzigen Weber mit Garn zu versorgen. So sponnen die Frauen buchstäblich bei jeder Gelegenheit. Es wurden sogar die preußischen Soldaten verpflichtet, einen Teil ihrer Dienstzeit am Spinnrad zu sitzen.

Die Situation verschärfte sich noch, als 1733 das mechanisierte Weberschiffchen erfunden wurde, das die Webgeschwindigkeit – und indirekt den Bedarf des Webers an Garn – schlagartig verdoppelte. Die Zeit war reif für die mechanische Spinnmaschine, die schließlich 1767 von dem Engländer James Hargreaves konstruiert wurde.

Der erste mechanische Webstuhl entstand im Jahr 1784. Und 1805 führte der Lyoner Seidenweber J. M. Jacquard einen nach ihm benannten revolutionären Webstuhl ein, dessen Kettenfäden mithilfe von Lochkarten eingestellt wurden. Mit diesem Webstuhl konnte er auf einfache Weise gemusterte Stoffe weben. Zunächst hatte Jacquard jedoch wenig Glück. Sein Zunftmeister persönlich ließ den neuen Webstuhl öffentlich zerschlagen und verbrennen. Das neue, rationellere Verfahren bedrohte in seinen Augen zu viele Arbeitsplätze im Tuchgewerbe. Aber die Entwicklung ließ sich nicht mehr aufhalten. Schon wenige Jahre später standen in Frankreich 18 000 Jacquard-Webstühle.

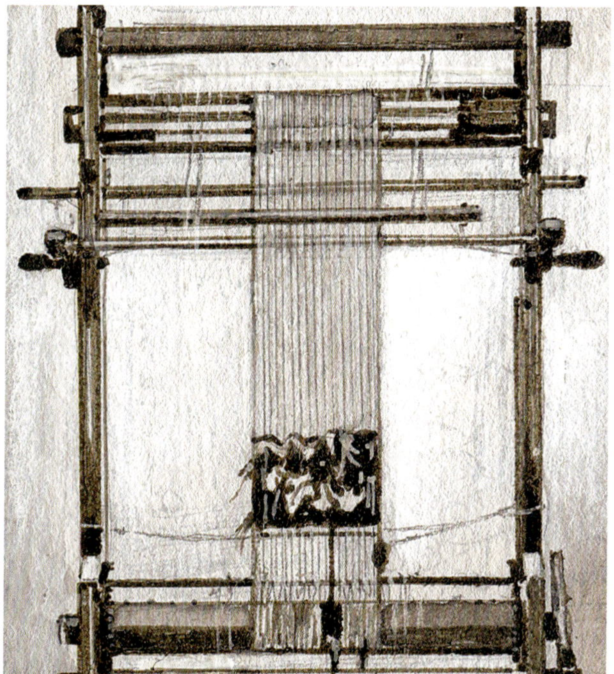

DER WEBERAUFSTAND VON 1844 IN SCHLESIEN

Der Weberaufstand vom Juni 1844 gilt als erster deutscher Aufstand des entstehenden Proletariats im beginnenden Industriezeitalter. Die meisten damaligen Weber arbeiteten zu Hause auf ihren Handwebstühlen. Die Fabrikanten stellten die Wolle oder das Garn zur Verfügung und übernahmen die gewebte Ware. Der Aufstand entzündete sich an den schlechten Arbeitsbedingungen und vor allem an den sehr niedrigen Löhnen, die zu einer zunehmenden Verelendung der Weber führten. Eine der damaligen Zeitungen beginnt ihren Bericht über den Aufstand mit folgenden Worten:

„Was wir im Nachfolgenden mittheilen, ist theils aus schriftlichen, theils mündlichen Berichten von Augenzeugen entnommen, in deren Wahrhaftigkeit wir unserseits kein Misstrauen zu setzen berechtigt sind, die wir indessen doch nur als subjective Auffassungen dessen geben, was unsere Berichterstatter, die wir möglichst mit eigenen Worten reden lassen, sahen. Bekanntlich begannen jene Auftritte bei dem Baumwollenfabrikanten Zwanziger und Söhne in Peterswaldau, der noch vor 30 Jahren ganz mittellos, sich jetzt ein Vermögen von 230.000 Thlr. erworben, und dessen Härte in Bedrückung der Weber sprichwörtlich geworden. Besonders wird über einen Sohn desselben geklagt …"

Ein Protestzug mit 3000 Webern eskalierte zu Tumulten. Das Haus des genannten Fabrikanten wurde gestürmt und geplündert, die Maschinen wurden zerstört. Weitere Fabriken fielen den Webern zum Opfer, bis die Behörden vier Kompanien der preußischen Armee anforderten und der Aufstand blutig niedergeschlagen wurde.

Das Gedicht „Die schlesischen Weber" von Heinrich Heine erschien unmittelbar nach dem Aufstand der Weber und wurde auf Flugblättern verteilt. Die Behörden wollten unter Strafandrohung die Verbreitung des Gedichts verhindern. Dafür war es aber schon zu spät.

Küche, Wohn- und Arbeitsraum

DIE SCHLESISCHEN WEBER

Heinrich Heine

Im düstern Auge keine Träne,
Sie sitzen am Webstuhl und fletschen die Zähne:
Deutschland, wir weben dein Leichentuch,
Wir weben hinein den dreifachen Fluch –
Wir weben, wir weben!

Ein Fluch dem Gotte, zu dem wir gebeten
In Winterskälte und Hungersnöten;
Wir haben vergebens gehofft und geharrt,
Er hat uns geäfft und gefoppt und genarrt –
Wir weben, wir weben!

Ein Fluch dem König, dem König der Reichen,
Den unser Elend nicht konnte erweichen,
Der den letzten Groschen von uns erpreßt
Und uns wie Hunde erschießen lässt –
Wir weben, wir weben!

Ein Fluch dem falschen Vaterlande,
Wo nur gedeihen Schmach und Schande,
Wo jede Blume früh geknickt,
Wo Fäulnis und Moder den Wurm erquickt –
Wir weben, wir weben!

Das Schiffchen fliegt, der Webstuhl kracht,
Wir weben emsig Tag und Nacht –
Altdeutschland, wir weben dein Leichentuch,
Wir weben hinein den dreifachen Fluch,
Wir weben, wir weben!

DIE SPINNSTUBE

Die so genannte Spinnstube war vor allem für die weibliche Bevölkerung eines Dorfes lange Zeit ein ebenso wichtiger wie beliebter Treffpunkt. Ursprünglich kamen die Frauen und Mädchen an den langen Winterabenden nur deswegen hier zusammen, um gemeinsam die Spinnräder zu drehen. Und mit etwas Unterhaltung ließ sich leichter spinnen. Man traf sich entweder immer am selben Ort oder abwechselnd auf dem einen oder anderen Bauernhof.

Allmählich trat jedoch die Geselligkeit immer mehr in den Vordergrund. Es wurde zwar nach wie vor gesponnen, aber es kamen auch Burschen hinzu, die Musik machten. Man sang Lieder, erzählte sich Geschichten, tanzte und vergnügte sich mit allerlei Kurzweil.

Dabei muss es wohl immer lustiger zugegangen sein. Denn in manchen Regionen sahen sich die Behörden genötigt, so genannte Spinnstubenordnungen einzuführen, in denen Art und Dauer des gemeinschaftlichen Beisammenseins geregelt wurden. In Kurhessen wurden die Spinnstuben 1726 vollkommen verboten.

Das folgende Gedicht von Goethe stammt offensichtlich aus einer Region, in der die Spinnstube nicht oder noch nicht verboten war.

DIE SPINNERIN

Johann Wolfgang von Goethe

Als ich still und ruhig spann,
Ohne nur zu stocken,
Trat ein schöner junger Mann
Nahe mir zum Rocken.

Lobte, was zu loben war, –
Sollte das was schaden? –
Mein dem Flachse gleiches Haar,
Und den gleichen Faden.

Ruhig war er nicht dabei,
Ließ es nicht beim alten;
Und der Faden riss entzwei,
Den ich lang erhalten.

Und des Flachses Stein-Gewicht
Gab noch viele Zahlen;
Aber ach, ich konnte nicht
Mehr mit ihnen prahlen.

Als ich sie zum Weber trug,
Fühlt' ich was sich regen,
Und mein armes Herze schlug
Mit geschwindern Schlägen.

Nun, beim heißen Sonnenstich,
Bring' ich's auf die Bleiche,
Und mit Mühe bück' ich mich
Nach dem nächsten Teiche.

Was ich in dem Kämmerlein
Still und fein gesponnen,
Kommt – wie kann es anders sein? –
Endlich an die Sonnen.

FASERN

Mit Ausnahme der heutigen Kunstfasern, die ausschließlich maschinell gesponnen werden, standen den früheren Spinnerinnen alle bekannten Rohfasern zur Verfügung, wobei der Schwerpunkt bei den Leinen fasern lag.

Als **Wolle** dürfen nach dem Textilkennzeichnungsgesetz nur die Fasern vom Fell des Schafes bezeichnet werden. In der Umgangssprache bezeichnet man aber auch die Haare anderer geeigneter Tiere wie zum Beispiel Kamel, Lama oder Ziege als Wolle. Das Schaf ist jedoch der mit Abstand wichtigste Lieferant von Haaren, die zum Verspinnen geeignet sind.

Baumwolle ist heute der bedeutendste Textilrohstoff der Welt. Über die Hälfte aller auf der Welt produzierten Textilien enthält ausschließlich oder überwiegend Baumwolle. Die Pflanze lässt sich in den meisten tropischen bis subtropischen Gebieten der Erde anbauen. Wichtige Produzenten sind Indien, Argentinien, Brasilien, Türkei, Ägypten und die Südstaaten der USA.

Die Wolle wird von den Samenhaaren der Baumwollfrucht gebildet. Die Haare sind im Vergleich zu den Haaren der Schafwolle sehr kurz und von Hand schwieriger zu spinnen. Eine sehr positive Eigenschaft der Baumwolle ist, dass sie bis zu 20 Prozent ihren Eigengewichts an Wasser aufnehmen kann, ohne sich nass anzufühlen.

Seide wird aus den Kokons seidenspinnender Insekten, insbesondere der Seidenraupe, gewonnen. Die Seidenraupe gab es ursprünglich nur in China. Der Versuch, sie zu exportieren, wurde mit der Todesstrafe bedroht. Die Seidenfaser entsteht, wenn die Seidenraupe sich einen Kokon spinnt, indem sie aus Drüsen am Unterkiefer Fäden produziert, mit denen sie sich einwickelt. Bevor die Raupe – jetzt als Schmetterling – wieder aus dem Kokon schlüpft, wird die Seide geerntet.

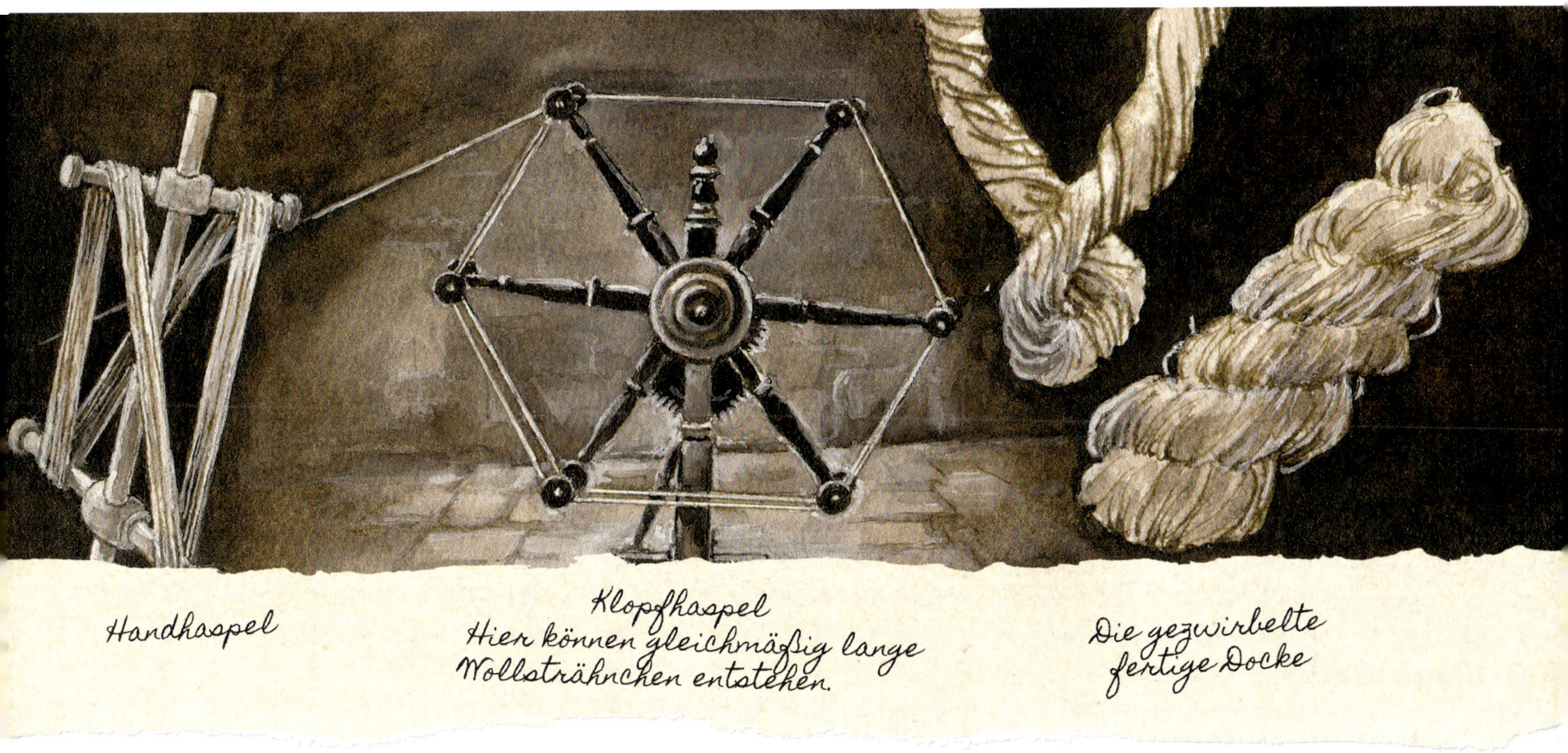

Im frühen Mittelalter gelangte die Seide über die Türkei ins südliche und mittlere Europa. Italien und Frankreich waren die ersten Länder, die Seide verarbeiteten und in denen Seide für die modische Welt unentbehrlich wurde.

Leinen ist eine Bastfaser, die aus der Flachspflanze gewonnen wird. Es handelt sich hierbei um eine der ältesten kultivierten Naturpflanzen, die bereits vor 6000 Jahren genutzt wurde. Im Allgemeinen bezeichnet man als Leinen die fertig versponnene Faser bzw. das fertige Gewebe.

Im Mittelalter war Leinen das mit Abstand wichtigste Material für die Bekleidung. Die Ernte konnte schon drei Monate nach der Saat erfolgen.

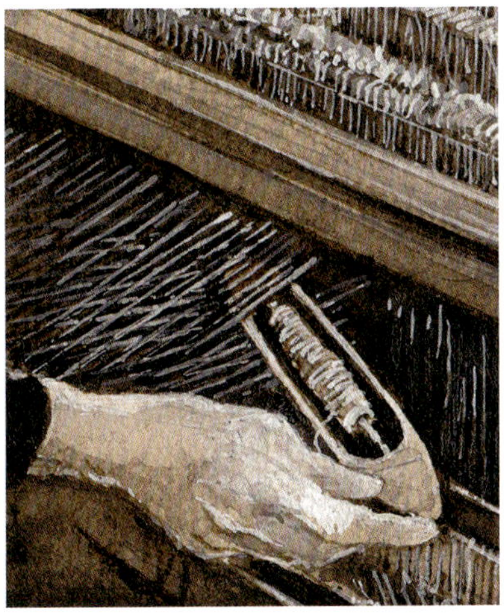

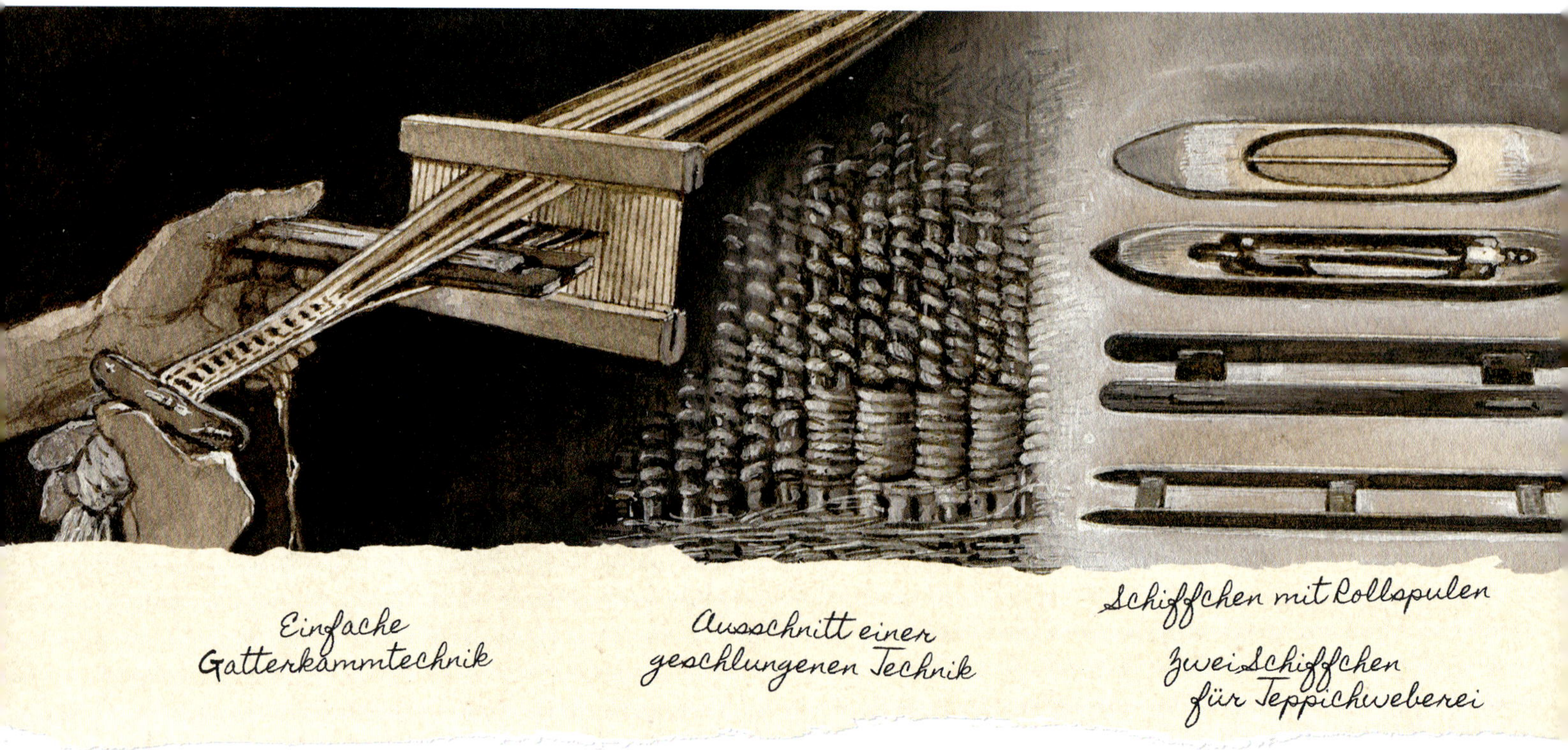

WEBEN AUF DEM WEBSTUHL

Das Grundprinzip des Webens ist das Verflechten zweier Fadenlagen, die im rechten Winkel zueinander verlaufen. Die eine Fadenlage, „Kette" genannt, wird fest aufgespannt. Die andere Fadenlage, der „Schuss", wird Faden für Faden in die Kettenfäden eingeflochten.

Die ersten Webstühle der Menschheit waren die so genannten Gewichtswebstühle. Sie bestanden aus zwei senkrechten Pfosten, auf denen – ähnlich einem Tor – ein Querbalken, der „Tuchbaum", ruhte. Die Kettenfäden (auch „Zettel" genannt) wurden an den Tuchbaum gehängt und unten mit Gewichten versehen, damit sie sich spannten. Die Schussfäden (auch „Eintrag" genannt) wurden dann einer nach dem anderen waagrecht eingeflochten und nach oben dicht aneinander geschoben. So bildete sich von oben nach unten das Gewebe.

Um das Einflechten der Schussfäden zu erleichtern, band man den Faden an ein angespitztes Stückchen Holz, das so genannte Schiffchen. Und um den eingeflochtenen Faden gleichmäßig an die vorherigen Fäden anzudrücken, benutzte man das „Webschwert". Im Prinzip haben sich diese Elemente eines Webstuhls nie verändert. Sie wurden nur verfeinert, durch weitere Komponenten ergänzt und schließlich durch Mechanisierung in ihrer Leistungsfähigkeit verbessert.

Je nachdem, wie das Schussgarn eingeflochten wurde, ergaben sich unterschiedliche Webmuster oder „Bindungen". Die einfachste und früher gebräuchlichste war die so genannte Leinwandbindung. Bei dieser Bindungsart lag nach jedem Faden abwechselnd ein Ketten- und dann ein Schussfaden oben. Die meisten Kleiderstoffe wurden in dieser Webtechnik hergestellt, die bei Wolltuch auch Tuchbindung und bei Seide auch Taftbindung hieß.

Andere Bindungsarten, zum Beispiel die Köperbindung, erhielt man, wenn zuerst ein Kettenfaden oben, dann zwei Kettenfäden unten und dann wieder ein Kettenfaden oben lag usw. Beim nächsten Schuss wurde dasselbe Schema um einen Kettenfaden versetzt angewendet. Auf diese Weise bekam man einfache Strukturen und Muster im Gewebe. Die heutigen Jeansstoffe sind ein Beispiel für die Köperbindung.

Einlegen des Schussfadens am Hochwebstuhl

Bildmotiv

Hochwebstuhl, besonders für künstlerische Webereien geeignet

Natürlich konnte man nicht für jeden Schussfaden das Schiffchen von Hand durch alle Kettenfäden einzeln durchfädeln. Man zog vielmehr einen Holzstab, den so genannten Litzenstab, durch die Kette, und zwar exakt so, wie der Schuss laufen sollte. Der Litzenstab spreizte also die Kette in „Fäden oben“ und „Fäden unten“, und entlang des Litzenstabs konnte das Schiffchen relativ schnell geführt werden. Für den nächsten Schuss war ein zweiter Litzenstab notwendig, der die Kettenfäden entsprechend anders spreizte. Für eine Leinenbindung genügten demnach zwei Litzenstäbe, während man für eine Köperbindung drei Litzenstäbe benötigte.

Beim Schaftwebstuhl wurden die Kettenfäden durch eine Vorrichtung gesteuert, die mit dem Fuß bedient werden konnte. Die Vorrichtung ermöglichte es, dass über „Schäfte“ mit Litzen ein Teil der Kettenfäden angehoben und ein anderer Teil abgesenkt wurde. So entstand ein „Fach“, durch das der Schuss geführt werden konnte. Zur Bildung eines Webfaches waren mindestens zwei Schäfte erforderlich.

Die Anzahl der unterschiedlichen Bindungen, das heißt, Muster, hing von der Anzahl der eingesetzten Schäfte ab, und diese war aus praktischen Gründen sehr begrenzt. Es kam daher einer technischen Revolution gleich, als der Jacquardwebstuhl vorgestellt wurde. Während beim Schaftwebstuhl ein Schaft „seine“ Kettenfäden immer nur gemeinsam heben oder senken konnte, wurde diese Starrheit beim Jacquardwebstuhl aufgelöst. Hier kann jeder Kettenfaden einzeln – über eine hölzerne Lochkarte – gehoben oder gesenkt werden. Auf diese Weise bietet der Jacquardwebstuhl eine nahezu unbegrenzte Vielfalt an möglichen Bindungen.

DAS WEBERLIED

Frühmorgens, wenn der Tag bricht an,
Hört man uns schon mit Freuden
Ein schönes Liedlein stimmen an,
Und wacker drauf arbeiten.
Die Spule, die ist unser Pflug,
Das Schifflein ist das Pferde,
Und damit machen wir gar klug
Das schönste Werk auf Erde.

Gar manche Jungfrau freundlich spricht:
Macht mir gut Tuch zu Betten,
Das Garn ist auch schon zugericht,
Zu Tischtuch und Servietten.
Webt mir die schönsten Bilder drein,
Macht mir darin kein Neste,
Das Trinkgeld sollt ihr haben fein,
Webt mir's aufs allerbeste.

Und wenn ein Kriegsheld zieht ins Feld
Mit seinen Wehr und Waffen,
So schlägt er auf ein Leinwandzelt,
Darunter thut er schlafen.
Die schönste Arbeit weben wir
Von Seiden, Flachs und Wolle,
Dem Fähndrich weben wir's Panier,
Dass er's erhalten solle.

Und ist die Leinwand nichts mehr werth,
Und ist die Fahn verloren,
So kömmt sie erst in rechten Werth,
Papier rauscht vor den Ohren,
Man druckt darauf das Gotteswort,
Und schreibt darauf mit Tinten,
Des Webers Werk währt immerfort,
Kein Mensch kann es ergründen.

DIE SPINNERIN IM MONDE

aus: Märkische Sagen, Leipzig 1923

In einem Dorf bei Salzwedel lebte eine Witwe mit ihrer Tochter. Marie war die beste Spinnerin in der ganzen Gegend. Treulich arbeitete sie und sorgte gut für die Mutter. Doch sobald irgendwo Musik war, musste sie tanzen. Ihre Mutter grämte sich darob sehr. Doch wie sie auch drohte, selbst bat, davon abzulassen, es half nicht. Im Spätherbst und Winter, wenn die jungen Leute zum Spinnen zusammenkamen, spielten sie auch einige lustige Weisen auf dem Leier kasten. Dann ging Marie nicht eher heim, bis sie mit allen Burschen getanzt hatte.

An einem Marientage, als sie wieder zum Spinnen ging, versprach sie der Mutter, recht früh heimzukommen. Nicht lange saßen die Mädchen am Rocken, da kamen die Dorfburschen mit Musik. Rasch wurden die Räder zur Seite gestellt, und alles tanzte und sprang. Marie gedachte ihres Versprechens und spann eifrig weiter. Doch schließlich sprang sie mit einem Jauchzer hoch und tanzte mit einem Burschen in wildem Wirbel durch die Stube. Spät nach Mitternacht erst machte man sich auf den Heimweg.

Am Kirchhof fanden sie das kleine Tor offen, schlüpften hindurch und tollten durch die Gräberreihen. Maries Mutter wartete bang. Vom Kirchhof her klang Musik und Lachen in ihr Stübchen. Da wusste sie, dass Marie ihr Versprechen gebrochen hatte. Sie ging zum Kirchhof und sah die Tanzenden. Da fluchte sie ihr: „Ich wollte, das ungeratene Kind säße im Monde und müsste da oben spinnen!“

Kaum dass sie es sagte, flog Marie mit ihrem Spinnrade dem Monde zu. In Vollmondnächten sieht man, wie sie emsig das Rädchen dreht. Feine, zarte Fäden spinnt sie, die im Herbste zur Erde fallen. Der Wind spielt mit ihnen und legt sie auf Bäume und Hecken. Sommerseide und Marienfäden nennen die Leute sie.

„Jedermann im Dorfe kannte
einen, der sich Böck benannte.
Alltagsröcke, Sonntagsröcke,
lange Hosen, spitze Fräcke,
Westen mit bequemen Taschen,
warme Mäntel und Gamaschen,
alle diese Kleidungssachen
wusste Schneider Böck zu machen.

Oder wäre was zu flicken,
abzuschneiden, anzustücken,
oder gar ein Knopf der Hose
abgerissen oder lose,
wie und wo und wann es sei,
hinten, vorne, einerlei,
alles macht der Meister Böck,
denn das ist sein Lebenszweck."

Wilhelm Busch
aus: Max und Moritz

DER SCHNEIDER

Zunftzeichen von 1790 *Schneidergesellen*

ZUR GESCHICHTE

Seit Urzeiten kleidete sich der Mensch; zuerst in Felle, dann auch in Leder und in Textilien. Schon die alten Ägypter wickelten ihre Mumien in Leinentücher. Und die Germanen trugen bereits Hosen, die den Römern zunächst unbekannt waren.

Dennoch entwickelte sich der Beruf des Schneiders relativ spät, und zwar erst im frühen Mittelalter. Ursprünglich wurden nämlich sämtliche Kleidungsstücke durch die weiblichen Familienmitglieder gefertigt. Männer ohne Familien, wie zum Beispiel die Mönche, nähten ihre einfache Kleidung selbst.

Die erste Schneiderzunft wurde 1152 gegründet, die meisten anderen deutlich später. So erhielten die Berliner Schneider ihren Zunftbrief erst am 10. April 1288. Etwa um diese Zeit setzte sich die Berufsbezeichnung „Schneider“ gegenüber der älteren Bezeichnung „Näher“ durch, was sicherlich kein Zufall war.

Bis ins hohe Mittelalter trug man weitgehend an der Antike orientierte Kleidung, das heißt, weich fallende Kleiderstoffe, die meist nur aus rechteckig gewobenen und zusammengenähten Stoffbahnen bestanden und am Körper mit Schließen gehalten wurden. Im 12. Jahrhundert entwickelten sich vielfältigere Formen der Kleidung, zu deren Herstellung die Stoffe unterschiedlich geschnitten werden mussten. Das heißt, das Zuschneiden der kostbaren Stoffe wurde wichtiger und bedeutender als das Nähen. Und nur der Meister selbst durfte zuschneiden. Den Gesellen und den Frauen von Schneidermeistern war das Zuschneiden und sogar das Zuschauen verboten. Die Frauen durften nur nähen, flicken und bügeln. Eine Ausnahme bildeten die Weißnäherinnen, die weiße Bett- und Tischwäsche herstellten. Aber diese Arbeit wurde ohnehin nicht zum Schneiderhandwerk gerechnet. Erst zu Beginn des 17. Jahrhunderts wurde es auch Frauen gestattet, den Beruf des Schneiders auszuüben.

Der Schneider kam mit wenig Werkzeug aus, um seinen Beruf auszuüben. Das Wichtigste war die Zuschneideschere, die seit dem 14. Jahrhundert das Zunftwappen der Schneider ziert. Dann brauchte er die Elle zum Abmessen und natürlich Nadel und Zwirn. Die ersten Nadeln waren aus Fischgräten, spätere Nadeln aus spitzen Knochen oder Horn gemacht. Stahlnadeln konnten erst im 14. Jahrhundert hergestellt werden. Und im 15. Jahrhundert wurde das Bügeleisen eingeführt, von denen die ersten

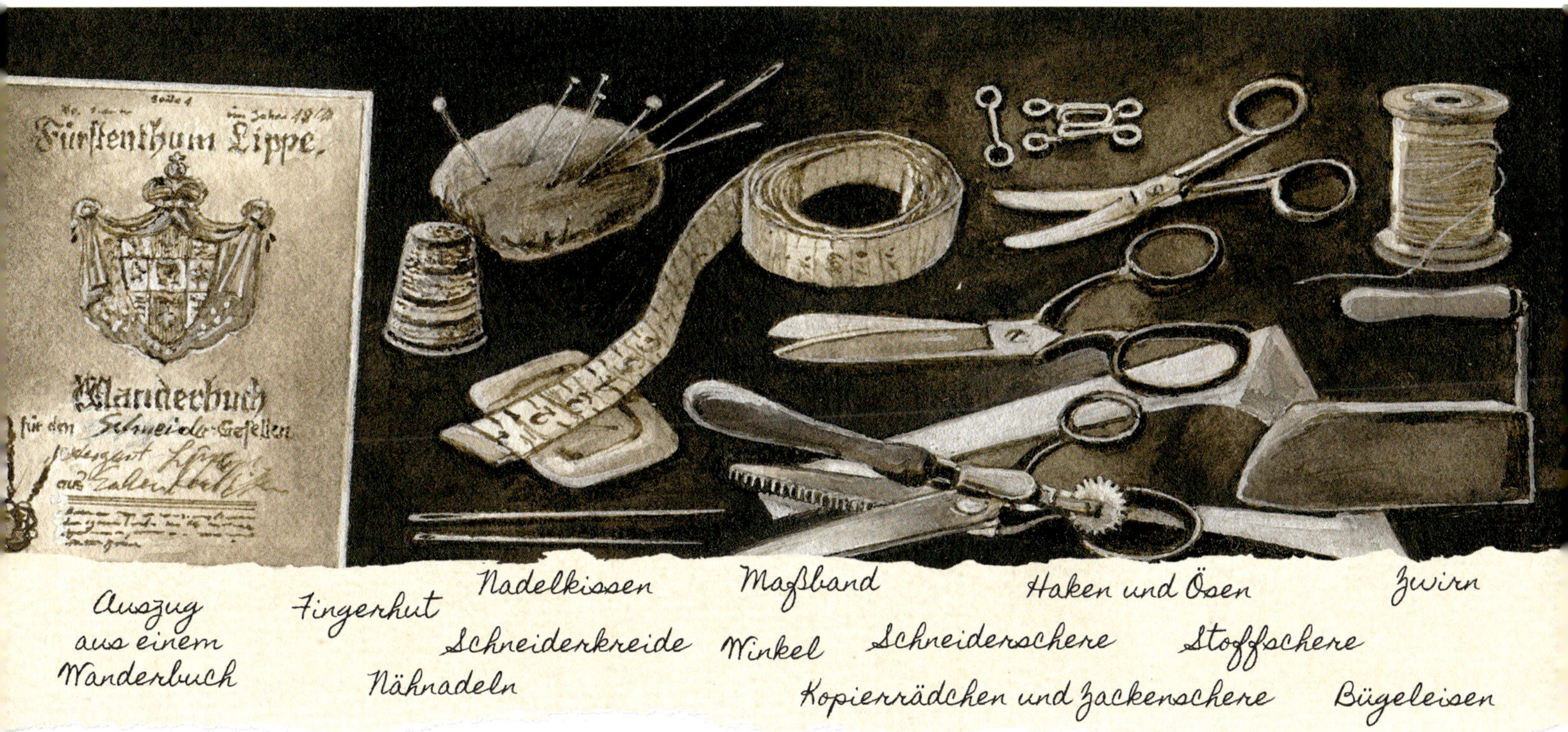

einfach im Ofen erhitzt wurden. Spätere Bügeleisen konnte man mit glühenden Kohlen füllen.

Den Stoff für ein Kleidungsstück musste der Kunde selbst mitbringen. Denn dem Schneider war der Handel mit Stoffen verboten. Hatte der Schneider die Kundenmaße abgenommen, dann schnitt er den Stoff zu und setzte sich im typischen Schneidersitz auf seinen Tisch, um die Einzelteile zu vernähen.

Da die Schneider ausschließlich vom Lohn als Kleidermacher leben mussten und keinen Handel treiben durften, waren sie in der Regel alles andere als begütert. Hinzu kam, dass auf dem Land die einfachen Arbeitshosen nach wie vor von den Bauern selbst gefertigt wurden. Und darüber hinaus gab es viele ungelernte, aber geschickte Leute, die auf die Stör, also von Haus zu Haus, gingen und ihre Dienste als Schneider anboten. Diese wurden zwar als „Störer“ und Pfuscher bekämpft, konnten aber nicht verdrängt werden.

Durch die Erfindung der Nähmaschine im Jahr 1860 wurde zwar die Arbeit der Schneider erleichtert. Aber durch die Nähmaschine entstanden auch Fabriken, in denen Konfektionsware in großen Mengen und billig produziert werden konnte.

Heute wird das Schneiderhandwerk nur noch in wenigen Kleinbetrieben ausgeübt, die sich auf teure Maßanfertigungen konzentrieren.

Das Ausbügeln

Bereits einmal getragen

DAS TAPFERE SCHNEIDERLEIN

Ein Märchen der Brüder Grimm

An einem Sommermorgen saß ein Schneiderlein auf seinem Tisch am Fenster, war guter Dinge und nähte aus Leibeskräften. Da kam eine Bauersfrau die Straße herab und rief: „Gut Mus feil! Gut Mus feil!“ Das klang dem Schneiderlein lieblich in die Ohren, er steckte sein zartes Haupt zum Fenster hinaus und rief: „Hier herauf, liebe Frau, hier wird Sie Ihre Ware los.“

Die Frau stieg die drei Treppen mit ihrem schweren Korbe zu dem Schneider herauf und musste die Töpfe sämtlich vor ihm auspacken. Er besah sie alle, hob sie in die Höhe, hielt die Nase dran und sagte endlich: „Das Mus scheint mir gut, wieg Sie mir doch vier Lot ab, liebe Frau, wenn's auch ein viertel Pfund ist, kommt es mir nicht darauf an.“ Die Frau, welche gehofft hatte, einen guten Absatz zu finden, gab ihm, was er verlangte, ging aber ganz ärgerlich und brummig fort.

„Nun, das Mus soll mir Kraft und Stärke geben“, rief das Schneiderlein, holte das Brot aus dem Schrank, schnitt sich ein Stück über den ganzen Laib und strich das Mus darüber. „Aber erst will ich den Wams fertig machen, eh ich anbeiße“, sprach er und legte das Brot neben sich, nähte weiter und machte vor Freude immer größere Stiche. Indes stieg der Geruch von dem süßen Mus auf und lockte die Fliegen an, so dass sie sich scharenweise auf dem Mus niederließen. „Ei, wer hat euch eingeladen?“, sprach das Schneider ein und jagte die ungebetenen Gäste fort. Die Fliegen aber kamen in immer größerer Gesellschaft wieder. Da langte das Schneiderlein nach einem Tuchlappen, und „Wart, ich will es euch geben!“, schlug es unbarmherzig drauf. Da lagen nicht weniger als sieben Fliegen vor ihm tot und streckten die Beine.

„Bist du so ein Kerl?“, sprach er und musste selbst seine Tapferkeit bewundern. „Das soll die ganze Stadt erfahren. Ei was, Stadt! Die ganze Welt soll's erfahren!“ Und das Schneiderlein schnitt sich einen Gürtel, nähte ihn und stickte mit großen Buchstaben darauf „Siebene auf einen Streich!“

Er band sich den Gürtel um den Leib und zog in die Welt hinaus, weil er meinte, die Werkstätte sei zu klein für seine Tapferkeit …

So weit der Beginn des Märchens. Weniger durch Tapferkeit als durch Klugheit und List vollbrachte er viele Heldentaten und stieg schließlich zum Schwiegersohn des Königs auf.

SCHNEIDERLIED
Christian Friedrich Daniel Schubart

Als einst ein Schneider wandern soll,
Weint' er und schrie er sehr:
„O Mutter, lebe ewig wohl,
Mich siehst du nimmermehr!"
Die Mutter weint' entsetzlich:
„Das lass ich nicht geschehen,
Du sollst mir nicht so plötzlich
Aus deiner Heimat gehen."

„O Mutter, nein, ich muss von hier,
Ist das nicht jämmerlich?"
„Mein Büble, ich weiß Rat dafür,
Verstecken will ich dich.
In meinem Taubenschlag
Verberg ich dich, mein Kind,
Bis deine Wandertag
Gesund verflossen sind."

Mein guter Schneider merkt' sich dies
Und tat als ging er fort,
Nahm traurig Abschied und verließ
Sich auf der Mutter Wort.
Doch abends nach der Glocke
Stellt' er sich wieder ein
Und kroch gleich einem Bocke
In Taubenschlag hinein.

Hier ging er auf die Wanderschaft
Im Schlage auf und ab
Und wartete, bis ihm zur Kraft
Die Mutter Nudeln gab.
Am Tag war er auf Reisen,
Und ach! In finstrer Nacht
Da hatt' er mit den Mäusen
Und Ratten manche Schlacht.

Einst hatte seine Schwester Streit
Nicht weit von seinem Haus,
Er hört', wie seine Schwester schreit,
Und guckt' zum Schlag hinaus.
Mein Schneiderlein ergrimmte,
Macht' eine Faust und droht':
„Wär ich nicht in der Fremde,
Ich schlüge dich zu Tod!"

Altes fußbetriebenes Nähmaschinenmodell

Nähmaschinen in der Bekleidungsindustrie

DIE NÄHMASCHINE

Ein flinker Schneider war in der Lage, bis zu 30 Stiche und mehr in der Minute zu nähen. Das war zwar schnell, aber die damalige Garderobe war ziemlich aufwändig und erforderte viel Näharbeit. So versuchte man im Jahr 1755 erstmals, die Handnäherei durch eine Maschine zu ersetzen. Der in England wohnende Deutsche Weisenthal hatte die Idee, mit einer Näh nadel, die an beiden Enden spitz war und das Nadelöhr in der Mitte hatte, die Bewegung der Hand beim Nähen maschinell nachzubilden. Seine Nadel wurde von anderen kopiert und wird zum Teil heute noch zum maschinellen Sticken verwendet. Aber eine funktionsfähige Nähmaschine brachte Weisenthal nicht zustande.

Die erste arbeitsfähige Nähmaschine baute 1790 der Engländer Thomas Saint. Sie wurde zunächst bei Schuhmachern eingesetzt. Kurze Zeit später entstand in Deutschland eine Nähmaschine, deren Nadel das Öhr an der Spitze hatte. Und etwa zur gleichen Zeit wurde das Stachelrad erfunden, mit dem das Nähgut unter der Nadel transportiert wird. Diese frühen Nähmaschinen leisteten im Vergleich zum Schneider bereits das Zehnfache an Stichgeschwindigkeit.

Ab etwa 1830 wurden in Frankreich Nähmaschinen serienmäßig hergestellt, und im selben Jahr noch begann die Massenfertigung von Uniformen für die französische Militärverwaltung.

In den folgenden drei Jahrzehnten wurden weitere wichtige Erfindungen gemacht, so zum Beispiel die mit zwei Fäden arbeitende Nähmaschine. Der große wirtschaftliche Durchbruch gelang dem Amerikaner Isaac Merrit Singer, der 1862 eine gleichnamige Firma gründete und seine Nähmaschinen für nur 100 Dollar auf den Markt brachte. Kurz darauf baute Adam Opel seine erste Nähmaschine, allerdings in einem Kuhstall. Sein Vater hatte ihm verboten, dieses „neumodische Zeug“ in seiner Schmiede zu bauen.

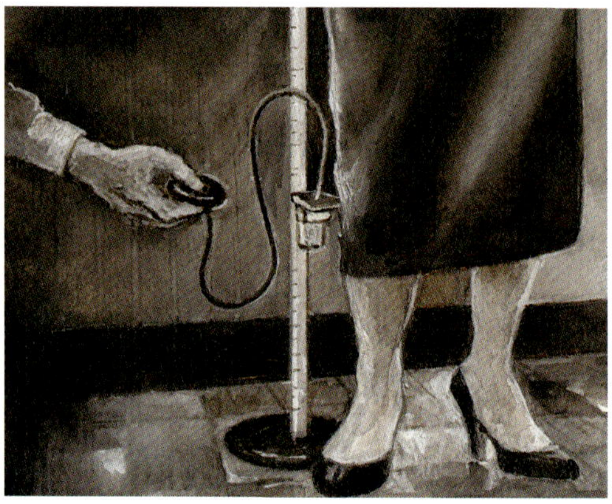

DER SCHNEIDER VON ULM

Ein wirklich mutiger Schneider war Albrecht Ludwig Berblinger, geboren am 24. Juni 1770. Er gilt trotz eines wenig erfolgreichen Flugversuchs als der erste Gleitflieger der Luftfahrtgeschichte. 1811 ließ er in seiner Heimatstadt Ulm diese Zeitungsanzeige veröffentlichen:

„Ulm, den 24. April 1811. Nach einer unsäglichen Mühe, in der Zeit mehrerer Monate, mit Aufopferung einer sehr beträchtlichen Geldsumme und mit Anwendung eines rastlosen Studiums der Mechanik, hat der Unterzeichnete es dahin gebracht, eine Flugmaschine zu erfinden, mit der er in einigen Tagen hier in Ulm seinen ersten Versuch machen wird, an dessen Gelingen er, bestärkt durch die Stimme mehrerer Kunstverständiger, nicht im Geringsten zweifeln zu dürfen glaubt. Von heute an ist die Maschine bis an den Tag des Versuchs, der nebst der Stunde in diesen Blättern genau angezeigt werden wird, hier im Saale des Gasthofs Zum Goldenen Kreuz jedem zur Ansicht und zur Prüfung ausgestellt. – Berblinger."

Schneidermeister Berblinger, dessen Interesse der Mechanik galt, träumte vom Fliegen und hatte wohl auch schon ein paar Meter im Gleitflug geschafft. Nun wollte er in Anwesenheit des Königs von Württemberg, der ihn auch finanziell unterstützt hatte, einen Flug über die Donau wagen. Berblinger wollte aus 19 Metern Höhe die 64 Meter breite Donau überfliegen. Die fehlende Thermik am Donauufer ließ ihn jedoch wie einen Stein in den Fluss stürzen. Er wurde zwar aus dem Wasser gerettet, hat aber den Absturz beruflich und gesellschaftlich nie überwunden. Was blieb, ist ein Spottvers, der immer wieder aufgesagt wurde:

„D'r Schneider von Ulm hat's Fliega probiert,
no hot'n d'r Deifel en d' Donau neig'führt".

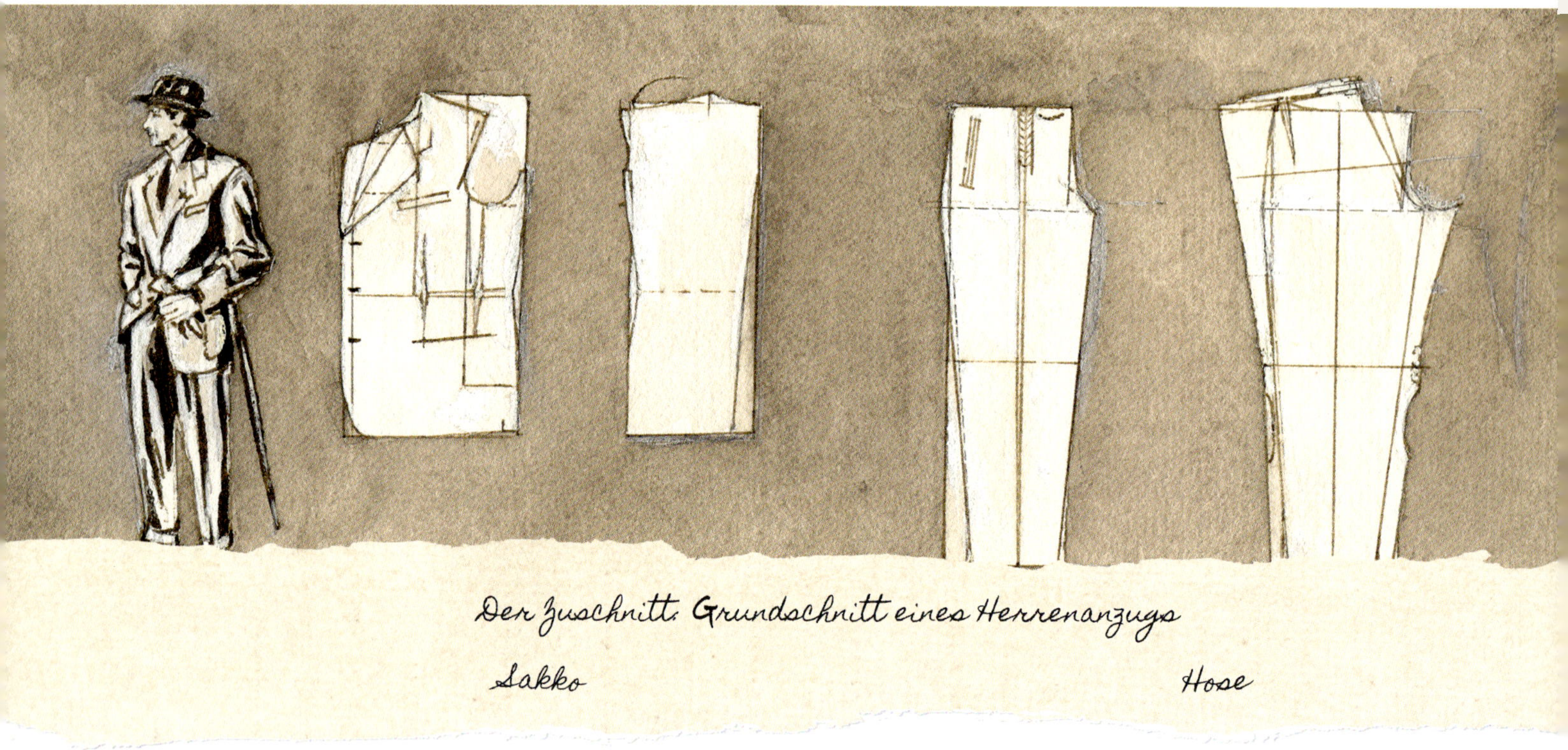

STOFFE

Leinenstoff war viele Jahrhunderte lang das wichtigste Material zur Herstellung von Kleidern und wird heute noch dank seiner angenehmen Eigenschaften gern getragen. Im Sommer ist Leinen angenehm kühl auf der Haut. Leinen ist sehr robust und unempfindlich gegen Schmutz. Der größte Nachteil von Leinen, die große Knitterneigung, wurde von der Modebranche zum „Edel-Knitter“ hochstilisiert.

Wollstoff dürfen sich streng genommen nur Stoffe nennen, die ausschließlich Schafwolle enthalten. Die im Allgemeinen beste Wolle stammt vom Merinoschaf, wobei die Bezeichnung „Reine Schurwolle“ bedeutet, dass die Wolle vom lebenden Schaf geschoren wurde. Ansonsten handelt es sich einfach um „Wolle“ oder „100 % Wolle“.

Als Wollstoffe werden im Textilhandel aber auch Stoffe bezeichnet, deren Fasern besonders ausgesuchte „Edelhaare“ anderer Tiere als dem Schaf sind:

Vom Alpaka, einem Schafkamel aus den Hochlagen der Anden, kommt ein weiches Haar, das sich zu sehr haltbaren Stoffen verarbeiten lässt. Aus den Haaren des Angorakaninchens lassen sich Textilien herstellen, die einen sehr guten Kälteschutz bieten. Ebenfalls guten Kälteschutz bietet Kleidung aus Kamelhaar. Allerdings sind Stoffe aus diesem Material ziemlich voluminös und daher vor allem für Mäntel geeignet.

Von den Ziegen des asiatischen Hochlands kommen Cashgora, Mohair und Kaschmir. Vor allem Kaschmir ist außerordentlich weich und hat einen seidigen Glanz. Die Gewinnung der Haare ist jedoch sehr mühselig, und daher ist Kaschmir vergleichsweise teuer.

Baumwolle, englisch „Cotton“, ist das mit großem Abstand meistverwendete Material in der Textilindustrie. Baumwollstoffe sind sehr hautfreundlich und atmungsaktiv. Sie können vergleichsweise sehr viel Körperfeuchtigkeit aufnehmen. Im Gegensatz zu Wollstoffen besitzen sie aber nur ein geringes Wärmerückhaltevermögen.

Seidenstoffe waren und sind das edelste Material der Bekleidungsbranche. Nach Art der Gewinnung unterscheidet man zwischen Zuchtseide und Wildseide.

Ein Qualitätsstoff für den Maßanzug und der entsprechende Futterstoff

Auch für eine lässige elegante Jacke geeignet

Die Zuchtseide wird aus den Kokons der Seidenraupe gewonnen, bevor der Schmetterling schlüpft. Daher bleiben die Kokons unbeschädigt, und die Seide eines Kokons kann als ein einziger, mehrere hundert Meter langer Faden abgewickelt werden.

Die Wildseide wird aus den Kokons wild lebender Seidenraupen gewonnen, nachdem der Schmetterling geschlüpft ist. Durch das Schlüpfen wird der Seidenfaden des Kokons vielfach durchtrennt, sodass er nicht mehr abgewickelt werden kann, sondern nach einem Spinnverfahren aufbereitet werden muss. Stoffe aus Wildseide erkennt man sehr leicht an ihren Verdickungen im Gewebe.

Seide vereinigt in sich viele gute Eigenschaften anderer Stoffe: Sie ist sehr hautfreundlich, kann viel Feuchtigkeit aufnehmen und ist weitgehend knitterarm.

MODE

Bereits in der Frühzeit des Menschen hatte Kleidung nicht die alleinige Aufgabe, ihn zu schützen, sondern sie stellte auch – ähnlich wie die Körperbemalung – einen Schmuck dar und signalisierte sehr bald auch die Stellung eines Menschen in der Gemeinschaft.

Im antiken Rom gab es bereits strenge Kleiderordnungen. Die Toga durfte nur der freie Bürger Roms tragen, und der Faltenwurf der Toga war genau vorgeschrieben. Mit zunehmender Größe des römischen Reichs entstand ein buntes Völkergemisch, und die Gebräuche wurden vielfältig, sodass auch die strengen Kleidungsregeln aufgeweicht wurden.

Im frühen Mittelalter prägte das aufkommende Christentum die Mode. Die Kirche forderte die Verhüllung des Körpers, wofür die antiken Gewänder denkbar ungeeignet waren. Die Klöster übernahmen die Herstellung der Kleider, die länger und dunkler wurden. Nur der Adel hielt an seinen kostbaren Gewändern fest. Den einfachen Leuten war es verboten, sich wie der Adel zu kleiden.

Die Kirche verlor erst wieder an Einfluss auf die Mode, als die Städte und Universitäten im späten 12. Jahrhundert größer wurden und an Bedeutung gewannen. Der französische Hof begründete eine Art Führungsrolle in der Mode, die bis heute noch nachklingt. Die Kleidung wurde wieder elegant und sinnlich, die Körperformen wurden stärker betont. Der Oberkörper wurde immer stärker entblößt und in kunstvolle Formen gepresst. Wolfram von Eschen bach (1170–1220) spielte in einem seiner Minnelieder auf die damalige Mode an:

„Ihr wisst, wie Ameisen pflegen
Um die Mitte schmal zu sein,
Noch schlanker war das Mägdelein."

Erst in der Renaissance besann man sich wieder auf die natürlichen Formen des Körpers. Am französischen Königshof entwickelte sich die Hofetikette und mit ihr die höfische Mode. Material, Formen und Farben der Kleidung wurden streng reglementiert. Unter Ludwig XIV. waren am Hofe nur die wertvollsten Stoffe zugelassen. Die erotischen Reize der Frauen wurden durch enge Taillen und große Dekolletees bewusst herausgestellt. Nur die Bürgersfrauen hatten ihre Busen zu verhüllen.

Die höfische Mode fand mit der Französischen Revolution ein jähes Ende und wurde durch eine betont einfache, an die Kleidung der Bauern angelehnte Mode abgelöst.

Unter Kaiser Napoleon fand man wieder Gefallen an aufwändigerer, wertvollerer Kleidung. Das im 19. Jahrhundert aufsteigende Bürgertum ermöglichte es seinen wohlhabenden Frauen, den höfischen Modestil nachzuahmen. Mode wurde eine Angelegenheit breiterer Bevölkerungsschichten. Es entstanden die Vorläufer der Haute Couture. Gleichzeitig gab es schon wieder Gegenströmungen. Die beginnende Industrialisierung schuf eine Arbeiterklasse, für die billigere und zweckmäßigere Kleidung gefordert wurde. Es begann die fabrikmäßige Produktion von Kleidung. Und aus einer ganz anderen Richtung kam ein weiterer Modetrend: Eine frühe Feministin in den USA wollte bereits 1851 Hosen für Frauen einführen, scheiterte aber zunächst kläglich.

VORGEKNÖPFT

Es ist erstaunlich, dass schon die Steinzeitmenschen längliche Knöpfe aus Knochen kannten und dass um 6000 v. Chr. bereits Knöpfe aus Bernstein gefertigt wurden, dass aber andererseits das Knopfloch erst im 14. Jahrhundert erfunden wurde. In der Renaissance entwickelte sich dann die Knopfmacherei zu einem Kunsthandwerk.

Am Material der Knöpfe konnte man die soziale Schicht des Trägers erkennen. Adelige trugen Knöpfe aus Gold, Silber und Edelsteinen, während Holz, Knochen und Buntmetalle den Handwerkern vorbehalten waren. Im 18. Jahrhundert geriet der Knopf sogar zum Statussymbol an Uniformen.

Die Herstellung von runden Knöpfen war ursprünglich Sache des Drechslerhandwerks, aus dem die Knopfmacher hervorgingen. In der Zeit der Industrialisierung entwickelte man Gießformen für die Massenproduktion von Metallknöpfen. Das Drechseln oder Drehen von Knöpfen hat sich dennoch bis heute erhalten. Allerdings erfolgt heute die Produktion an vollautomatischen Drehbänken.

Ein bedeutendes Zentrum der Knopfherstellung war die thüringische Stadt Schmölln. Hier entdeckte man den Samen der Steinnusspalme als ideales und nahezu unverwüstliches Material für Knöpfe. Die Steinnusspalme wächst in Südamerika, und deutsche Schiffe brachten die Früchte früher als Ballast mit, sodass Steinnüsse in großer Anzahl verfügbar waren. Im Jahre 1867 begann die Herstellung von Steinnussknöpfen, und in den Jahren 1913/14, als der Höhepunkt der Produktion erreicht war, gab es in Schmölln rund 30 Knopffabriken, die fast 2400 Menschen beschäftigten.

Heute werden Steinnussknöpfe überwiegend direkt in den Anbauländern hergestellt.

DES KAISERS NEUE KLEIDER

Ein Märchen nach Hans Christian Andersen

Vor vielen Jahren lebte ein Kaiser, der so ungeheuer viel auf neue Kleider hielt, dass er all sein Geld dafür ausgab, um recht geputzt zu sein. Eines Tages kamen zwei Betrüger, die gaben sich für Weber aus und sagten, dass sie das schönste Zeug zu weben verstanden. Und ihre Kleider sollten die wunderbare Eigenschaft besitzen, dass sie für jeden dummen Menschen unsichtbar seien. „Das wären ja prächtige Kleider", dachte der Kaiser, „ich könnte die Klugen von den Dummen unterscheiden! Solche Kleider muss ich haben." Die Betrüger stellten auch zwei Webstühle auf, taten, als ob sie arbeiteten, aber sie hatten nicht das Geringste auf dem Stuhle.

Der Kaiser wurde neugierig auf die neuen Kleider und sandte bald einen tüchtigen Staatsmann nach dem anderen hin, um zu sehen, ob das Zeug bald fertig werde. „Ist das nicht ein ganz besonders prächtiges und hübsches Stück Zeug?", fragten die beiden Betrüger und erklärten das prächtige Muster, das gar nicht da war. Und keiner der Staatsmänner wagte zu sagen, dass er nichts sehe, weil keiner dumm sein wollte. Daher lobten sie das Zeug, das sie nicht sahen, als sie zum Kaiser kamen.

Als die Zeit zur Anprobe gekommen war, taten die Betrüger so, als ob sie etwas hielten, und sagten: „Seht, Majestät, hier sind die Beinkleider, hier ist das Kleid, hier ist der Mantel! Es ist so leicht wie Spinnwebe; man sollte glauben, man habe nichts auf dem Körper, aber das ist gerade die Schönheit dabei!" „Ja", sagte der Kaiser und mit ihm alle Beamten, doch sie konnten nichts sehen, denn es war nichts da. Aber das sagte keiner, weil niemand dumm sein wollte.

Der Kaiser legte seine Kleider ab, und die Betrüger stellten sich, als ob sie ihn ankleiden wollten. „Seht, ich bin ja fertig", sagte der Kaiser. „Sitzt es nicht gut?" Und dann wendete er sich nochmals zu dem Spiegel; denn es sollte scheinen, als ob er seine Kleider recht betrachte. So ging er auf die Straße, und alle, die schon von den Wunderkleidern gehört hatten, bejubelten des Kaisers neue Kleider. Keiner wollte es sich anmerken lassen, dass er nichts sah. Endlich rief ein kleines Kind: „Aber er hat ja gar nichts an!" Dies zischelte einer dem anderen zu, und zuletzt rief das ganze Volk: „Aber er hat ja gar nichts an!"

Das ergriff den Kaiser, aber er dachte bei sich: „Nun muss ich aushalten." Und die Kammerherren gingen und trugen die Schleppe, die gar nicht da war.

„Wer seinem Kind kein Handwerk lehrt,
bringt ihm das Stehlen bei.“

Spruch aus dem Iran

DAS HOLZ – UND DIE HOLZWERKER

„Wenn das Haus gebaut ist,
ist der Zimmermann vergessen.“

Aus Indien

DER ZIMMERMANN

Zimmerleute beim Instandsetzen alter Baudenkmäler

ZUR GESCHICHTE

Holz war neben Lehm das erste Baumaterial, mit dem sich die frühen Menschen ihre Behausungen errichteten. Schon in der frühen Antike war die Fähigkeit, mit Holz zu arbeiten, sehr ausgeprägt. Und die Mittelmeermächte Ägypten, Griechenland und Rom bewiesen nicht zuletzt im Schiffsbau ihre vollendete Beherrschung des Zimmererhandwerks.

In Mitteleuropa war das Handwerk des Zimmermanns sehr lange Zeit ein Bestandteil des Bauhandwerks – zusammen mit Maurern und Steinmetzen – und entwickelte sich nur allmählich zu einem eigenständigen Beruf. So wurden die Zünfte der Zimmerleute auch erst relativ spät im Mittelalter gegründet.

Andererseits begann im Anschluss an das Mittelalter auch schon die Blütezeit dieses Handwerks. Die Fachwerkbauten in den wachsenden Städten und die Prestigebauten mit ihren aufwändigen Dachkonstruktionen erforderten viele und sehr erfahrene Meister der Zimmermannszunft.

Das Baumaterial, die Baumstämme, wurden direkt auf der Baustelle zu rechteckigen Balken, Bohlen und Dachsparren zugerichtet, und zwar nur mit Äxten, Beilen und einfachen Sägen. Da die Baumstämme nicht alle kerzengerade waren, konnte man die Hölzer nicht exakt nach Plan vorbereiten. Das Einpassen der Balken musste unmittelbar am Einbauort, oben auf dem Haus, erfolgen, was ohne die heutigen technischen Hilfsmittel höchst anstrengend war.

Freigelegter Rohbau einer Fachwerkscheune

Ausschnitt eines komplizierten renovierungsbedürftigen Mühlengebäudes

Darüber hinaus war die Arbeitskleidung auch nicht sonderlich bequem. Die traditionsbewussten Zimmererzünfte schrieben als Arbeitskleidung die bekannte Zimmermannstracht mit Hut vor, auch bei größter Hitze.

Für den Zimmermann waren Mitarbeiter auf der Baustelle zwar unerlässlich, aber ihre Anzahl wurde durch die Zunftordnung begrenzt. So durften im 16. Jahrhundert in Nürnberg pro Meister nur zwei Lehrlinge ausgebildet und maximal 10 Gesellen beschäftigt werden. Später wurden dem Meister mehr Gesellen zugestanden. Vermutlich wurden die Baustellen größer, sodass mehr Personal gebraucht wurde.

Mittlerweile ist der Personalbedarf wieder gesunken. Elektrische Kreissägen, Bohrmaschinen und Kräne nehmen den Zimmerleuten einen großen Teil der anstrengenden Arbeit ab. Heute kann ein Dachstuhl mit weniger Mitarbeitern in einem Bruchteil der früheren Arbeitszeit errichtet werden.

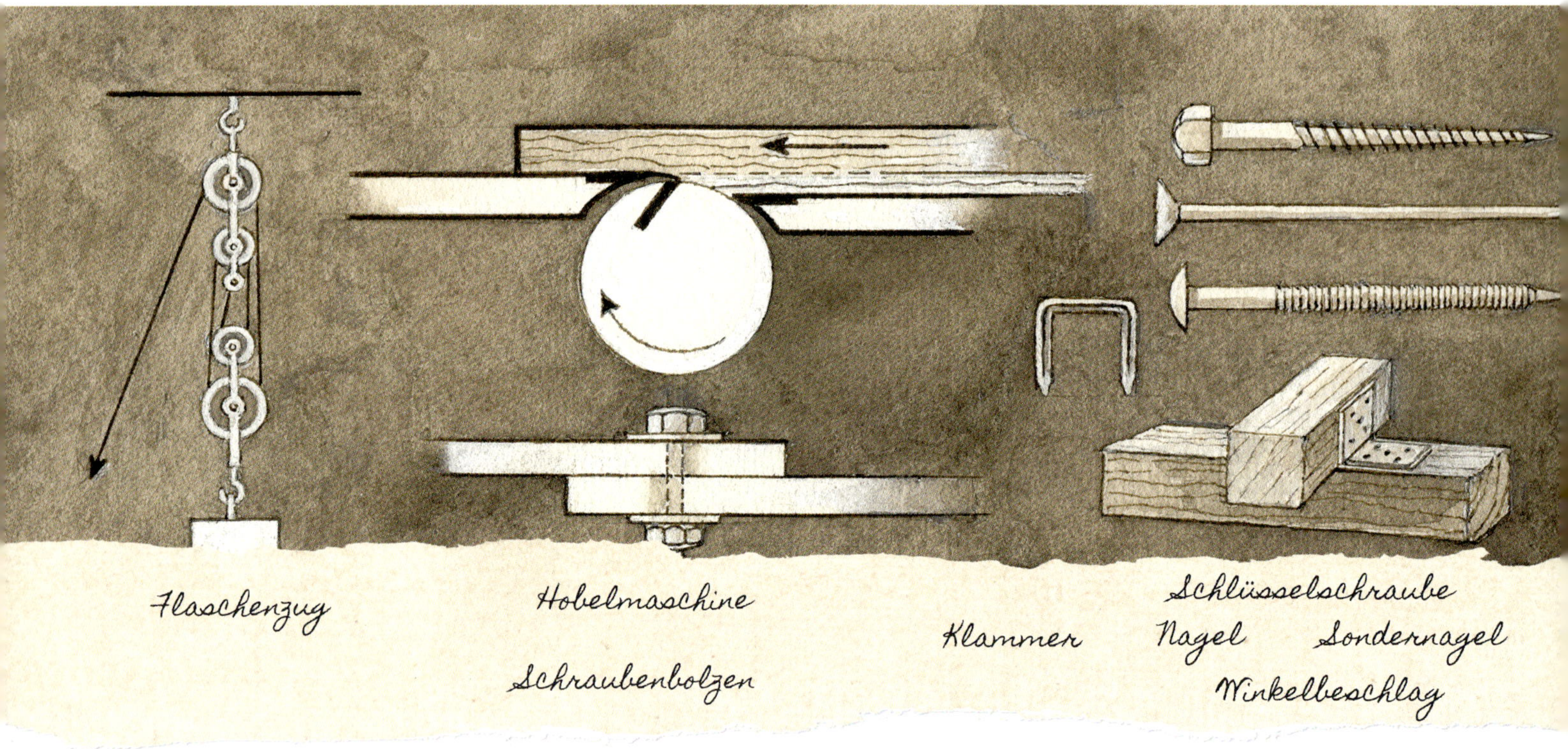

DIE ARBEIT DES ZIMMERERS

Der frühere Zimmermann wird heute offiziell Zimmerer genannt. Und das ist nicht die einzige Änderung. Auch die Tätigkeiten, oder zumindest deren Schwerpunkte, haben sich geändert. Der Zimmerer des 21. Jahrhunderts wird wohl kaum mehr den Auftrag für ein klassisches Fachwerkhaus bekommen. Aber er errichtet vielleicht Einfamilienhäuser in Holzbauweise und setzt dabei moderne Materialien des Trockenbaus, Faserzementwerkstoffe, Dämmstoffe und Folien ein. Für die Verbindungen verwendet er Schrauben, Dübel und speziell entwickelte Verbindungsmittel.

Das Herstellen von Dachstühlen ist nach wie vor die typischste Arbeit des Zimmerers. Er übernimmt die Vorgaben des Architekten, das heißt, den Grundriss des Gebäudes, die gewünschte Dachstuhlart und die vorgeschriebene Dachneigung, und konstruiert auf dieser Basis die Elemente des Dachstuhls. Auch die Berechnung der Statik des Dachstuhls ist eine der Aufgaben des Zimmerers. Der Dachstuhl wird dann auf dem Betriebsgelände des Zimmerers vormontiert, zur Baustelle geschafft und schließlich auf dem Gebäude endmontiert.

Von wachsender wirtschaftlicher Bedeutung für den Zimmerer ist der Ausbau vorhandener Gebäude. Zu solchen Tätigkeiten gehören der Ausbau von Dachgeschossen sowie der Einbau von Treppen, Gauben, Erkern und Dachflächenfenstern. Dabei übernimmt der Zimmerer auch Arbeiten, die ursprünglich nicht in sein Aufgabengebiet fielen, zum Beispiel Maßnahmen zum Brandschutz oder zum Schallschutz.

Kein großes, aber ein interessantes Betätigungsfeld findet der Zimmerer in der Herstellung von kleineren Holzkonstruktionen im Garten- und Landschaftsbau, z. B. Gartenhäuschen, Carports und Holzbrücken.

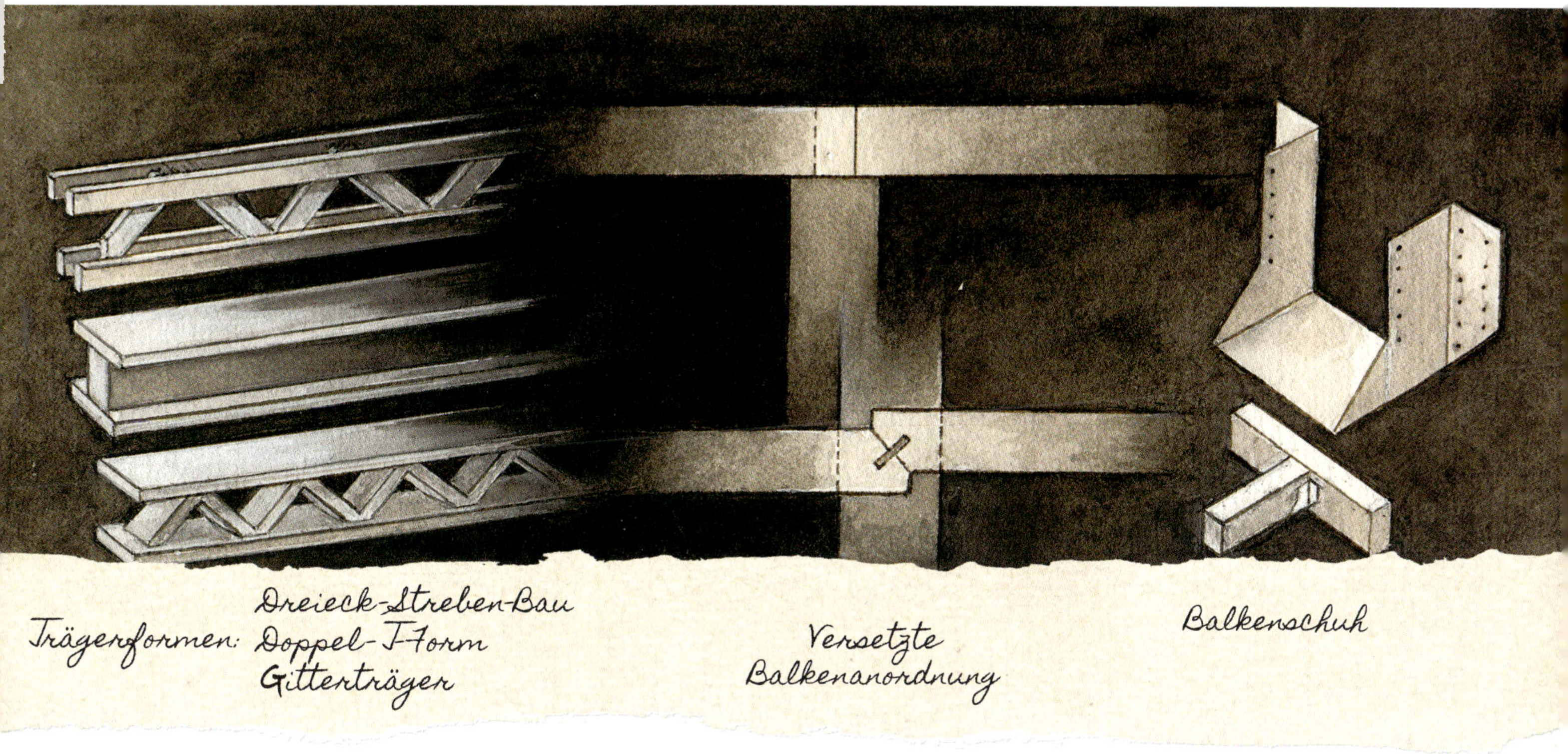

JUNG JUNG ZIMMERGESELL

Ein altes Zimmermannslied (gekürzt)

War einst ein jung jung Zimmergesell,
war gar ein frisches Blut.
Der baut' dem jungen Markgrafen sein Haus,
sechshundert Schauläden hinaus.

Und als das Haus nun fertig war,
legt' er sich hin und schlief;
Da kam des jungen Markgrafen sein Weib
zu ihm heran und rief:

„Steh auf, steh auf, jung Zimmergesell,
es ist schon hohe Zeit.
Wenn du willst bei mir schlafen
an meinem schneeweißen Leib."

Und als sie nun beisammen waren
und dachten, sie wären allein,
da schickte der Teufel das Kammerweib her,
zum Schlüsselloch schaute sie rein:

„Herr Graf, Herr Graf, ach schöner Herr Graf,
was habt ihr für ein Weib!
Denn es ruht ein junger Zimmergesell
an ihrem schneeweißen Leib!"

„Und hat er geküsst meine schöne Frau,
des Todes muss er sein!
Einen Galgen soll er sich selber bau'n
von Gold und Marmorstein."

Und als der Galgen gebaut war
zum Rheinstrom dort hinaus,
von lauter Gold und Marmorstein,
setzt' er drauf einen Strauß.

Da sprach der Markgraf selber noch:
„Wir wollen ihn leben la'n,
ist doch keiner unter uns allen hier,
der dies nicht hätte getan!"

Hohe Handwerkskultur
Bauwerk und Landschaft
in natürlicher Harmonie

Arbeiten auf dem Gerüst

FACHWERKBAU

Die Bauweise, ein tragendes Skelett aus Holz zu errichten, dürfe schon um 9000 v. Chr. angewandt worden sein. Die Zwischenräume zwischen den Pfosten und Querhölzern wurden mit unterschiedlichen Materialien ausgefüllt.

Die ältesten noch erhaltenen Fachwerkbauten in Deutschland stammen aus dem 13. Jahrhundert. Wurden Fachwerkbauten zunächst nur auf dem Land errichtet – Bauernhöfe, Ställe, Scheunen –, so fand man sie ab dem 16. Jahrhundert auch vermehrt in den Städten.

Die Grundkonstruktion des Fachwerkbaus besteht aus einer (waagrechten) Schwelle, die auf einem Steinfundament aufliegt, zwei senkrechten Pfosten oder Ständern und einem über den Pfosten liegenden Querbalken, dem „Rähm“. Die genannten Bauelemente bilden zusammen ein aufrecht stehendes Rechteck, das allerdings statisch nicht stabil ist. Durch Querkräfte lässt sich ein solches Rechteck leicht zum Trapez verformen.

Faszinierender Brückenbau

Auf dem Bauplatz

Um dies zu verhindern, wurde das Rechteck im Inneren durch diagonal verlaufende „Streben“ oder „Bänder“ versteift. Zur weiteren Verstärkung und Abstützung der Streben gegen Durchbiegen wurden waagrechte „Riegel“ eingebaut. Aus dieser Grundkonstruktion setzten sich die Wände des Fachwerkbaus zusammen. Türen und Fenster wurden nach oben durch einen Riegel oder „Sturz“ – ein Begriff, der auch heute noch beim Ziegelbau üblich ist – abgeschlossen. Fenster bekamen auf ihrer Unterseite noch einen Brüstungsriegel.

Die zwischen den Ständern, Streben und Riegeln entstandenen Zwischenräume, die „Gefache“, wurden mit Lehm, Lehmziegeln oder später mit gemauerten Tonziegeln ausgefüllt.

Bei späteren Fachwerkhäusern wurde auf dem Steinfundament zunächst eine Ziegelmauer errichtet und auf dieser erst der Fachwerkbau aufgesetzt. In solchen Konstruktionen konnte die durchgehende Schwelle entfallen.

Bei mehrgeschossigen Fachwerkhäusern gab es zwei Konstruktionsarten: Bei „Geschossbauweise“ erstreckten sich die Ständer über mehrere Geschosse, das heißt, alle Geschossebenen waren zwangsläufig mehr oder weniger gleich aufgebaut. Dagegen waren bei den „Stockwerksbauten“ alle Ebenen für sich abgeschlossen und bildeten jeweils eine statische Einheit. Das heißt, die Ebenen konnten individuell aufgebaut und ausgestaltet sein.

AUF DER WALZ

Früher war es in fast allen Handwerkerberufen eine von der Zunft vorgeschriebene Tradition, dass die Gesellen auf Wanderschaft gingen, um Berufserfahrung zu sammeln. Der Aufstieg zum Meister war ohne Wanderjahre nicht möglich. Heute ist der Zwang abgeschafft. Aber in den Bauhandwerken, vor allem bei den Zimmerleuten, ist die Tradition bis heute weitgehend unverändert erhalten geblieben, wenngleich man nur noch wenige wandernde Handwerker antrifft.

Wer auf Wanderschaft gehen will, muss eine abgeschlossene Gesellenprüfung vorweisen können. Die Walz, wie die Wanderschaft genannt wird, dauert genau drei Jahre und einen Tag. Während dieser Zeit muss sich der Wandergeselle mindestens 50 Kilometer von seinem Heimatort fern halten. Ausnahmen werden nur in außergewöhnlichen Situationen, zum Beispiel bei Trauerfällen, gewährt.

Die Wanderschaft soll, wie der Name schon sagt, zu Fuß erfolgen. Das Reisen per Anhalter ist mittlerweile erlaubt, und notfalls dürfen sogar öffentliche Verkehrsmittel benutzt werden. Anders wäre es nicht möglich, dass heute deutsche Zimmerergesellen sogar in Kanada oder in Australien angetroffen werden.

Beim Nachtlager darf der arme Wandergeselle nicht wählerisch sein. Er muss nehmen, was kommt. Wenn er Glück hat, kommt er bei einem Meister oder in einer Jugendherberge unter. Aber manchmal bleibt ihm nur die freie Natur.

Das Reisegepäck des wandernden Handwerkers ist vorgeschriebenermaßen der so genannte Charlottenburger, ein Leinentuch, in dem er seine Habseligkeiten unterbringen muss und das dann zu einer 30 Zentimeter dicken und 70 Zentimeter langen Wurst gepackt wird.

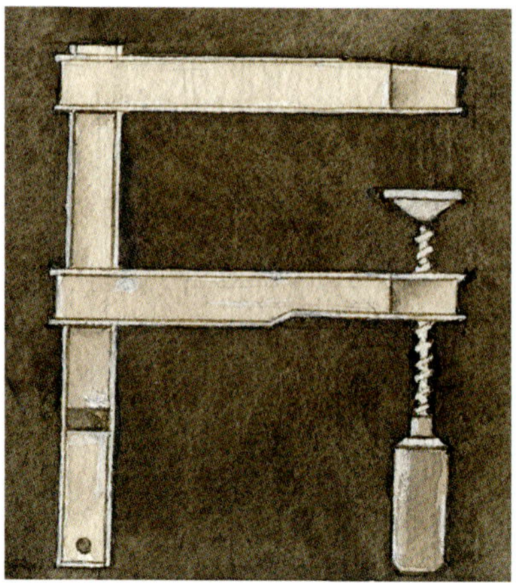

Schon von weitem ist der Wandergeselle an seiner typischen Kleidung zu erkennen. Diese stets schwarze „Kluft“ besteht aus weit ausgestellten Cordhosen, einer Jacke aus Cord, einer Samtweste und einem Schlapphut. Manche tragen auch einen Zylinder. Auch die Schuhe sind schwarz. Nur das kragenlose Hemd ist weiß. Die als „Ehrbarkeit“ bezeichnete Schnurkrawatte besteht aus einem schmalen Bändchen, das durch das oberste Knopfloch des Hemds gezogen wird. Die Kluft ist nicht nur Wander-, sondern auch ständige Arbeitskleidung.

Komplettiert wird die Ausstattung des Gesellen durch seinen Stenz, einen geschnitzten Wanderstab, der vorzugsweise in der Lüneburger Heide geschnitten worden sein sollte. Und nicht Schmuck, sondern ein Erkennungszeichen der Zunft ist der Ring im linken Ohr.

Die einzelnen Stationen seiner Wanderschaft hält er im so genannten Wanderbuch fest. Das Wanderbuch ist nicht nur ein Reise- und Arbeitsnachweis für einen künftigen Arbeitgeber. Es ist auch ein offizielles Dokument, das den Gesellen bei Behörden identifiziert und das ihm manche Grenzen öffnet.

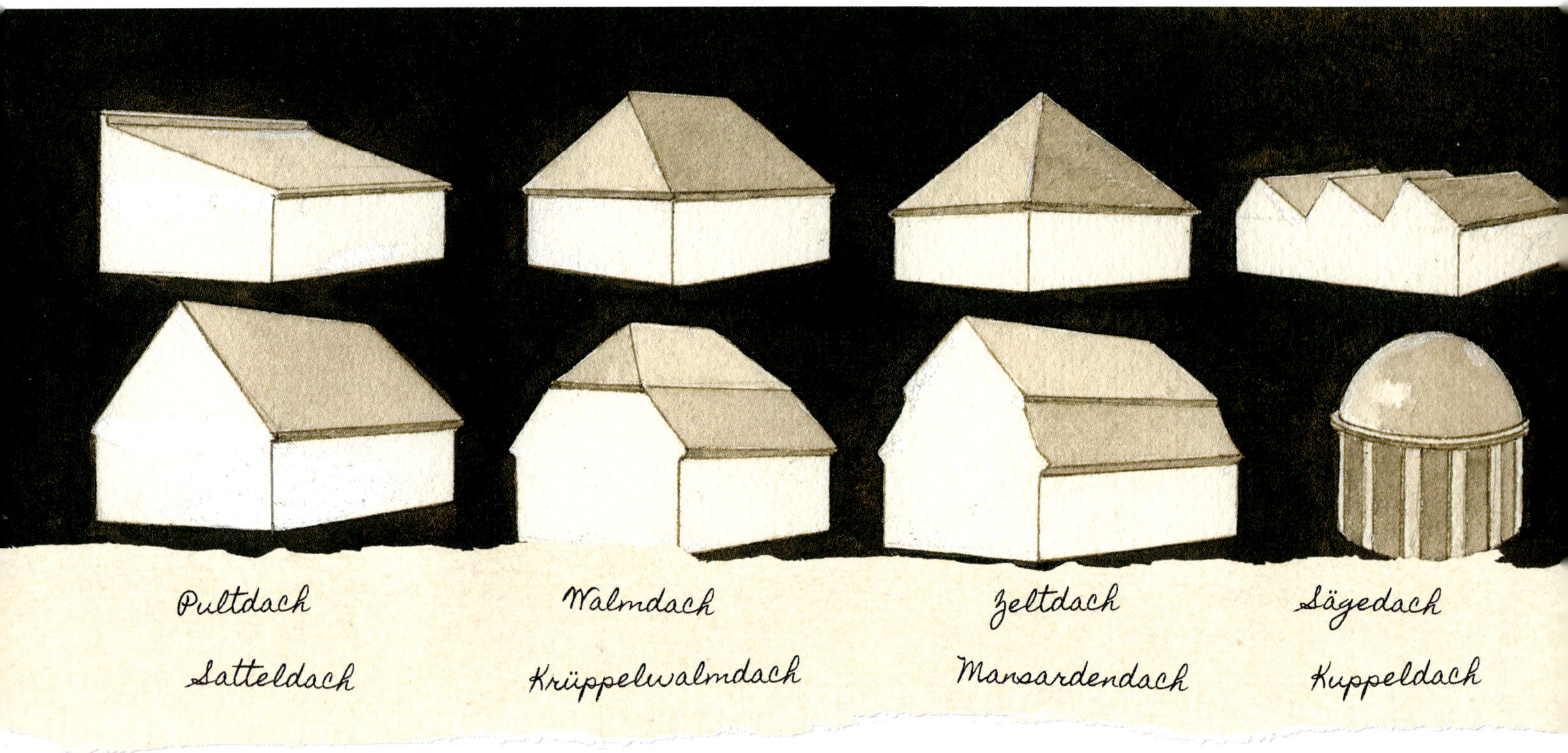

ZUM RICHTFEST

Das Richtfest wird gefeiert, wenn der Dachstuhl errichtet ist, siehe auch Kapitel „Der Maurer". Bei einem klassischen, von Zimmerleuten gebauten Dachstuhl wird es sich der Zimmerer nicht nehmen lassen, den Richtspruch selbst aufzusagen. Nachfolgend ist ein alter Richtspruch gekürzt wiedergegeben:

Ein Zimmergesell bin ich genannt
und hab den Strauß in meiner Hand,
der diesen Giebel zieren soll,
weil uns der Bau geraten wohl.

Nur gut, dass unser Bauherr heut
sich über unsre Arbeit freut!
Dank Gott, durch dessen Hilf' und Macht
wir diesen Bau zustand gebracht.
Er woll' vor Unglück und Gefahren
ihn gnädig schützen und bewahren!

Ein Zimmergesell bin ich genannt
und gereist den Fürsten und Grafen durchs Land.
Bei meinem Meister in Schwäbisch Gmünd
bekam die Meisterin ein Kind,
die Tochter zwei, die Dienstmagd drei,
das gab ein volles Hausgeschrei!

Mir ging zu Herzen jeder Ton!
Ich schnürte mein Bündel und ging davon.

Dann bin ich gewesen im Lande Hessen,
da gabs große Schüsseln, aber wenig zu essen.
Drum bin ich am liebsten im Lande Schwaben,
da kann man sich am Essen und Trinken erlaben.

Aber vorher war ich noch in Sachsen,
wo die schönen Mädchen auf den Bäumen wachsen,
die nicht so spröde sind wie hier,
wo sie verriegeln Tor und Tür.
Hätt ich das Ding zuvor bedacht,
ich hätte ein Dutzend mitgebracht.

Zuletzt kam ich ins Schwabenland
und legt an manchen Bau die Hand,
und stehe jetzt auf diesem Posten.
Das wird den Bauherrn die Mahlzeit kosten!
Er will uns jetzt auch dazu laden,
wir essen Speck und Schweinebraten,
nebst Spatzen, Sauerkraut und Fisch
und Backwerk, bis sich beugt der Tisch.
Dann wird er auch Musik bestellen
und Jungfern für die Zimmerg'sellen.

Richtfest

Der freie, unabhängige und selbstständige Vertreter seiner Zunft

Doch eh wir uns zu Tische setzen,
will ich an einem Trunk mich letzen.
Das Reden macht Durst, drum halt ich ein.
Nun reicht mir her den Krug mit Wein.

Zum 1. Glas

Hoch soll der ehrsame Bauherr leben!
Und hoch die Baufrau auch daneben!
Ich wünsche alles, was ihnen vonnöten:
viel Korn auf die oberen Böden,
dann in die Ställe Schafe und Rinder,
der Baufrau auch ein Dutzend Kinder,
und Flachs und Hanf und dass dabei
in Küche und Keller Vorrat sei!
Hoch! hoch! hoch!

Zum 2. Glas

Und unser Meister lebe hoch
und baue viele Häuser noch.
Und jeden nimm das Glück in Gunst,
wer lernt und treibt die Zimmerkunst.
Hoch! hoch! hoch!

Zum 3. Glas

Und auch den Jungfern zu gefallen
wünsch ich bald gute Männer allen.
Die Schönste such ich selbst mir aus,
sobald ich steig von diesem Haus.
Die Jungfern hoch! hoch! hoch!

Zum 4. Glas

Und allen, die da unten stehn
und an dem Bau sich satt gesehn,
und in Geduld mich angehört,
wünsch ich, was niemand gern entbehrt:
Gesundheit und ein' frohen Mut.
Drum Ende gut und alles gut.

„Ein gutes Möbelstück
muss mindestens so lange halten,
bis der Baum,
aus dem es gemacht wurde,
nachgewachsen ist.“

Horst Metzger
(Schreinermeister)

DER TISCHLER

ZUR GESCHICHTE

Bereits beim Bau der ägyptischen Pyramiden wurden Tischler beschäftigt, und sie genossen offenbar hohes Ansehen. Denn sie waren den Pharaonen und Priestern direkt unterstellt, und ihre Tätigkeit wurde sogar in Bildern festgehalten. Die ersten „Möbelstücke“, die diese Tischler herstellten, waren Truhen, die aus Baumstämmen herausgearbeitet wurden („Einbaumtruhen“).

Seit dem 7. Jahrhundert v. Chr. hatte sich in Rom ein „Kollegium“ der Tischler, ein sehr früher Vorläufer der Zünfte, organisiert. Schränke mit Fächern und Türen sowie Tische und Sitzmöbel wurden noch zu Zeiten des römischen Reiches eingeführt.

Die älteste bekannte Zunftordnung der Tischler auf deutschem Boden stammt aus Köln und wurde im Jahr 1180 verfasst. Andere Zunftordnungen entstanden sehr viel später, zum Beispiel 1563 in Hof. Auffallend ist, dass bereits im ersten Paragraphen der Hofer Ordnung ein offensichtlich sehr brennendes Problem angesprochen wurde, nämlich die Konkurrenz durch Zunftfremde. Müller und Zimmerleute hatten es gewagt, Tische, Kisten und Sitzmöbel herzustellen und auf den Märkten in Hof anzubieten. Die Tischler konnten damals aber nur einen Teilerfolg erzielen. Die „Störer“ duften auf Jahr- und Wochenmärkten ihre Ware verkaufen, mussten sich aber wenigstens in der restlichen Zeit des Jahres aus Hof fern halten.

Unter den Möbeln des Mittelalters waren vor allem Einbauschränke weit verbreitet. Sie wurden an die zum Teil sehr verwinkelten Räume und Nischen der Stadthäuser angepasst. Das einfache Volk auf dem Land lebte auch in Sachen Möbel äußerst bescheiden und beschränkte sich auf kleinere Stücke des Hausrats, die der Tischler herstellte.

Diele mit Decke und Einbauschränken

Sitznischen in einem Café

Ein zusätzliches Betätigungsfeld fanden die Tischler in den Kirchen und Klöstern, für die sie Altarschreine und Chorgestühl herstellten. Einige haben sogar in den Kirchen als Bildschnitzer gearbeitet. Vom 16. bis ins späte 18. Jahrhundert sind in den Kirchen – vor allem Süddeutschlands – Tischlerarbeiten entstanden, die als solche überhaupt nicht erkennbar sind: Marmorsäulen und Marmoraltäre. Um einerseits Kosten zu sparen, andererseits aber farbig differenziertere Dekorationen zu schaffen, wurden sehr viele nicht tragende, also nur dekorative, Säulen sowie Altäre aus Holz gefertigt und mit einer Stuckmischung aus Gips, Kalk, gemahlenem Marmor und Farbpigmenten überzogen. Der Stuck wurde nach dem Erhärten geschliffen und poliert und erhielt so das Aussehen von Marmor. Man nannte ihn daher Stuckmarmor. Selbst die berühmtesten Barockkirchen wurden teilweise in Stuckmarmor dekoriert.

Im 16. Jahrhundert wurde die Furnierschneidemaschine erfunden, mit der man sehr dünne Tafeln, eigentlich Blätter, aus Edelholz herstellen konnte, die als dekorative Oberflächen von Möbeln verwendet wurden. Damit begann eine Periode, in der prunkvolle Möbel mit reichen Einlegearbeiten entstanden und die ihren Höhepunkt im Barock und Rokoko des 18. Jahrhunderts erreichte.

In diese Periode fällt die Entwicklung einer besonderen Tischlerkunst: das Biegen von Holz. Der Engländer Michael Thonet kochte viele Streifen geschnittener Furnierblätter in Leim, schichtete sie dann aufeinander und legte sie gebündelt in Biegeformen. Darin konnten die Furnierblätter zu massiven, gebogenen Holzteilen trocknen und aushärten. So entstanden in England die ersten „Windsor-Stühle" mit den halbkreisförmig geschwungenen Rückenlehnen.

Gegen Ende des 19. Jahrhunderts kamen die Kraftmaschinen auf, und an sie konnten über Lederriemen neu entwickelte Säge-, Hobel- und Fräsmaschinen angeschlossen werden. Damit wurde die preiswerte Serienfertigung von Tischlereiprodukten möglich. Aber gleichzeitig verlor die anspruchsvolle, individuelle Tischlerarbeit an Bedeutung.

Schreibtisch mit Aufsatz

Schreibtisch in Esche mit Palisander

HOLZARTEN

Welches Holz verwendet der Tischler für ein Möbelstück? Diese Frage kann er erst beantworten, wenn er weiß, welches Möbel er herstellen soll, welcher Beanspruchung es ausgesetzt sein wird und welche optischen Merkmale es haben soll. Die Auswahl an Holz, die dem Tischler zur Verfügung steht, ist sehr groß. Hier sind einige Hölzer:

Ahorn ist ein sehr helles, fast weißes Holz, das später unter Lichteinfluss etwas vergilbt, wodurch es einen wärmeren Farbton annimmt. Das Holz ist feinporig, sehr homogen und dekorativ. Es ist hart und lässt sich gut verarbeiten. Besonders hart ist das Holz der langsam wachsenden Ahornbäume in Kanada. Es wird für hochwertige Parkettböden verwendet.

Birnbaum ist blassgrau bis rötlich braun. Es ist ein hartes Holz, das sich sehr gut verarbeiten lässt. Darüber hinaus ist es sehr dekorativ. Birnbaum wird für Möbel, Holzblasinstrumente, Werkzeuge und als Furnierholz verwendet.

Buche wird für einfachere Möbel, Werkbänke, Treppen usw. verwendet. Das Holz neigt beim Trocknen zu Rissbildungen, ist aber gut zu verarbeiten.

Eiche ist ein hochwertiges Konstruktionsholz für viele Anwendungen. Das graubraune bis hellrötlich braune, faserige Holz ist sehr dekorativ und wird als Massiv- und als Furnierholz eingesetzt.

Erle ist blassrötlich gelb bis gelbrot und dunkelt bräunlich nach. Ein besondere Eigenschaft des Erlenholzes ist seine Widerstandsfähigkeit unter Wasser. Es ist daher zum Beispiel für Pfähle an Bootsstegen sehr gut geeignet.

Esche ist sowohl hart als auch sehr elastisch. Das hellgelbliche Holz wird daher bevorzugt für Sportgeräte, Werkzeugstiele sowie im Fahrzeugbau – Wagen, Boote – eingesetzt.

Fichte ist das meistverwendete Holz im Baugewerbe. Dachstühle, Deckenbalken, Schalungen usw. werden aus diesem Holz hergestellt.

Kiefernholz ist im Kern rötlich gelb und dunkelt braunrot nach. Es lässt sich mit allen Werkzeugen sehr gut bearbeiten und wird im Innen- und Außenbereich von Häusern verwendet. Das Holz weist deutliche Harzkanäle auf, die einen markanten Duft verströmen.

Schlafzimmer unter dem Dach

Kinderzimmer mit drei eingebauten Betten

Kirschbaum ist ein sehr dekoratives Holz. Seine angenehme gelbliche bis rötliche Färbung macht es zum beliebten Ausstattungsholz für Wohnmöbel und Vertäfelungen.

Lärche wird als Konstruktionsholz für Türen, Tore und Treppen verwendet. Im Innenausbau dient es vor allem auch als Holz für Zimmerdecken und für Bauernmöbel.

Linde ist ein unauffälliges, helles Holz, das sich sehr gut bearbeiten lässt. Es ist das bevorzugte Material für Holzschnitzer.

Mahagoni kommt aus dem tropischen Südamerika und ist hellbraun bis rotbraun mit starker Tendenz zum Nachdunkeln. Es ist ein sehr dekoratives Holz mit guter Witterungsfestigkeit und wird daher bevorzugt im Bootsbau verwendet. Als Furnier ist es für Möbel und hochwertige Türen sehr gefragt.

Nussbaum ist ebenfalls ein sehr dekoratives, graubraunes bis dunkelbraunes Holz. Es ist für den gesamten Innenausbau, für wertvolle Möbel und für Täfelungen hervorragend geeignet.

Palisander kommt entweder aus Indien oder aus Brasilien und zeigt Färbungen, die von Gelbbraun über Rot und Violett bis fast Schwarz reichen. Palisander ist ein hochwertiges Holz für Möbel, Täfelungen und Musikinstrumente.

Teak kommt aus dem tropischen Asien und zeigt ähnliche Färbungen wie Palisander. Das ölhaltige Holz ist außerordentlich widerstandsfähig gegen Witterungseinflüsse. Es wird vor allem verwendet, wenn besonders hohe Anforderungen an die Holzqualität gestellt werden, wie zum Beispiel bei Schiffsaufbauten. Als Furnier wird Teak für den hochwertigen Innenausbau eingesetzt.

Ulme ist als sehr dekoratives Holz für Möbel besser unter dem Namen „Rüster“ bekannt. Es wird massiv oder als Furnier im Innenausbau verwendet.

Beispiel alter Schreinerkunst

STILEPOCHEN

Stilepochen sind einzelne Zeitabschnitte, in denen bestimmte geistige, kulturelle oder politische Anschauungen vorherrschten und das künstlerisch-kreative Schaffen beeinflussten. Wenn man die Stilepochen mit Zeitangaben markiert, entsteht leicht der Eindruck, dass es sich um fest begrenzte Zeitabschnitte handelte. Das ist keineswegs der Fall. Die Stile haben sich regional höchst unterschiedlich entwickelt. So „begann" zum Beispiel die Gotik in Frankreich sehr viel früher als in Deutschland. Und nicht alle Gesellschaftsschichten haben immer alle Moden mitgemacht. Dies gilt auch für die Stilepochen der Möbel.

Vom Altertum bis zum frühen Mittelalter waren die Möbel sehr einfach und funktionell. Auch in der Romanik, der ersten Epoche, der man einen Stil zuordnen kann, waren die Möbel noch grob gezimmert. Aber man verwendete schon Eisenbeschläge als Verzierungen.

Während der Zeit der Gotik (etwa 1250–1500) wurden die Möbel vielfältiger. Neben Tischen, Truhen und Schränken – alles aus Eiche – tauchte der Scherenstuhl auf, und Betten erhielten einen Baldachin. Wesentliche Entwicklungen des Tischlerhandwerks, zum Beispiel die Technik der Holzverbindungen, fanden in dieser Periode statt. Und es entstand der Beruf des Kistlers, dem Vorläufer des Tischlers bzw. Schreiners. (Die Bezeichnung Schreiner ist vor allem im süddeutschen Raum vorherrschend.)

Die Renaissance (etwa 1500–1650) war eine Zeit der Rückbesinnung auf die Kunst und auf die architektonischen Stilelemente der Antike. Typische Möbel der Renaissance erinnern an die Fassadengestaltung antiker Bauwerke. Neben der bislang vorherrschenden Eiche wurden Nadelhölzer und Nussbaumholz verwendet. Erstmals traten Möbel mit Furnieren und Einlegearbeiten auf.

In der Zeit des Barock (etwa 1650–1750) entfalteten auch die Möbel den für diese Epoche sprichwörtlichen Prunk. Typische Wohnmöbel waren geschwungene Kommoden und riesige Schränke, die den Wohlstand des Besitzers repräsentieren sollten. Als Furniere wurden Edelhölzer in warmen, rötlichen Tönen bevorzugt. Die Holzoberflächen waren aufwändig gestaltet und lackiert, und kunstvolle Drechslerarbeiten verzierten die Möbel.

Treppenbau

Ausbau einer Kirche

Die Möbel des Rokoko (etwa 1750–1770) stellten noch einmal eine Steigerung des Barock dar. Es wurde noch aufwändiger gearbeitet, und die Hölzer wurden bis an ihre Belastbarkeitsgrenzen gebogen und verformt. Die Intarsientechnik und das Lackieren wurden perfektioniert. Als Furniere waren alle teuren Importhölzer anzutreffen.

Eine erneute, wenn auch weniger ausgeprägte Hinwendung zu den Vorbildern der Antike brachte der Klassizismus (etwa 1770–1850), in dessen Rahmen die Möbelstile des Empire und des Biedermeier entstanden. Die Möbel wurden in ihrer Form wieder geradliniger, strenger und funktionaler. Die bevorzugten Hölzer waren eher dunkel. Ein typisches Merkmal dieser Epoche war die Verwendung von verzierenden Bronzeblechen. Und Messing wurde für Schlösser und Scharniere an Schreibtischen eingesetzt. Mit dem Stil des Biedermeier wurden die Möbel noch einmal „biederer“, schlichter und zweckmäßiger. Die Hölzer – Kirsche, Ahorn, Birke – wurden heller und mit Schellack poliert.

Die beginnende Industrialisierung brachte für große Teile der Bevölkerung einschneidende Änderungen. Handwerkliche Tätigkeiten wurden durch Industrieprozesse ersetzt, und viele Handwerker mussten als Arbeiter in die Städte ziehen. Die „Gründerzeit“ war nicht die Zeit für stilvolle Möbel. Als Material für Möbel wurden die Nadelhölzer verwendet, und wertvolle Furniere wurden durch aufwändige Bemalungen und Lasurtechniken imitiert.

Mittlerweile kann sich die moderne Industriegesellschaft kaum noch Fichtenbretter leisten. Für die meisten Gebrauchsmöbel verwenden die Möbelfabriken heute als Material furnierte oder kunststoffbeschichtete Spannplatten.

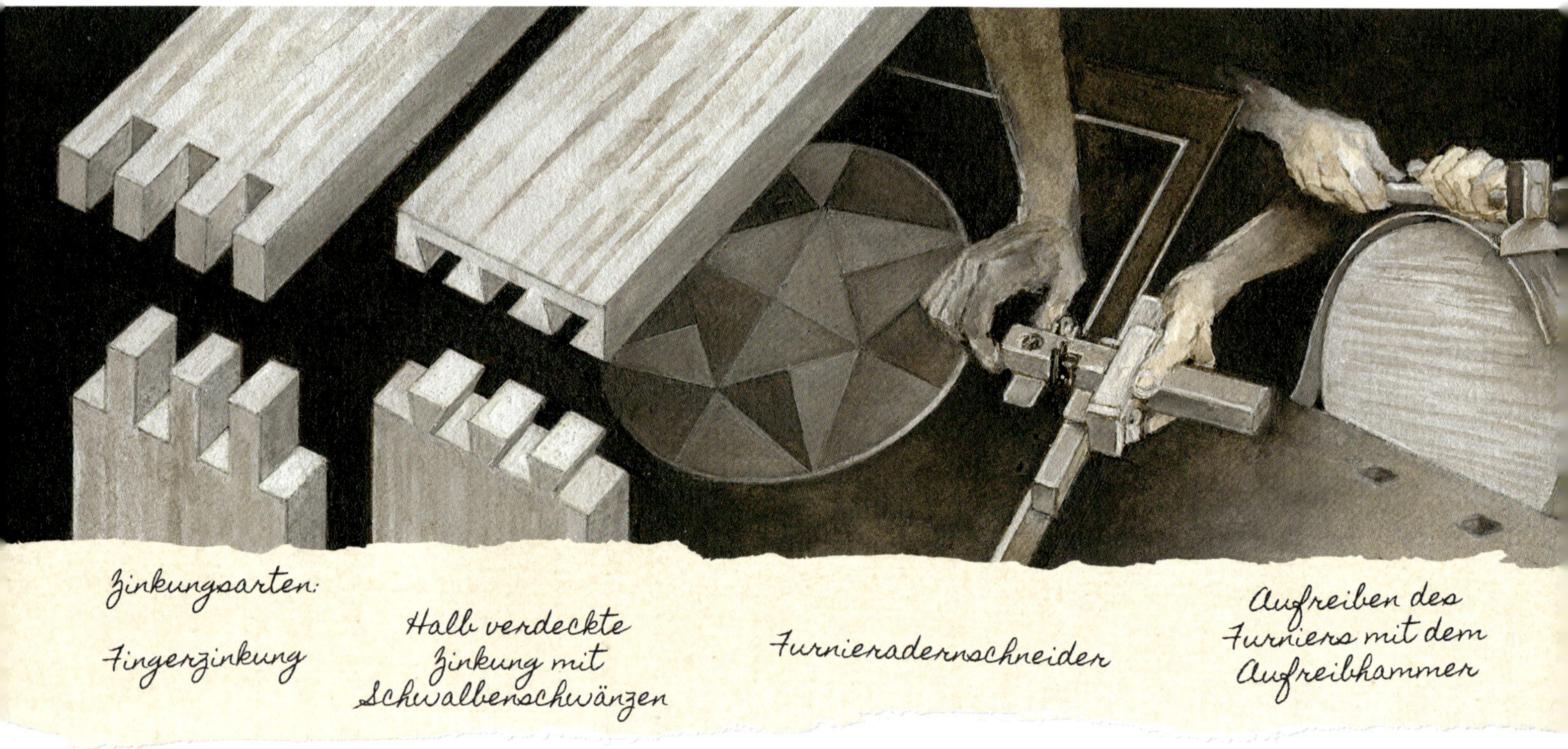

FURNIERE

Ein Furnier ist ein dünnes Deckblatt aus einer edlen Holzart, das auf die Oberfläche einer weniger wertvollen Holztafel aufgeleimt ist. Damit bekommt die Holztafel das Aussehen des Edelholzes.

Früher dienten Furniere überwiegend dekorativen Zwecken, heute werden sie vor allem aus Kostengründen gebraucht, weil man mit ihnen als Deckmaterial für das tragende Untermaterial billige Holzspanplatten verwenden kann. Je nach Produktionsmethode werden mehrere Furnierarten unterschieden.

Das Schälfurnier wird gewonnen, indem Holzstämme in eine Schälmaschine eingespannt und um ihre Längsachse gedreht werden. Dabei schält ein Messer kontinuierlich vom rotierenden Stamm eine dünne Holzschicht ab. Es entstehen lange Furnierbänder, die aufgerollt und getrocknet werden. Diese Schälmethode ist sehr wirtschaftlich, weil der Baumstamm fast restlos zu Furnier verarbeitet werden kann. Nachteilig ist, dass durch die Art des Schälens die typische Holzmaserung und damit die dekorative Wirkung verloren gehen. Schälfurniere werden deshalb vor allem zur Herstellung von Sperrholz und Platten verwendet.

Das Sägefurnier entsteht, indem man einen Holzstamm der Länge nach in dünne Scheiben sägt. Dabei treten die Maserung und die Farbe des Holzstamms unverfälscht hervor. Bei diesem Verfahren entsteht viel Sägeabfall. Zudem enthalten nur die Scheiben aus dem mittleren Teil des Stamms die gewünschte Maserung. Sägefurniere sind daher sehr teuer und werden nur für hochwertige Möbel verwendet.

Das Messerfurnier wird ähnlich wie das Sägefurnier hergestellt. Allerdings wird anstatt der Säge eine Furniermessermaschine verwendet, die sehr dünne Furnierblätter von etwa einem halben Millimeter Stärke erzeugt. Da bei dieser Methode kein Sägeabfall anfällt, ist die Ausbeute an brauchbaren Furnierblättern relativ groß. Messerfurniere von Edelhölzern werden nur als Deckfurniere verwendet.

INTARSIEN

Als Intarsien bezeichnet man dekorative Einlege arbeiten, bei denen kleine, dünne Teilstücke aus unterschiedlichen Hölzern zu Mustern und Ornamenten zusammengesetzt und in eine Holzoberfläche eingearbeitet werden.

Intarsien waren in den Ländern des Orients schon seit dem 3. Jahrtausend v. Chr. bekannt. In der Renaissance wurde die Intarsientechnik in Italien wieder entdeckt und gelangte nach Mitteleuropa, wo sie zur Zeit des Rokoko ihre höchste Blüte erlebte. Die größte Verbreitung fanden Intarsien in Möbeln, aber auch in Raumvertäfelungen. Auch Musikinstrumente wurden mit Intarsien verziert, und in manchen alten Gebäuden findet man noch Parkettböden mit Intarsien.

Eine der Methoden, Intarsien herzustellen, besteht darin, das fertig zugeschnittene Einlagematerial auf den Untergrund zu legen und die Silhouette mit einem scharfen Messer zu umreißen. Danach wird das Holz des Untergrundmaterials innerhalb der Umrisslinie so weit abgetragen – geschnitten oder gefräst –, bis das Einlegestück in die Vertiefung geklebt werden kann.

Als Einlagematerial verwendet man ausgesuchte Hölzer, die in ihrer Farbe und Struktur den gewünschten Kontrast zum Untergrund ergeben.

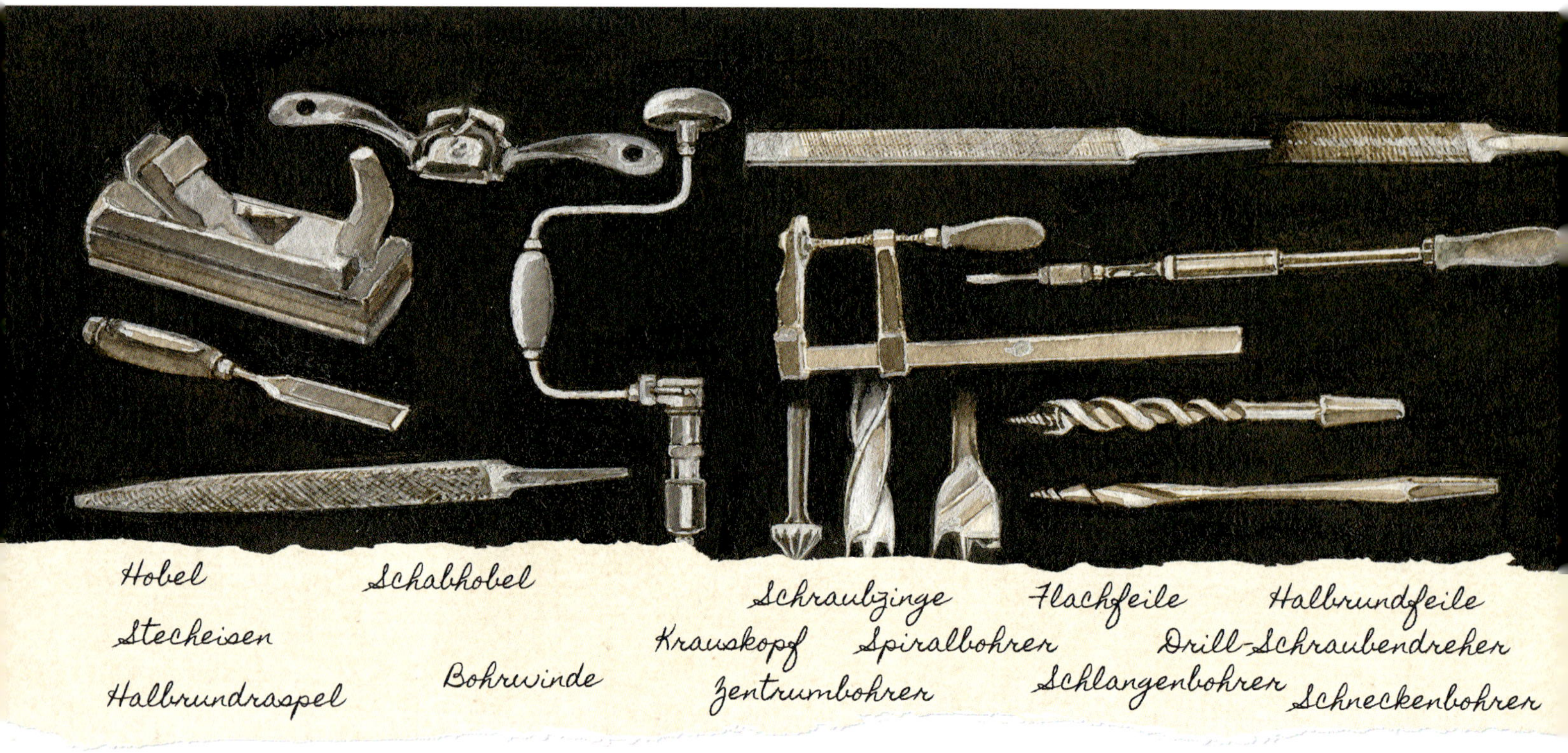

DAS HOBELLIED

Dieses berühmte Lied des Wieners Ferdinand Raimund aus seinem Zaubermärchen „Der Verschwender" (1834) hat fast den Status eines Zunftliedes der Schreinerinnung.

Da streiten sich die Leut' herum
Oft um den Wert des Glücks,
Der eine heißt den andern dumm,
Am End' weiß keiner nix.
Da ist der allerärmste Mann
Dem andern viel zu reich:
Das Schicksal setzt den Hobel an
Und hobelt alles gleich!

Die Jugend will stets mit Gewalt
In allem glücklich sein,
Doch wird man nur ein wenig alt,
Da gibt man sich schon drein.
Oft zankt mein Weib mit mir, o Graus!
Das bringt mich nicht in Wut;
Da klopf ich meinen Hobel aus
Und denk: Du brummst mir gut!

Zeigt sich der Tod einst, mit Verlaub,
Und zupft mich: Brüderl, kumm!
Da stell ich mich ein wenig taub
Und schau mich gar nicht um.
Doch sagt er: „Lieber Valentin,
Mach keine Umständ', geh!"
So leg ich meinen Hobel hin
Und sag der Welt ade!

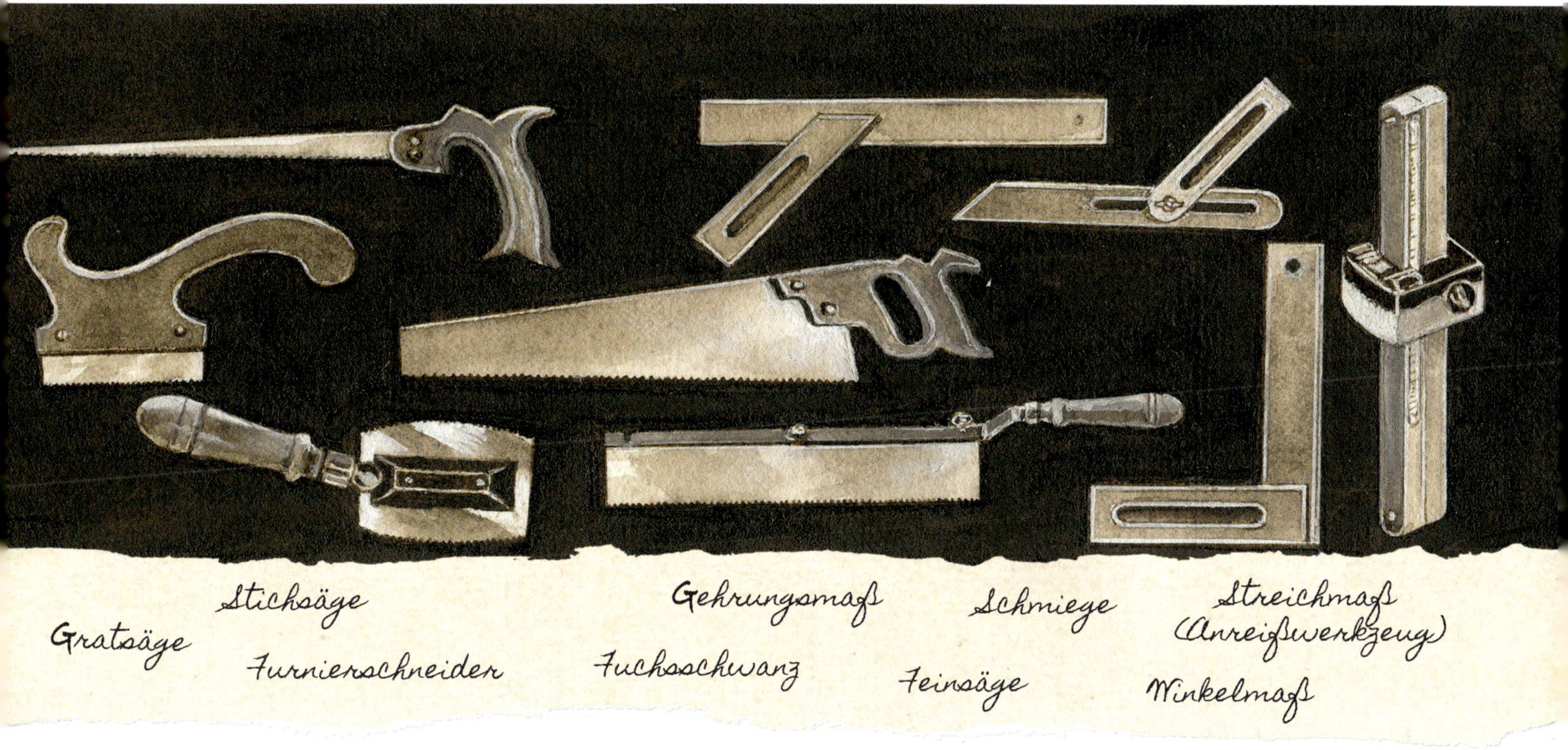

TISCHLEIN DECK DICH

Mancher Junge wäre wohl gern ein braver Schreinergeselle geworden, wenn das Märchen der Brüder Grimm vom Wundertischlein auch für ihn hätte wahr werden können. Hier ist ein kleiner Ausschnitt aus dem Märchen:

… Der älteste Sohn war zu einem Schreiner in die Lehre gegangen, da lernte er fleißig und unverdrossen, und als seine Zeit herum war, dass er wandern sollte, schenkte ihm der Meister ein Tischchen, das gar kein besonderes Ansehen hatte und von gewöhnlichem Holz war. Aber es hatte eine gute Eigenschaft. Wenn man es hinstellte und sprach „Tischchen, deck dich", so war das gute Tischchen auf einmal mit einem sauberen Tüchlein bedeckt, und es stand da ein Teller, und Messer und Gabel daneben, und Schüsseln mit Gesottenem und Gebratenem, so viel Platz hatten, und ein großes Glas mit rotem Wein leuchtete, dass einem das Herz lachte.

Der junge Gesell dachte: „Damit hast du genug für dein Lebtag!", zog guter Dinge in der Welt umher und bekümmerte sich gar nicht darum, ob ein Wirtshaus gut oder schlecht und ob etwas darin zu finden war oder nicht. Wenn es ihm gefiel, so kehrte er gar nicht ein, sondern im Felde, im Wald, auf einer Wiese, wo er Lust hatte, nahm er sein Tischchen vom Rücken, stellte es vor sich und sprach „deck dich", so war alles da, was sein Herz begehrte.

Endlich kam es ihm in den Sinn, er wollte zu seinem Vater zurückkehren. Es trug sich zu, dass er auf dem Heimweg abends in ein Wirtshaus kam, das mit Gästen angefüllt war. Sie hießen ihn willkommen und luden ihn ein, sich zu ihnen zu setzen und mit ihnen zu essen, sonst würde er schwerlich noch etwas bekommen. „Nein", antwortete der Schreiner, „die paar Bissen will ich euch nicht vor dem Munde nehmen, lieber sollt ihr meine Gäste sein."

Sie lachten und meinten, er triebe seinen Spaß mit ihnen. Er aber stellte sein hölzernes Tischchen mitten in die Stube und sprach „Tischlein, deck dich." Augenblicklich war es mit Speisen besetzt, so gut, wie sie der Wirt nicht hätte herbeischaffen können, und wovon der Geruch den Gästen lieblich in die Nase stieg. „Zugegriffen, liebe Freunde", sprach der Schreiner, und die Gäste, als sie sahen, wie es gemeint war, ließen sich nicht zweimal bitten, rückten heran, zogen ihre Messer und griffen tapfer zu.

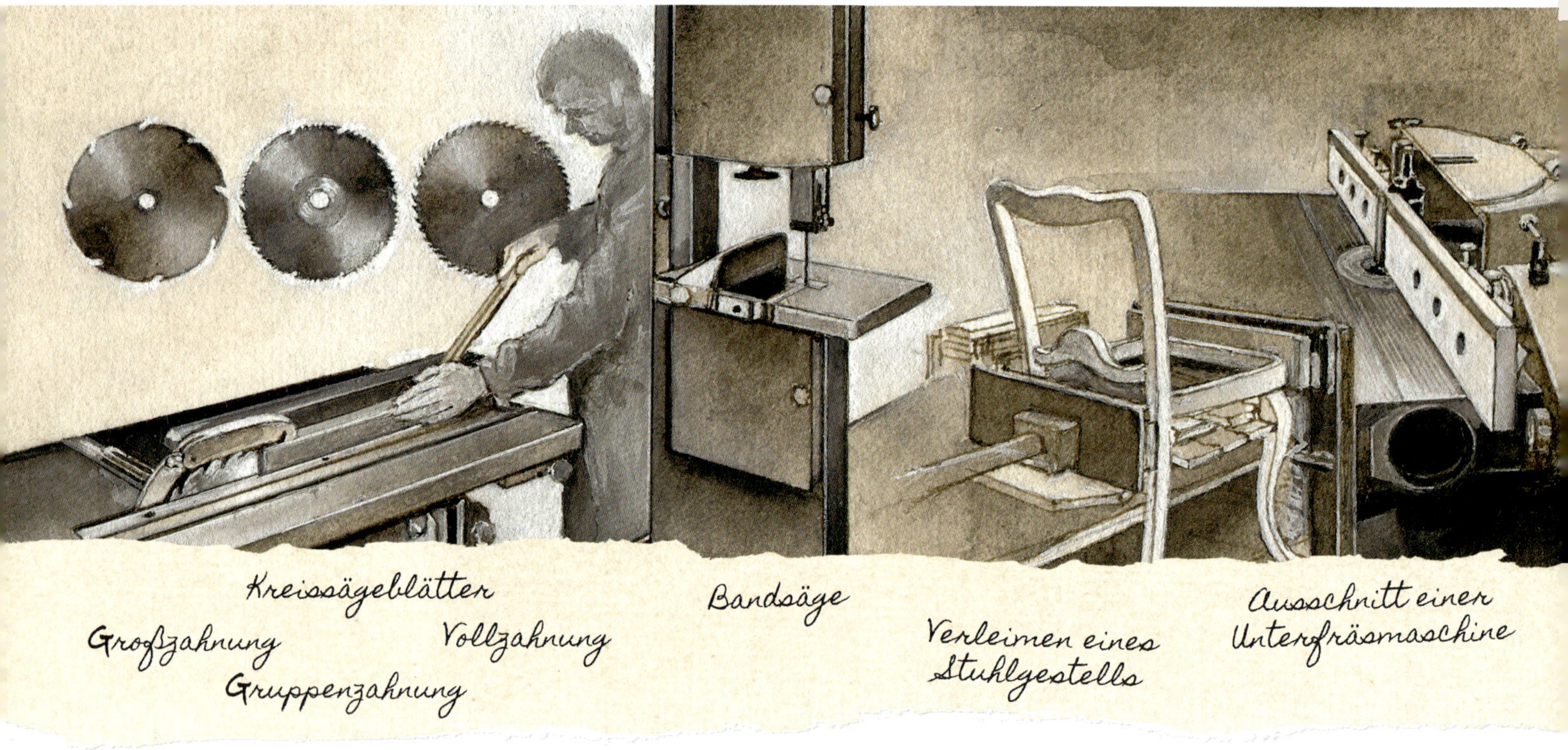

EIN KUNSTSCHREINER

Etwa in der Zeit von 1535 bis 1622 lebte der Augsburger Baumeister und Kunstschreiner Wendel Dietrich, der als der bedeutendste „Kistlerarchitekt“ des ausgehenden 16. Jahrhunderts gilt.

Im Jahre 1551 hatte Anton Fugger, der Neffe und Nachfolger von Jakob Fugger dem Reichen, für 137 000 Gulden die Herrschaft Kirchheim erworben, und sein Erbe, Hans Fugger, ließ das Kirchheimer Schloss als Sommerresidenz der Familie erbauen. Es entstand unter den Baumeistern Jakob Eschay und Wendel Dietrich eines der bedeutendsten deutschen Renaissance-Bauwerke.

Eine der Aufgaben, die Wendel Dietrich zufiel, war die Ausgestaltung des großen Festsaals im Schloss. Als anerkannter Kunstschreiner galt sein ganzer Ehrgeiz der Holzdecke des mehr als 360 Quadratmeter großen Saals. In mehreren Jahren schuf der Meister eine einzigartige, prunkvolle Kassettendecke. Zedernholz aus dem Libanon, das damals nur auf abenteuerliche Weise beschafft werden konnte, bildete den dunklen Hintergrund der Decke. Nach diesem Holz benannt ist der Saal heute als „Zedernsaal“ berühmt. Neben Zedernholz wurden aber auch viele andere Hölzer, darunter Eibe, Zwetschge und Zirbelkiefer, verarbeitet.

Die Kassetten, die mit Tausenden von Figuren und Ornamenten übersät sind, weisen die enorme Tiefe von zwei Metern auf, weshalb die Saalhöhe zwischen acht und zehn Metern variiert. Diese Holzdecke gilt als schönste deutsche Schnitzkunst der Renaissance.

Zum Aufhängen der Decke musste ein Kunstschmied engagiert werden. Er befestigte die Kassetten nach einem komplizierten System direkt am Dachstuhl des Schlosses.

Stilmöbeleinbau nach einem Entwurf

EULENSPIEGEL ALS SCHREINERKNECHT

Alsbald zog Eulenspiegel aus dem Lande Hessen nach Dresden an der Elbe und gab sich als Schreinergeselle aus. Dort nahm ihn ein Schreiner auf, der einen Gesellen zur Aushilfe benötigte. Denn seine Gesellen hatten ausgedient und waren auf Wanderschaft gegangen.

Nun fand in der Stadt eine Hochzeit statt; zu der war der Schreiner eingeladen. Da sprach der Schreiner zu Eulenspiegel: „Lieber Geselle, ich muss zur Hochzeit gehn. Sei tüchtig, arbeite fleißig und bringe die vier Bretter für den Schreibtisch auf das Genaueste zusammen in den Leim." Eulenspiegel sagte: „Ja, welche Bretter gehören zusammen?" Der Meister legte ihm die Bretter aufeinander, die zusammengehörten, und ging mit seiner Frau zur Hochzeit.

Der brave Geselle Eulenspiegel fing an und durchbohrte die schön gemaserten Tischbretter, die ihm sein Meister aufeinander gelegt hatte, an drei oder vier Enden. Dann schlug er Holzpflöcke hindurch und verband sie so miteinander. Danach siedete er Leim in einem großen Kessel und steckte die Bretter da hinein. Schließlich trug er sie oben ins Haus, legte sie dort ans offene Fenster, damit der Leim an der Sonne trocknete, und machte zeitig Feierabend.

Abends kam der Meister von der Hochzeit, hatte viel getrunken und fragte Eulenspiegel, was er den Tag über gearbeitet habe. Eulenspiegel sagte: „Lieber Meister, ich habe die vier Tischbretter auf das Genaueste zusammen in den Leim gebracht und zu einer guten Zeit Feierabend gemacht." Das gefiel dem Meister wohl, und er sagte zu seiner Frau: „Das ist ein rechter Geselle, behandle ihn gut, den will ich lange behalten." Und damit gingen sie schlafen.

Am nächsten Morgen, als der Meister aufgestanden war, hieß er Eulenspiegel den Tisch bringen. Da kam Eulenspiegel mit seiner Arbeit vom Dachboden herunter. Als der Meister sah, dass ihm der Schalk die Bretter verdorben hatte, wurde er zornig. Eulenspiegel sagte: „Lieber Meister, ich habe getan, wie Ihr mich hießet. Ist es verdorben, dann ist das Eure Schuld." Der Meister sprach: „Du bist ein Schalksnarr, darum hebe dich hinweg aus meiner Werkstatt; ich habe von deiner Arbeit keinen Nutzen." Also schied Eulenspiegel von dannen und verdiente keinen großen Dank, obwohl er alles das tat, was man ihn hieß.

„Um Verkehrsstaus zu vermeiden,
wurden das Stadtzentrum von Rom
für Fahrzeuge aller Art gesperrt und
eine größere Anzahl von Straßen
zu Einbahnstraßen erklärt.
Darüber hinaus wurde der Auftrag gegeben,
für genügend Parkplätze
neben den Straßen zu sorgen.“

*Nach einer Verordnung
von Julius Cäsar
aus dem Jahre 45 v. Chr.*

DER WAGNER

Zuverlässige Bauart – schwerste Lasten werden so befördert.

Ein Wagenrad als Fundament für das Familienglück

ZUR GESCHICHTE

Das Rad ist eine der ältesten Erfindungen des Menschen. Bereits vor 6000 Jahren dürfte es im heutigen Persien einfache, zweirädrige Karren gegeben haben. Und wie bei allen wichtigen technischen Erfindungen war das Militär der erste bedeutende Anwender: 2800 v. Chr. wurden schon Streitwagen gebaut. Nur 300 Jahre später gab es die ersten Metallreifen und dazu vierrädrige Wagen.

Auch andere wichtige Neuerungen wurden frühzeitig eingeführt, zum Beispiel im Gebiet des heutigen Irak Holzräder mit Speichen, die ab 2000 v. Chr. sehr allmählich die Vollholzräder ablösten, oder um 400 v. Chr. aufgeschrumpfte Metallreifen, die fester auf den Holzrädern saßen.

Später kam die Entwicklung mehr oder weniger zum Stillstand, vielleicht auch deswegen, weil dem Rad nicht die Bedeutung beigemessen wurde wie in den letzten Jahrhunderten bis zur Gegenwart. Die wenigsten Straßen waren für Wagen geeignet; das Reiten war angenehmer und brachte die Menschen viel schneller an ihr Ziel.

Erst im Mittelalter haben einige Neuerungen den Bau von Wagen wieder beflügelt. Mit der Erfindung des Kummets war es möglich geworden, Pferde vor den Karren zu spannen, was die Transportleistung gegenüber einem Ochsenfuhrwerk beträchtlich erhöhte. Und im 13. Jahrhundert wurde die drehbare Vorderachse erfunden, die einen Wagen wendiger machte. Damit war es auch möglich geworden, längere Wagen für den Lastentransport zu bauen. Und sogleich wurden die neuen Möglichkeiten genutzt, um „Spezialwagen" zu bauen, das heißt, es entstanden je nach Verwendungszweck unterschiedliche Aufbauten auf den Wagengestellen.

Für den Personentransport gab es bis ins 16. Jahrhundert keine Alternative zum Reiten, das zudem als vornehm galt. Dies änderte sich erst langsam, als man den Aufbau der Wagen mit Federungen versah. Der Aufbau wurde mit Ketten oder Riemen in das Fahrgestell eingehängt und machte den Wagen als Reisefahrzeug akzeptabel, wenngleich noch längst nicht angenehm. Ein kleiner ungarischer Ort namens Kocs tat sich im Bau dieser Gefährte besonders hervor, und nach diesem Ort wurden die Fahrzeuge später „Kutschen" genannt.

Schöne Konstruktionen
Luxuskutschen vergangener Tage

Der Bau einer Kutsche erforderte viele Fähigkeiten. Der Wagner war zwar ein „Universalist", aber speziell für die Herstellung der Räder gab es den Beruf des Radmachers. Aus beiden Berufen hat sich der des „Stellmachers" herausgebildet. Der Stellmacher baute das „Gestell", also das Fahrwerk, und durfte dann auch offene Aufbauten herstellen. Des Weiteren waren am Bau einer Kutsche noch der Schlosser, der Sattler, der Maler und manchmal auch der Glaser beteiligt.

Im 19. Jahrhundert kam vor allem für die Stellmacher ein neues Betätigungsfeld hinzu. Die aufkommende Eisenbahn verlangte nach Wagen, die auf Schienen liefen, und die Stellmacher waren begehrte Handwerker für den Waggonbau.

Der Niedergang des Wagnerhandwerks wurde durch das Automobil eingeläutet, das die Kutschen verdrängte. Und mit der Einführung gummibereifter Wagen war auch die schwierige Kunst, hölzerne Speichenräder herzustellen, nicht mehr gefragt.

DAS RAD

Wer heute als Laie einen alten Wagen mit Holzrädern sieht, lächelt vielleicht überlegen über die wackeligen, windschief montierten Räder. Die Achsen der Räderpaare liegen nicht in einer Flucht. Und die Räder selbst sind auch nicht gerade, sondern die Speichen stecken schief in den Radnaben.

Tatsächlich sind aber alle diese seltsamen Eigenschaften beabsichtigt, und es steckt sehr viel Wissen und Erfahrung in diesem so simpel erscheinenden Holzteil.

Die Speichen, die leicht zur Außenseite geneigt – fast trichterförmig – in der Radnabe befestigt sind, geben dem Rad eine wesentlich größere Seitenstabilität, als wenn sie gerade, also genau senkrecht, auf der Nabe befestigt wären. Die stabilisierende Wirkung ist etwa dieselbe wie bei einem breiteren Reifen. Ein nicht gerade wissenschaftliches, aber dafür anschauliches Experiment kann man mit zwei Bierdeckeln machen. Einen einzelnen Bierdeckel kann man leicht knicken, wenn man mit einer Hand seinen Rand umfasst und mit der anderen Hand gegen die Mitte drückt. Klebt man zwei Bierdeckel zusammen, dann lassen sie sich nicht mehr so leicht knicken.

Die Seitenstabilität der Räder war vor allem auf den Landstraßen sehr wichtig, wo viele tiefe Schlag löcher ein Fuhrwerk stark beanspruchten. Auf den gepflasterten Straßen in den Städten war das Problem weniger groß. Daher findet man bei „Stadtkutschen" sehr häufig schlankere Räder mit gerade montierten Speichen.

Auch die „schief" liegenden Achsen dienen der erhöhten Stabilität. Sie sind nämlich exakt so schräg eingebaut, dass die Schräglage der Speichen kompensiert wird. Das heißt, die „unteren" Speichen, die jeweils der Straße zugewandt sind und die Last des Wagens tragen, stehen senkrecht und werden nur auf Druck, aber nicht auf Biegung beansprucht.

Besonders erstaunlich für den heutigen Betrachter ist sicherlich die Tatsache, dass diese Holzräder ohne Nägel oder Schrauben und ohne einen Tropfen Leim gebaut wurden. Die Speichen wurden nur in die Radnabe gesteckt, ebenso die Felgenteile auf die äußeren Speichenenden.

Dies war möglich, weil die Wagner und Radmacher über umfassende Erfahrung mit den heimischen Hölzern verfügten. Für die Radnaben, die schon bei der Herstellung größten Belastungen ausgesetzt waren, verwendete man ausgesuchtes Ulmenholz. War eine Radnabe für den Einbau der Speichen vorbereitet, dann wurde sie gekocht, um das Holz etwas aufzuweichen. Anschließend konnten die Speichen – aus Eichen- oder Eschenholz – in die Zapflöcher der Nabe eingeschlagen werden. Nach dem Trocknen der Nabe saßen die Speichen absolut fest.

Für die Felgen verwendete man das harte, aber elastische Eschenholz. Eine Felge für ein Rad wurde aus mehreren Felgensegmenten mit Zapflöchern aufgebaut, die so dimensioniert waren, dass je zwei Speichen auf ein Felgensegment entfielen. Die Felgensegmente wurden der Reihe nach auf die Speichen aufgeschlagen.

Zuletzt musste der Schmied noch den Eisenreifen auf das Rad aufziehen. Hierbei machte man sich die Eigenschaft der Metalle zunutze, dass diese sich in der Wärme ausdehnen und bei Kälte zusammenziehen. Der Eisenreifen wurde geschmiedet, und zwar

so, dass sein Durchmesser etwas geringer als der Felgendurchmesser war. Zur Montage wurde der Eisenreifen bis zur Rotglut erhitzt und dann sehr schnell auf das Holzrad aufgezogen. Nun musste er aber ebenso schnell mit Wasser abgekühlt werden, um das Holz nicht zu versengen. Der abgekühlte und wieder geschrumpfte Eisenreifen presste nun das Holzrad sehr fest zusammen. Diese Arbeit, so leicht sie in der Beschreibung klingt, erforderte ein gut eingespieltes Team von drei starken Männern.

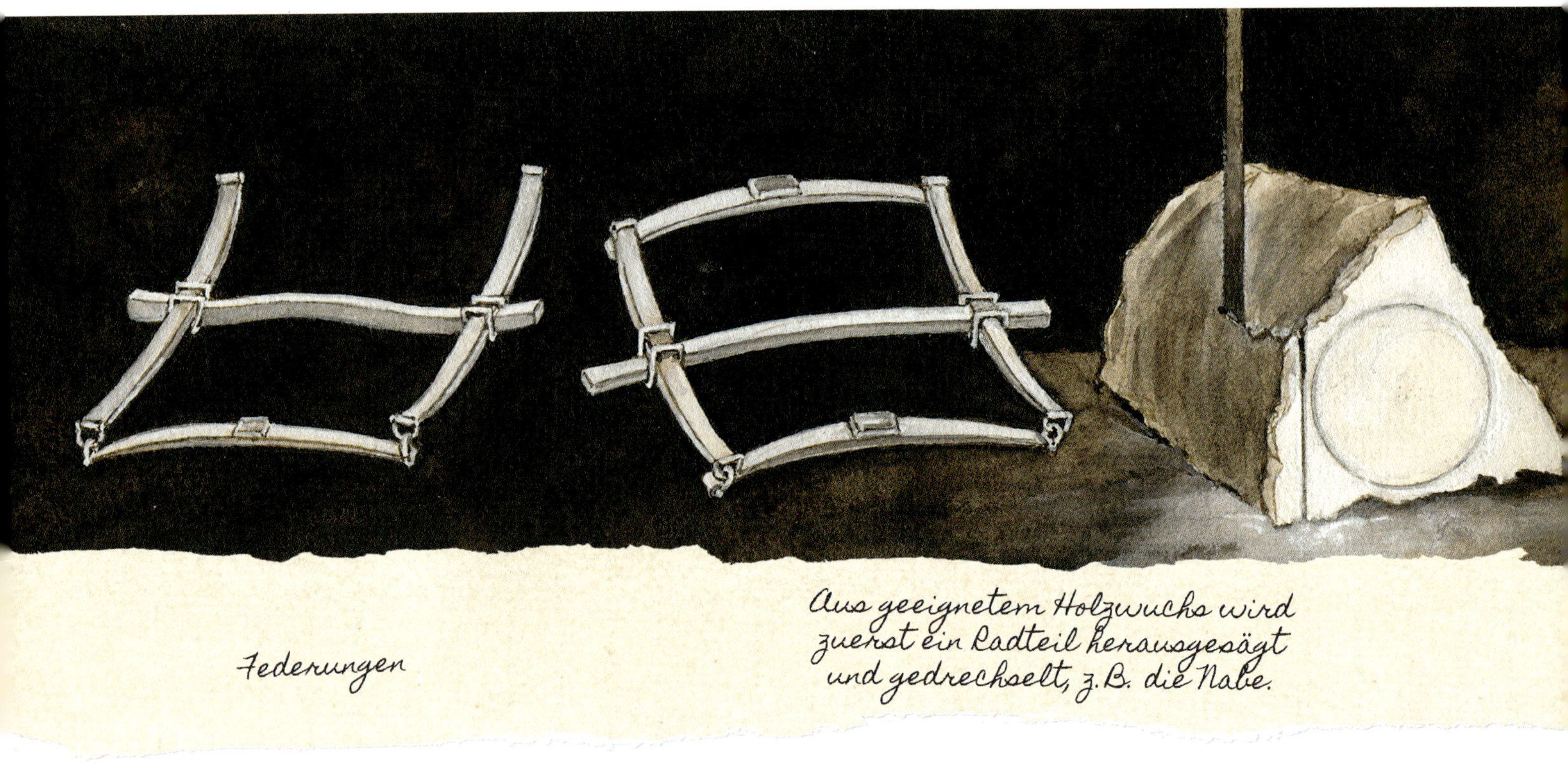

DAS RAD IM MAINZER WAPPEN

Um 1250 tauchte im Wappen des Erzstifts Mainz und späteren Kurstaates ein sechsspeichiges Rad auf, aus dem sich im späten 14. Jahrhundert auch das Mainzer Stadtwappen mit zwei Rädern entwickeln sollte.

Wenige Jahre später – 1285 – erschien dasselbe Rad auf Münzen und in Dokumenten der Stadt Erfurt. Letzteres ist nicht allzu verwunderlich, denn Erfurt gehörte von 755 bis 1802 zum Erzbistum Mainz, und die Erfurter haben ganz offensichtlich das Rad von Mainz übernommen oder übernehmen müssen.

Völlig ungeklärt ist hingegen, wie das Rad in das Mainzer Wappen kam. Es gibt einige Vermutungen, darunter auch solche, die mehr mit Aberglauben als mit Glauben zu tun haben. Eine volkstümliche und gern verbreitete – aber definitiv falsche – Erklärung liefert die folgende Sage.

Im Jahr 975 wurde Willigis, ein frommer und gelehrter Mann, zum Erzbischof von Mainz gewählt. Er war als Sohn eines armen Wagenbauers von geringer Herkunft und stammte aus Schöningen im Braunschweigischen. Er war deshalb bei den adligen Domherren und Stiftsgenossen wenig geachtet. Diese scheuten sich nicht einmal, ihn zu verspotten, indem sie mit Kreide Räder an die Türen und Wände seiner Zimmer malten.

Der fromme Erzbischof nahm sich aber ihren Spott nicht zu Herzen. Er ließ vielmehr weiße Räder in roten Wappenfeldern an die Wände und Türen malen und darunter die Worte schreiben:

„Willigis, Willigis,
erinnere dich,
wer und woher
du gekommen bist."

Auch soll seit dieser Zeit ein hölzernes Rad an seiner Bettstatt gehangen haben. Und seit dieser Zeit haben alle seine Nachfolger das Rad als Symbol beibehalten.

KEINE SPUR VON HARMONIE

Maßnahmen zum Schutz der heimischen Wirtschaft vor „ausländischer“ Konkurrenz sind keine Erfindung unserer Tage. Auch in der Zeit der Kutschen war man in dieser Hinsicht schon sehr kreativ. So führten viele deutsche Länder für ihr Hoheitsgebiet Vorschriften über die Spurbreite von Kutschen ein und wählten die Werte so, dass die Kutschen der anderen Länder „unvorschriftsmäßig“ waren.

Die nachfolgende Tabelle stammt aus dem Nachschlagewerk „Theoretisch-praktisches Handbuch für Wagenfabrikanten und alle beim Wagenbau beschäftigten Handwerker“, das 1891 in dritter Auflage in Weimar erschien.

Es versteht sich fast von selbst, dass die Kutschen von der Konkurrenz, die mit verbotenen Spurbreiten daherkamen, bei den Straßenbenutzungsgebühren entsprechend zur Kasse gebeten wurden.

Region	Spurbreite in m
Königreich Bayern	1,125 m
Königreich Sachsen	1,138 m
Königreich Württemberg	1,161 m
Großherzogtum Baden	1,161 m
Bayrische Pfalz	1,230 m
Herzogtum Holstein-Lauenburg	1,356 m
Königreich Preußen	1,362 m
Hamburg	1,414 m
Mecklenburg	1,440 m
Herzogtum Braunschweig	1,440 m
Großherzogtum Oldenburg	1,440 m

KUTSCHEN

Bei den Kutschen hatte sich im Laufe der Zeit eine erstaunlich große Typenvielfalt entwickelt. Ein wichtiges Unterscheidungsmerkmal war die Anzahl der Pferde, die vor die Kutsche gespannt wurden. In den meisten Fällen wurden ein oder zwei Pferde vorgespannt. Demzufolge fuhren solche Kutschen „ein- oder zweispännig". Vier- oder gar sechsspännige Kutschen wurden vor allem vom Adel, bei feierlichen Anlässen oder bei Fernreisen gefahren. Da der Kutscher zu jedem der angespannten Pferde über die Zügel Kontakt halten musste, erforderte das Fahren mit mehr als zwei Pferden sehr viel Können.

Nachfolgend sind einige wichtige Kutschentypen aufgeführt.

Landauer ist die Bezeichnung für eine viersitzige Kutsche, die sich von „offen" in „geschlossen" umwandeln ließ, was über die Funktion eines Klappverdecks hinausging. Im geschlossenen Zustand konnte man Glasfenster einsetzen. Die Kutsche, die zwei- oder vierspännig gefahren wurde, tauchte zunächst im frühen 18. Jahrhundert in England und Italien auf und wurde in Deutschland erst 100 Jahre später populär.

Die **Wagonette** entstand in der Mitte des 19. Jahrhunderts und hatte für die Passagiere eine eher un gewöhnliche Sitzanordnung. Entlang der Kutschenseiten waren zwei gegenüberliegende Sitzbänke montiert. Der Einstieg in die Kutsche erfolgte von hinten. Dieser Kutschentyp ist auch heute wieder beliebt.

Der **Marathonwagen** war eine kleine, wendige Kutsche, die heute noch als Übungsgefährt und auch für Wettbewerbe eingesetzt wird. Der Wagen ist eigentlich nicht zur Beförderung von Passagieren gedacht.

Der **Pferdeomnibus** war ein Omnibus, der von Pferden gezogen wurde. 1841 wurden die benachbarten Städte Hamburg und Altona durch die erste deutsche Pferdebuslinie verbunden. Sechs Jahre später wurde in Berlin ein Streckennetz mit fünf Pferdebuslinien eingerichtet. Die erste Linie bediente die Strecke zwischen Alexanderplatz und Tiergartenstraße.

FIAKER

Wenn das Wort Fiaker fällt, denkt man sofort an Wien. Aber der erste Fiaker stand nicht in Wien, sondern in Paris. Dort gibt es eine Straße, die Rue de Fiacre, die nach Fiacrius, einem Heiligen, benannt ist. Und eine Statue dieses Heiligen stand dort vor einem Gasthaus, wo um 1650 die ersten Lohnkutscher auf Gäste warteten. Die Kutscher haben diesen Heiligen lieb gewonnen und zu ihrem Schutzpatron erklärt. Als die Idee der Pariser Lohnkutscherei 1693 in Wien mit kaiserlicher Erlaubnis übernommen wurde, bürgerte sich der Name „Fiaker" für die Lohnkutscher ein.

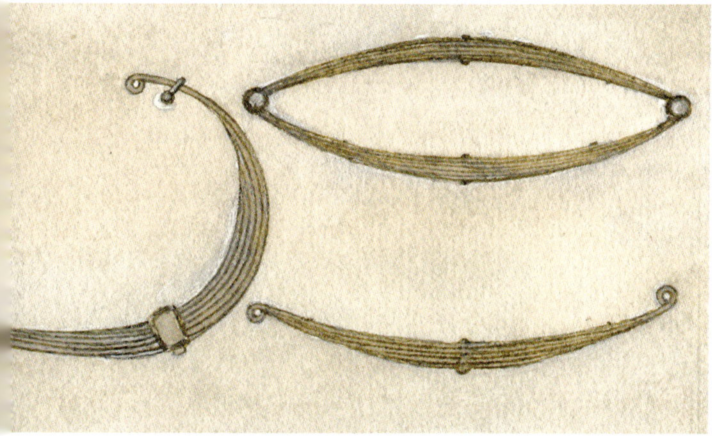

Anfangs hatten es die Wiener Fiaker sehr schwer. Die Sänftenträger stellten eine ernst zu nehmende Konkurrenz dar. Die Beförderung in der Sänfte war sehr viel billiger als in der Kutsche, und zudem waren die schlecht gefederten Kutschen alles andere als bequem. Die Situation verbesserte sich erst, als die Wagen komfortabler wurden. Im Jahre 1788 zählte man in Wien schon 648 „nummerierte", also offizielle Fiaker sowie einige hundert nicht nummerierte Lohnfahrer. Dennoch konnten sich die Tragsesselträger noch hundert Jahre, bis 1888, halten.

Der Höhepunkt der Lohnkutscherei dürfte um 1875 erreicht worden sein, als es über 1100 Wiener Fiaker gab. Wenige Jahrzehnte später erwuchs mit dem Automobil neue Konkurrenz.

Heute fahren nur noch einige Dutzend Fiaker – fast ausschließlich für die Touristen – durch Wien.

Gelegentlich entstehen auch solche Werke. Schmied, Schlosser, Stellmacher, Schreiner, Polsterer und Maler wirken oft zusammen.

Deichsel und Achslagerung mit Hauptfahrgestell eines leichten Bauernwagens

DIE POST GEHT AB

Es war um 1490, als Kaiser Maximilian I. die aus Italien stammende Familie Tassis, das spätere Fürstenhaus von Thurn und Taxis, beauftragte, einen regelmäßigen Kurierdienst für kaiserliche Dokumente quer durch Deutschland einzurichten. Die Tassis waren bereits mit Kurierdiensten für den Papst sehr erfolgreich.

Die erste Kurierstrecke, die als Reiterstafette betrieben wurde, verband die beiden kaiserlichen Residenzen in Innsbruck und Brüssel. Im Abstand von fünf Meilen waren Posten installiert, an denen die kaiserliche Post an den nächsten Reiter übergeben wurde. So konnte die Strecke Innsbruck–Brüssel, gut 900 km, in fünf Tagen bewältigt werden.

Dieser Kurierdienst war sehr aufwändig, und um Kosten zu sparen, erteilte Kaiser Maximilian der Familie Tassis die Erlaubnis, auch Privatpost zu transportieren. In den Folgejahren wurde die Zusammenarbeit vertraglich gefestigt, die Familie Tassis geadelt und Franz von Taxis zum Hauptpostmeister des Kaisers ernannt. Fast hundert Jahre später rief Kaiser Rudolf II. das Reichspostmonopol aus, das er als erbliches Amt eines „Reichsgeneralpostmeisters" an das Haus Taxis übertrug. Als Zeichen des kaiserlichen Auftrags übernahmen die Taxis die Reichsfarben Gelb und Schwarz für die Uniformen ihrer Kuriere und später auch für ihre Postkutschen.

Mit der Einführung der Kutsche wurde auch die Personenbeförderung aktuell. Eine erste Linie wurde 1660 zwischen Leipzig und Hamburg eingerichtet. In den folgenden Jahrzehnten kamen weitere Strecken hinzu, die in der Regel zweimal pro Woche befahren wurden.

Die Posthaltereien, wie die Poststationen genannt wurden, mussten einen erheblichen Aufwand treiben, wenn sie schnell und pünktlich sein wollten. So standen zum Beispiel in der Posthalterei Oppenheim, die an der wichtigen Strecke zwischen Heidelberg und den Niederlanden lag, über 40 Pferde bereit, um schnell ausgewechselt zu werden, wenn die nächste Kutsche kam. Und diese kündigte sich immer rechtzeitig und laut mit ihrem Posthorn an, damit die Pferdeknechte schon ihre Vorbereitungen treffen konnten.

Blick in eine Werkstatt

POSTILLON D'AMOUR

Franz Wilhelm Abt

Ich bin der kleine Postillon, tra-ra, tra-ra,
Kenn alle Weg' und Stege schon, tra-ra, tra-ra!
Viel' Briefe trag ich hin und her,
Von Seufzern und von Liebe schwer.
Noch eh die Lerchen singen,
Lass ich mein Hörnchen klingen,
Der Postillon ist nah, tra-ra, tra-ra,
Der Postillon ist nah!

Ich bin der kleine Postillon, tra-ra, tra-ra,
Mein Hörnchen hat gar süßen Ton, tra-ra, tra-ra!
Voll Sehnsucht lauscht ihr seinem Klang,
Das Lieb ist weit, die Zeit ist lang.
Doch eh die Lerchen singen,
Lass ich mein Hörnchen klingen,
Der Postillon ist da, tra-ra, tra-ra,
Der Postillon ist da!

Ich bin der kleine Postillon, tra-ra, tra-ra,
Ein Küsschen ist mein liebster Lohn, tra-ra, tra-ra!
Denn, wie 's dem fernen Liebchen geht,
Sag ich, was nicht im Briefe steht.
Doch eh die Lerchen singen,
Lass ich mein Hörnchen klingen,
Der Postillon war da, tra-ra, tra-ra,
Der Postillon war da!

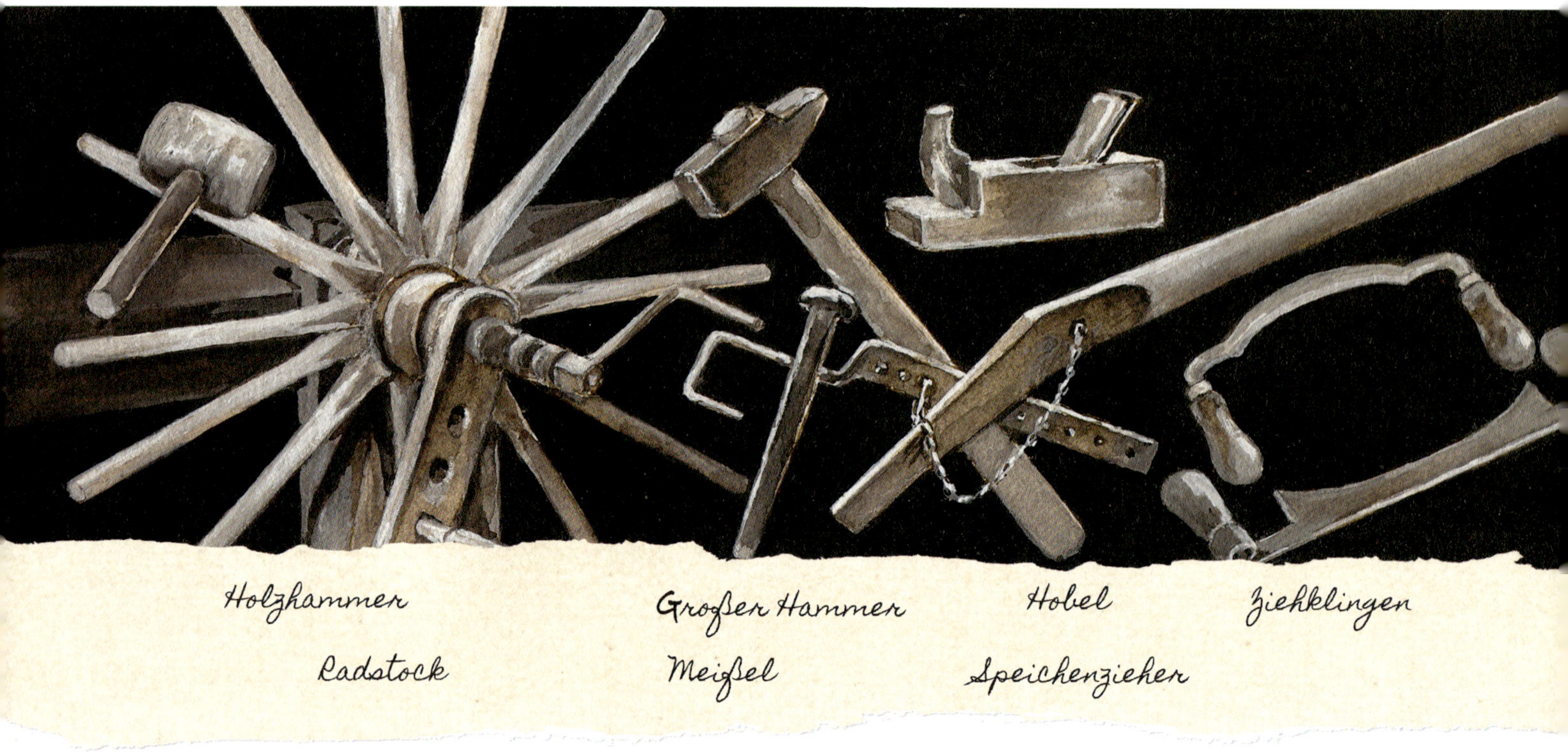

I HAB HALT ZWA KOHLSCHWARZE RAPPN

Volkslied aus Wien um 1850

I hab halt zwa kohlschwarze Rappn,
Dazua an viersitzign Wagn;
A Freud is ‘s, wie dö zwa nur trappen,
Das kann i kan Menschn net sagn!

I schrei hü, i schrei ho,
I schrei wistaha ho.

Kaum macht der Hahn in erschtn Krahra,
So heb i mein Köpferl in d’ Höh,
I dudel als Fuhrmann, als rarer,
Und schnalz’ mit der Peitschn juchhe.

I schrei hü, i schrei ho,
I schrei wistaha ho.

I hab ar a kreuzsaubers Madl,
Das is aus an ‘n eigenem Holz.
Dö wascht ma vom Wag’n meine Radl,
Drum bin i auf ihr a so stolz!

I schrei hü, i schrei ho,
I schrei wistaha ho.

DER FROSCHKÖNIG

In diesem bekannten Märchen der Brüder Grimm fällt der verwöhnten Königstochter eine goldene Kugel, mit der sie immer gern gespielt hatte, in einen tiefen Brunnen. Ihr lautes Jammern veranlasst einen Frosch, aus dem Brunnen aufzutauchen. Die Königstochter verspricht dem Frosch alles, wenn er ihr nur die goldene Kugel zurückbringen könne. Und tatsächlich schafft es der Frosch. Aber die Königstochter will von ihrem Versprechen, dass der Frosch bei ihr wohnen dürfe, nichts mehr wissen. Jedoch der gestrenge Herr Papa, der König, besteht darauf, dass seine Tochter ihr Versprechen hält. Diese schleudert den Frosch an die Wand ihres Schlafzimmers – und der „garstige Frosch“, ein verwunschener Königssohn, verwandelt sich zurück zu einem schönen Jüngling:

Da schliefen sie vergnügt zusammen ein, und am andern Morgen, als die Sonne sie aufweckte, kam ein Wagen herangefahren, mit acht weißen Pferden bespannt, die waren mit Federn geschmückt und gingen in goldenen Ketten, und hinten stand der Diener des jungen Königs, das war der treue Heinrich.

Der treue Heinrich hatte sich so betrübt, als sein Herr in einen Frosch verwandelt worden war, dass er drei eiserne Bande hatte müssen um sein Herz legen lassen, damit es ihm nicht vor Weh und Traurigkeit zerspränge. Der Wagen aber sollte den jungen König in sein Reich abholen. Der treue Heinrich hob beide hinein und stellte sich wieder hinten auf, voller Freude über die Erlösung.

Und als sie ein Stück des Weges gefahren waren, hörte der Königssohn hinter sich, dass es krachte, als wäre etwas zerbrochen. Da drehte er sich um und rief „Heinrich, der Wagen bricht.“ „Nein, Herr, der Wagen nicht, es ist ein Band von meinem Herzen, das da lag in großen Schmerzen, als Ihr in dem Brunnen wart, als Ihr ein Frosch wart.“

Noch einmal und noch einmal krachte es auf dem Weg, und der Königssohn meinte immer, der Wagen bräche, und es waren doch nur die Bande, die vom Herzen des treuen Heinrich absprangen, weil sein Herr wieder erlöst und glücklich war.

„Der Drechsler weiß wohl, wie er soll
Den Sachen Form und Zierde geben.
Der Mensch doch bleibt an Fehlern voll,
Ein grobes Holz in seinem Leben."

Alter Drechslerspruch

DER DRECHSLER

ZUR GESCHICHTE

Das Drechseln ist ein Handwerk, das mit primitivsten Mitteln schon im Altertum betrieben wurde. Wandbilder aus ägyptischen Gräbern, die um 1600 v. Chr. entstanden, zeigen Menschen an einfachen Drehstühlen. Solche Drehstühle werden sogar heute noch von Wanderdrechslern im Orient benutzt.

Die Funktionsweise dieser Geräte ist denkbar einfach. Zwei kurze Pflöcke mit Löchern werden in die Erde getrieben. Durch die Löcher wird das zu bearbeitende Werkstück, zum Beispiel ein langes Stück Rundholz oder ein gerader Ast, geschoben, sodass es sich in den Löchern, die als Lager dienen, frei drehen kann. Das Drehen übernimmt ein Gehilfe des Drechslers. Er schlingt eine Schnur mehrfach um das Werkstück und zieht dann schnell abwechselnd an den Enden der Schnur. So dreht sich das Werkstück abwechselnd links- und rechtsherum, und der Drechsler kann seinen Drehmeißel ansetzen. Auf diese Weise stellen die Wanderdrechsler heute noch Holzschmuck her.

In Deutschland wird das Drechselhandwerk als Gewerbe erstmals um 800 in gesetzlichen Regeln, die von Karl dem Großen stammen, erwähnt. Die Organisation in Zünften fand aber erst sehr viel später statt.

Die frühen Drehstühle arbeiteten nach dem aus dem Altertum bekannten Prinzip, bei dem man das Werkstück mit einer Schnur umschlang und dann abwechselnd an den Schnurenden zog. Allerdings war die gesamte Vorrichtung stabiler, und es wurde kein Helfer mehr gebraucht. Die Schnurenden wurden nämlich an einen Holzbogen, den so genannten Fiedelbogen, gebunden. Und der Drehstuhl hieß Fiedeldrehstuhl. Jetzt konnte der Drechsler mit einer Hand den Fiedelbogen hin- und herbewegen und mit der anderen Hand seinen Drehmeißel führen, was allerdings sehr viel Geschicklichkeit erforderte.

Im 13. Jahrhundert wurde die so genannte Wippdrehbank erfunden. Sie arbeitete zwar immer noch nach dem gleichen Prinzip wie die Fiedeldrehbank. Aber anstatt des Fiedelbogens wurden ein Schnurende an einer federnden Holzlatte über der Drehbank und das andere Ende an einer Fußwippe befestigt. Somit hatte der Drechsler beide Hände frei zum Drechseln.

Anders als andere Handwerke fand die Drechslerei, die eher als künstlerische Tätigkeit angesehen wurde, auch das Interesse vornehmer Bürger und des Adels. Im 15. Jahrhundert wurde das Drechseln ein beliebter Zeitvertreib. Sogar Kaiser Maximilian besaß zu Beginn des 16. Jahrhunderts eine eigene Drehbank, mit der er auch erfolgreich arbeitete. Seine Drehbank kann heute noch auf Burg Kreuzenstein bei Wien besichtigt werden.

Bei künstlerisch orientierten Berufen haben sich oft regionale Schwerpunkte gebildet, an denen besondere Leistungen zustande gebracht wurden. Dies war auch beim Drechslerhandwerk der Fall. Als europäisches Drechslerzentrum kann man die Stadt Dieppe an der normannischen Küste bezeichnen. Seit dem späten 14. Jahrhundert wurde in der französischen Hafenstadt Elfenbein aus dem Senegal angeliefert, und in der Folge entwickelte sich die Kunst der Elfenbeinschnitzerei und -drechslerei.

Andere bedeutende Drechslerzentren waren Mailand, Nürnberg und Erbach im Odenwald, wo bis Anfang des 20. Jahrhunderts in nennenswertem Umfang gedrechselt wurde.

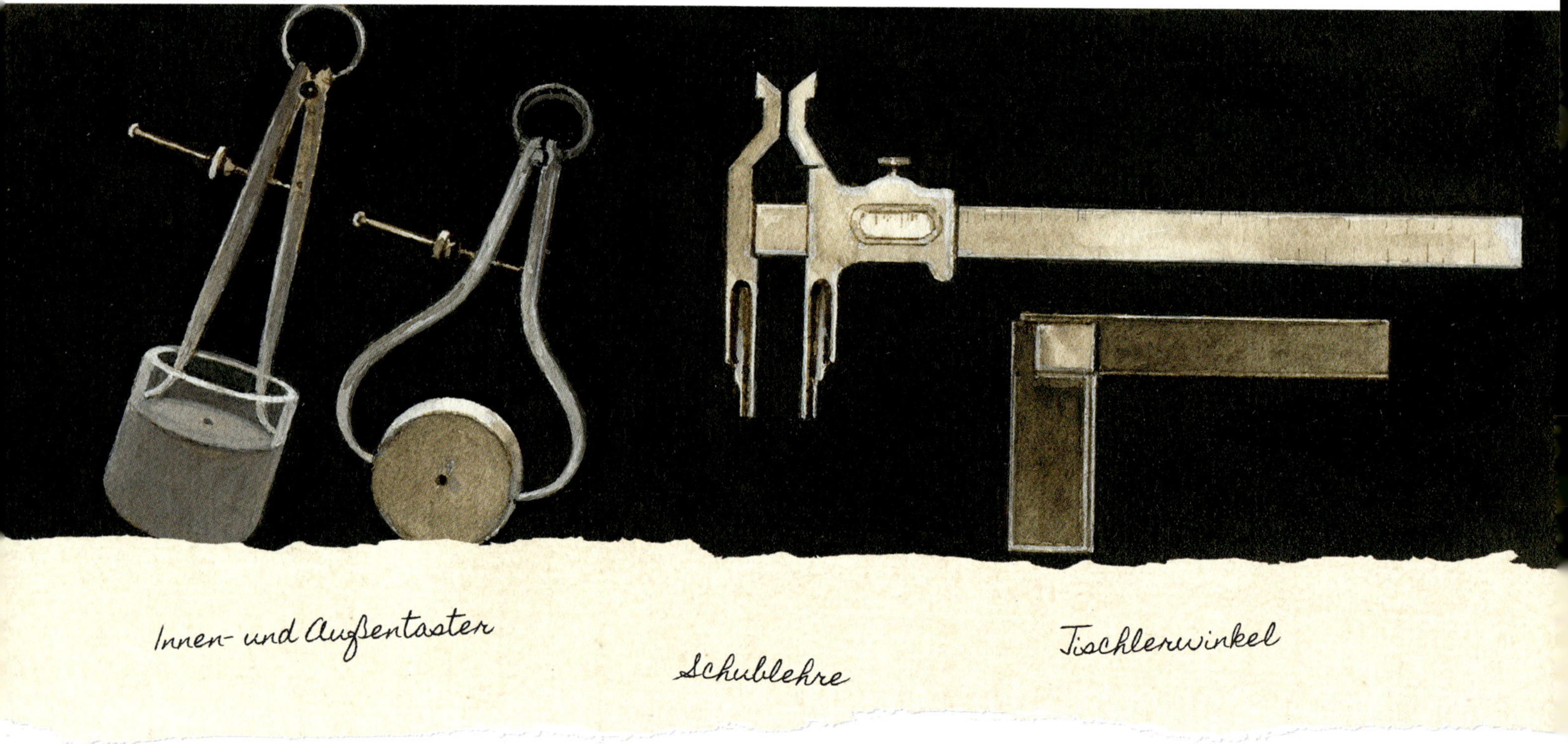

DREHBÄNKE

Der Fiedeldrehstuhl und die Wippdrehbank hatten gemeinsam den Nachteil, dass die Drehrichtung des Werkstücks ständig wechselte. Da eine Bearbeitung aber nur erfolgen konnte, wenn sich das Werkstück gegen das Schneidmesser drehte, war nur während der Hälfte der Zeit ein Drechseln möglich. Das heißt, es konnte nur kurz gedrechselt werden, und dann musste man absetzen und warten, bis sich das Werkstück zurückgedreht hatte und wieder in die richtige Drehrichtung umlenkte.

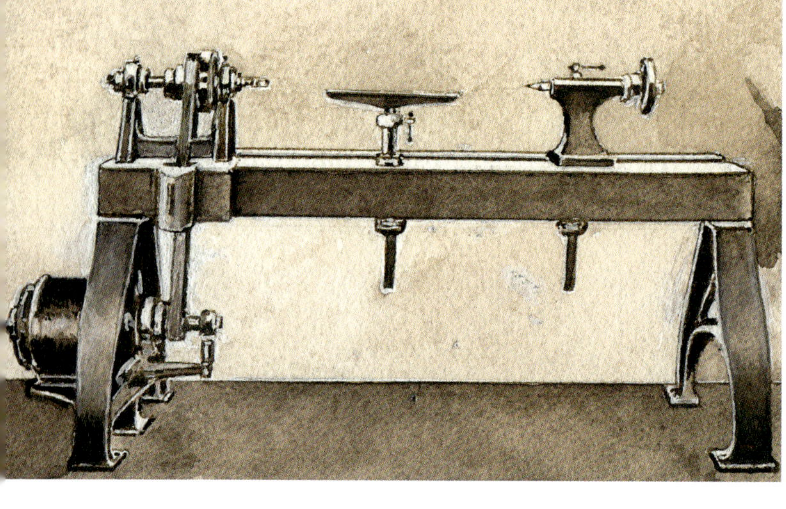

Dieser Nachteil wurde mit einer Erfindung des 15. Jahrhunderts beseitigt. Mithilfe der „gekröpften Welle“ gelang es, die Wippbewegung des Fußes in eine kontinuierliche Drehbewegung umzusetzen. Damit konnte die Drechselleistung schlagartig (mindestens) verdoppelt werden. Und auch die Qualität der Arbeiten wurde deutlich erhöht, weil das Drehwerkzeug nicht mehr so oft abgesetzt werden musste.

Eine weitere Verbesserung im Gleichlauf der Drehspindel brachte im 18. Jahrhundert die Einführung eines Schwungrades, das dafür sorgte, dass zwischen den einzelnen Tretbewegungen die Geschwindigkeit nicht oder nur geringfügig abfiel. Die Idee einer Drehbank mit Schwungrad hatte bereits Leonardo da Vinci, der im späten 16. Jahrhundert entsprechende Skizzen anfertigte.

Gegen Ende des 19. Jahrhunderts wurde schließlich die Fußwippe durch einen Elektromotor ersetzt, und die heutigen Drehbänke erlauben, mit unterschiedlichen Umdrehungsgeschwindigkeiten der Drehspindel zu arbeiten.

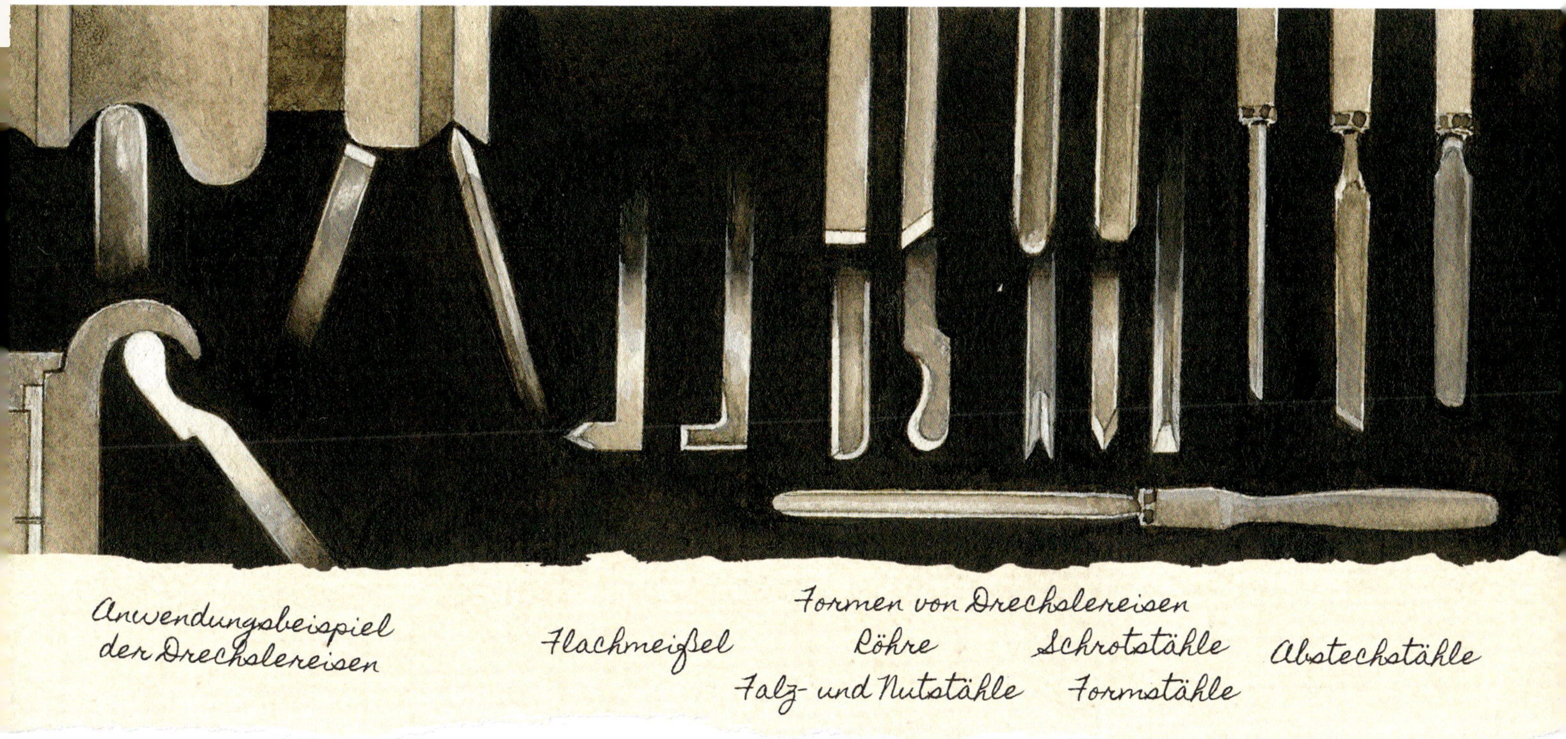

WERKZEUGE

Neben der Drehbank braucht der Drechsler Werkzeuge, mit denen er das Holz bearbeitet. Dabei unterscheidet man zwischen Werkzeugen zum Herstellen von konvexen, also nach außen gewölbten Flächen und Werkzeugen für konkave Flächen wie zum Beispiel die Innenseiten von Bechern oder Tellern.

Für konvexe – und auch für gerade – Flächen verwendet man den Meißel, der eine gerade Schneidekante besitzt. Die Breite der Meißel variiert je nach Bedarf.

Für konkave Flächen werden die so genannten Röhren eingesetzt, die einen U-förmigen Querschnitt haben. Auch die Röhren gibt es in unterschiedlichen Größen und Ausführungen, wobei eine mittlere Größe, die „Formröhre“, die meistverwendete ist.

Für spezielle Anwendungsfälle gibt es weitere Werkzeuge, zum Beispiel „Ausdrehstähle“ für bauchige Hohlräume, „Schaber“ für die feine Endbearbeitung oder „Abstechstähle“ zum Trennen des fertigen Teils vom restlichen Rohmaterial.

Da beim Drechseln das Werkzeug stets mit der Hand geführt wird – im Gegensatz zum Drehen, bei dem der Drehstahl fest eingespannt ist –, haben alle Drechselwerkzeuge einen Handgriff.

ELFENBEINKUNST AUS DEM ODENWALD

Die Stadt Erbach im Odenwald war schon sehr früh zeitig ein Zentrum der Bein- und Horndreher. Ein erster Zunftbrief, in dem auch die Dreher und Drechsler genannt sind, stammt aus dem Jahr 1708. Und im Jahr 1783 wurde eine neue Zunftordnung speziell für Dreher und Drechsler erlassen.

Die von der Zunft vorgeschriebene Lehrzeit für Dreher und Drechsler dauerte vier Jahre. Dann mussten die Gesellen drei Jahre auf Wanderschaft gehen. Und nach insgesamt zwölf Jahren konnten sie zur Meisterprüfung zugelassen werden.

Aber der künftige Meister hatte noch einige Hürden zu überwinden. Das Meisterrecht musste mit einer stattlichen Summe erkauft werden, und als Meister musste man unter anderem verheiratet sein und einen eigenen Hausstand haben. Die Bestimmungen führten letztlich dazu, dass die Witwen von Meistern bei den überwiegend armen Gesellen begehrte Heiratskandidatinnen waren.

Ein Drechsler, der nicht auf eine reiche Witwe spekulieren musste, war Graf Franz I. zu Erbach-Erbach (1754–1823). Er unternahm eine sechsjährige Bildungsreise nach Italien und Wien, wo er die Verwendung von Elfenbein kennen und schätzen lernte. Nach seiner Rückkehr ließ er sich in seinem Schloss eine Drechslerwerkstatt einrichten und drechselte unter Anleitung eines angesehenen Horndrehers Schalen, Deckeldosen, Schachspiele und andere Dinge aus Elfenbein. Viele der Gegenstände sind heute noch erhalten.

In Erbach wurde auch eine der ersten Sparkassen gegründet. Der Anstoß soll vom Grafen Franz I. ausgegangen sein, der die Drechsler fördern und mit Krediten zum Ankauf des teuren Elfenbeins versorgen wollte.

Anlässlich der Überreichung des neuen Zunftbriefes am 1. Oktober 1783 legte der Graf der Zunftversammlung zwölf von ihm selbst gefertigte Schnupftabakdosen aus Elfenbein vor. Die versammelten Meister erklärten die Stücke für „meistermäßig" und baten den Grafen, ihn als Obermeister in ihre Zunft eintragen zu dürfen.

Von da an entwickelten sich Erbach und das benachbarte Michelstadt zum deutschen Zentrum für Elfenbeinschnitzarbeiten. Ein Höhepunkt für die Odenwälder Kunsthandwerker war die Weltausstellung von 1873 in Wien, an der 16 Erbacher und 4 Michelstädter „Graveure", wie sie sich selbst gern nannten, teilnahmen. Ein internationales Komitee der Weltausstellung ehrte die Odenwälder Gruppe mit einer Verdienstmedaille. Eines der ausgestellten Stücke wurde als „Erbacher Rose" international bekannt.

FLOHFALLEN

Im 19. Jahrhundert wurde kleine, schmale Elfenbein dosen mit Deckeln gedrechselt, die aus zwei verschraubbaren Teilen bestanden. Diese kleinen Kunst werke waren mit Ornamenten reich verziert und hatten schmale Einschnitte. Am oberen Ende war eine Öse ausgeformt, an der man die Behälter aufhängen konnte.

Diese Dosen werden heute glücklicherweise nicht mehr gebraucht. Es waren nämlich Flohfallen. Als Köder für die Flöhe füllte man die Dosen mit einem kleinen Stückchen Stoff, das zuvor mit einem Gemisch aus Blut, Honig, Harz und verschiedenen Duftstoffen getränkt wurde. Der Duft lockte die Flöhe an, sie zwängten sich durch die kleinen Einschnitte in der Dose und blieben an der klebrigen Masse haften.

Die Flohfallen wurden aber nicht irgendwo im Zimmer oder im Kleiderschrank aufgehängt. Dazu wären die kostbaren Elfenbeinarbeiten zu schade gewesen. Vielmehr wurden solche Flohfallen von den vornehmen Damen unter ihren weiten Röcken getragen.

MATRJOSCHKA UND BABUSCHKA

Aus russischen Drechslerwerkstätten kommt die berühmte Schachtelpuppe, genannt Matrjoschka oder Matroschka oder Babuschka. Die Puppen sind meistens sehr rustikal bemalt und sehen nach alter russischer Tradition aus. Das ist aber nicht der Fall. Die Puppen entstanden erst gegen Ende des 19. Jahrhunderts. Allerdings gab es zuvor schon die bunt bemalten Ostereier aus Holz, die hohl waren und in denen häufig noch kleinere Eier steckten. Und in Japan existierte bereits eine lustige Puppe, die aus fünf ineinander geschachtelten Figuren bestand. Vermutlich hat sich aus diesen Vorläufern die Matrjoschka entwickelt.

Die Pariser Weltausstellung 1900 war für die Matrjoschkas, die dort ausgestellt waren, ein riesiger Erfolg. Bald danach waren die kleineren Städte rund um Moskau nur noch damit beschäftigt, diese Schachtelpuppen herzustellen.

Auch heute noch werden die Puppen überwiegend von Hand aus Linden- oder Birkenholz hergestellt. Zunächst wird die kleinste Puppe gedrechselt, die manchmal nur einen Zentimeter groß ist. Dann wird die nächste Figur angepasst usw. Die gängigen Schachtelpuppen für den Souvenirhandel bestehen meistens aus sechs bis zehn Einzelpuppen. Es soll aber einem Drechsler schon gelungen ein, 56 Puppen ineinander zu schachteln.

Die gedrechselten und geschnitzten Puppen werden zuletzt noch von Hand bemalt. Traditionell ist die äußerste Puppe eine rotbäckige Bäuerin mit Kopftuch, die in ihrem Bauch die vielen bunten Kinder trägt.

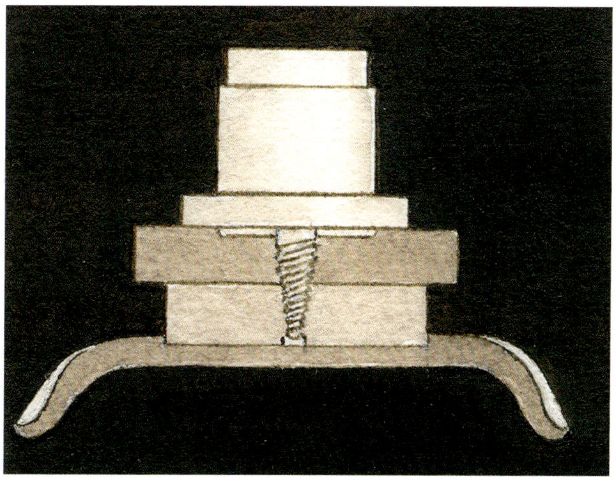

CHINESISCHE BÄLLE ODER WUNDERKUGELN

Wunderkugeln verdienen ihren Namen zu Recht. Es handelt sich dabei um die geheimnisvollste und komplizierteste Drechslerarbeit: Wunderkugeln sind hohle, dünnwandige Kugeln, in deren Innerem weitere Hohlkugeln mit immer kleinerem Durchmesser frei beweglich sind. Aber anders als bei den russischen Schachtelpuppen, die sich öffnen lassen, um die nächstkleinere aufzunehmen, sind die Wunderkugeln nicht zu öffnen. Das heißt, die innere Kugel kann nicht in die äußere eingelegt werden, sondern sie muss im Inneren der äußeren Kugel entstehen, das heißt, gedrechselt werden.

Man hat zwar Vorstellungen, wie solche Wunderkugeln prinzipiell hergestellt werden könnten und wie die für jede Kugel speziellen Schneidwerkzeuge gekrümmt sein müssten. Aber die Kunstdrechsler haben nie Außenstehende in ihre Geheimnisse eingeweiht, und so ist die genaue Herstellungsweise weitgehend unbekannt geblieben.

Die Wunderkugeln werden auch Chinesische Bälle genannt, weil besonders schöne und reich verzierte Exemplare aus Elfenbein in China hergestellt wurden. Die Herstellungstechnik dürfte jedoch in Deutschland oder zumindest in Europa entwickelt worden sein. Denn hier ist im Gegensatz zu China eine lange Tradition in der Herstellung solcher Stücke dokumentiert. So hat der am Hof in Dresden arbeitende Münchner Drechsler Georg Wecker im 16. Jahrhundert nach demselben Prinzip hohle Polyeder (vielflächige Körper) hergestellt. Sein „Drechselrekord“ waren 24 ineinander liegende Polyeder, die sogar noch schwerer zu drechseln waren als Kugeln.

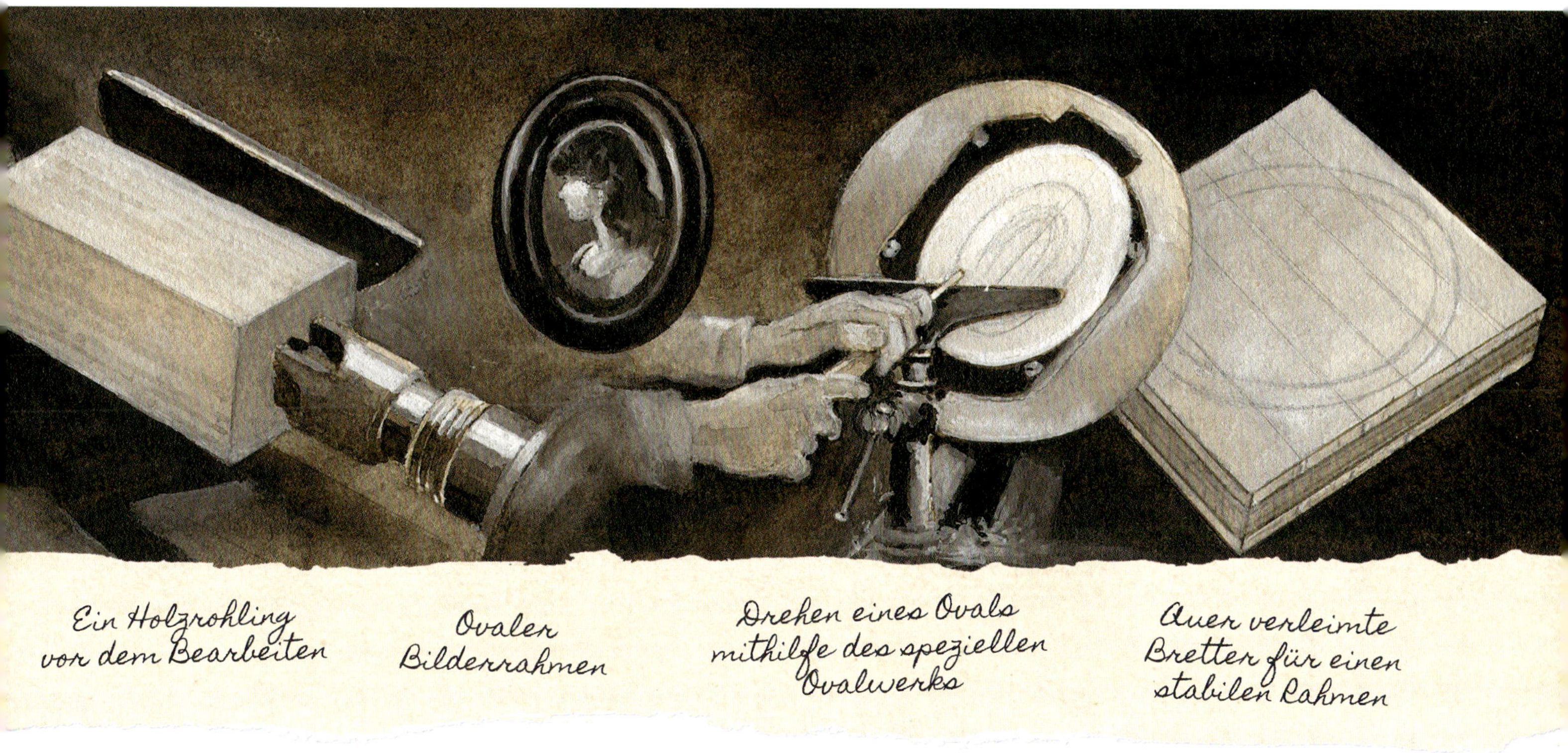

DAS GLÜCK IM HOLZSTÖCKCHEN

Ein Märchen von Hans Christian Andersen

Es war einmal ein armer Drechsler, und der drechselte vorzugsweise Stöcke und Ringe für Regenschirme. Er lebte nur von der Hand in den Mund. In seinem Garten stand ein Birnbaum, aber er trug nicht eine einzige Birne, und dennoch war das Glück in diesen Birnbaum gelegt, es lag in den unsichtbaren Birnen.

Einstmals stürmte nachts der Wind ganz fürchterlich und brach einen starken Ast vom Birnbaum. Der Ast wurde in die Werkstatt gelegt, und der Mann drechselte zum Scherz aus demselben eine große Birne und noch eine große, dann eine kleinere und endlich einige ganz kleine. „Der Baum musste doch einmal Birnen tragen“, sagte der Mann und gab sie seinen Kindern, um damit zu spielen.

Der Drechsler hatte auch einen Regenschirm. Eines Tages sprang der Knopf, welcher den Regenschirm zusammenhalten sollte, wenn er nicht auf gespannt war. Der Mann suchte nach ihm auf dem Fußboden und fasste da eine der allerkleinsten gedrechselten Birnen, welche die Kinder zum Spielen bekommen hatten. „Der Knopf ist nicht zu finden“, sagte der Mann, „aber dieses kleine Ding kann es wohl auch tun!“ Er bohrte also ein Loch hinein, zog eine Schnur hindurch, und die kleine Birne war in der Tat der beste Halter, welchen der Regenschirm je gehabt hatte.

Als der Mann nun im nächsten Jahr Regenschirmstücke nach der Hauptstadt schicken sollte, wohin er dergleichen lieferte, legte er auch ein paar der gedrechselten kleinen Birnen bei und bat, sie zu probieren. Man merkte bald, dass die kleine Birne viel besser als irgendein Knopf hielt, und nun verlangten die Kunden, dass alle Regenschirme mit einer kleinen Birne geschlossen sein sollten.

Nun, da gab es Arbeit! Tausende von Holzbirnen für alle Regenschirme! Der Mann drechselte und drechselte. Der ganze Birnbaum ging in kleinen Birnen auf. Das gab Schillinge, das gab Taler!

„In diesem Birnbaum war mein Glück gelegen“, sagte der Mann. Er bekam jetzt eine große Werkstatt und Gesellen und Lehrjungen. Stets war er fröhlichen Sinnes und sagte: „Das Glück kann in einem Holzstückchen liegen.“

„Wir sollten einsehen,
dass die Zeit der Nylontüten vorüber ist.
Diese werden von Körben abgelöst.

Je wichtiger der Umweltschutz ist,
desto größere Bedeutung
hat das natürliche Handwerk.“

Gedanken eines Korbflechters

DER KORBFLECHTER

Wachstumsland der Weidenruten

ZUR GESCHICHTE

Die Korbflechterei ist unter allen Handwerksberufen wohl derjenige, der die geringsten Ansprüche an besondere Werkzeuge stellt. Und der Rohstoff, die Weidenrute, ist fast überall verfügbar. Man kann daher annehmen, dass das Flechten eine der frühesten Tätigkeiten der Menschheit war. Vielleicht haben die „geflochtenen" Vogelnester die Menschen angeregt, ebenfalls zu flechten. Und möglicherweise ist die Korbflechterei noch älter als die Töpferei, jedoch existieren keine Produkte aus früher Zeit – Weidenruten verrotten, Tonscherben nicht.

In den Fachwerkbauten des Mittelalters diente Korbgeflecht als Gerüst für die Lehmwände im Inneren der Häuser und Ställe. An sehr alten Scheunen findet man gelegentlich heute noch geflochtene Wandstücke, die mit Lehm beworfen sind. Diese sowie auch einfache Körbe wurden häufig von den Familienmitgliedern, die keine Ausbildung durch einen Meister hatten, hergestellt.

In dem Maße, wie in der Korbflechterei immer mehr Kunstfertigkeit entwickelt wurde, stiegen die Ansprüche an die Qualität des Materials, und als Folge konzentrierte sich das Handwerk auf bestimmte Gebiete, in denen besonders gute Wachstumsbedingungen für die Weide herrschten. Das waren vor allem Flusstäler und Niederungen mit feuchten Lehm- und Sandböden. So wurde das Gebiet des oberen Mains, wo viele Ortsnamen auf die Weide hinweisen, ab dem 16. Jahrhundert weithin bekannt für seine Korbmacherei. Gegen Ende desselben Jahrhunderts entstanden auch die ersten Zünfte, zum Beispiel in Köln um 1589.

Geflochtene Gebrauchsgüter sind zu allen Zeiten begehrt.

Eine für die Korbflechterei bahnbrechende Erfindung war um 1773 der Weidenhobel. Man konnte jetzt Weidenruten spalten und auf einheitliche Dicken hobeln. Damit war es möglich geworden, neben den bislang groben Geflechten aus runden Weidenruten auch feine, dünne Geflechte und Muster herzustellen.

Im Laufe der folgenden 100 Jahre entwickelte sich die Korbmacherei im heutigen Oberfranken zu einem blühenden Gewerbe. Allein in und um Lichtenfels waren im Jahre 1882 rund 1600 Korbflechtbetriebe angesiedelt, und etwa zwei Drittel der Bevölkerung lebte von der Korbmacherei.

Für die Ausbildung von Korbmachern wurde 1904 in Lichtenfels eine Fachschule errichtet, in der eine dreijährige Lehre bis zur Gesellenprüfung absolviert werden kann. Und in Michelau, wo der Weidenhobel erfunden wurde, entstand das erste und einzige Korbmachermuseum in Deutschland.

Sortieren und Vortrocknen der geschnittenen Rutenbunde

DIE WEIDEN

Die Weiden bilden eine große Pflanzenfamilie. Insgesamt gibt es rund 500 Weidenarten, von denen 30 in Europa vorkommen. Zu ihnen gehört auch die Pappel. Alle heimischen Weiden sind schnellwüchsige Weichhölzer, und ein besonderes Merkmal ist, dass sie sich untereinander leicht kreuzen lassen. Das heißt, man kann bestimmte Merkmale recht gut züchten. Für die Korbflechterei kommen, wenn man von den Kreuzungen absieht, vor allem drei Weidenarten infrage: die Salweide, die Silberweide und Korbweide.

Die **Salweide** erkennt der Laie am besten im zeitigen Frühjahr an ihren blühenden Zweigen mit den „Palmkätzchen". Ihre Blütenpollen sind in dieser Jahreszeit die wichtigste Nahrung der Bienen. Daher stehen die Zweige während der Blüte unter Naturschutz. Die Blätter der Salweide waren früher ein wertvolles Ziegenfutter.

Die Salweide bevorzugt sonnige Standorte und wächst überall dort, wo man sie wachsen lässt und wo der Boden ausreichend feucht und nährstoffreich ist. Vielfach findet man sie als Pionierpflanze in Kiesgruben, an Uferböschungen von Baggerseen und auf Brachland.

Die **Silberweide** wird sehr groß und kann 30 Meter Höhe erreichen. Ihre leicht olivgrünen Blätter haben einen silbernen Glanz. Ihre Blätter und ihre Rinde spielten in der Volksmedizin eine große Rolle. Im späten Altertum wurden die Schlafstellen der byzantinischen Priester mit Blättern der Silberweide ausgelegt, aber nicht des Silberglanzes wegen, sondern um den Hormonspiegel auf ein dem Priesteramt angemessenes Niveau zu senken.

Als Standort bevorzugt die Silberweide den Halbschatten und Böden, die eher kalkhaltig als sauer sind.

Die **Korbweide** ist eine kleine Weidenart, aber der wichtigste Rutenlieferant für die Korbflechter. Durch die regelmäßige Ernte der jungen Weidenruten wurden die Korbweiden immer wieder so weit zurückgeschnitten, dass die typischen „Kopfweiden" entstanden. Solche Kopfweiden findet man sehr häufig an Bach- und Flussufern.

Schälen der Rinde mit der Schälklammer (Es gibt unterschiedliche Instrumente)

Richtige Lagerung an einem Frischen und trockenen Ort ist für die geschälten und teilweise eingefärbten Ruten notwendig.

ERNTE DER WEIDENRUTEN

Die begehrten Weidenruten wurden entweder von wild wachsenden Weiden an den Ufern von Gewässern oder von speziell angebauten Kulturweiden geerntet. Die bessere Rutenqualität lieferten die Kulturweiden, aber die wenigsten dörflichen Gemeinden verfügten über genügend Land, um sich den Anbau von Weiden leisten zu können.

Für die Herstellung von groben Körben, zum Beispiel von Kartoffelkörben, schnitt man die Weidenruten mit einem Sichelmesser, der Hippe, und ließ die Ruten in ungeschältem Zustand.

Für die Weißkorbmacherei mussten geschälte Ruten gewonnen werden. Zum Schälen wurden unterschiedliche Vorrichtungen verwendet, die im Prinzip aber auf die gleiche Art und Weise funktionierten. Eine Weidenrute wurde in eine Art Zange, zum Beispiel in die „Schälklammer“ oder in den „Weidenschäler“, eingeklemmt, sodass die Rute gequetscht wurde und die Rinde platzte. Dann wurde die Rute durch die Schälklammer gezogen, wobei die Rinde abgestreift wurde.

VOR DEM FLECHTEN

Das Korbflechten wurde auf dem Land vielfach nebenberuflich betrieben, was sehr gut möglich war, weil der Korbflechter keine aufwändige Werkstatt mit vielen Werkzeugen brauchte. Im Winter saß man überwiegend in der Küche, dem oft einzigen beheizten Raum im Haus, oder in der Stube und hatte die wenigen Utensilien um sich herum ausgebreitet. In der wärmeren Jahreszeit stellte der Korbflechter seinen niedrigen Korbmacherstuhl vor das Haus und arbeitete dort.

An der Herstellung der Körbe war die ganze Familie beteiligt. Die ungeschälten Ruten mussten mit dem Putzmesser ausgeputzt, das heißt, von kleinen Seitenästen befreit werden. Die geschälten Ruten für die Weißkorbflechterei sollten schön weiß werden und mussten an der Sonne gebleicht werden. Dazu wurden alle Ruten ausgebreitet, mehrmals täglich gewendet und am Abend wieder eingesammelt und in den Schuppen gebracht. Für die feineren Flechtereien wurden die weißen Ruten gespalten und mit dem Korbmacherhobel auf eine gleichmäßige Stärke gebracht.

Bevor das eigentliche Flechten beginnen konnte, mussten die steif getrockneten Weidenruten wieder biegsam gemacht werden. Dazu wurden sie tage- oder wochenlang in eine Wanne mit Wasser gelegt oder als Bündel in einen Bach gehängt. Und wenn es schnell gehen musste, wurden die Ruten in heißes Wasser gelegt. Dann waren sie schon nach einigen Stunden wieder weich.

Das eigentliche Flechten war Chefsache. Aber die Frauen und die fortgeschritteneren Kinder „durften“ die Korbböden flechten und an den fertigen Körben die überstehenden Enden sauberschneiden.

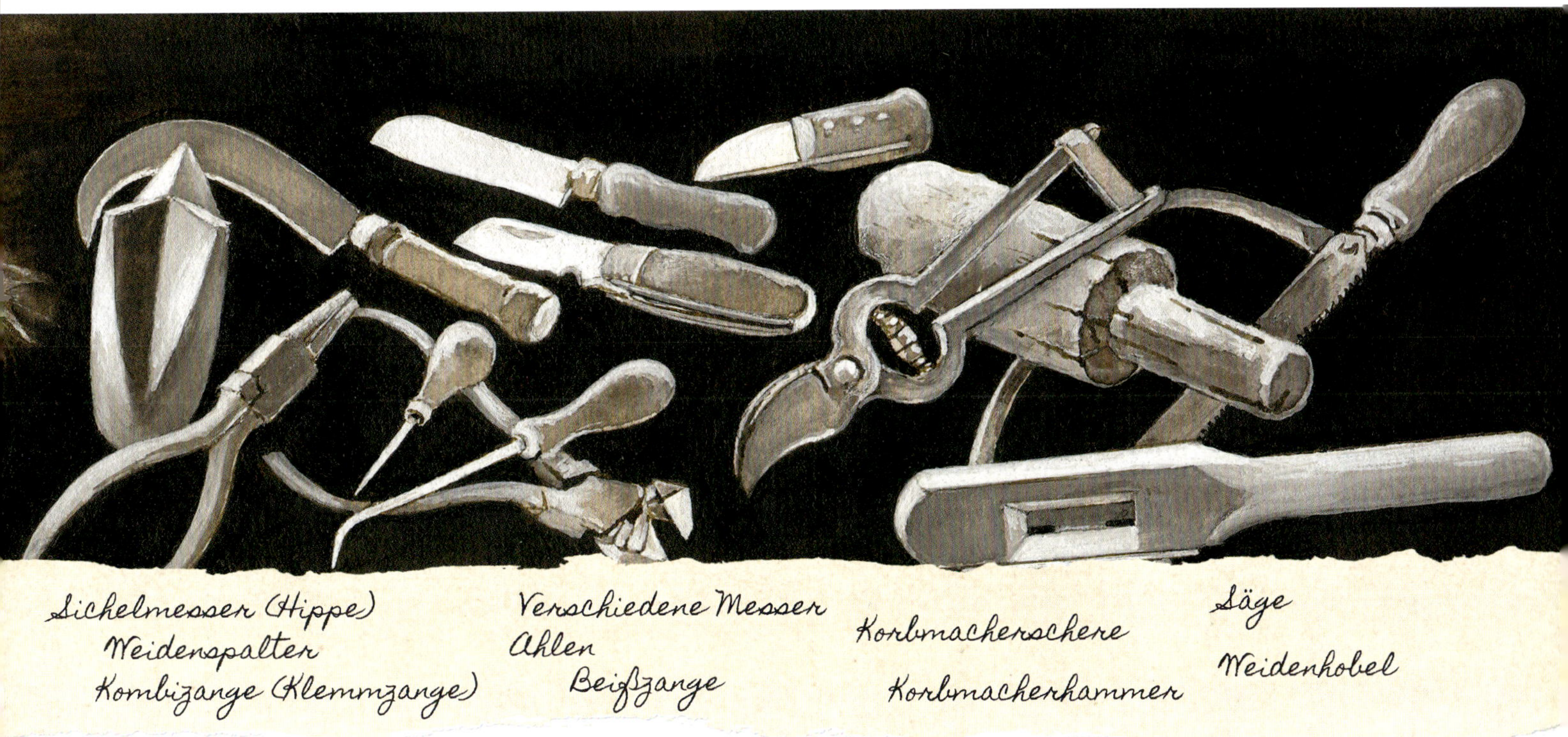

DER KORBFLECHTER

Alfons Petzold

Erst klopfe ich die raue Rinde
herab vom Weidenstammgezweige,
dass sich das fertige Gebinde
den Blicken weiß und glänzend zeige.

Dann fügt sich unter meinen Händen
das gute Holz so wie das schlechte,
wenn ich es mit den harten Enden
verbinden muss zum Korbgeflechte.

Die feinen Ruten, flach gezogen,
ich muss sie auseinander lenken,
auf dass sie im gespannten Bogen
sich umso inniger verschränken.

Und will mir eine Rute streben
aus des Geflechtes festen Gängen,
so muss ich sie – wie mich das Leben –
mit sicherm Griffe niederzwängen.

Herstellen von Spankörben

Kraftarbeit – an der Schneidebank entstehen Holzspäne (Rohspäne).

Beginn des Flechtvorgangs mit den verfeinerten und geglätteten Spänen

HEILSAME WEIDENRINDE

Die Blätter der Weide waren nicht nur ein wertvolles Ziegenfutter, sondern dienten auch den Menschen der Frühzeit als Nahrung und als Medizin. Man kannte zwar die Wirkstoffe noch nicht, wusste aber, dass sie wirken. In den Hochkulturen von Indien bis Ägypten wurden die Blätter und die Rinde der Weide – oft als Pulver – als fiebersenkende und schmerzlindernde Arznei verabreicht.

Der Grieche Hippokrates (460–377 v. Chr.), auch bekannt als Urvater aller Ärzte, behandelte mit Tee aus Weidensud unter anderem Fieber und die Folgen der Gicht. Auch der römische Arzt Dioskurides (40–80 n. Chr.) verabreichte den Saft und die Rinde von Weiden als Mittel gegen Gelenkschmerzen, Rheuma und Gicht.

Im Mittelalter waren es vor allem die Klöster, die das Wissen der Volksheilkunde dokumentierten. So berichtete die Benediktiner-Äbtissin Hildegard von Bingen (1098–1179) über Heilungserfolge mit Weidenrinde bei Fieber und Harnleiden.

Im 18. Jahrhundert wurde die Weidenrinde von der aus Peru importierten Chinarinde als Mittel gegen Fieber weitgehend verdrängt. Als jedoch die Importe aus Südamerika aufgrund der Politik Napoleons versiegten, fand man ab 1806 wieder zur heimischen Weidenrinde zurück.

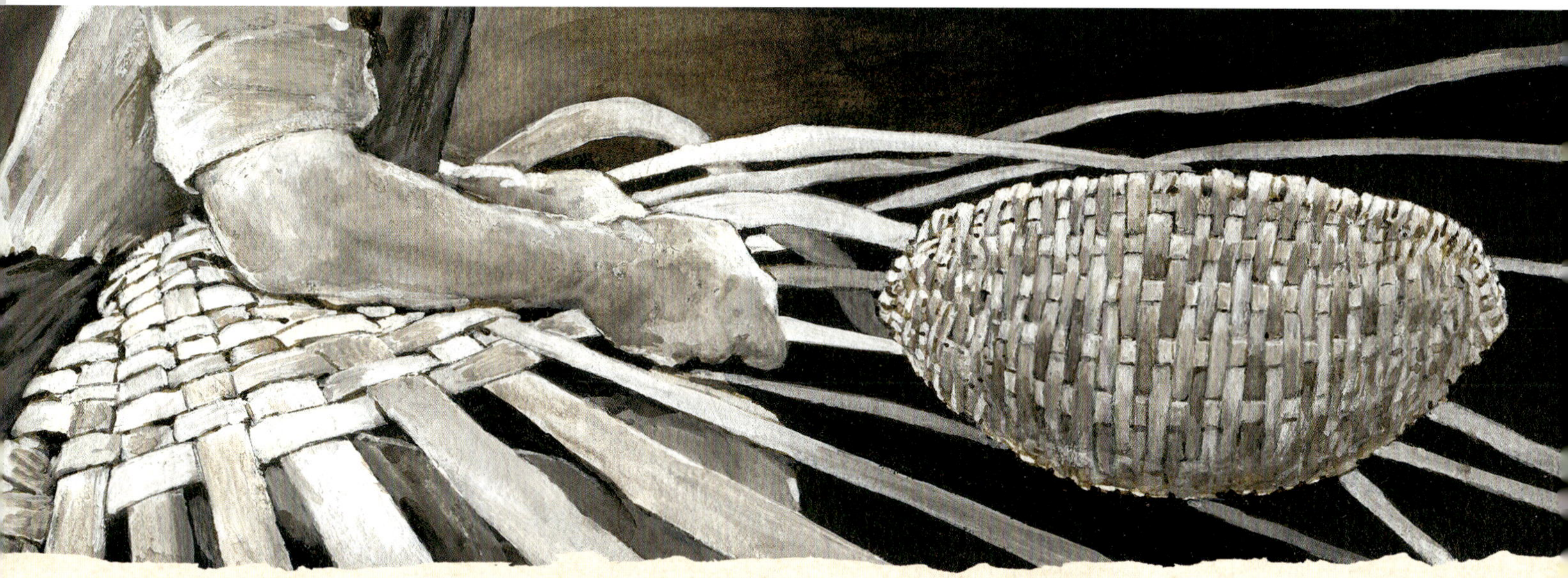

Das Korbflechterhandwerk vererbt sich oft über mehrere Generationen.

Ein fertiger Spankorb

Etwa zur gleichen Zeit wurde der Hauptwirkstoff aus der Weidenrinde im Labor isoliert und erhielt später die Bezeichnung „Salicin". Dann wurde aus der Rinde der Silberweide die kristallisierende Salicyl säure isoliert, und 1859 gelang die synthetische Herstellung von Salicylsäure, was ein Meilenstein in der Pharmaziegeschichte war.

Ein ganz großer Erfolg gelang 1897 dem deutschen Apotheker und Chemiker Hoffmann, als er aus Salicyl- und Essigsäure einen neuen, besser verträglichen Wirkstoff schuf, der unter dem Namen „Aspirin" als universelles Schmerzmittel berühmt wurde.

In den letzten Jahren hat sich die Forschung wieder mehr mit dem Ursprung dieser Wirkstoffe, mit der Weidenrinde, beschäftigt. Und in den 1990er Jahren wurde die Weidenrinde sogar als pflanzliches Schmerzmittel vom amtlichen Deutschen Arzneibuch geadelt.

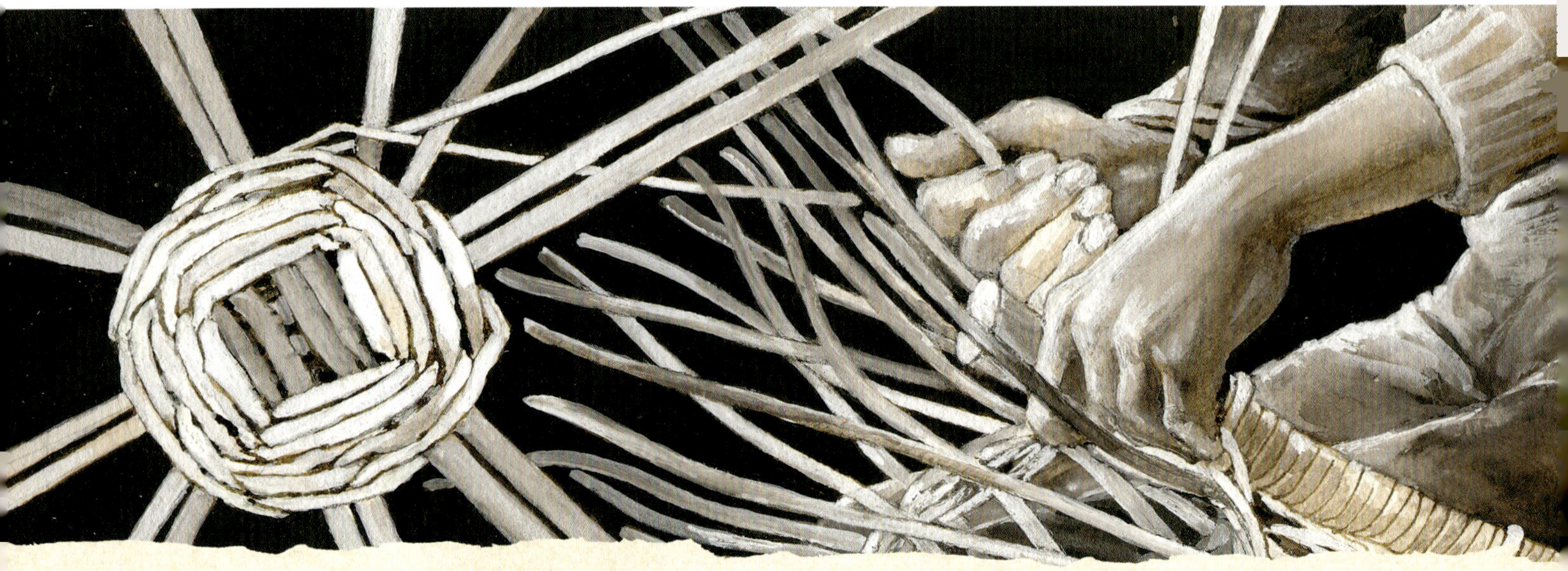

Ein Bodengeflecht entsteht.

Dem Flechter bei der Arbeit zugesehen

WENN DER KORBMACHER IN DIE BINSEN GEHT …

… dann holt er sich einen Rohstoff zum Korbflechten. Binsen sind immergrüne Sumpfpflanzen und mit dem Schilf verwandt. Sie werden nach der Ernte getrocknet und können dann sofort verarbeitet werden.

Binsengeflechte aus flachen Streifen werden zu Fußmatten oder zu Körben mit relativ glatten Wand flächen verarbeitet. Dass das Flechten von Binsen eine sehr alte Kunstfertigkeit ist, beweist das Alte Testament: Danach wurde Moses in einem Binsenkörbchen ausgesetzt.

Eine andere Art der Verarbeitung von Binsen ist das Verdrillen oder Wickeln zu Schnüren, die dann geflochten werden. Solche Geflechte werden häufig als Sitzflächen für Stühle verwendet. Das Flechten geschieht hierbei von außen zur Sitzmitte hin, was sich an dem typischen Flechtmuster der Stühle recht gut erkennen lässt.

DER KORBMACHER

Ein Schwank aus dem 16. Jahrhundert

In einem Dorfe lebte ein Korbmacher mit seiner Frau. Einstmals, als er einen Korb fertig gestellt hatte, sprach er zu ihr: „Wohlan, Weib, nun sprich: Gott sei gelobt, der Korb ist gemacht!“ Das Weib aber, das halsstarrig war, wollte das nicht sagen. Darüber war der Korbmacher so erzürnt, dass er sie über die Maßen schlug und schrie: „Willst du nicht sagen: Gott sei gelobt, der Korb ist gemacht?“

Während der Korbmacher seine Frau schlug, ging der Vogt vorbei, und er fragte, was das für ein Wesen wäre. Des Korbmachers Frau klagte dem Vogt alles. Der Vogt aber, der ein Edelmann war, begann zu lachen, ging nach Hause und erzählte seiner Frau, was sich zwischen dem Korbmacher und dessen Frau begeben hatte. Da sprach seine Frau: „Nun, ich würde es auch nicht sagen, und wenn ich darüber zerrissen würde!“ Als der Edelmann solches hörte, rief er: „Wie, würdest du auch so halsstarrig sein?“ Und er erwischte einen Prügel und schlug sie tapfer.

Die Magd, die das gesehen hatte, lief in den Stall zu einem Knecht und erzählte, wie der Vogt die Frau geschlagen hatte, und sie fragte den Knecht, ob er nicht wüsste, warum. Der Knecht, der mit dem Vogt in des Korbmachers Haus gewesen war, sagte der Magd alles, was zu wissen notwendig war. Als das die Magd hörte, sprach sie unbedacht: „Nun, ich würde auch nicht sprechen: Gott sei gelobt, der Korb ist gemacht. Auch nicht, wenn es mir so ginge wie des Korbmachers Frau!“ „Wie“, antwortete der Knecht, „würdest du auch so halsstarrig sein?“ Er nahm die Magd und trat sie mit den Füßen. Dann ließ er sie wieder laufen.

So wurden des Korbmachers Frau, die Vögtin und ihre Magd, alle drei, an einem Tag wegen eines Korbes geschlagen.

Wenn man aber die halsstarrigen Weiber allesamt schlagen wollte, würden nicht genug Prügel da sein, man müsste auch Steine und andere Instrumente dazu nehmen.

„Bedenke, was du heute tust,
bedenk' auch, was du morgen musst,
zumeist bedenke, deinem Leben
durch Arbeit Kern und Halt zu geben."

Friedrich Wilhelm Weber

DIE METALLE – KRAFT UND KLANG

„Ich hör meinen Schatz,
Den Hammer er schwinget,
Das rauschet, das klinget,
Das dringt in die Weite,
Wie Glockengeläute,
Durch Gassen und Platz.

Am schwarzen Kamin,
Da sitzet mein Lieber,
Doch geh ich vorüber,
Die Bälge dann sausen,
Die Flammen aufbrausen
Und lodern um ihn."

Ludwig Uhland

DER SCHMIED

ZUR GESCHICHTE

Das Schmiedehandwerk gehört mit zu den ältesten Handwerksberufen. Bereits vor über 5000 Jahren entstanden in Indien und in Ägypten geschmiedete Werkzeuge. Und um 2500 v. Chr. tauchten bereits die ersten Metallreifen auf.

Der Schmied war schon im Altertum wichtig und hoch angesehen. Die Griechen hatten als Gott für das Schmiedehandwerk Hephaistos, einen Sohn von Zeus und Hera. Hephaistos, der auch der Gott des Feuers war, soll unter anderem die Rüstung des Achilles angefertigt haben. Auch die Römer hatten in Vulcanus einen Gott der Schmiede und des Feuers. Er wurde von den römischen Bildhauern immer mit seinen Werkzeugen Hammer und Zange dargestellt.

Bis um 1200 v. Chr. wurden als Materialien Kupfer und Bronze, die sich einfach und schnell verarbeiten ließen, verwendet („Bronzezeit"). Danach, in der „Eisenzeit", entwickelte sich allmählich die technologisch aufwändigere Eisentechnik. Eisenerzeugnisse waren in der Antike die wertvolleren Produkte gegenüber Kupfer oder Bronze. Seine große Härte und gute Schmiedbarkeit machte das Eisen zum bevorzugten Material für Waffen und Rüstungen.

In der Zeit des römischen Reiches erreichte der Bedarf an Eisen einen ersten Höhepunkt. Um die römischen Heere mit Waffen auszustatten, wurden riesige Mengen an Eisen benötigt. Jeder der über 800 000 voll ausgerüsteten Legionäre schleppte mehr als sieben Kilogramm Eisen mit sich herum.

In Mitteleuropa wurde die Entwicklung des Schmiedehandwerks wesentlich von den Römern beeinflusst. Alle Werkzeuge und Hilfsmittel einer Schmiede – auch Amboss und Blasebalg – waren schon bei den Römern in Gebrauch.

Bereits im frühen Mittelalter entdeckte man immer mehr Anwendungen für das Eisen. So wurden um 700 bei den Reitern die Steigbügel eingeführt, und das Hufeisen fand weite Verbreitung. Im weiteren Verlauf des Mittelalters wurden die Aufgaben des Schmieds so vielseitig, dass sich nahezu 20 Spezialberufe mit überwiegend eigenen Zünften bildeten.

Der **Messer- und Klingenschmied** spezialisierte sich auf die Fertigung von Degen, Dolchen, Säbeln und Schwertern. Da solche Klingen besondere Eigenschaften haben mussten, die dem natürlichen Eisen

nicht zu Eigen waren, war das Schmieden derartiger Waffen ein streng gehütetes Geheimnis. Es wundert nicht, dass die Kunst des Schmiedens von Klingen in dem für Aberglauben anfälligen Mittelalter in die Nähe der Zauberei gerückt wurde. Viele Zünfte der Klingenschmiede verboten ihren Mitgliedern, das Land zu verlassen und die Schmiedekunst anderen als den eigenen Söhnen anzuvertrauen. So bildeten sich abgeschottete Zentren heran, in denen diese Kunst immer weiter entwickelt wurde. Ein großes Zentrum der Klingenschmiede war Solingen, eine Stadt, deren Name heute noch für höchste Klingenqualität steht.

Die Nachbearbeitung der geschmiedeten Klingen übernahmen die Schwertfeger, die sich als eigenständige Berufsgruppe etablierten. Sie polierten, schärften und verzierten die Waffen.

Die **Nagelschmiede** beschäftigten sich mit der Anfertigung von Nägeln. Da verschiedene Nägel gebraucht wurden, teilten sie sich weiter auf in Schwarz- und Weißnagelschmiede. Letztere beherrschten die Kunst, verzinkte, rostbeständige Nägel herzustellen.

Die **Panzerschmiede** stellten Schutzpanzer für die Ritter her. Im Laufe des Mittelalters änderte sich hier die „Mode“ von Schuppenpanzern, die aus einer Art Schindeln bestanden, über Kettenpanzer mit Kettenkapuze bis zu den Plattenharnischen des frühen 15. Jahrhunderts. Die Hersteller der letztgenannten Panzer wurden Plattner genannt.

Die **Helmschmiede** spalteten sich aus dem Plattnerhandwerk ab. Sie waren auf die Fertigung von Helmen spezialisiert.

Im Gegensatz zu diesen Spezialisten war der **Dorfschmied** der Alleskönner seiner Gilde. Er hatte die Pferdehufe zu beschlagen, musste Wagenräder bereifen und Ackergeräte reparieren. Er war für die Bauern der wichtigste Handwerker im Dorf und dementsprechend hoch angesehen. Erst mit der Technisierung der Landwirtschaft und mit dem Auftreten des „Landmaschinenmechanikers“ nahm die Bedeutung des Dorfschmieds ab.

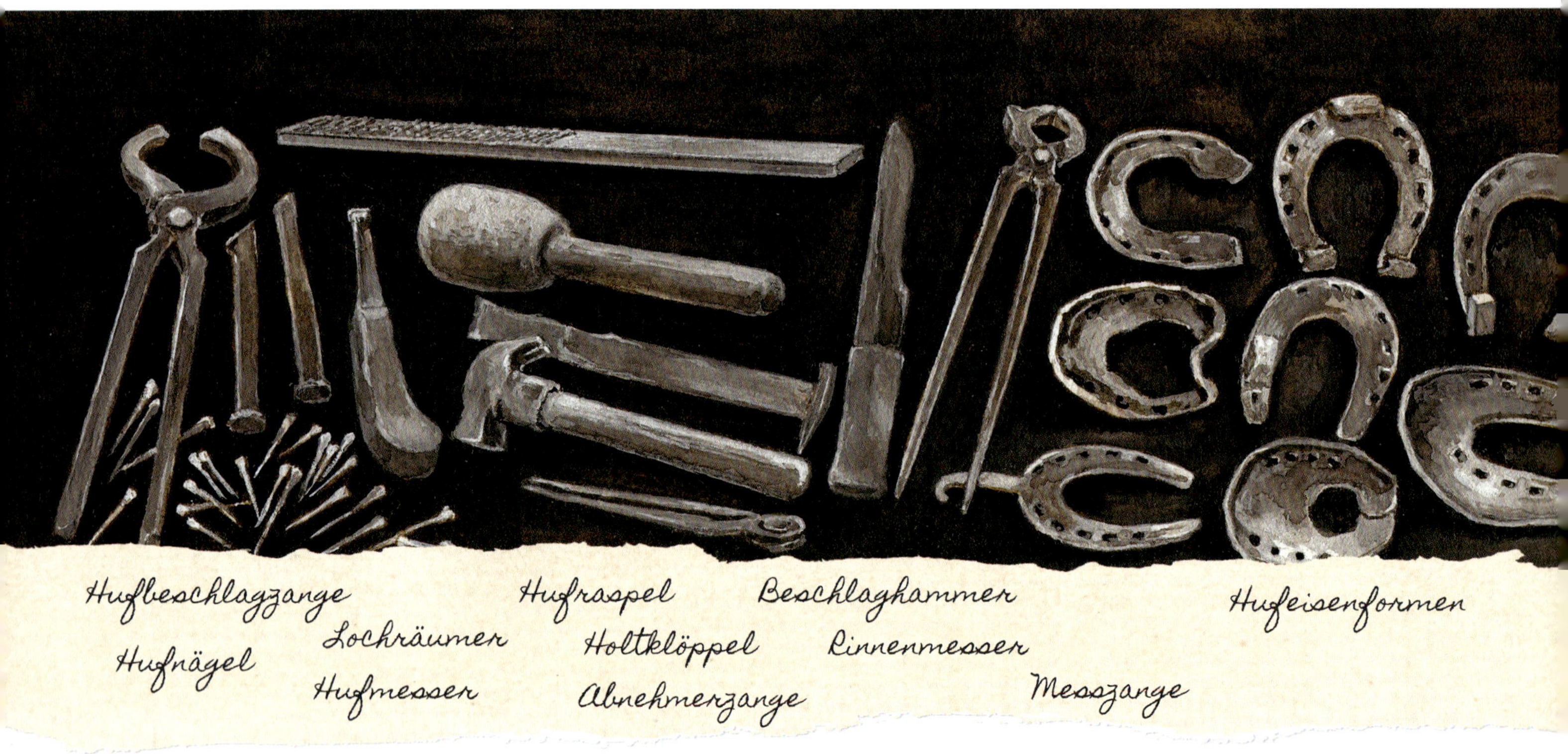

DIE SCHMIEDE

In der Schmiede und insbesondere in der Dorfschmiede wurde Eisen zum Glühen gebracht und in glühend-weichem Zustand in die gewünschte Form gehämmert.

Zum Erhitzen des Eisens diente die Esse, die im Prinzip nur eine Feuerstelle mit Kamin war. Auf einer Art Rost brannte Holzkohle oder später Steinkohle. Und um die Kohlenglut anzufachen und starke Hitze zu erzeugen, wurde dem Rost von unten Luft zugeführt. Dazu benutzte der Schmied einen großen Blasebalg, den er entweder mit den Händen oder über Fußpedale betätigte. In die glühenden Kohlen schob er dann die zu schmiedenden Eisen.

Es dauerte natürlich eine ganze Weile, bis ein Eisen hellrot glühte und geschmiedet werden konnte. Dagegen kühlte das Eisen beim Schmieden relativ rasch ab und musste erneut erhitzt werden. Ein umsichtiger Schmied, der keinen Leerlauf in seiner Werkstatt haben wollte, hatte „mehrere Eisen im Feuer", sodass er an irgendeinem Werkstück immer arbeiten konnte.

Das Schmieden selbst erfolgte auf dem Amboss, einem massiven und sehr schweren Eisenblock. Der Amboss hatte je nach Bedürfnis des Schmieds Ausbuchtungen, Aufsätze und runde oder eckige „Hörner". Sie dienten als Formwerkzeuge. So wurde zum Beispiel ein Hufeisen über einem runden Horn in seine typische Form geschmiedet.

Um ein „heißes Eisen anzupacken" und beim Schmieden zu halten, benutzte der Schmied die Zangen, die immer wieder in den Zunftzeichen auftauchten. Ein Werkzeug, das der zünftige Schmied überhaupt nicht wollte, war die Eisensäge. Es war Ehrensache, dass man Eisen nicht mit der Säge, sondern mit Hammer und Meißel trennte.

Alte Schmiede mit wasserradgetriebenem Schwanzhammerwerk

DER SCHMIED VON KOCHEL

Eine Sage aus dem Isarwinkel

Der Schmied von Kochel ist in seiner Jugend der schneidigste Soldat in der bayerischen Armee gewesen und hat als Flügelmann dem bayerischen Kurfürsten die Türken von der Kaiserstadt Wien vertreiben helfen.

Wie ihm sein Säbel unter den groben Händen zersprungen ist, hat er einfach die Deichsel von einem Wagen gerissen und damit die Türkenschädel eingeschlagen. Auch beim Sturm auf Belgrad ist er dabei gewesen, und gar kein anderes Werkzeug hat er mehr haben mögen als seine schwere Stange. Mit der hat er das Festungstor eingeschlagen und den Bayern den Weg in die Stadt freigemacht.

Nachher hätte er sich vom Kurfürsten eine Gnade ausbitten dürfen und eine Belohnung, einen goldenen Heidensäbel oder so etwas. Aber der Schmied hat gemeint: „Ich hab genug mit dem Kriegswerk. Ich möcht wieder heim zu meinem großen Hammer, mit dem kann ich auch dreinschlagen, wie ich will!"

Aber der Kurfürst hat bloß den Kopf geschüttelt und gesagt: „Das gilt nicht. Solche Leut' kann ich nicht gehen lassen. Hätt' ich mehr solche, tät ich dem Türken auch noch Konstantinopel abnehmen."

So ist der Schmied von Kochel Soldat geblieben und erst nach dem Krieg mit dem Kurfürsten wieder heimgekommen.

Schmiede das Eisen, solange es heiß ist.

DER HUFSCHMIED

Das Beschlagen von Pferdehufen war nach der Herstellung von landwirtschaftlichen Geräten eher eine Nebentätigkeit der Schmiede, hat sich aber im Bewusstsein der Bevölkerung als die typische Arbeit des Schmieds festgesetzt.

Pferdehufe bestehen wie alle Hufe von Tieren aus Horn, und Horn ist ein relativ weiches Material. Solange die Pferde auf Wald- und Wiesenböden liefen, konnten die Hufe dem weichen Erdboden standhalten. Aber auf steinigen Wegen oder auf gepflasterten Straßen war die Abnutzung des Horns zu groß – die Pferde brauchten feste Schuhe, die Hufeisen.

Wenn ein Pferd zum Beschlagen in die Schmiede gebracht wurde – manchmal kam auch der Schmied zum Pferd –, war eine der ersten Arbeiten das Ausschneiden der Hufe, deren Horn nachgewachsen und an den Rändern ausgefranst war. Das Horn wurde zurückgeschnitten und geglättet, um eine ebene Auflage für das neue Hufeisen zu schaffen. Anschließend wurden die Hufeisen für jeden Pferdehuf individuell nach Maß geschmiedet.

Das fertig geschmiedete, aber noch glühende Hufeisen wurde in einem Wasserbad abgeschreckt, um das Eisen zu härten. Dann konnte es mit kleinen Nägeln in den Huf gehämmert werden. Dabei musste der Schmied größte Sorgfalt walten lassen. Die Nägel sollten genügend lang sein, um dem Hufeisen sicheren Halt zu geben. Andererseits durften sie nicht zu lang sein und nicht so eingehämmert werden, dass Nerven im Fuß des Pferdes getroffen wurden.

Das Beschlagen erforderte vom Schmied sehr viel Kraft und gute Nerven und vom Pferd ebenfalls gute Nerven. Um die Angst vor dem Beschlagen abzubauen, hat man oft schon die Fohlen zur Schmiede mitgenommen, auch wenn sie selbst nicht beschlagen wurden. Aber sie sollten sich rechtzeitig an die Umgebung, an die Geräusche und an die Gerüche in der Schmiede gewöhnen.

Dorfschmiede

AUGUST DER STARKE UND DER HUFSCHMIED Eine Anekdote

Der Kurfürst August II. von Sachsen war außerordentlich stark. Einst ritt er spazieren, und sein Pferd verlor ein Hufeisen. Vor der nächsten Schmiede hielt er an, um ein neues Eisen auflegen zu lassen.

Als der Schmied das Hufeisen brachte, fasste es der Kurfürst mit beiden Händen und er brach es mit Leichtigkeit. „Das Eisen taugt nichts", sagte er. Der Schmied brachte ein neues, aber auch dieses und noch andere zerbrach er. Endlich stellte er sich, als habe er eines gefunden, das fest genug wäre. Das Pferd wurde beschlagen.

Jetzt ging es ans Bezahlen. Der Kurfürst gab dem Schmied einen blanken Taler. Der Schmied bog denselben krumm und sagte: „Herr Kurfürst, der Taler taugt nichts." Es wurden ihm noch einige Taler gereicht, aber auch diese bog er zusammen.

„Nun", sagte der Kurfürst endlich, „hier ist ein Louisdor, der wird ja wohl gut sein." Nun war der Schmied zufrieden und der Kurfürst ritt fröhlich von dannen und freute sich, jemanden gefunden zu haben, der ihm an Stärke gewachsen war.

DAS HUFEISEN

Seit die Griechen das Beschlagen der Pferde erfanden, wird das Hufeisen fast überall als Glücksbringer betrachtet.

Ein Hufeisen sollte in jedem Haus hängen, aber stets mit dem offenen Ende nach oben, damit das Glück nicht herausfallen kann.

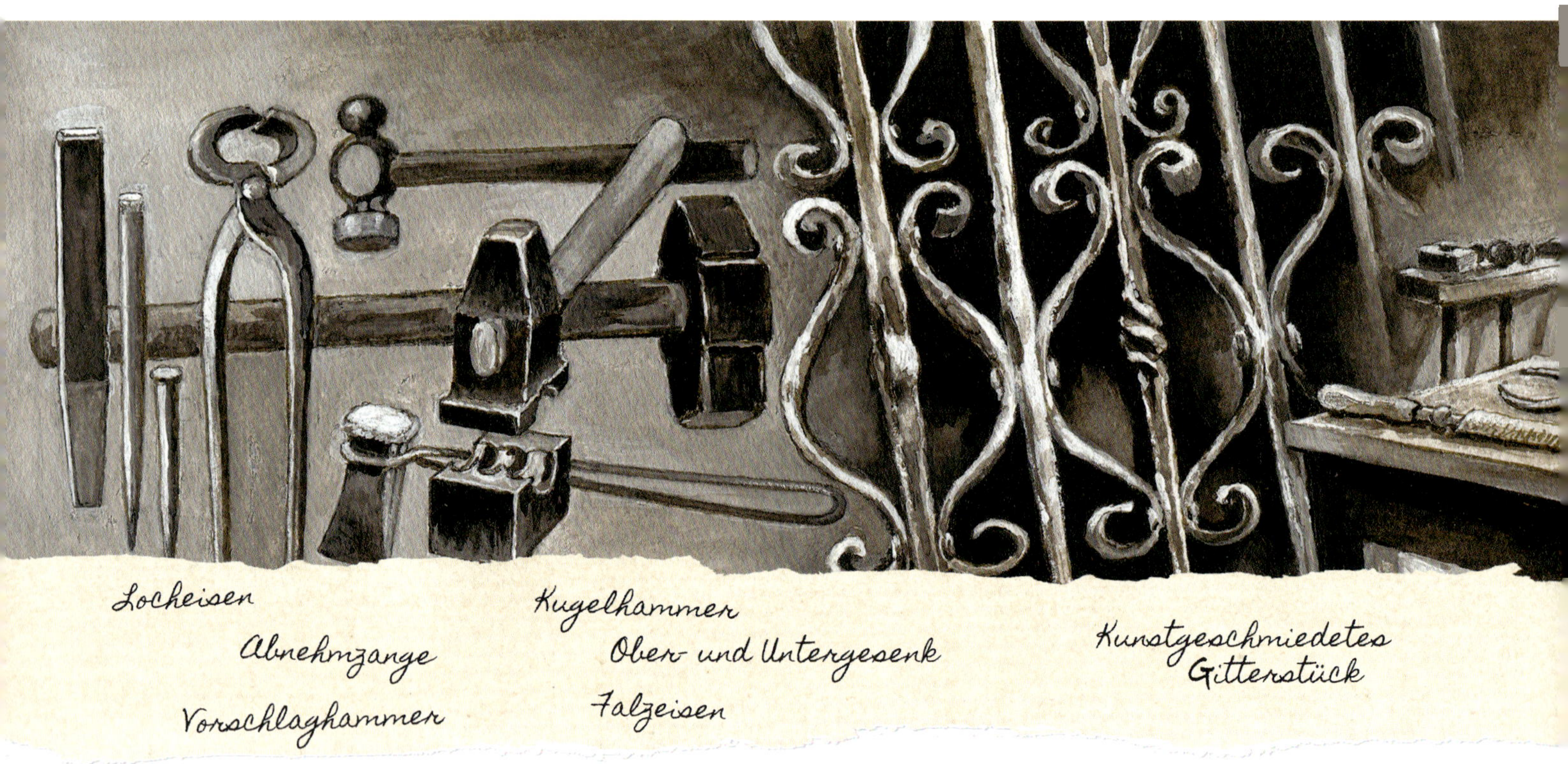

EISENGEWINNUNG FRÜHER

Das früheste gewonnene Eisen stammt aus eisenhaltigen, „roten" Böden. Die Oberfläche dieser Böden – Roteisenstein, Brauneisenstein, Ocker – wurde abgetragen und verarbeitet. Für heutige Verhältnisse war das Eisenerz nicht abbauwürdig, und es lieferte auch nur minimale Mengen an Roheisen.

Die Gewinnung des Eisens war erheblich aufwändiger als bei Kupfer oder Zinn, weil Eisen sich erst bei hohen Temperaturen aus dem Erz löst und erst bei über 1500 °C schmilzt.

Die früheste Form des Eisenschmelzofens war der so genannte Napf- oder Schüsselofen, der um 1400 v. Chr. im Gebiet der heutigen Türkei in Gebrauch kam. Dabei handelte es sich um eine etwa einen halben Meter tiefe Grube mit gut einem Meter Durchmesser. In diesem „Napf" wurde zunächst das Eisenerz bei etwa 800 °C „geröstet". Dabei wurden organische Bestandteile der Erde verbrannt und die Bestandteile des Erzes in Oxide überführt. Anschließend wurde das Erz in einer Holzkohleglut bei etwa 1100 °C zum Schmelzen gebracht. Die Holzkohle ließ man unter Sauerstoffmangel glühen, sodass sich Kohlenmonoxid bildete. Und das Kohlenmonoxid entzog nun der Schmelze aus Eisenoxiden ihren Sauerstoff, sodass diese zu Eisen reduziert wurden.

Auf diese Weise konnten mit einer Ofenbeschickung einige Hundert Gramm Roheisen gewonnen werden. Allerdings war der Verbrauch an Holzkohle gewaltig.

Noch im Altertum setzte sich eine erheblich leistungsfähigere Ofenform, der so genannte Schacht ofen, durch. Dabei handelte es sich um zylindrisch bis konisch gebaute Öfen mit Mauern aus Lehm oder – seit der Zeit der Römer – aus gemauerten Steinen. Die Öfen wurden schichtweise mit Holzkohle und zerkleinertem Eisenerz beschickt. Im unteren Bereich des Ofens brannte das mit Sauerstoff unterversorgte Feuer und ließ Kohlenmonoxid entstehen. Die aufsteigende Hitze sorgte im Ofenzentrum für die notwendigen Temperaturen, um das Erz zu schmelzen, und das Kohlenmonoxid reduzierte das Erz zu Roheisen.

EISEN UND STAHL

Um das Roheisen aus dem Ofen zu holen, wurde die zähflüssige Masse aus Schlacke und Eisenklumpen aus dem unteren Teil des Ofens seitlich abgeleitet. Man nannte diesen Vorgang „Abstechen“.

Die endgültige Trennung von Schlacke und Eisen erfolgte durch wiederholtes Erhitzen und durch Aushämmern der Schlackenbeimengungen auf dem Amboss.

Diese frühmittelalterlichen Öfen zur Eisengewinnung zeigten bereits erstaunlich gute Wirkungsgrade. Man schätzt, dass in einem 24-stündigen Arbeitsgang aus 30 Kilogramm Eisenerz bis zu 10 Kilogramm Eisen gewonnen werden konnten, vorausgesetzt, das Erz war von entsprechend hoher Qualität.

Der Schachtofen wurde in allen Regionen mit Eisengewinnung eingesetzt und erst im 18. Jahrhundert durch den mit Koks bestückten Hochofen abgelöst. Und erst ab diesem Zeitpunkt wurde Eisen in wirklich großen Mengen verfügbar.

Roheisen enthält um oder über 3 % Kohlenstoff sowie andere Stoffe wie Phosphor und Schwefel, die als Verunreinigungen gelten. Der Kohlenstoff ist dafür verantwortlich, dass Roheisen relativ spröde und in kaltem Zustand nicht schmiedbar ist.

Im 19. Jahrhundert gelang es als Erstem Alfred Krupp, relativ kohlenstoffarmes Eisen zu gewinnen. Dieses so veredelte Eisen wurde Stahl genannt. Durch Entfernen der Verunreinigungen und durch Zusatz von geringen Mengen anderer Stoffe wie Chrom oder Vanadium können die Eigenschaften des Stahls je nach Verwendungszweck heute so beeinflusst werden, dass eine optimale Verarbeitung möglich wird.

Ausschnitt aus einer uralten nordischen Kirchentür mit schmiedeeisernem Beschlag (Drachenkopf)

Handarbeit der Nagelschmiede

DAMASZENER STAHL

Die Waffenschmiede hatten schon immer ein uraltes Problem: Eisen ist entweder hart und spröde oder weich und zäh. Die Klingen guter Waffen sollten jedoch einerseits hart sein, um ihre Schärfe zu behalten, und andererseits zäh, um im Kampf – Degen gegen Degen – nicht zu brechen. Alle diese Eigenschaften konnten früher – ohne die heutige Stahltechnologie – nicht in einer einzigen Materialart verwirklicht werden.

Die Lösung des Problems kam aus Damaskus, wo schon vor 2500 Jahren mit einer besonderen Schmiedetechnik experimentiert wurde.

Die Schmiede nahmen Platten aus hartem und aus weichem Eisen und legten diese abwechselnd übereinander. Dann erhitzten sie dieses Eisenpaket bis zur Weißglut und schmiedeten die Schichten flach zusammen. Dann trennten sie das Eisenpaket der Länge nach und legten beide Teile übereinander, was als „falten“ bezeichnet wurde.

Die gefalteten Teile wurden wieder bis zur Weißglut erhitzt und zusammengeschmiedet. Dann wurde das Paket wieder der Länge nach getrennt usw. Mit jedem Falten verdoppelte sich die Anzahl der zusammengeschmiedeten Lagen aus hartem und weichem Eisen. Durch mehrmaliges Falten und Schmieden konnten so einige Hundert Lagen entstehen.

Dieser so genannte Damaszener Stahl, der auch heute noch mit großem Aufwand geschmiedet wird, verband die guten Eigenschaften beider Eisensorten. Die harten Lagen waren für die Schärfe und Schnitthaltigkeit der Klinge verantwortlich, während die weichen Lagen für die gewünschte Elastizität und Zähigkeit sorgten.

Durch abschließendes Ätzen der Klingenflächen wurden die unterschiedlichen Lagen des Damaszener Stahls als charakteristisches, mehr oder weniger unregelmäßiges Muster sichtbar. Der legendäre Ruf der Damaszener Klingen hat sich bis heute, nicht zuletzt in vielen Abenteuerfilmen, erhalten.

ALLES, WAS HART MACHT

Ein besonderes Bestreben der Waffenschmiede war es immer, ihren Klingen eine große Härte zu verleihen. Man wusste, dass durch Abschrecken, das heißt, durch sehr rasches Abkühlen des glühenden Eisens, dessen Oberfläche an Härte zunahm. Zum Abschrecken verwendete man Wasser, Öl oder bestimmte Mixturen, die vielfach geheim gehalten wurden. Häufig war Urin dabei, was wissenschaftlich, zumindest theoretisch, sogar untermauert werden kann. Die Eisenoberfläche wird mit dem im Urin vorhandenen Stickstoff angereichert, was ihre Härte erhöht.

Aber auch das menschliche Blut enthält Stickstoff. Einer Legende nach soll einst der Herrscher von Damaskus einen Verbrecher besonders hart bestraft und befohlen haben, diesen mit einer rot glühenden Schwertklinge zu durchbohren. Der Henker sei erstaunt gewesen, dass die Klinge nach der Exekution besonders hart und geschmeidig gewesen sei. Die Versuche sollen in Damaskus fortgesetzt worden sein, bis der gesamte Vorrat an Verbrechern und Kriegsgefangenen aufgebraucht war. Auch wenn dies eine Legende ist, bleibt es eine Tatsache, dass Waffen in Blut gehärtet wurden.

Eine weniger blutrünstige Methode zur Stickstoffanreicherung hatte der Meisterschmied Wieland in der nordischen Sage. Der Sage nach hat er unbrauchbare Klingen zu Eisenfeilspänen verarbeitet und die Späne in Teig geknetet. Aus dem Teig ließ er Brot backen und an seine Hühner verfüttern. Den Hühnerkot sammelte er ein und gewann daraus das Eisen zurück. Im Verdauungstrakt der Hühner war das Eisen mit Stickstoff angereichert worden. Auch dieses Verfahren ist zumindest theoretisch möglich, wenngleich es für eine Massenproduktion wohl kaum infrage kommt.

DER ZU RUHLA HART GESCHMIEDETE LANDGRAF

Eine Sage

Zu Ruhla im Thüringer Wald liegt eine uralte Schmiede, und sprichwörtlich pflegte man von einem strengen, unbeugsamen Mann zu sagen: Er ist in der Ruhla hart geschmiedet worden.

Landgraf Ludwig zu Thüringen und Hessen war anfangs ein milder Landesherr. Da begannen die Junker und Edelleute stolz zu werden und ihren Herrn und seine Gebote zu missachten. Aber die Untertanen bedrückten sie in jeder Weise.

Einmal ging der Landgraf auf die Jagd und verirrte sich bei der Verfolgung eines Wildes. Es wurde Nacht. Da sah er durch die Bäume hindurch ein Feuer, schritt darauf zu und kam zu einer Waldschmiede, die Ruhla genannt wurde. Der Fürst trug einfache Kleider und hatte sein Jagdhorn umhängen.

Der Schmied fragte, wer er sei. „Des Landgrafen Jäger", antwortete der späte Gast. Da sprach der Schmied: „Pfui dem Landgrafen!" Ludwig schwieg, der Schmied aber fuhr fort: „Übernachten kannst du bei mir. In dem Schuppen da findest du Heu für dein Pferd. Aber um deines Herrn willen würde ich dir diesen Dienst nicht leisten."

Der Landgraf ging beiseite, konnte aber nicht schlafen. Der Schmied arbeitete die ganze Nacht, und so oft er mit dem großen Hammer auf das Eisen einschlug, sprach er bei jedem Schlag: „Landgraf, werde hart! Landgraf, werde hart wie dieses Eisen! Du böser, unseliger Herr! Siehst du nicht, wie deine Edelleute das Volk plagen?"

Mit solchen und anderen Worten machte der Schmied die ganze lange Nacht seinem Herzen Luft. Das trieb er bis zum Morgen. Der Landgraf hörte alles und nahm sich's zu Herzen. Dann zwang er seine widerspenstigen Junker zum Gehorsam und suchte die Ausbeutung seines Volkes zu bremsen. Dagegen wollten sich einige Adelige erheben, sie verbanden sich und wagten es sogar, sich gegen ihren Herrn zu wenden. Doch die Standhaftigkeit und Härte des Landgrafen brachte auch diese bald zur Vernunft, und kein Widerstand erhob sich mehr gegen die Verfügungen des Landesherrn.

AM AMBOSS

Friedrich Wilhelm Weber
(gekürzte Fassung)

Mir griff des Lebens harte Faust
schon in die krausen Kinderlocken;
den Knaben hat es derb gezaust,
hat ihn umsungen und umsaust,
und wahrlich nicht mit Blütenflocken.

Und „Schaffen!“ rief's; „die Stunde flieht!“
und trieb mich aus der Mutter Kammer:
„Nur der hat Recht, der recht sich müht;
du selbst bist deines Glückes Schmied.“
Ich weint' und fasste Zang' und Hammer.

Da hub ich an, mit Mut und Fleiß
zu ernsten Schlägen auszuholen;
den spröden Stahl bezwang mein Schweiß,
und mancher Tropfen, herb und heiß,
fiel zischend in der Esse Kohlen.

Und ob im Lenz die Schwalbe sang,
ob draußen Ros' und Lilie sprossen,
ob fern vom stillen Waldeshang
der Herdenglocken Läuten klang:
Ich stand am Feuer unverdrossen.

Und wenn im kalten Januar
die Winterstürme nimmer ruhten,
ob spiegelblank das Eis, ob klar
im Schnee des Gablers Fährte war:
Ich schürte trotzig meine Gluten.

So Mond auf Mond, jahraus, jahrein,
so Tage lang und halbe Nächte!
Stets brannte meines Feuers Schein
wie Vestas Feuer hell und rein,
und hoch den Hammer schwang die Rechte.

Ob mir's gelang, bei Tag und Nacht
mein Glück, mein eignes Glück zu schmieden?
Oft hab ich andre froh gemacht
und stets an mich zuletzt gedacht:
Ich diente, und mein Lohn ist Frieden.

„Wenn an jedes lose Maul
ein Schloss müsst' angehängt werden,
dann wär' die edle Schlosserkunst
die beste Kunst auf Erden."

Alter Handwerkerspruch

DER SCHLOSSER

Schlüsselformen und Beschläge vom Kunstschlosser

ZUR GESCHICHTE

Ursprünglich war der Schmied der alleinige Vertreter des Metall verarbeitenden Handwerks. Als die Metallverarbeitung im Laufe des Mittelalters aber immer vielfältiger wurde, entwickelten sich verschiedene neue, auf bestimmte Tätigkeiten spezialisierte Berufszweige. So entstanden die Zünfte der Nagel- und Messerschmiede, der Schwertfeger, der Büchsen macher, der Uhrmacher usw. Im 15. Jahrhundert entwickelten sich vielerorts auch die Kleinschmiede oder Schlosser aus dem Schmiedehandwerk heraus und bildeten eigene Zünfte. Es gab einige Ausnahmen, zum Beispiel Bremen, wo die Schlosser weiterhin der Schmiedezunft angehörten.

Die Handwerksordnungen und Aufnahmebedingungen der Schlosser waren ähnlich streng wie in anderen Berufen. Nach der Lehrzeit, die bis zu sechs Jahre dauerte, kam die vorgeschriebene Wanderzeit. In der Regel lebten die Lehrlinge und Gesellen im Haus des Meisters, wo sie täglich bis zu 18 Stunden arbeiteten.

Als so genannte Kleinschmiede stellten die Schlosser Beschläge, Türbänder und vor allem Schlösser und Schlüssel für Türen, Truhen und Kassetten her. Ein kunstvoll gefertigtes Schloss und Schlüssel gehörten regelmäßig zu den Meisterstücken, die der angehende Meister abliefern musste. Der Schlüssel findet sich auch fast immer in den Zunftwappen der Schlosser.

Die Einrichtung der Werkstatt ähnelte noch sehr einer Schmiede. Auch der Schlosser besaß eine Esse, einen Amboss und die zugehörigen Hämmer und Zangen. Aber es kamen Werkzeuge für die feinere Metallbearbeitung hinzu: Bohrer, feine Feilen, Stempel und Stichel. Auch die Messinstrumente sowie Zirkel und Winkel wurden der präziseren Arbeit angepasst.

Zu Musterbeispielen an Präzision wurden im 16. Jahrhundert künstliche Handprothesen, die bereits erstaunliche mechanische Feinheiten aufwiesen. Aus der Gruppe der Schlosser, die sich intensiv mit der Mechanik beschäftigten, spalteten sich unter anderem die Turmuhrmacher ab.

Als mit der beginnenden Industrialisierung Halbfabrikate der Metallverarbeitung, wie zum Beispiel Bleche, Eisenstäbe und Rohre, auf den Markt kamen, verlagerten die Schlosser den Schwerpunkt ihrer Tätigkeit mehr auf die handwerkliche Weiterverarbeitung dieser Produkte. Das Schmieden trat gegenüber der Bearbeitung im kalten Zustand in den Hintergrund.

Im Zeitalter der Mechanisierung und Motorisierung hat sich der Beruf des Schlossers dynamisch weiter entwickelt, und es haben sich neue Berufszweige gebildet, die heute unter dem Sammelbegriff „Metallbauer“ zusammengefasst werden.

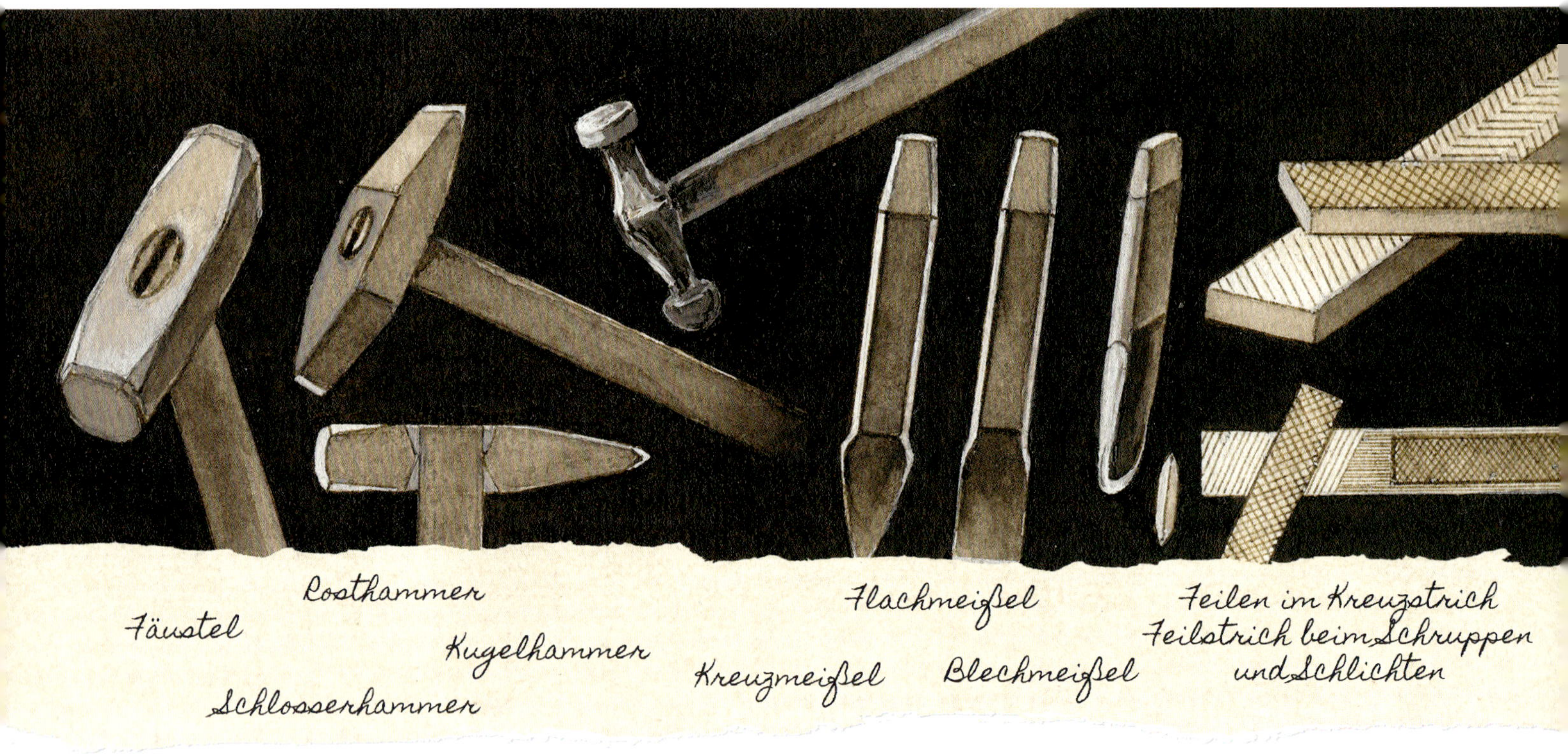

Ich mach die Schlothüt klein und groß,
Rigel, Bender, Schlüssel, Schloß,
Eysern Truhen, Brunkettn, Gitter,
Scheid auch die Schlöt, für ungwitter,
Kuchentryfus, Eysern Bräter,
Den Kirchen Han, zeygt Wind und Wettr,
Auch Ofenfüß, was man will han,
Von Eysen ich wol machen kan.

Hans Sachs

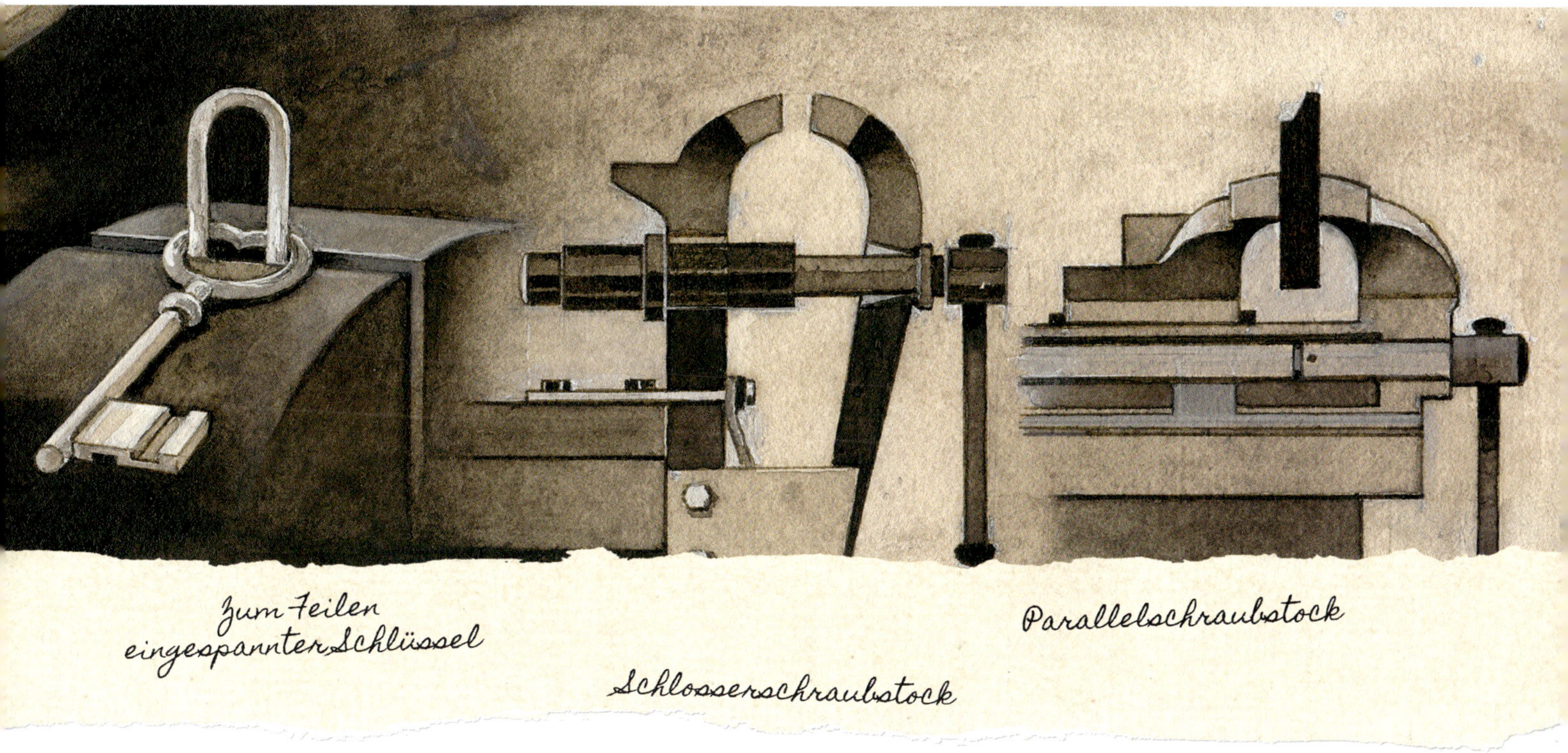

„Ein Lehrling ist genauso viel wert wie ein Student. Es nützt nichts, wenn wir alle die einsteinsche Relativitätstheorie erklären können, niemand aber einen Wasserhahn abdichten kann.

… Das kann doch nicht die Zukunft unserer Nation sein: Mondbahnen berechnen, aber keine Dachrinne reparieren können.“

Dr. Norbert Blüm
Ex-Arbeitsminister und gelernter Schlosser

Beschlag aus geschlitztem Eisen

DER AUSLEGER

Werbemaßnahmen sind keine Erfindung der Neuzeit. Schon sehr früh machten Händler und Wirtshäuser auf sich aufmerksam, indem sie Fahnen, Topfpflanzen oder Stangen mit Symbolen vor ihrem Haus platzierten. Und diese Werbeträger mussten möglichst weit in die Straße hineinragen.

Den Schmieden und Schlossern haben die Wirtsleute eine Erfindung zu verdanken, die sich als bessere Werbung erwies: der Ausleger, ein geschmiedeter Träger, der in einigen Metern Höhe an der Hauswand befestigt wurde und in die Straße ragte. Und an ihm hing das eiserne Werbeschild, das die Besucher anlocken sollte.

Die Schilder wurden immer aufwändiger gestaltet und entwickelten sich im 17. und 18. Jahrhundert zu kleinen Kunstwerken. So ließ es sich zum Beispiel ein „Gasthaus Zum Goldenen Ochsen" nicht nehmen, eine vergoldete Ochsenfigur an den Ausleger zu hängen.

Das Anbringen von Auslegern war allerdings nicht ohne weiteres möglich. Es wurde von der Obrigkeit genau geregelt, wem unter welchen Bedingungen die so genannte Schildgerechtigkeit verliehen werden durfte. So hatten die beschilderten Herbergen nicht nur das Recht, sondern auch die Pflicht, Fremde aufzunehmen. Und Schankwirte durften nur Schilder aufhängen, wenn es keinen Konflikt mit den „höher stehenden" Herbergen gab.

WALLENSTEIN AUF DER VIENENBURG

Eine Sage

Im Dreißigjährigen Krieg nahm einmal der General Wallenstein sein Quartier in der Vienenburg. Kaspar Wiedemann, der Amtmann, war darüber wenig begeistert. Er hatte aber gehört, dass Wallenstein das Krähen der Hähne nicht vertragen könne. Deshalb ging er in der Nacht ab und zu ans Fenster und ahmte mit lauter Stimme das Krähen eines Hahnes nach.

Bald kam die Wache, suchte und schlachtete alle in der Burg auffindbaren Hähne. Als das nichts nützte, wurde Wiedemann nach dem versteckten Hahn gefragt. Er wies auf den Wetterhahn des Turmes und sagte, der krähe, wenn einem hohen Herrn in der Burg ein baldiges schreckliches Ende bevorstehe.

Wallenstein ließ darauf noch in der mondhellen Nacht eine Kanone richten und das obere Drittel des jetzt noch bestehenden Turmes zusammenschießen. Kaspar Wiedemann aber wusste so geschickt immer wieder, bald vom Boden, bald aus einem Fenster oder im Burggraben, das Krähen erschallen zu lassen, dass der abergläubische Wallenstein zusammenpacken ließ und eiligst nach Wiedelah weiterzog.

Der Wetterhahn wurde aus dem Schutt ausgegraben, ist aber später wieder verloren gegangen, ohne dass man über seinen Verbleib etwas weiß.

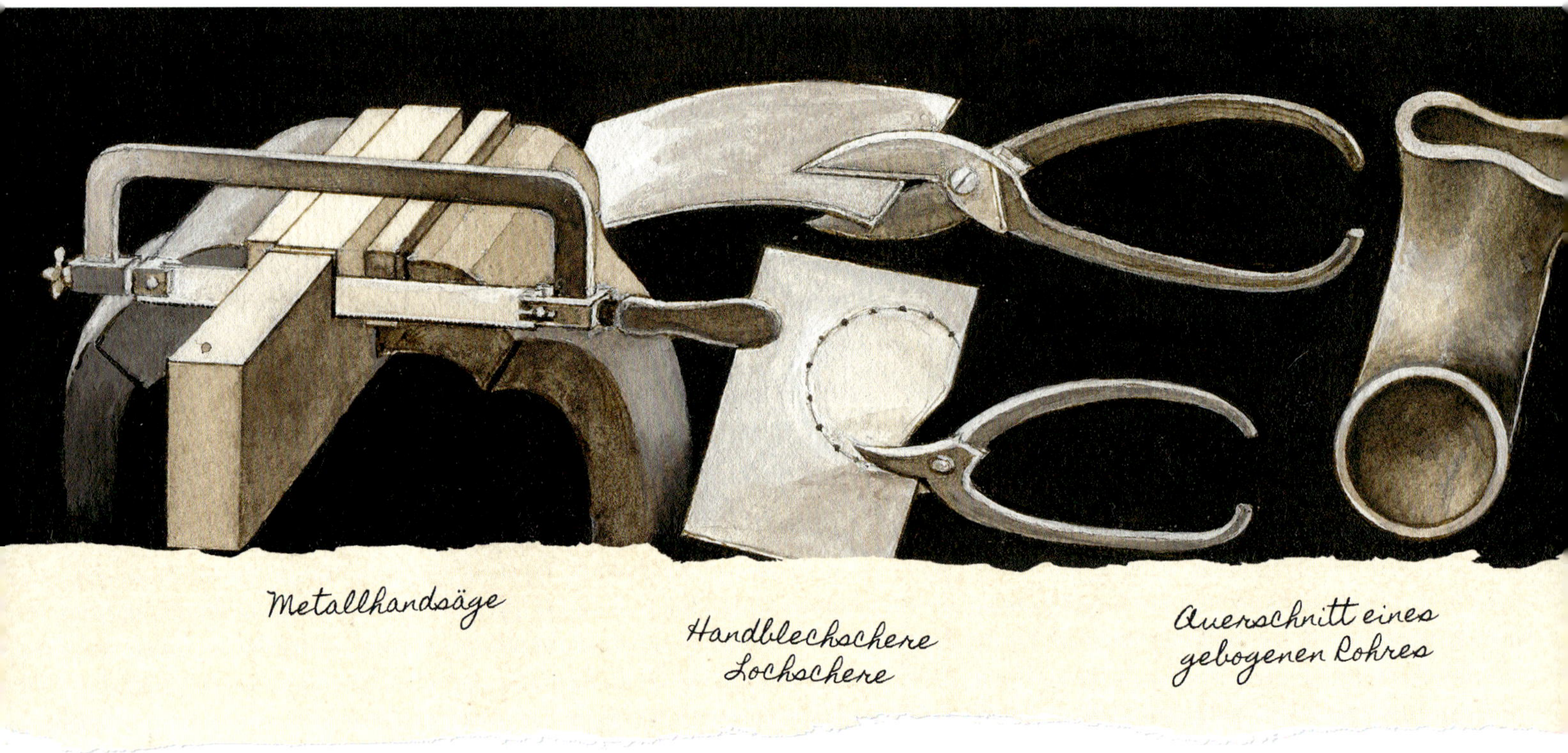

DIE WETTERFAHNE

von Benjamin Franklin Wedekind

Du auf deinem höchsten Dach,
Ich in nächster Nähe;
Doch die wahre Liebe, ach,
Schwankt in solcher Höhe,
Du in deinem Herzen leer,
Ich in blindem Wahne –
Dreh dich hin, dreh dich her,
Schöne Wetterfahne!

Unterhaltend pfeift der Wind,
Saust uns um die Ohren;
Von des Himmels Freuden sind
Keine noch verloren!
Glaubst du, dass verliebt ich bin,
Weil ich dich ermahne?
Dreh dich her, dreh dich hin,
Schöne Wetterfahne!

Drehn wir uns auf hohem Turm
Immer frisch und munter!
Ach, der erste Wintersturm
Schleudert dich hinunter.
Wenn dann auch verflogen wär,
Was ich jetzt noch ahne …
Dreh dich hin, dreh dich her,
Schöne Wetterfahne!

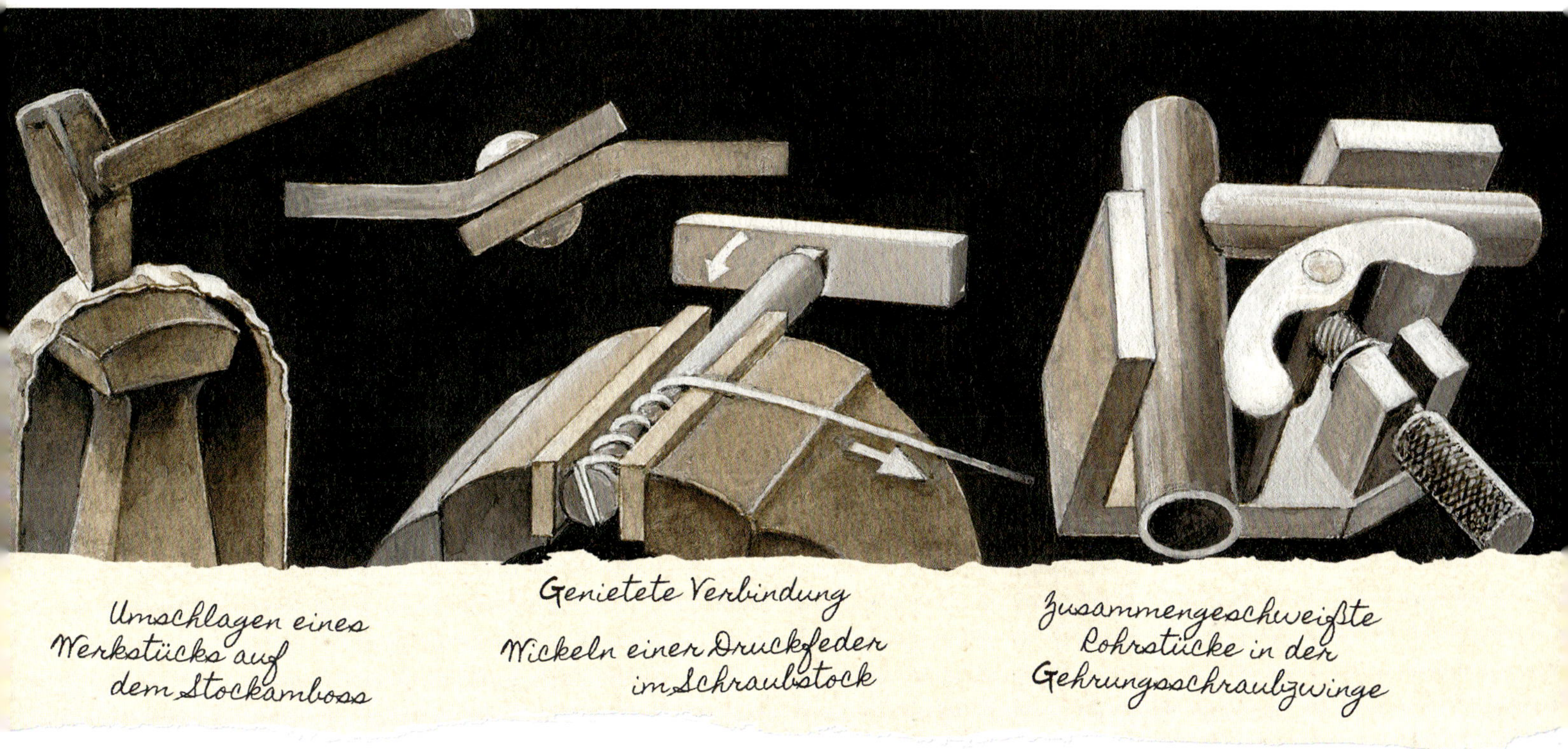

SCHLÖSSER UND SCHLÜSSEL

Die ältesten bekannten Schlösser waren ägyptische Holzkonstruktionen und stammten aus der Zeit um 5000 v. Chr. Das ägyptische Schloss war im Prinzip ein Riegel, dessen Bewegung durch einen oder mehrere Bolzen blockiert werden konnte. Die Blockade konnte durch einen Haken als „Schlüssel“, der den Bolzen verschob, aufgehoben werden. Die Schlüssel waren bis zur Zeit der Griechen sehr groß und – teilweise durch Verwendung von Metall – so schwer, dass sie sogar als Schlagwaffen verwendet wurden.

Die ersten Schlösser, die komplett aus Metall gefertigt waren, tauchten nach der Zeitenwende bei den Römern auf. Sie verfügten bereits über Sperrstifte und Federn, gegen die der Schlüssel gedreht werden musste, um die Sperrstifte zu heben und das Schloss zu entriegeln. Das Prinzip wurde bis über das Mittelalter hinaus beibehalten. Äußerlich wurden die Schlösser und vor allem die Schlüssel im späten Mittelalter und in der Renaissance zum Teil sehr aufwändig und kunstvoll gestaltet.

Technisch neue Türschlösser wurden im 17. Jahrhundert eingeführt. Die Schlüssel zu diesen Schlössern besaßen ein Bartprofil, das ein Öffnen des Schlosses mit einem unpassenden Schlüssel verhindern sollte. Das Grundprinzip dieses Schlosses wird heute noch bei Zimmertüren angewendet.

Die heute üblichen Zylinderschlösser, die in Wohnungs- und Haustüren eingesetzt werden, wurden bereits in der Mitte des 19. Jahrhunderts entwickelt. Das erste derartige Schloss hatte damals vier Sperrstifte, während die heutigen Nachfolger in der Regel fünf Sperrstifte aufweisen.

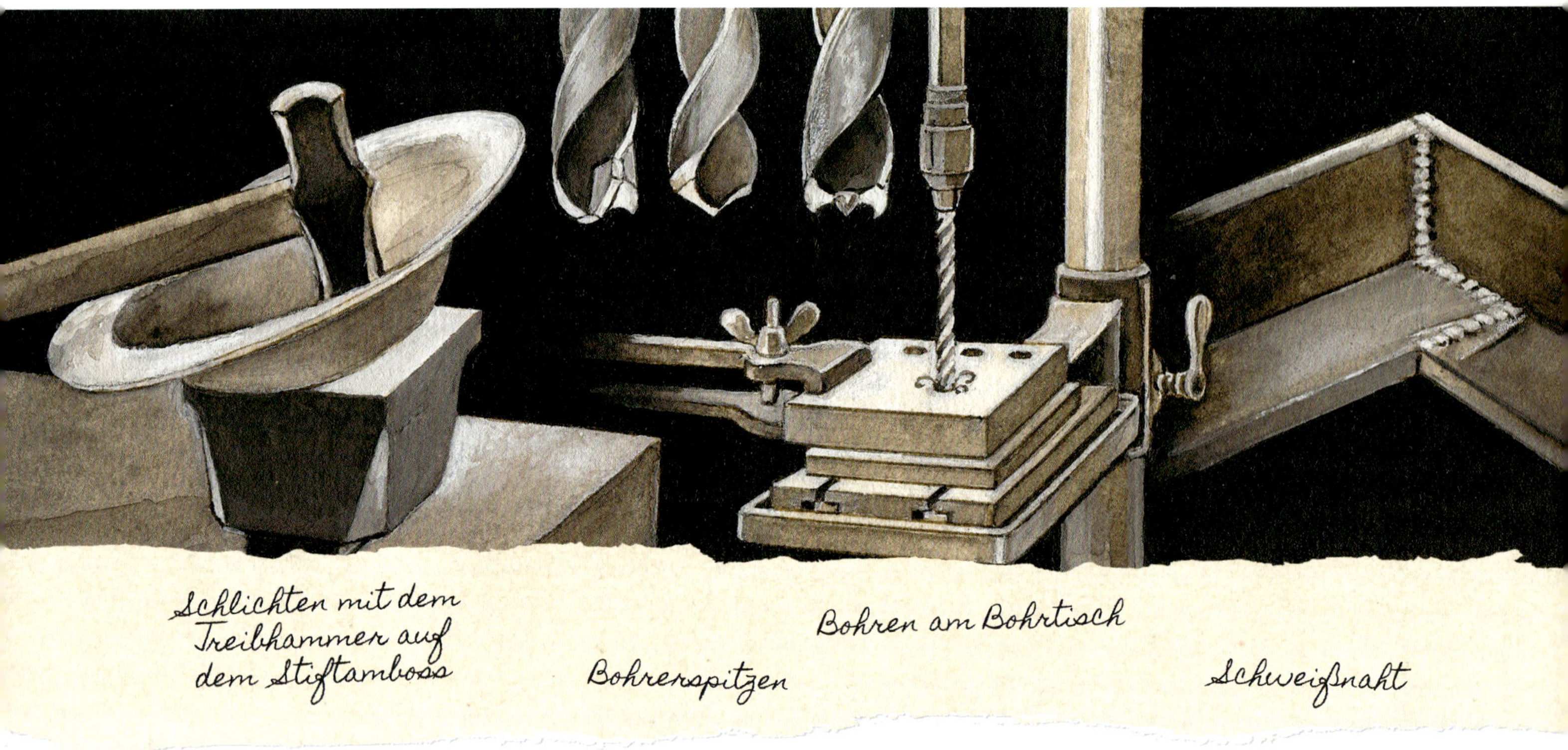

DER BERÜHMTESTE MANN MIT SCHLÜSSEL

Der Fischer Simon, der vor rund 2000 Jahren in dem kleinen Ort Kapernaum am See Genezareth lebte, ist wohl der berühmteste Mann, der meistens mit einem Schlüssel in der Hand dargestellt wird.

Nach anfänglichen Zweifeln wurde Simon ein Jünger Jesu und wurde von diesem am Abend vor seiner Kreuzigung mit einem besonderen Auftrag betraut. Jesus bezeichnete ihn als den „Fels" (griechisch „petros"), auf dem er seine Kirche aufbauen wolle. Dies begründete die besondere Stellung, die Petrus, wie er fortan hieß, unter den Aposteln einnahm und die ihn zum Vorgänger der Päpste in Rom werden ließ.

Nach katholischer Lehre reiste Petrus nach Rom und starb dort unter Nero den Märtyrertod am Kreuz. Der Legende nach wurde er auf eigenen Wunsch umgekehrt, das heißt, mit den Füßen nach oben ans Kreuz geschlagen, weil er sich nicht für würdig hielt, denselben Tod wie Jesus Christus zu sterben.

Petrus schließt in vielen Darstellungen des Jüngsten Gerichts das Himmelstor zum Paradies auf. Mit seinem Schlüssel ist er unter anderem ein Schutzpatron der Schlosser. Und neben anderen himmlischen Rollen wird er auch für das Wetter verantwortlich gemacht.

A SCHLOSSER HOT AN G'SELLEN G'HOT

von Johann K. Grübel

A Schlosser hot an G'sellen g'hot,
Der hot gor langsam g'feilt.
Doch wenn's zum Fresse 'gangen ischt,
Do hot er grausam g'eilt.
Der erschte in der Schüssel drin,
Der letzt' a wieder draus.
Do ischt koa Mensch so fleißig g'west
Als er im ganza Haus.

G'sell, hot amol der Meister g'sagt,
Hör, dös begreif i net.
Es ischt doch all' mei' Lebtag g'west,
So lang i denk', die Red':
So wie man frißt, so schafft ma' au,
Bei Dir ischt's aber so:
So langsam hot no keiner g'feilt,
Un g'fresse so wie du!

Ho, sagt der G'sell, dös b'greif i scho'
's hot all's sein guta Grund,
Das Fresse währt halt gar net lang
Und d' Arbeit verzeh' Stund'.
Wenn aner sollt' da ganze Tag
In an'm Stück fresse fort,
's würd' au gar bald so langsam gehn,
Als wie beim Feila dort.

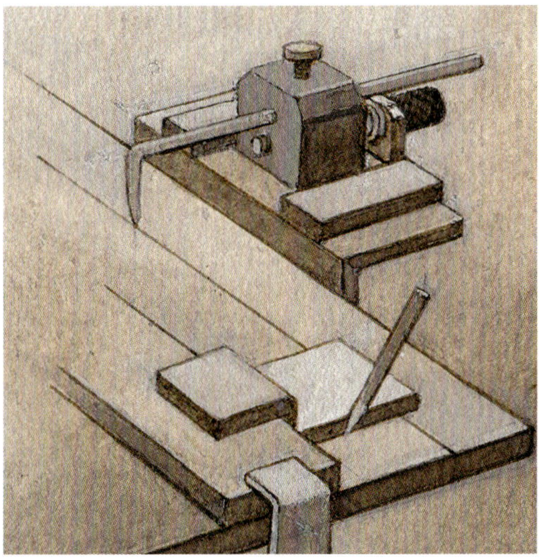

„Ich kann mancherley Glocken gießn,
Für Kirchn, wie man mag beschließn.
Auch Mörser, damit man würfft Feuwr,
Zu den Feinden ganz ungeheuwr."

Unbekannt

DER GLOCKENGIESSER

Das Geläut eines Klosters

ZUR GESCHICHTE

Die ersten Glocken tauchten in China vor ungefähr 4000 Jahren auf. Dort dienten sie nicht nur kultischen Zwecken, sondern erfüllten auch sehr weltliche und hoheitliche Aufgaben. Sie gaben buchstäblich „den Ton an“: beim Stimmen von Musikinstrumenten, aber auch bei der Übermittlung von Informationen. Ein Missbrauch der Glocken wurde streng bestraft.

In Europa ist die Kunst des Glockengießens noch gar nicht so alt. Sie wurde im 5. Jahrhundert von Mönchen aus Nordafrika importiert und blieb fast 800 Jahre lang in den Händen der Klöster, bevor das Gießen von Glocken auf weltliche Handwerker überging. Dann aber erreichten die Glockengießer innerhalb von nur zwei Jahrhunderten eine Perfektion, die nie wieder überboten wurde.

Der wohl bedeutendste Glockengießer war der Niederländer Geert Wou van Kampen, der von 1440 bis 1527 lebte. Er schuf viele berühmte Glocken, die heute noch ihren Dienst tun, zum Beispiel in Erfurt, in Osnabrück, in Braunschweig, in Naumburg und in Utrecht. Der Glockenguss wurde jeweils direkt am Bestimmungsort der Glocke und nicht in der Werkstatt des Glockengießers vorgenommen, was im Mittelalter üblich war. In dieser Zeit waren nämlich die Transportprobleme, die schwere Glocken mit sich brachten, noch nicht gelöst. Auf den weitgehend unbefestigten Wegen wäre ein derart schweres Fuhrwerk nicht vorangekommen.

Vom Stockentisch (einer Art Klaviatur) aus bespielbares Glockenspiel

Die Bronze für den Guss bestand meistens aus 78 % Kupfer und 22 % Zinn. Die Gussform wurde aus Lehm gefertigt, der mit allerlei Zusatzstoffen wie Hanf und Bienenwachs, aber auch Pferdemist und Kälberhaaren gefestigt wurde. Die genauen Rezepturen und auch die genaue Berechnung der Glockenform, um einen bestimmten Glockenton zu erhalten, waren ein streng gehütetes Geheimnis und wurden ausschließlich innerhalb der Glockengießerfamilie weitergegeben.

Nachdem der Mönch Berthold Schwarz in der ersten Hälfte des 14. Jahrhunderts das Schießpulver (neu) erfunden hatte, kam auf die Glockengießer neue Arbeit zu: das Gießen von Kanonenrohren. 1348 tauchte in der Chronik der Stadt Metz erstmals der Begriff „Artillerie" für die neuen Feuerrohre auf.

Durch den Bau von Kanonen wurde sehr viel Bronze verbraucht. Es gab Mörser – Kanonen mit sehr kurzem Rohr –, die bis zu zehn Tonnen wogen. Und so wurde das Material Bronze knapp. Im Dreißigjährigen Krieg wurden bereits größere Mengen an Glocken zu Kanonen umgegossen. Dem Ersten Weltkrieg fielen 65 000 Bronzeglocken zum Opfer, und im Zweiten Weltkrieg wurden noch einmal 80 000 Glocken von der Rüstungsindustrie eingeschmolzen. Immerhin hatte man etwas Rücksicht walten lassen und die größten Kostbarkeiten an historischen Glocken geschont.

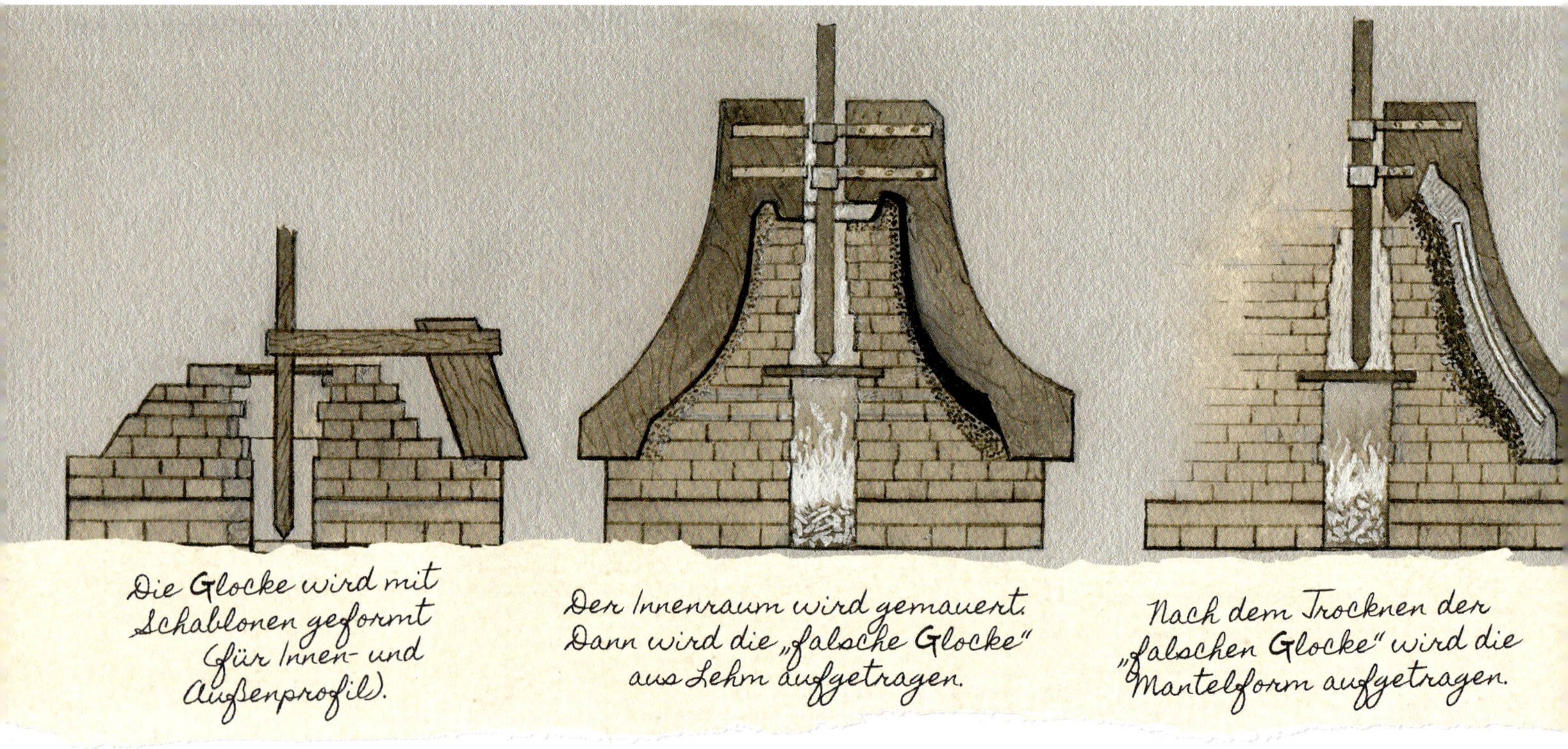

DER GLOCKENGUSS

Das Herstellen einer Glocke erfolgt ausschließlich in Handarbeit. Zunächst muss die Gussform geschaffen werden, die aus drei Teilen besteht.

Die erste Teilform ist ein glockenförmiger Unterbau aus Ziegelsteinen und Lehm, der so genannte Glockenkern. Die Form des Glockenkerns, für den zuvor eine Schablone angefertigt wurde, entspricht exakt dem inneren Profil der späteren Glocke. Die Schablone wird über dem Formstand in der Achse der Glocke drehbar befestigt, sodass mit einer Umdrehung die gesamte innere Form der Glocke beschrieben ist.

Die Lehmschichten werden relativ dünn aufgetragen und müssen trocknen, bevor die nächste Schicht aufgebracht wird. Zum besseren Trocknen brennt im Inneren des Glockenkerns ein Feuer.

Der zweite Teil der Glockenform wird „falsche Glocke“ genannt, besteht aus Lehm und ist ein genaues Abbild der späteren Bronzeglocke. Die „falsche Glocke“ wird ebenfalls in Schichten, die jeweils trocknen müssen, auf dem Glockenkern geformt. Die Schablone, die hierbei verwendet wird, markiert

die äußeren Konturen der Glocke. Inschriften und Verzierungen, mit denen die Glocke geschmückt werden soll, werden mit Wachs auf der „falschen Glocke“ angebracht.

Die dritte Teilform ist schließlich der Glockenmantel, der die „falsche Glocke“ in mehrfachen Lehmschichten umschließt. Das Innere des Glockenmantels entspricht dem äußeren Profil der „falschen Glocke“. Wenn man sich jetzt die „falsche Glocke“ wegdenkt, dann hat man eine Form aus Glockenkern und Glockenmantel und darin einen Hohlraum, der exakt der gewünschten Glocke entspricht.

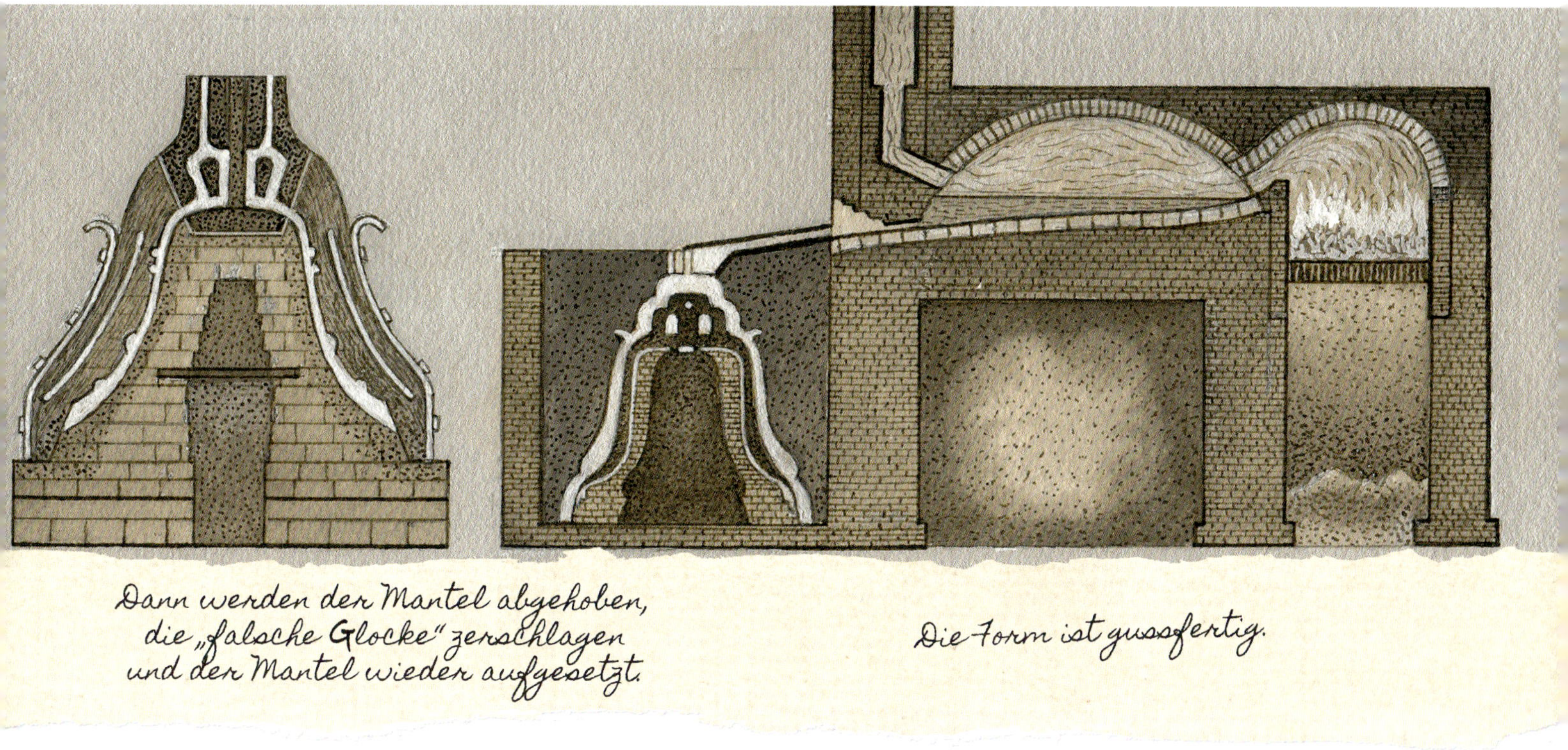

Und genau diesen Hohlraum schafft nun der Glockengießer. Zunächst muss er aber die Formen bei 600 bis 800 °C brennen, um sie auszuhärten. Dann kann er den wieder erkalteten Glockenmantel abheben und die „falsche Glocke“ entfernen. Anschließend wird der Mantel wieder auf den Kern gesetzt. Somit ist der Hohlraum für die Bronze erzeugt.

Zum Gießen müssen noch einige Vorbereitungen getroffen werden. Es sind eine oder mehrere Eintrittsöffnungen für die flüssige Bronze zu schaffen und Zuflusskanäle vom Schmelzofen zur Glocke zu mauern. Ferner müssen Entlüftungskanäle angelegt werden, damit die Luft im Hohlraum schnell entweichen kann, wenn die Bronze einschießt. Andernfalls würde eingeschlossene Luft ein vollständiges Ausfüllen mit der Gießmasse verhindern. Und nicht zuletzt muss die gesamte Form mit einem kräftigen Erdmantel umgeben werden, damit die schwere Bronze nicht die Mantelwände nach außen drücken kann.

Nach dem Gießen mit der 1100 °C heißen „Glockenspeise“ muss man sich noch einige Tage gedulden und die Glocke abkühlen lassen, bevor man den Mantel zerschlagen und das Ergebnis des Glockengießens begutachten kann.

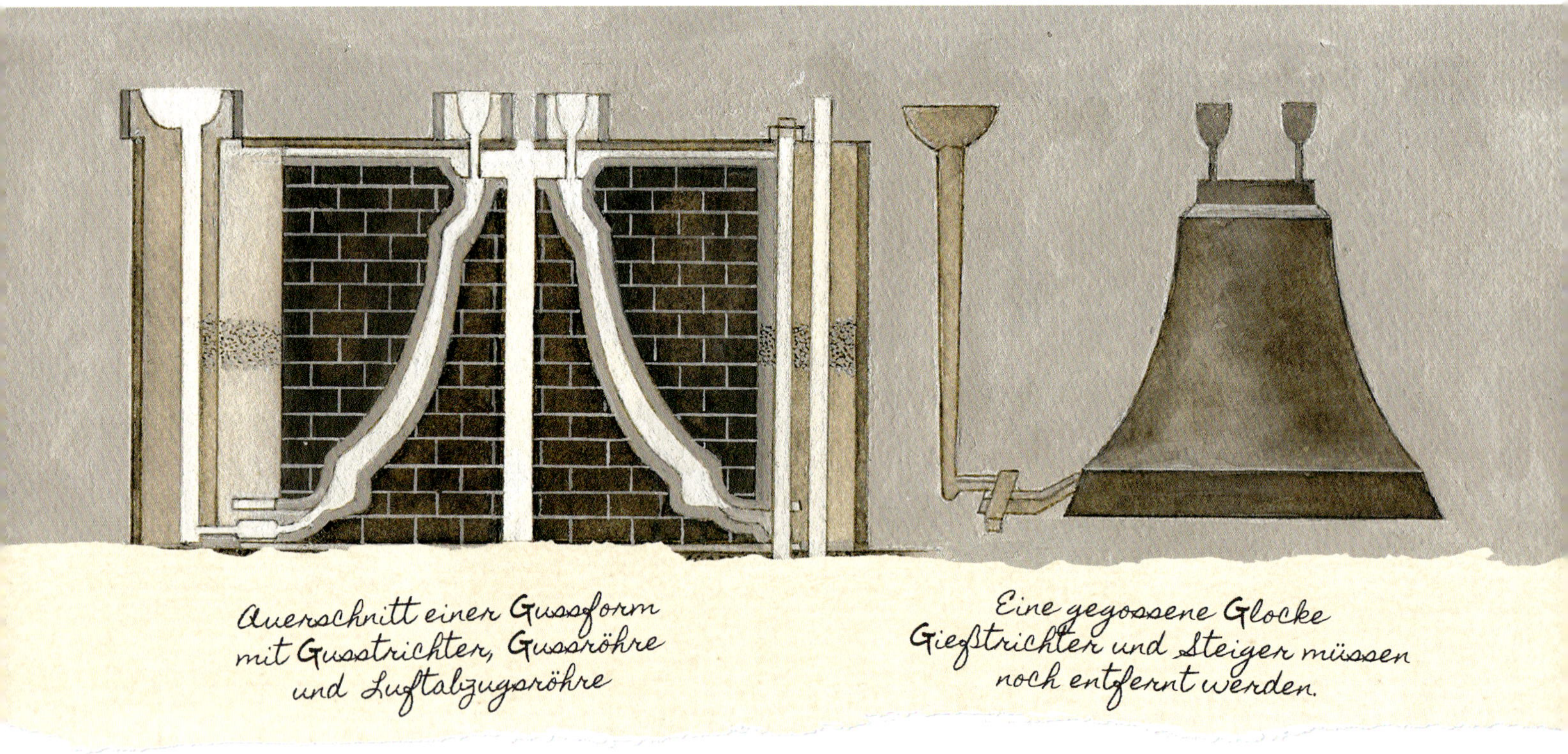

DAS LIED VON DER GLOCKE

(in Auszügen)
von Johann Friedrich von Schiller

Fest gemauert in der Erden
Steht die Form, aus Lehm gebrannt.
Heute muss die Glocke werden.
Frisch Gesellen, seid zur Hand.
Von der Stirne heiß
Rinnen muss der Schweiß,
Soll das Werk den Meister loben,
Doch der Segen kommt von oben.

Nehmet Holz vom Fichtenstamme,
Doch recht trocken lasst es sein,
Dass die eingepresste Flamme
Schlage zu dem Schwalch hinein.
Kocht des Kupfers Brei,
Schnell das Zinn herbei,
Dass die zähe Glockenspeise
Fließe nach der rechten Weise.

Wohl! Nun kann der Guss beginnen,
Schön gezacket ist der Bruch.
Doch bevor wir's lassen rinnen,
Betet einen frommen Spruch!

In die Erd ist's aufgenommen,
Glücklich ist die Form gefüllt,
Wird's auch schön zutage kommen,
Dass es Fleiß und Kunst vergilt?

Bis die Glocke sich verkühlet,
Lasst die strenge Arbeit ruhn,
Wie im Laub der Vogel spielet,
Mag sich jeder gütlich tun.

Nun zerbrecht mir das Gebäude,
Seine Absicht hat's erfüllt,
Dass sich Herz und Auge weide
An dem wohlgelungnen Bild.
Schwingt den Hammer, schwingt,
Bis der Mantel springt,
Wenn die Glock soll auferstehen,
Muss die Form in Stücke gehen.

Gesellen alle, schließt die Reihen,
Dass wir die Glocke taufend weihen.

Querschnitt einer fertigen Glocke

Die Glocke kann zum Schwingen eingehängt werden.

Die Freiheitsglocke in Berlin

DIE GLORIOSA

Der holländische Glockengießer Geert Wou van Kampen wurde eben schon kurz erwähnt. Die berühmteste seiner Glocken ist die Muttergottesglocke „Gloriosa“ im Dom von Erfurt, die als „Königin aller Glocken des Abendlandes“ gilt. Sie ist mit 11,5 Tonnen Gewicht und zwei Metern Höhe die größte freischwingende mittelalterliche Glocke überhaupt. Der Glockenguss erfolgte am 7. Juli 1497 auf dem Domberg in Erfurt unter großer Anteilnahme des Volkes und der Geistlichkeit.

Es war die sechste Glocke in Erfurt, die den Namen Gloriosa trug. Alle fünf Vorgängerinnen zersprangen entweder oder wurden Opfer von Bränden. Und Gloriosa Nr. 6 hatte schon zweimal feine Haarrisse bekommen, konnte aber beide Male – zuletzt im Sommer 2004 – von einer Nördlinger Glockenschweißerei höchst erfolgreich repariert werden.

Als man nach der letzten Reparatur die Tonqualität überprüfte, stellte man mit Erstaunen fest, dass die Nachhallzeit 370 Sekunden – mehr als 6 Minuten – betrug, mehr als jemals zuvor. Damit war die vielleicht klangschönste und wertvollste Glocke der Welt gerettet.

DIE GLOCKE LÄUTET VON SELBST

Eine Sage

Zu der Zeit, da Philipp der Großmütige die Reformation in Hessen einführte, vertauschten auch die Bürger von Frankenberg den alten Glauben mit dem neuen, helleren und freudigeren, den der Wittenberger Doktor Martin Luther gelehrt hatte.

Das nahmen ihnen besonders ihre Nachbarn im kölnischen Sauerland übel, denn diese waren katholisch geblieben und machten sich eines Tages auf, Franken berg zu erobern und zu zerstören. Die Frankenberger lebten just damals mit aller Welt in tiefstem Frieden und ahnten das Schicksal nicht, welches ihnen bevorstand. Sie hatten zwar ihre Mauern und Türme mit Wächtern besetzt, denn so war es vom Landgrafen allen Städten befohlen worden, aber auch den Wächtern fiel es im Traum nicht ein, dass ihnen die Gefahr so nahe sein könnte.

So kamen die Feinde um 9 Uhr abends unbemerkt vor der Stadt an und trafen ihre Vorkehrungen zu einem Überfall. Da ertönte urplötzlich der Sturmglocke furchtbarer Hall und rief die sorglosen Bürger zur Wehr. Niemand war der Glocke nahe gekommen, sie hatte sich ganz von selbst in Schwung gebracht.

Die Feinde, als sie das Gestürme hörten, glaubten sich verraten und machten sich eilig auf den Rückzug.

Trotz ihrer Wächter wäre die Stadt verloren gewesen, hätte nicht im Augenblick der höchsten Gefahr die tote Glocke ihren metallenen Mund aufgetan. Noch heute wird mit derselben, zur Erinnerung daran, jeden Abend um 9 Uhr geläutet.

DIE WANDELNDE GLOCKE

von Johann Wolfgang von Goethe

Es war ein Kind, das wollte nie
Zur Kirche sich bequemen,
Und sonntags fand es stets ein Wie,
Den Weg ins Feld zu nehmen.

Die Mutter sprach: Die Glocke tönt,
Und so ist dir's befohlen,
Und hast du dich nicht hingewöhnt,
Sie kommt und wird dich holen.

Das Kind, es denkt: Die Glocke hängt
Da droben auf dem Stuhle.
Schon hat's den Weg ins Feld gelenkt,
Als lief' es aus der Schule.

Die Glocke tönt nicht mehr,
Die Mutter hat gefackelt.
Doch, welch ein Schrecken! Hinterher
Die Glocke kommt gewackelt.

Sie wackelt schnell, man glaubt es kaum;
Das arme Kind im Schrecken,
Es läuft, es kommt, als wie im Traum;
Die Glocke wird es decken.

Doch nimmt es richtig seinen Husch,
Und mit gewandter Schnelle
Eilt es durch Anger, Feld und Busch
Zur Kirche, zur Kapelle.

Und jeden Sonn- und Feiertag
Gedenkt es an den Schaden,
Lässt durch den ersten Glockenschlag,
Nicht in Person sich laden.

Von weitem ertönen die schweren Glocken des Doms.

DICHTUNG UND WAHRHEIT

Es gibt eine Reihe von Sagen und Gedichten, in denen ein übermotivierter Glockengießerlehrling oder Geselle gegen das Verbot seines Meisters verstößt und die flüssige Bronze selbst in die Glockenform schießen lässt, zum Beispiel im „Glockenguss zu Breslau“ von Wilhelm Müller:

… Der Bube steht am Kessel,
Schaut in die Glut hinein:
Das wogt und wallt und wirbelt
Und will entfesselt sein,
Und zischt ihm in die Ohren
Und zuckt ihm durch den Sinn,
Und zieht an allen Fingern
Ihn nach dem Hahne hin …

Und in allen Fällen endet die Geschichte tragisch, nämlich mit zwei Toten: Der Meister tötet den Ungehorsamen und kommt im Namen der Gerechtigkeit selbst auch zu Tode.

Dass diese Erzählungen vielleicht nicht ganz abwegig sind, scheint eine amtliche Notiz von 1883 aus Künzelsau zu beweisen. Darin heißt es:

„Zwei Kilometer talabwärts an der Steige nach Hollenbach steht ein altes Sühnekreuz. Ein Glockengießer von Würzburg, der eine Glocke für Mulfingen gießen sollte, dem sie aber misslang, erschlug dort aus Eifersucht seinen Gesellen, dem in des Meisters Abwesenheit der Guss gelungen war und der mit der Freudenbotschaft dem Meister entgegengehen wollte. Der Meister nahm sich auf der Stelle das Leben.“

Es schwingen die Klänge der Dorfkirchenglocken und des Bergkirchleins über das Land.

DIE SCHILDBÜRGER VERBERGEN IHRE GLOCKE IM SEE

Es kam auch eine Zeit, da war viel Kriegsgeschrei ringsum im Land, und die Schildbürger fürchteten um ihr Hab und Gut beim Einbruch der Feinde.

Vor allem waren sie besorgt um ihre Glocke, die auf dem Rathaus hing, dass man sie ihnen nicht fortnähme, um Kanonen daraus zu gießen. Sie kamen überein, die Glocke bis zum Ende des Krieges in dem See zu versenken und sie erst nach dem Abzug der Feinde wieder herauszuziehen und an ihrem Platz aufzuhängen.

So fuhren sie in einem Schiff mit der Glocke auf den See hinaus. Als sie aber die Glocke gerade hinunter lassen wollten, sagte einer der Schildbürger: „Wie wollen wir denn die Stelle wieder finden, wo wir sie versenkt haben?“

„Darüber lass dir keine grauen Haare wachsen“, entgegnete der Schultheiss. Er nahm ein Messer und schnitt eine Kerbe in den Bootsrand, genau an der Stelle, wo sie die Glocke hinauswerfen wollten. „Hier bei diesem Schnitt werden wir sie wieder finden“, sprach er. Und sie versenkten die Glocke.

Nachdem wieder Ruhe im Land eingezogen war, fuhren sie erneut auf den See, um ihre Glocke zu holen. Die Kerbe am Schiff fanden sie wohl, nicht aber die Stelle im Wasser, wo sie die Glocke versenkt hatten. So gingen sie ihrer guten Glocke verlustig.

„Nach Golde drängt,
am Golde hängt
doch alles."

Johann Wolfgang von Goethe
aus: Faust I

DER GOLDSCHMIED

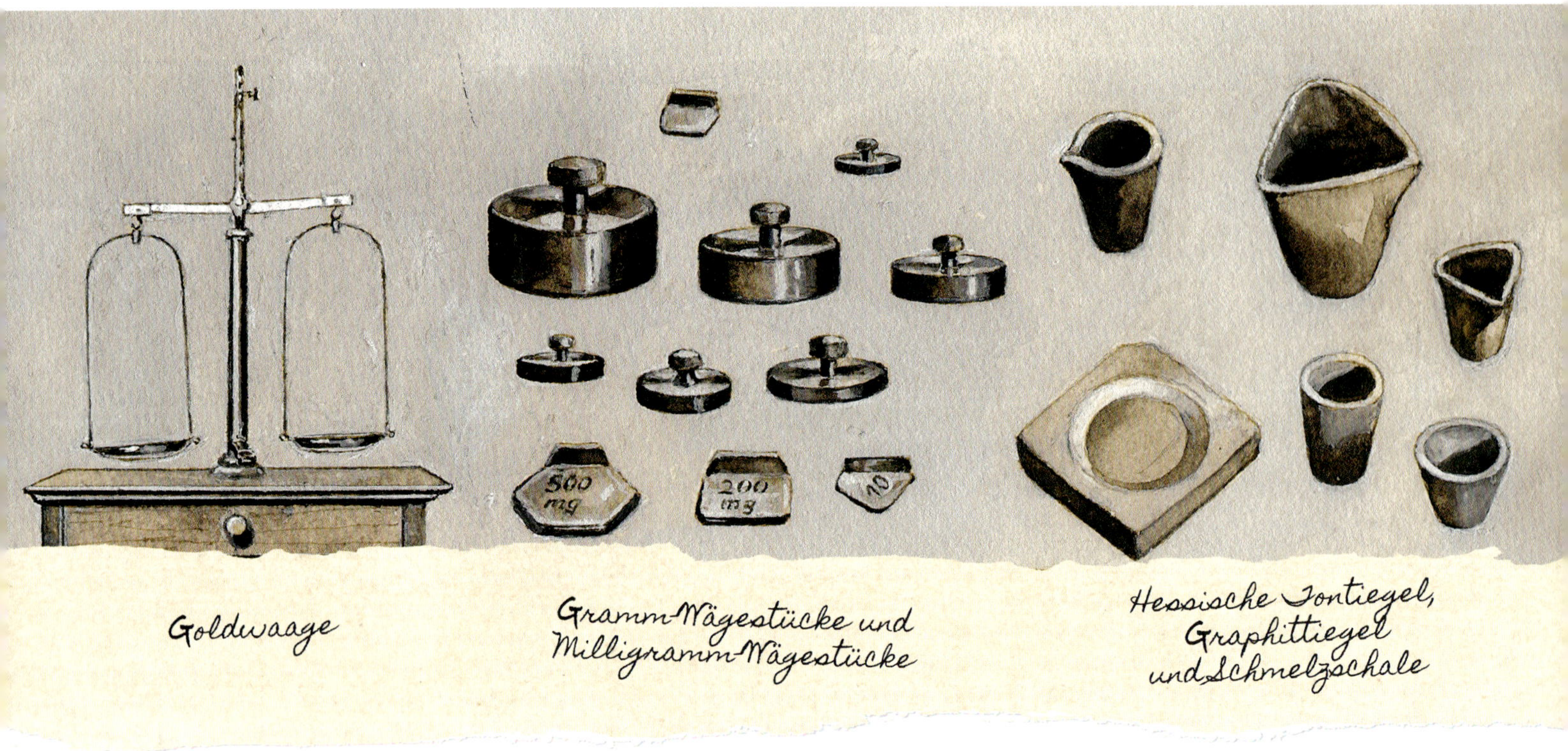

ZUR GESCHICHTE

Im 4. Jahrtausend vor Christus entdeckten ägyptische Arbeiter in den Resten einer Feuerstelle gelblich funkelnde Klumpen. In der Erde, die unter dem Feuer erhitzt wurde, war zufällig etwas Gold enthalten, und das Gold hatte sich verflüssigt und war ausgeschmolzen.

Da Gold sehr rar, andererseits aber relativ weich war und sich gut verarbeiten ließ, wurde es sehr bald zur Herstellung von Schmuck verwendet. Und nicht nur das. Man stellte auch sehr schnell fest, dass Gold weder rostet noch Patina ansetzt, also nicht oxidiert oder mit anderen Stoffen chemisch reagiert. Und so benutzte man bereits 3000 v. Chr. Golddraht, um die Zähne hoher ägyptischer Persönlichkeiten zu befestigen.

Goldschmuck wurde im Altertum häufig aus Goldblättern hergestellt. Dazu hämmerte man das Gold zwischen Lederhäuten flach. Die Goldblätter wurden dann zu Formen geschnitten oder um Steine oder Figuren gewickelt. Es wurden auch Formen aus Bronze hergestellt, auf denen Goldblätter zu Reliefs geklopft wurden. Hierdurch wurde eine Art Serienfertigung eines Motivs möglich.

Auch die Gusstechnik wurde schon im Altertum zur Herstellung von Schmuck eingesetzt. Dazu wurde zunächst das geplante Schmuckstück als Wachsmodell erstellt und dann mit Gips überzogen. In den erstarrten Gips wurde anschließend ein Loch gebohrt, aus dem man das durch Erhitzen geschmolzene Wachs ausgießen konnte. In den so gebildeten Hohlraum goss man dann flüssiges Gold, das in der gewünschten Form erstarrte.

Im klassischen Griechenland und in Rom erreichte die Herstellung von Schmuck bereits ein sehr hohes Niveau. Allerdings war die Versorgung mit Gold bis zur Zeitenwende sehr schlecht, und das meiste Gold wurde benötigt, um die militärischen Projekte der Römer zu finanzieren. Die damaligen Goldschmiede mussten allem Anschein nach Goldmünzen einschmelzen, um an das begehrte Rohmaterial heranzukommen.

Da Gold fast überall – wenngleich meistens in geringen Mengen – vorkommt, war die Verarbeitung des Edelmetalls in allen Kulturen verbreitet. So ist unter anderem auch Goldschmuck von den Kelten und von den Wikingern erhalten.

Im Europa des Mittelalters gehörten Goldschmiede zu den angesehensten Persönlichkeiten, was nicht erstaunt, da sie fast ausschließlich in den Burgen der Königs- und Adelshäuser arbeiteten. So hatten sie auch die Möglichkeit, sich relativ frühzeitig zu Zünften organisieren zu können, zum Beispiel in Köln 1178 und in Goslar 1154.

Im späten Mittelalter stieg Nürnberg zu einem bedeutenden Goldschmiedezentrum von europäischem Rang auf. Nürnberger Goldschmiedearbeiten waren an allen herrschaftlichen Tafeln begehrt.

Ab der Mitte des 15. Jahrhunderts gehörte auch Augsburg zu den wichtigsten Städten der deutschen Gold- und Silberschmiedekunst. Nicht zuletzt durch Aufträge der überaus reichen Handelsfamilien der Fugger und Welser entstand hier eine mächtige Konkurrenz zu Nürnberg. Durch die engen Handels beziehungen zu Italien gewann die Renaissance sehr starken Einfluss auf das Augsburger Kunsthandwerk. Augsburger Gold- und Silberwaren wurden in ganz Europa gehandelt und in allen Adelshäusern geschätzt. Die Masse der produzierten Ware war allerdings im 17. Jahrhundert mit einem Verlust an Qualität verbunden, der die ganz große Blütezeit beendete.

Man schätzt den Staub,
ein wenig übergoldet,
weit mehr als Gold,
ein wenig überstaubt.

William Shakespeare

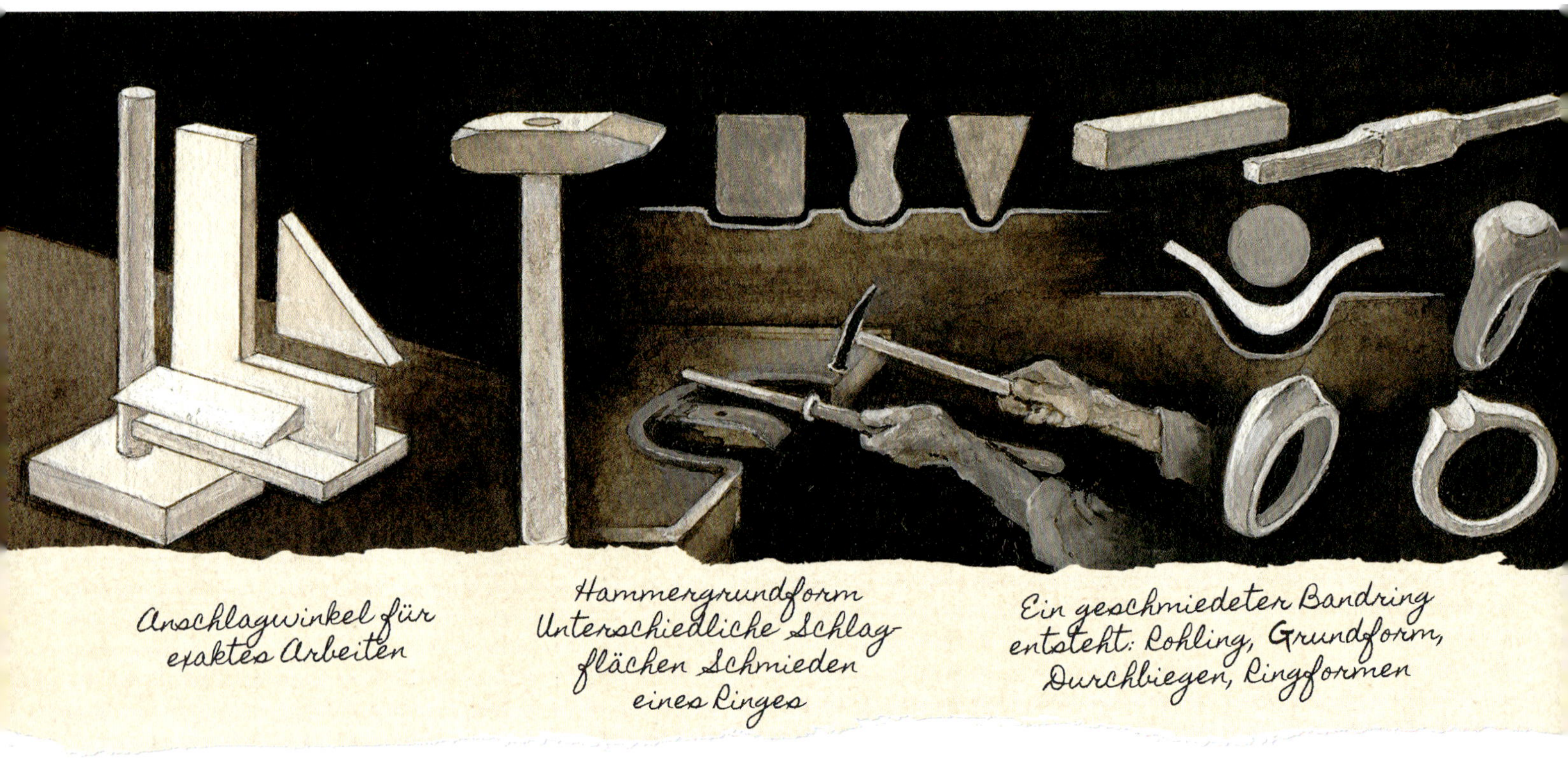

GOLDGEWINNUNG

Gold kommt überall auf der Welt vor. Fachleute schätzen, dass die Erde insgesamt 30 Milliarden Tonnen Gold in sich birgt. Einen verschwindend kleinen Bruchteil davon, nämlich rund 95 000 Tonnen, hat die Menschheit bislang erst gewonnen. Und sehr viel mehr wird es wohl auch nicht werden. Denn das Gold ist in der Erdkruste so fein verteilt, dass ein Abbau in den seltensten Fällen wirtschaftlich erscheint. Dabei lohnt sich ein industrieller Abbau bereits, wenn pro Tonne Gestein nur 2,5 Gramm Gold vorkommen.

Die älteste und bekannteste Methode der Goldgewinnung ist die Goldwäsche in fließenden Gewässern. Dabei werden mit einer Goldwäscherpfanne Wasser, Sand und kleinere Steine geschöpft. Dann macht man mit der Pfanne kreisende Bewegungen, damit der Pfanneninhalt zu rotieren beginnt – wie der Kaffee beim Umrühren mit dem Kaffeelöffel. Dadurch wird das schwerere Gold vom Sand und Gestein getrennt und kann der Pfanne entnommen werden. Das so gewonnene Gold besteht in der Regel aus kleinen bis winzigen Goldkörnern. Größere Goldklumpen, die so genannten Nuggets, sind selten.

Mit der Methode der Goldwäsche lässt sich etwa die Hälfte des Goldes im Gestein gewinnen. Der Rest ist im Gestein eingeschlossen oder chemisch gebunden.

Eine höhere Ausbeute erreicht man, indem man goldhaltiges Gestein zerkleinert und über einen Katalysator mit Quecksilber in Verbindung bringt. Dabei verbindet sich das Gold mit dem Quecksilber zu Goldamalgam. Durch Erhitzen lassen sich das Gold und das Quecksilber später wieder trennen. Diese Abbaumethode wurde bereits unter Kaiser Nero im 1. Jahrhundert n. Chr. angewendet.

In großen Betrieben wurde und wird anstelle des Quecksilbers eine Cyanidlauge verwendet, die eine noch bessere Ausbeute ermöglicht. Aber beide Verfahren sind bezüglich ihrer Umweltbelastung sehr problematisch. Man hat daher in den letzten Jahrzehnten neue Verfahren entwickelt, die ohne giftige Chemikalien auskommen und eigentlich nach dem Prinzip der alten Goldwäscherpfanne arbeiten. Dabei werden das Gestein sehr fein zerkleinert und die Mineralien unter anderem durch Zentrifugen getrennt.

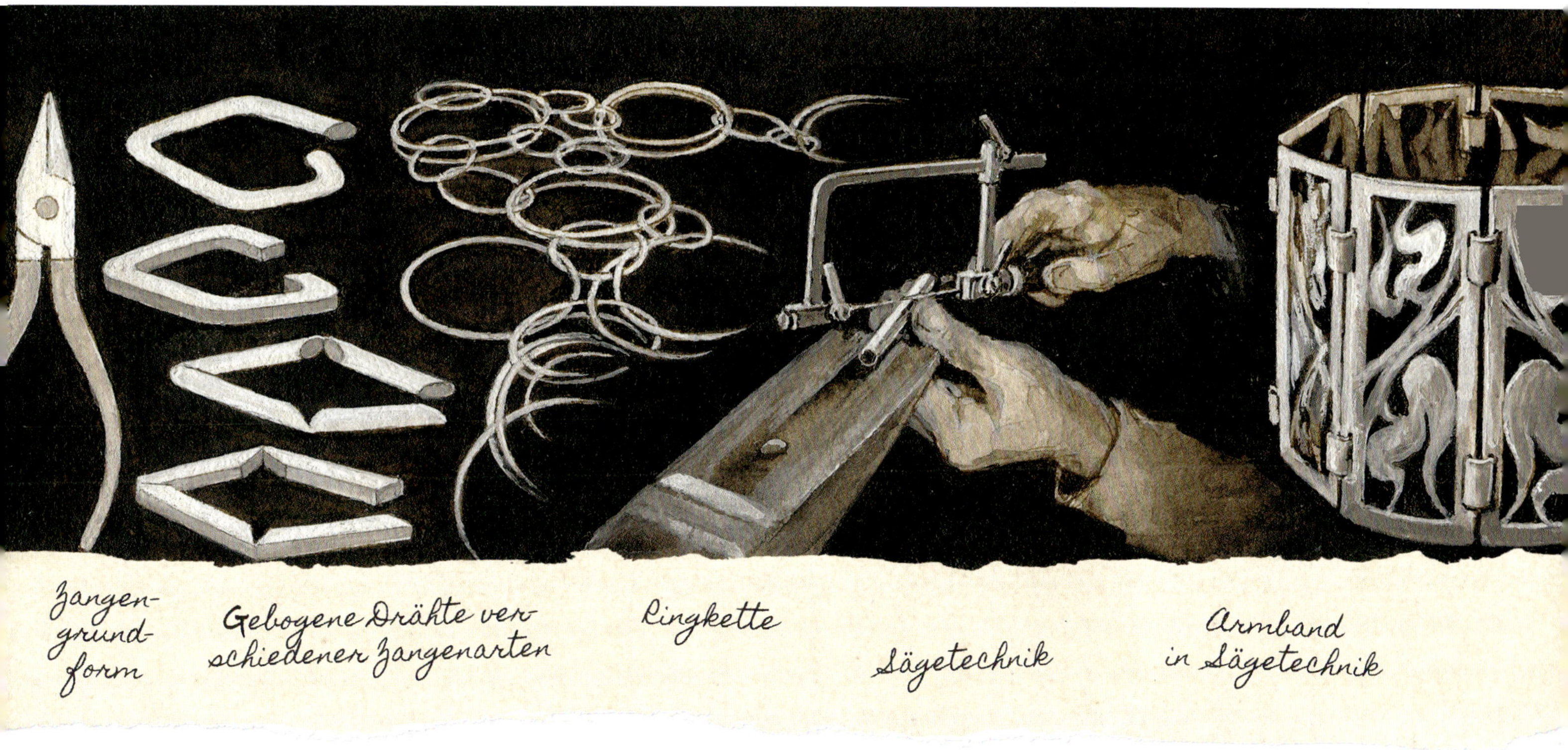

GOLD AUS DER ISAR

Die Isar, ein Voralpenfluß, die in die Donau mündet, lieferte vom Mittelalter bis ins 17. Jahrhundert Gold. Zeitweise sind wohl zwischen Moosburg und Plattling an der unteren Isar beachtliche Mengen an Gold gewaschen worden, denn einige Ortsnamen wie „Goldern" weisen auf damalige Goldvorkommen hin.

Im 18. Jahrhundert kam die Goldwäscherei zum Erliegen. In den Jahren 1745 bis 1760 wurden insgesamt nur noch 4 Kilogramm Gold gewonnen. Da half auch eine neue Bergordnung von 1780 nichts. Darin hatte Kurfürst Karl Theodor den Goldwäschern jegliche Gebührenfreiheit zugesichert.

Auch in den österreichischen Gebirgsflüssen und in der Donau wurde nach Gold geschürft. Die wichtigsten Gebiete waren das Zentralalpengebiet zwischen Drau und Salzach sowie das Lavanttal in Kärnten und das Zillertal.

Im Gebiet von Gastein erreichte die Goldgewinnung im Jahre 1555 ihren Höhepunkt, als über 800 Kilogramm Gold gewaschen wurden. Zehn Jahre später war es nicht einmal mehr die Hälfte, und 1615 lag die Ausbeute nur noch bei 27 Kilogramm Gold.

Eher bescheiden war die Goldausbeute an der Donau. In den Stiften Melk und Klosterneuburg gibt es zwar Kelche aus Donaugold. Aber sehr viel mehr Gold wurde nicht gewaschen: Bis zur Mitte des 19. Jahrhunderts sollen es insgesamt 20 Kilogramm gewesen sein.

Viel Gold wurde in der Slowakei, im Gebiet um Hodrusa-Hamre, seit dem 11. Jahrhundert gewonnen. Im 16. Jahrhundert war Hodrusa-Hamre eine wahre Goldgrube, in der 4000 Bergleute jährlich 5700 Kilogramm Gold und Silber schürften. Hier wurde die Goldgewinnung erst in allerjüngster Zeit eingestellt.

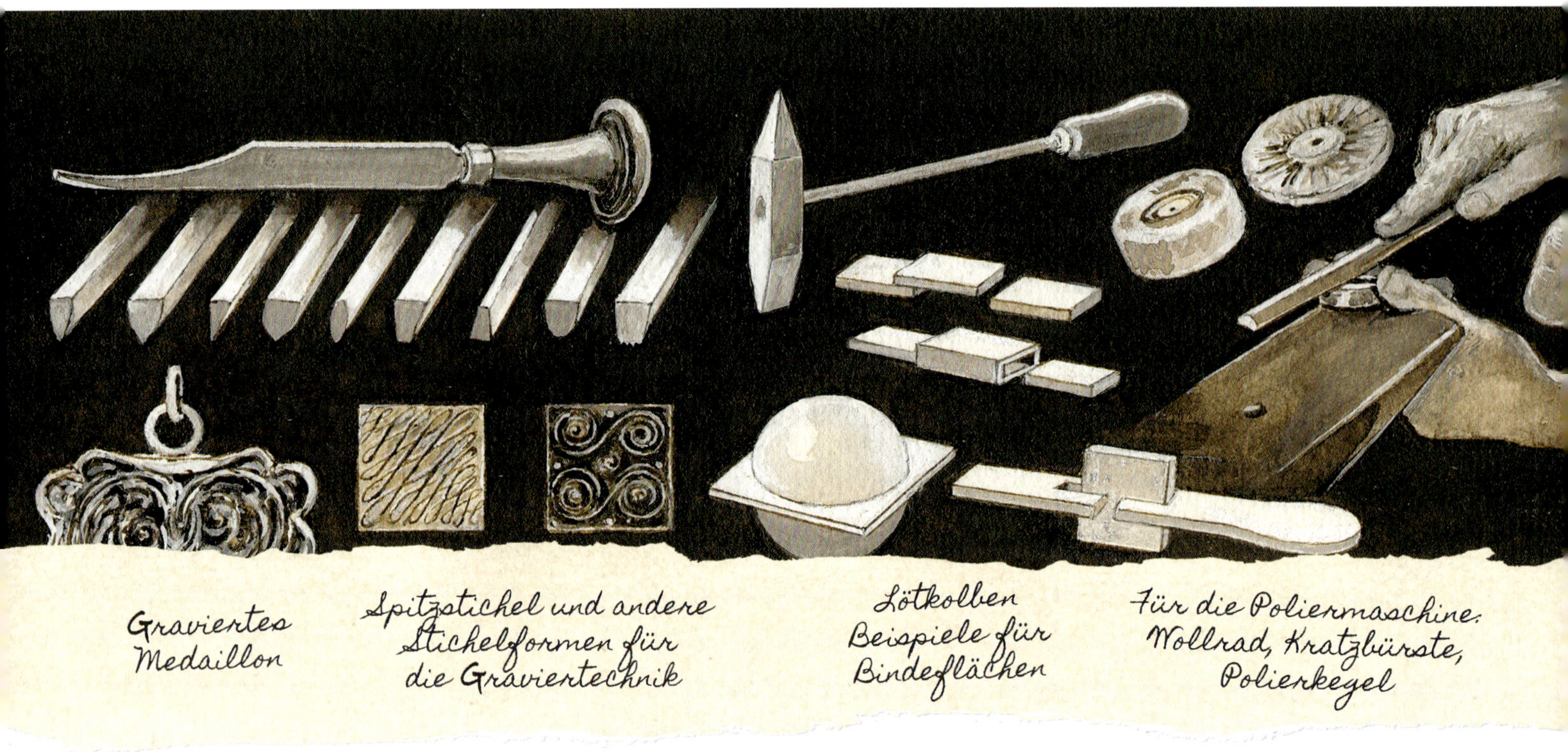

HOCHKARÄTIGES

Gold ist nicht nur teuer, sondern in seiner reinsten Form auch sehr weich und für viele Anwendungen weniger geeignet. Insbesondere für die Schmuck industrie wird Gold mit anderen Metallen legiert und kann so in seinen Farbtönen beeinflusst werden. So ergibt eine Beimischung von Kupfer rötliche Töne, während eine Silberlegierung zu weißlicheren Tönen tendiert. Auch das zeitweise moderne Weißgold ist eine entsprechende Legierung.

Ein wichtiges Maß, nicht zuletzt für den Preis, ist der Goldanteil an der Legierung. Zur besseren Hand habung in Industrie und Handel wurden verschiedene Werte als Standards festgelegt. Danach bezeichnet man vollkommen reines Gold als „24 Karat Gold". Sein Goldanteil beträgt also 100 %. Da aber kleinste Verunreinigungen nie auszuschließen sind, spricht man offiziell von 99,9 % Goldanteil. Solches Gold findet man fast ausschließlich in Goldbarren.

Die Angabe „Karat Gold" hat übrigens nichts mit der Gewichtseinheit „Carat" für Edelsteine zu tun.

Das „beste" Schmuckgold hat einen Goldanteil von 75 % und wird als „18 Karat Gold" bezeichnet. Die restlichen 25 % stammen von den hinzulegierten Metallen.

Die Tabelle zeigt die für Schmuckgold üblichen Qualitätsstufen. Darin ist noch ein weiterer Wert, die „Feinheit", angegeben. Sie ergibt sich einfach aus dem Tausendfachen des Goldanteils.

	Goldanteil	Feinheit
24 Karat	99,9 %	999,9
18 Karat	75,0 %	750
14 Karat	58,5 %	585
8 Karat	33,3 %	333

Die Güte des Goldes erprobt man im Feuer,
die des Menschen im Unglück.

Aus China

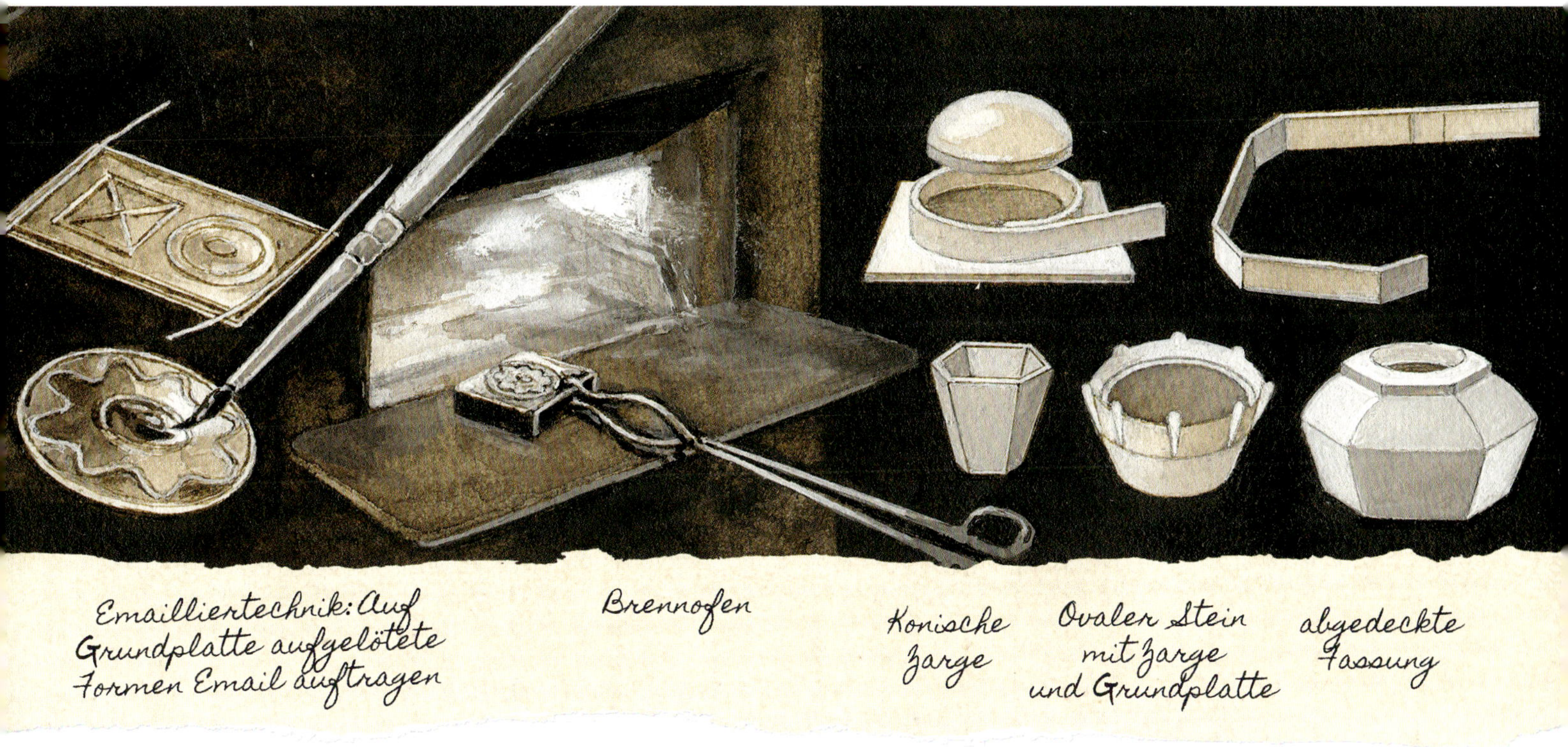

DAS GOLDLAIBLEIN

Eine Sage

Einst hüteten am Ochsenkopfe zwei Knaben und ein Mädchen die Schafe. Die Knaben waren Kinder wohlhabender Landleute. Des Mädchens Eltern aber waren arm. Die kleinen Freunde erzählten sich allerlei Geschichten. Da gesellte sich zu ihnen ein graues Männlein, das aufmerksam ihren Gesprächen zuhörte. Endlich sprach es: „Ihr seid gute Kinder. Darum will ich auch nicht von euch gehen, ohne euch zu beschenken.“ Es zog aus der Tasche drei Laiblein Brot, gab jedem Kind eines und entfernte sich.

Die beiden Knaben lachten über das armselige Geschenk und achteten es gering. Der eine nahm sein Brotlaiblein und warf es auf die Erde. Es hüpfte den Berg hinab, bis es im struppigen Gebüsch verschwand.

Da sprach der andere Knabe: „Halt, mein Laiblein muss das deinige suchen!“ und warf es ebenfalls auf die Erde. Es nahm denselben Weg wie das erste.

Nun wollten die leichtsinnigen Knaben auch das Mädchen überreden, das Geschenk wegzuwerfen. Die Kleine aber hüllte es eilig in ihr Schürzlein und sprach: „Meine Eltern wird es freuen, wenn ich ihnen etwas mit nach Hause bringe!“

Als sie aber heimkam und man das Brot aufschnitt, siehe, da war ein Klumpen Gold hineingebacken, und Reichtum zog ein, wo sonst Mangel herrschte.

Als die beiden Knaben von dem Glück des Mädchens hörten, gingen sie zurück, um die verschmähten Geschenke des grauen Männleins zu suchen. Aber es war vergeblich.

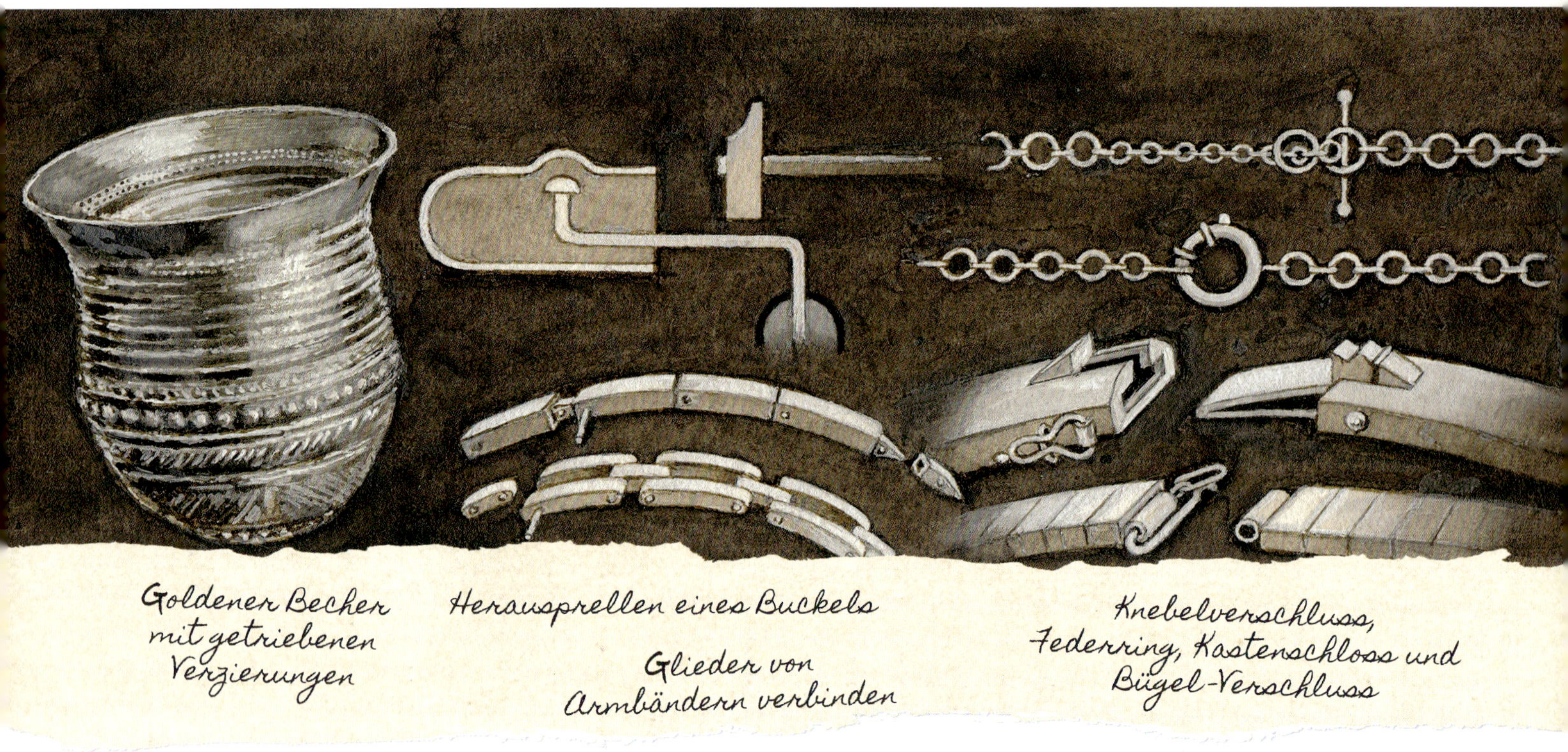

GOLDSCHMIEDEKUNST

Die prunkvollsten Werke der Goldschmiedekunst wurden – fast selbstverständlich – für den zahlungskräftigen Hochadel oder für die ebenfalls nicht arme Kirche geschaffen.

In der Schatzkammer der Burg Hohenzollern befindet sich als eine der größten Kostbarkeiten die preußische Königskrone, die Wilhelm II. im Jahr 1889 anfertigen ließ und die hier abgebildet ist. Ferner beherbergt die Schatzkammer unter anderem mehrere meisterhafte Tabaksdosen aus dem Besitz Friedrichs des Großen.

Eine Kostbarkeit, die um 780 entstand, ist der Tassilokelch (siehe Bild), der als ältester und bedeutendster Abendmahlskelch des frühen Mittelalters gilt. Er besteht aus vergoldetem Kupfer und Silber. Sein Name leitet sich von dem bayerischen Herzog Tassilo III. ab, der den Kelch dem Kloster Kremsmünster in Österreich stiftete.

Arbeiten mit dem Ziselierhammer

Der Arbeitsplatz des Goldschmieds

DER SCHREIN DER HEILIGEN DREI KÖNIGE

Als Kaiser Barbarossa Mailand erobert hatte, wurden unter anderem angebliche Reliquien der drei Weisen aus dem Morgenland als Kriegsbeute aus Mailand entführt und kamen am 23. Juli 1164 als Geschenk nach Köln.

Um 1190 begann der Goldschmied Nikolaus von Verdun, einen Schrein für die Gebeine zu bauen. In rund 30 Jahren schafften er und weitere Goldschmiedewerkstätten das größte und bedeutendste Reliquiar des Mittelalters (siehe Bild).

Den Schrein schmücken vergoldete Figuren, filigrane Platten und sehr viele Edelsteine. Die gesamte Heilsgeschichte ist in Bildern festgehalten.

Während der Französischen Revolution wurde der Schrein beschädigt und verändert. In den 1960er Jahren wurde er aber in der ursprünglichen Form wiederhergestellt.

Das berühmte „Grosse Diadem" aus dem Trojanischen Goldschatz, bestehend aus 16 337 Einzelteilen

Goldener Ohrring 6.-4. Jahrhundert v. Chr.

Islamische Handarbeit Goldfiligran des Mittelalters

BERÜHMTE GOLDSCHMIEDE

Peter Carl Fabergé (1846–1929) war Sohn eines Juweliers aus St. Petersburg. Im Jahr 1870 übernahm er das Geschäft seines Vaters. Als zwölf Jahre später sein Bruder nach Petersburg kam, entwickelte sich die Werkstatt so gut, dass die Zarenfamilie auf die Goldschmiedemeister aufmerksam wurde. Und 1885 erhielt Carl Fabergé den Titel eines Kaiserlichen Goldschmieds.

Ebenfalls 1885 entstand das erste der berühmten Fabergé-Eier. Es wurde als Ostergeschenk des Zaren Alexander III. an seine Ehefrau geschaffen. Im Laufe der Jahre schuf Fabergé für die Zarenfamilie insgesamt 55 solcher Ostereier, die einen absoluten Höhepunkt der Goldschmiedekunst darstellten. In Anerkennung seiner herausragenden Leistungen wurde Carl Fabergé sogar in die französische Ehrenlegion und in die Pariser Goldschmiedegilde aufgenommen.

Die Originale der Fabergé-Eier sind heute in der ganzen Welt verstreut und teilweise sogar verschollen. Aber Nachahmungen in unterschiedlichen Größen findet man heute in fast allen Juweliergeschäften.

Eine weitere berühmte Goldschmiededynastie ist unter dem Namen Cartier bekannt. 1847 eröffnete Louis Francois Cartier ein Geschäft in Paris und konnte sich innerhalb weniger Jahre zum Juwelier der Kaiserin Eugènie hocharbeiten.

1874 folgte ihm sein Sohn, der ebenso erfolgreich war und die Geschäftsräume in die Rue de la Paix verlegte. Dort wird das Geschäft als „Stammhaus" heute noch betrieben. Cartier erlangte seinen Weltruhm nicht zuletzt dadurch, dass er als einer der wenigen Goldschmiede auch das schwierige Platin zu Schmuck verarbeitete. Zu seinen Kunden zählten Monarchen, Staatsführer und Industrielle aus aller Welt.

Nach der Eröffnung einer Filiale in London belieferte Cartier ab 1902 auch die Royals. Und 1909 schaffte sich der jüngste Spross Pierre Cartier Zugang zum amerikanischen Markt. Er heiratete eine reiche Industriellentochter und eröffnete in der Fifth Avenue in New York ein Geschäft.

HIDDENSEER GOLDSCHMUCK

Die kleine Ostseeinsel Hiddensee vor Rügen erlebte am 13. und 14. November 1872 zwei folgenreiche Tage. Am ersten der beiden Tage hatte eine große Sturmflut zahlreiche Verwüstungen angerichtet. Und am zweiten Tag fand eine Fischerfrau aus Neuendorf bei der Behebung der Sturmschäden am Strand ein Metallstück, das schön schimmerte, aber sonst nicht weiter auffiel.

Nachdem das Metallstück wochenlang unbeachtet herumgelegen war, erkannte ein Sohn der Finderin, dass es sich um Gold handelte, und verkaufte das Stück zum Materialwert an einen Goldschmied. Und als dieser den Fund dem damaligen Museumsdirektor von Stralsund zeigte, wurde langsam klar, dass es sich um ein Schmuckstück aus der Wikingerzeit um 920 handeln musste und dass dieses Stück nur ein Teil eines größeren Schmuckes war.

Also suchte man nach weiteren Stücken und fand tatsächlich weitere fünfzehn Teile. Der Schmuck hatte bzw. hat ein Gesamtgewicht von fast 600 Gramm und ist der größte jemals in Deutschland gefundene Wikingergoldschatz.

Das Kulturhistorische Museum der Hansestadt Stralsund, wo sich der Schatz heute noch befindet, machte ein Schnäppchen. Es erwarb den Schmuck etwa zum aktuellen Goldpreis. Heute wäre er unbezahlbar.

Ein einfacher Zweig ist dem Vogel lieber
als ein goldener Käfig.

Aus China

DER RITTER MIT DER GOLDENEN KETTE

Eine Sage

Um das Jahr 1360 lebte auf der Insel Usedom im Schloss zu Mellentin ein Ritter namens Nienkrake oder Neukirchen. Er trug immer eine große starke goldene Kette um den Hals, weshalb man ihn auch kurzweg nur den Ritter mit der goldenen Kette nannte.

Dieser Ritter verliebte sich in eine junge schöne Nonne im benachbarten Kloster Pudagla. Da er sie aber natürlich nicht auf gewöhnlichem Wege erobern konnte, ließ er von seiner Burg einen fast eine Meile langen unterirdischen Gang nach jenem Kloster graben. Durch diesen gelangte er in das Kloster und entführte die Nonne. Man wusste lange nicht, wo die Nonne war, endlich aber verriet ein Bauer aus dem Dorfe Mellentin es dem Bruder derselben und dieser rückte mit einer starken Schar vor seiner Burg an, um ihm das Mädchen, mit der er sich inzwischen durch seinen Burgkaplan hatte trauen lassen, wieder zu entreißen. Aber der Herzog von Stettin, bei dem der Ritter wohl gelitten war, kam ihm zu Hilfe und verscheuchte die Belagerer. Der Ritter lebte noch lange Jahre glücklich und zufrieden, und beide wurden nach ihrem Tode in der Kirche zu Mellentin begraben.

Sein Bildnis ist übrigens noch in der Kirche zu sehen. Da er mit seiner Kette, von der er sich auch im Tode nicht trennen wollte, begraben ist, hat einmal ein gottloser Mensch versucht, dieselbe zu rauben. Er feilte täglich so lange an dem verlöteten Sarg, bis er ein Schildchen abgefeilt hatte.

Da erschien in der Nacht der Ritter mit der goldenen Kette, ganz wie er auf dem Bilde gemalt ist, der Frau dieses Mannes, berührte mit den großen Federn seines Helmes ihr Gesicht, dass sie erwachte, und schaute sie scharf an.

Darauf hat die Frau ihren Mann gehindert, seine Absicht weiter auszuführen, und niemand hat seit der Zeit sich wieder an den Sarg gewagt.

BIS TU DES GOLDSCHMIEDS TÖCHTERLEIN

P. Fabrizius, um 1603

Bis tu des Goldschmieds Töchterlein,
Bin ich des Bauren Sohn, ja Sohn,
So zeug dein beste Kleider an,
Und sprich, du wilt zum Tanze gahn,
Und zeuch mit mir davon.

Über ein' breite Wiesen,
Über ein schmalen Steg, ja Steg,
Und hast du mich von Herzen lieb,
Dein treues Herz mir Glauben gibt,
Und zieh auch mit mir weg.

Darum, du zartes Jungfräulein,
Zieh du mit mir davon, davon.
„Ich will zuvor mein Mutter frag'n,
Rat sie mir das, so will ich's wag'n
Und ziehn mit dir davon.“

„Bei der nächsten Sintflut
wird Gott nicht Wasser,
sondern Papier verwenden."

Romain Gary

PAPIER – VERBREITER DER SCHRIFT

„Wo immer Menschen tätig sind,
Ideen sprießen, reifen,
Papier als Mittler hilft geschwind,
die Dinge zu ergreifen.“

F. Lüdecke

DER PAPIERMACHER

Die erste Papiermühle Deutschlands, die „Gleismühle", vor den Toren Nürnbergs (1390)

Handgeschöpfte Papiere

ZUR GESCHICHTE

Der Wunsch des Menschen, mit Bildern und Zeichen zu kommunizieren, ist uralt. Seit etwa 3500 v. Chr. verwendeten die Ägypter und später die Griechen und die Römer Papyrus als Trägermaterial für ihre Aufzeichnungen. Papyrus, aus dessen Name sich das Wort Papier ableitet, wurde aus dem Pflanzenstängel Cyperus papyrus gewonnen und war einfach herzustellen.

Um das Jahr 105 n. Chr. entwickelten die Chinesen das erste Papier. Als Rohstoffe verwendeten sie Rindenbast vom Maulbeerbaum, Hanf und Stoffreste aus der Seidenproduktion, die mit Wasser zu einem dünnen Faserbrei zerstampft wurden. Mit einem flachen Bambussieb wurde der Faserbrei dann geschöpft, entwässert und, nachdem er etwas gefestigt war, dem Sieb entnommen und flach ausgelegt. Durch Trocknen und Pressen entstand so ein Blatt Papier.

Das Geheimnis der Papierherstellung konnten die Chinesen einige Jahrhunderte lang hüten, bis im Jahr 751 chinesische Papiermacher in arabische Kriegsgefangenschaft gerieten und die Herstellmethode preisgeben mussten. Die Araber verbesserten die Technik und bauten mechanische Stampfmühlen, wodurch eine Papierherstellung in größerem Umfang möglich wurde.

1144 brachten die Araber die Papiermacherkunst nach Spanien, das damals von den Mauren besetzt war. Und es dauerte noch einmal über 200 Jahre, bis 1390 die erste deutsche Papiermühle, die „Gleismühle", in Nürnberg errichtet wurde. Dann aber feierte das Papier einen stürmischen Siegeszug und löste das aus Ziegenhaut gewonnene Pergament als Schriftträger rasch ab.

Bis zum Ende des 18. Jahrhunderts wurde Papier vollständig von Hand hergestellt. Die Papierqualität war zwar schon sehr hoch, aber die Produktivität sehr gering, und die Nachfrage nach Papier stieg ständig. Da entwickelte der Franzose Nicolas-Louis Robert eine Maschine, die erstmals die Produktion einer fortlaufenden Papierbahn anstelle von Einzelblättern ermöglichte. Damit war der Weg zu einer maschinellen Papierfabrikation geebnet.

Diese erste Papiermaschine, deren Prototyp 1798 fertig gestellt war, wurde noch mit einer Handkurbel betrieben, erreichte aber schon eine Tagesleistung von rund 100 Kilogramm Papier.

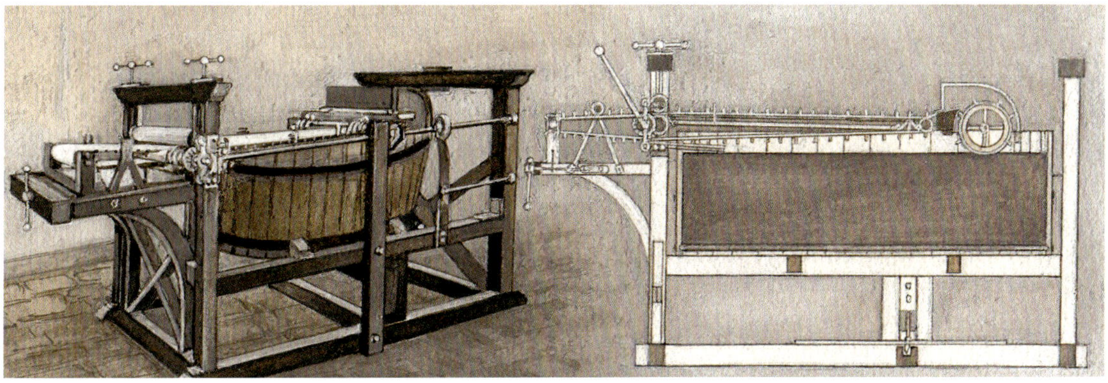

Etwa 20 Jahre später gelang dem Engländer Bryan Donkin eine wesentliche Weiterentwicklung. Er ergänzte die Maschine durch den ersten beheizten Trockenzylinder und durch so genannte Kalanderwalzen, die das Papier glätteten, bevor es auf Rollen aufgewickelt wurde. Diese Fourdrinier-Maschine, wie sie nach den Geldgebern der Entwicklung, zwei Brüdern, genannt wurde, hatte bereits alle prinzipiellen Merkmale moderner Papiermaschinen. Um 1827 leistete eine derartige Maschine bereits das Zehn- bis Zwanzigfache im Vergleich zur bisherigen Methode.

Eine weniger spektakuläre, aber nicht minder wichtige Erfindung machte 1806 der deutsche Papiermacher Moritz Friedrich Illig. Er ersetzte die bis dahin übliche Oberflächenleimung mit tierischem Leim durch eine Masseleimung, bei der Harz und Alaun bereits in die Fasermasse gemischt wurden. Diese Änderung war für die maschinelle Herstellung von beschreibbarem Papier von entscheidender Bedeutung.

Auch wenn das Prinzip der Papierherstellung bis heute weitgehend unverändert geblieben ist, so haben viele Verbesserungen und Ergänzungen, zum Beispiel zuerst der Einzelmotorantrieb und später der Mehrmotorantrieb mit Computersteuerung oder die Vakuumtechnik zur Papieraufnahme, zu gewaltigen Leistungssteigerungen geführt. 1997 wurde die bis dahin leistungsstärkste Papiermaschine in Gratkorn bei Graz in Betrieb genommen. Sie erreicht eine Jahresleistung von fast 500 000 Tonnen.

IN DER PAPIERMÜHLE

Das Herstellen von Papier, das sich bis zu Beginn des 19. Jahrhunderts nicht wesentlich änderte, war immer die „weiße Kunst", während das Drucken als die „schwarze Kunst" bezeichnet wurde.

Der Meister der „weißen Kunst" hatte in seiner Papiermühle eine ganze Reihe von Helfern: Schöpfer, Gautscher, Ableger und Leimer. Dies waren eigene Berufe, die gelernt und als Gesellen ausgeübt werden konnten.

Bis vor gut 150 Jahren wurde Papier nicht aus Holz oder Zellstoff, der ja ein Holzprodukt ist, hergestellt, sondern fast ausschließlich aus Lumpen, den so genannten Hadern. Die Hadern machte man zunächst etwas mürbe, indem man sie anfaulen ließ. Danach wurden sie zerkleinert und unter reichlich Wasserzufuhr zu feinen Fasern zerstampft oder zermahlen.

Der Faserbrei wurde dann in einem großen runden Holzbottich, der Bütte, mit sehr viel Wasser verdünnt. Die ersten Bütten waren ausgediente Weinfässer. Später leistete man sich spezielle Anfertigungen, zum Teil auch aus Stein.

Nun schöpfte der Schöpfgeselle mit einem rechteckigen, feinmaschigen und gerahmten Sieb aus der Bütte das faserige Wasser. Das Wasser lief durch das Sieb wieder ab, und eine dünne Schicht Fasern, das nasse Papierblatt, wurde im Sieb zurückgehalten. Es erforderte großes Geschick, eine gleichmäßig dicke, oder besser gesagt dünne, Faserschicht im Sieb zu erzeugen. Das Sieb wurde dann zum Abtropfen beiseite gestellt, wobei sich die Fasern ineinander verflochten und dem „Papier" schon etwas an Stabilität gaben.

Lumpenkocher, Kugelkocher reinigen das Material.

Lumpenstampfwerk um 1607

Wuchtige Mahlsteine (Kollergänge) mahlen ein faseriges Mehl

Der Rahmen des Siebs war abnehmbar und konnte sogleich für ein weiteres Sieb verwendet werden. Durch das Abnehmen des Rahmens wurde der Papierrand mehr oder weniger ausgefranst, wodurch der charakteristische „Büttenrand" entstand.

Für den nächsten Arbeitsschritt war der Gautscher zuständig. Er nahm das Sieb und stülpte das angehende Blatt Papier auf einen feuchten Filz und presste es. Mit einem zweiten Filz wurde dann der „abgegautschte" Bogen bedeckt. Darauf kam dann der nächste Bogen und ein weiterer Filz usw., bis vielleicht ein Dutzend Bogen mit Filzen als Zwischenschichten übereinander lagen. Dann wurde der Stapel, der so genannte Pauscht, mit einer hölzernen Spindelpresse gepresst und entwässert.

Jetzt war der Ablegergeselle an der Reihe. Er hatte die feuchten Papierbogen von den Filzen zu lösen, eventuell noch einmal mit anderen Filzen zu entfeuchten und dann zum Trocknen aufzuhängen.

Das getrocknete Papier hatte eine relativ raue Oberfläche und war dem Löschpapier in Schulheften ähnlich. Um solches Papier beschreibbar zu machen, wurde es in eine heiße Leimlösung getaucht und erneut gepresst und getrocknet. Das trockene Papier musste schließlich noch geglättet werden, wozu ab dem 16. Jahrhundert schwere wassergetriebene Glätthämmer verwendet wurden.

Rührbottich
Hier wird Porzellanerde zugesetzt

„Ganzzeugholländer"
Eine Mahlmühle, die alle Faserstoffe und Zusätze zerquetscht

Blick in einen aufgeklappten Holländer (Mitte 1700)

DER PAPYRER

von Hans Sachs

Ich brauch Hadern zu meiner Mül,
Dran treibt mirs Rad des Wassers viel,
Daß mir die zschnitn Hadern nelt,
Das zeug wirt in Wasser einquelt,
Drauß mach ich Pogn auff de filz bring,
Durch preß das wasser darauß zwing.
Denn henck ichs auff, laß drucken wern,
Schneweiß und glatt, so hat mans gern.

Langsieb und Nasspartie halten alle knotenbildenden Bestandteile zurück – das Papier hat noch keine Eigenfestigkeit.

Trockenpartie und Glättwerk

DIE ÄLTESTEN PAPIERMACHER DER WELT

Die ältesten Papiermacher der Welt verwenden verwittertes Holz, wie man es in alten Zaunlatten oder in Baumstümpfen findet. Sie zerfasern das Holz zu einer Holzmasse und vermengen diese mit Speichel. Aus dem so entstehenden Faserbrei stellen sie eine Art Pappmaschee her.

Dieses Papier wird allerdings weder bedruckt noch beschrieben. Es dient vielmehr zum Bau von Wohnungen im „sozialen Wohnungsbau".

Es handelt sich aber nicht um die Papierwände klassischer japanischer Häuser, sondern um die Wände von Wespennestern. Seit Jahrmillionen bauen unsere heimischen („deutschen" oder „gemeinen") Wespen, die in ähnlichen sozialen Strukturen wie die Bienen leben, ihre Nester auf diese Weise.

Wespen mögen zwar sehr gerne Pflaumenkuchen und andere Süßigkeiten, weshalb sie manchmal sehr lästig werden können. Aber ihre Brut füttern sie ausschließlich mit großen Mengen erbeuteter Insekten und sind daher trotz aller Lästigkeit sehr nützlich.

Übrigens waren es Wespen, die den französischen Naturforscher René Antoine Ferchault de Réaumur (1683–1757) auf die Idee brachten, Papier aus Holz herzustellen. Realisiert wurde die Idee allerdings erst in der Mitte des 19. Jahrhunderts.

PAPIERSORTEN

Papier wird heute in einer unüberschaubaren Anzahl unterschiedlicher Sorten hergestellt. Einige mögliche Kriterien, nach denen man sich eine Übersicht verschaffen und eine Auswahl treffen kann, sind der Verwendungszweck, die Oberfläche und das Papiergewicht.

Beim Verwendungszweck kann man zwischen Papieren zum Bedrucken, zum Beschreiben, zum Verpacken und Papieren für besondere Anwendungen, zum Beispiel hygienische Papiertücher, unterscheiden.

Schreibpapiere müssen eine ausreichende Leimung und eine geschlossene Oberfläche aufweisen, wenn Tinte nicht verlaufen soll. Andererseits würde eine zu glatte Oberfläche ein Einziehen und Trocknen der Tinte verhindern. Die Handschrift könnte „verschmieren". Die Papieroberfläche hat auch entscheidenden Einfluss auf die Radierfähigkeit.

Bei **Druckpapieren** ist die Vielfalt besonders groß. Hier muss man zunächst wieder den Verwendungszweck betrachten.

Papier für den **Zeitungsdruck** ist das einfachste aller Druckpapiere. Wegen der Kurzlebigkeit einer Zeitung stellt man keine hohen Qualitätsanforderungen, mit Ausnahme derer, die für die extrem schnellen Druckmaschinen wichtig sind. Teilweise werden sogar Bücher in hoher Auflage, zum Beispiel „billige" Romane, mit dieser Papierqualität gedruckt.

Für Drucksachen, Prospekte und Zeitschriften verwendet man bereits **höherwertiges Papier**. Da überwiegend in Farbe gedruckt wird, muss die Papieroberfläche eine neutrale Farbwiedergabe ermöglichen. Und die Oberfläche muss hinreichend glatt sein, um der feinen Struktur von Bildern gerecht zu werden.

Eine der höchsten Papierqualitäten wird für das hochwertige Drucken von Bildern, also für Bildbände, Kunstbände, aber auch für anspruchsvolle Hochglanzkataloge, benötigt. Man nennt diese Papiere daher auch **Bilderdruckpapiere**. Diese Papiere sind besonders präpariert, nämlich „gestrichen". Um eine geschlossene Oberfläche und damit eine noch bessere Bedruckbarkeit zu erzielen, wird eine Streichmasse, die zum Beispiel Kreide enthalten kann, auf das Rohpapier aufgebracht und in vorgegebener Strichstärke gleichmäßig verteilt. So ist zum Beispiel das Papier dieses Buches ein „doppelt gestrichenes Bilderdruckpapier" mit einem Gewicht von 170 Gramm pro Quadratmeter.

Eine Spezialität ist **Bibeldruckpapier**. Dabei handelt es sich um ein besonders dünnes und leichtes, aber trotzdem nicht durchscheinendes Papier, das immer dann benutzt wird, wenn Bücher mit sehr vielen Seiten – wie die Bibel – nicht allzu dick und schwer ausfallen sollen.

RAUE SITTEN

In allen Berufen waren die Zunftordnungen sehr streng und behinderten im Laufe der Zeit die freie Entfaltung des Handwerks. Bei den Papiermachern müssen die Gebräuche aber grotesk gewesen sein, weil sogar die kaiserliche Obrigkeit von „Missbräuchen“ sprach.

So hatte ein Papiermachergeselle ein Mädchen geheiratet, das bereits von einem anderen Mann schwanger war. Als dies in den benachbarten – konkurrierenden – Papiermühlen bekannt wurde, setzten deren Papiermacher durch, dass der Geselle entlassen werden musste. Und dessen Meister, der sich lange gegen die Entlassung sträubte, musste noch eine beträchtliche Geldstrafe zahlen.

In einem anderen Fall, von dem die Chronik zu berichten weiß, wurde ein Papiermüller mit einem vorübergehenden Produktionsverbot belegt, weil er es zugelassen hatte, dass seine Lehrlinge Zöpfe trugen. Das Tragen von Zöpfen war nämlich den Meistern und Gesellen vorbehalten.

Ein anderer Meister wurde bestraft, weil er es gewagt hatte, seinen Gesellen etwas anderes als Fleisch zu Mittag vorzusetzen, nämlich an einem Wochentag, für den Fleisch vorgeschrieben war. Dass der Meister an diesem Tag kein Fleisch kaufen konnte, ließen die strengen Zunftmeister nicht als Entschuldigung gelten.

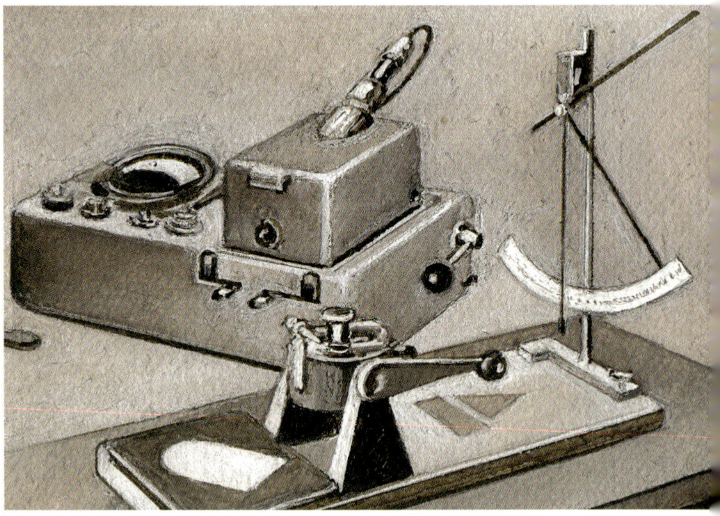

DIE LIEBENDE ABERMALS

von Johann Wolfgang von Goethe

Warum ich wieder zum Papier mich wende?
Das musst du, Liebster, so bestimmt nicht fragen:
Denn eigentlich hab ich dir nichts zu sagen;
Doch kommts zuletzt in deine lieben Hände.

Weil ich nicht kommen kann, soll, was ich sende,
Mein ungeteiltes Herz hinübertragen
Mit Wonnen, Hoffnungen, Entzücken, Plagen:
Das alles hat nicht Anfang, hat nicht Ende.

Ich mag vom heut'gen Tag dir nichts vertrauen,
Wie sich im Sinnen, Wünschen, Wähnen, Wollen
Mein treues Herz zu dir hinüberwendet:

So stand ich einst vor dir, dich anzuschauen,
Und sagte nichts. Was hätt ich sagen sollen?
Mein ganzes Wesen war in sich vollendet.

„Mehr als das Gold
hat das Blei die Welt verändert,
und mehr als das Blei in der Flinte
jenes im Setzkasten der Drucker."

Georg Christoph Lichtenberg

DER DRUCKER

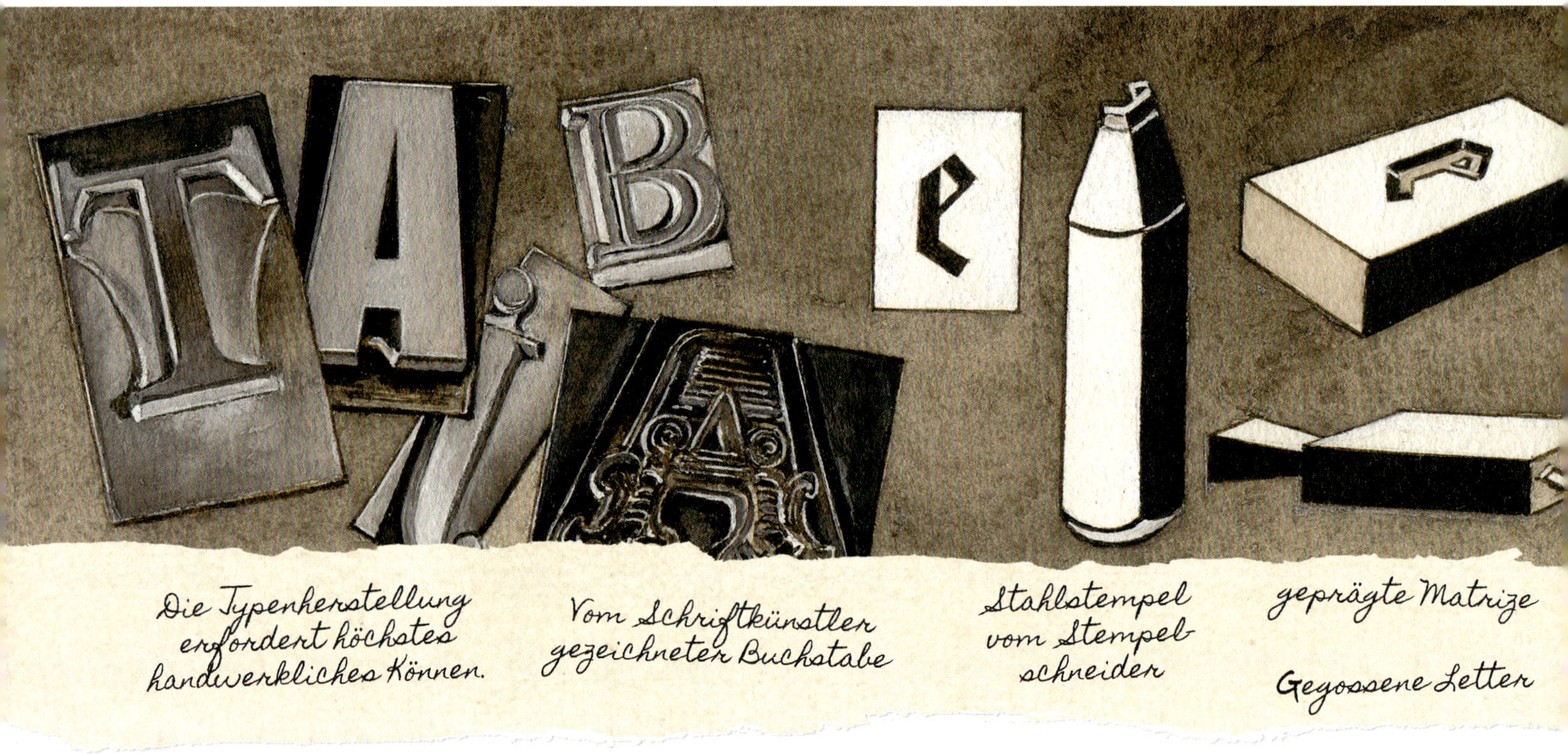

ZUR GESCHICHTE

Die frühesten Mittel der „schriftlichen" Verständigung zwischen den Menschen waren Bilder, die später zu Bildsymbolen stilisiert wurden. Bestimmte Bilder bekamen eine feste Bedeutung. Sie symbolisierten einen bestimmten Sachverhalt.

Hieraus entwickelte sich die altägyptische Bilderschrift, die Hieroglyphen, in der ein Bild zunächst einem einzelnen Wort entsprach. Eine Verfeinerung dieses Schriftsystems führte zu einer Aufteilung der Wörter in Silben und zur spätägyptischen Silbenschrift.

Die Phönizier, die etwa im Gebiet der heutigen Türkei beheimatet waren, übernahmen im zweiten Jahrtausend v. Chr. Elemente der ägyptischen Silben schrift, wurden aber auch von anderen benachbarten Kulturen, zum Beispiel aus Kreta und Mesopotamien, beeinflusst.

Mit der phönizischen Schrift begann eine weitere Aufgliederung der Schriftzeichen. Silben, die nur einen einzigen Laut umfassten, wurden zu „Ein-Laut-Zeichen". Schließlich wurden alle Schriftzeichen zu Ein-Laut-Zeichen. So entstanden die Alphabetzeichen, aus denen sich die altgriechische Schrift entwickelte.

Das von den Phöniziern entwickelte Alphabet war spätestens um 1000 v. Chr. voll ausgebildet. Nachdem die Griechen diese Schrift übernommen hatten, fügten sie dem Alphabet, das bis dahin nur aus Konsonanten bestand, Vokalzeichen hinzu. Damit war die Grundlage für unser heutiges Alphabet geschaffen. Was sich in der folgenden Zeit noch änderte, waren die Schreibweise und die Buchstabenformen.

Der Einflussbereich der Griechen war damals sehr groß, und so breitete sich ihre Schrift entsprechend weit aus. Im Westen übernahmen die Etrusker und nach ihnen die Römer die griechische Schrift, und im Norden entwickelten sich die kyrillischen Schriften.

Die Römer haben schließlich die Schriftzeichen zu den heute noch gebräuchlichen „lateinischen Schriften" weiterentwickelt.

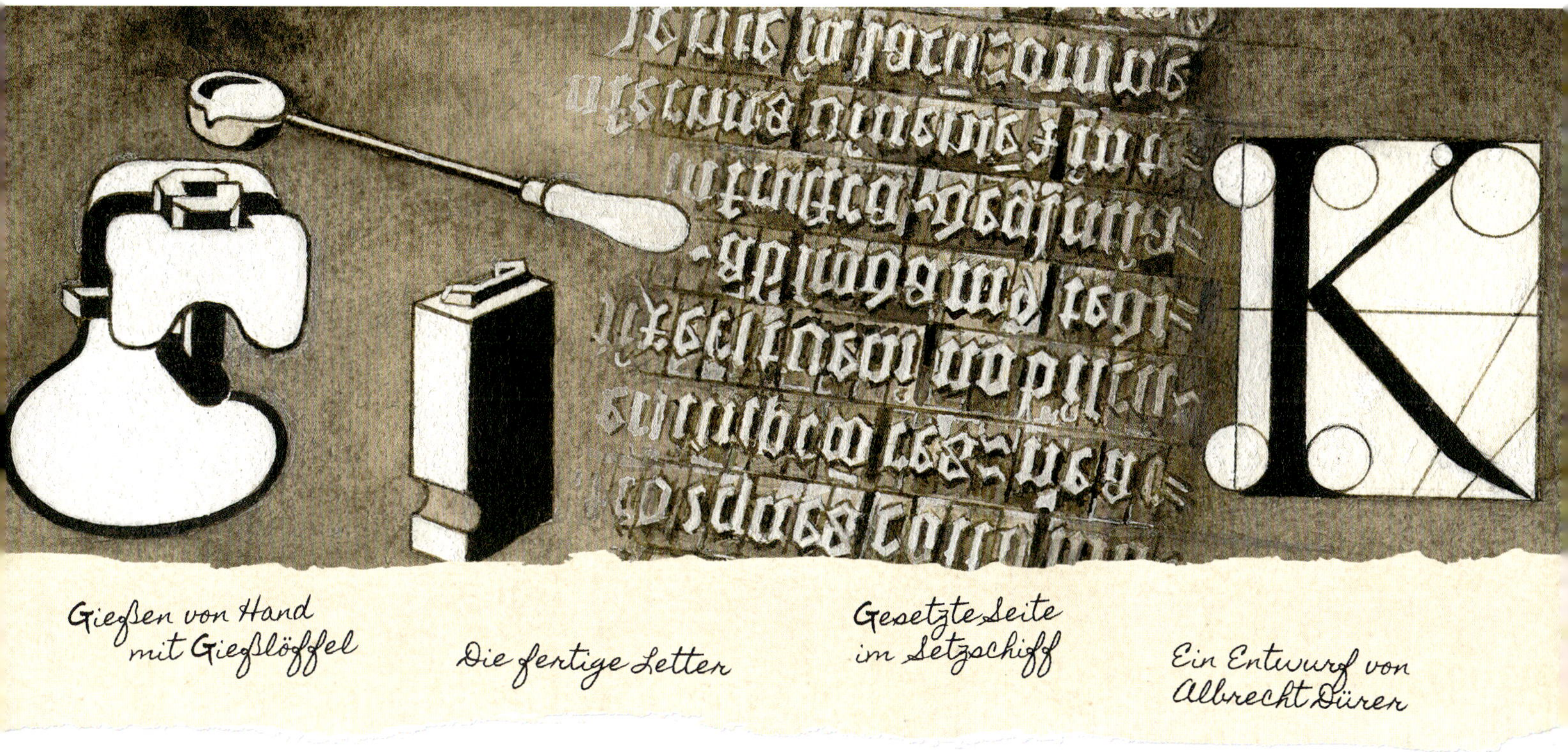

VON DER TINTE ZUM DRUCK

Mit der Einführung des Papiers im Mittelalter wurden die beschreibbaren Materialien relativ billig und in großen Mengen verfügbar. Gleichzeitig zeichnete sich das Papier durch eine feine, glatte Oberfläche aus, sodass man – anders als auf Pergament – mit sehr feinen Schreibwerkzeugen arbeiten konnte. Dies begünstigte die Ausbildung individueller, kunstvoller Schriften.

Klöster, die im Mittelalter die wichtigsten Hersteller von handgeschriebenen Büchern waren, hatten zum Teil eigene Schreibschulen, von denen manche Berühmtheit erlangten. Solche Bücher, deren Absätze meistens künstlerisch besonders geschmückte Anfangsbuchstaben, die Initialen, enthielten, waren natürlich sehr teuer und für den normalen Handwerker unerschwinglich.

Dies änderte sich mit der Erfindung des Johannes Gensfleisch zum Gutenberg. Er entwickelte um 1440 unter anderem ein einfaches Verfahren zum Gießen von Buchstaben (Lettern). Damit war es möglich geworden, Schriftzeichen billig zu reproduzieren, diese zu Wörtern, Zeilen und Absätzen aneinander zu reihen und zum Bedrucken von Papier zu benutzen. Die Metallbuchstaben konnten ausgetauscht und immer wieder verwendet werden. Als Gussmaterial verwendete Gutenberg Blei, das bis heute für die „klassische" Satztechnik eingesetzt wird.

DER SCHRIFTGIESSER

von Hans Sachs

Ich geuß die Schrifft zu der Druckrey
Gemacht auß Wißmat, Zin und Bley,
Die kan ich auch gerecht justiern,
Die Buchstaben zusammn ordniern
Lateinisch und Teutscher Geschrifft
Was auch die Griechisch Sprach antrifft
Mit Versalen, Puneten und Zügn
Daß sie zu der Druckrey sich fügen.

Mainzer Psalter (1459) von Fust und Schöffer gedruckt

Johannes Gensfleisch vom Hofe zum Gutenberg

Textausschnitt aus der 42-zeiligen Bibel

DER BUCHDRUCK

Mark Twain sagte einmal: „Die ganze Welt gibt ohne Zögern zu, und es bleibt nur eine Meinung darüber, dass Gutenbergs Erfindung das unvergleichlich größte Ereignis ist, das die Weltgeschichte kennt.“

Aber das Prinzip des Druckens wurde schon vor Gutenberg erfunden. In der Antike gab es bereits Holzstempel, die zum Bedrucken von Textilien dienten, und in der Mitte des 11. Jahrhunderts wurde in China ein typographisches Satzsystem erfunden. Die Lettern wurden aus Ton gebacken oder aus Holz geschnitzt und mithilfe von Harz und Wachs auf einer Eisenplatte, die als Druckplatte diente, befestigt. Gegen Ende des 13. Jahrhunderts tauchten in China in Zinn oder Bronze gegossene Lettern auf. Die Lettern wurden mit einem Eisendraht, der durch die Letternschafte geführt wurde, zusammengehalten.

Die Entwicklungen im Fernen Osten waren jedoch zur damaligen Zeit in Europa nicht bekannt. Und so darf die Leistung Gutenbergs nicht geschmälert werden, zumal Gutenberg ein komplettes System für den Buchdruck entwickelte. Die von ihm erfundene Handpresse wurde nahezu unverändert bis ins 19. Jahrhundert gebaut.

Mit den von ihm gegossenen Buchstaben und der Handpresse druckte er im Jahre 1447 sein erstes Dokument und in den Jahren 1453 bis 1454 die berühmte 42-zeilige Bibel, die heute im Gutenberg-Museum in Mainz ausgestellt ist.

Der Buchdruck nach dem Gutenberg-Prinzip breitete sich rasch aus, und gegen Ende des 15. Jahrhunderts konnten sich bereits reiche Bürger den Kauf von Büchern leisten. Allerdings kostete eine Gutenberg-Bibel immer noch so viel wie vier Jahreslöhne eines Stadtschreibers.

DER BUCHDRUCKER

von Hans Sachs

Ich bin geschicket mit der preß
So ich aufftrag den Firniß reß,
So bald mein dienr den bengel zuckt,
So ist ein bogn papyrs gedruckt.
Da durch kombt manche Kunst an tag,
Die man leichtlich bekommen mag.
Vor zeiten hat man die bücher gschribn,
Zu Mainz die Kunst ward erstlich triebn.

ANDERE LÄNDER, ANDERE SITTEN

Die Buchdruckerkunst bestätigte eindruckvoll die Redensart „Wissen ist Macht". Das gedruckte Wissen verbreitete sich rasch, und die Reformation Luthers wäre zumindest in dieser Form ohne die gedruckte Bibel nicht möglich gewesen.

Aber auch die Meinung der Öffentlichkeit wurde plötzlich verbreitet und gewann an Einfluss. Die päpstlichen Gesandten schickten zusammen mit ihren Berichten Zeitungen des Volkes nach Rom. Dort wurde die Stimme des Volkes zumindest zur Kenntnis genommen.

In Spanien konnte sich Druckkunst zunächst nur sehr langsam durchsetzen. Hier herrschte eine starke Unterjochung des Geisteslebens, und das Volk wurde auf einem insgesamt niedrigeren Bildungsstand gehalten. Dass hier die Inquisition eine besondere Rolle spielte, ist sicherlich kein Zufall.

Geradezu panische Angst vor der Macht des Buch drucks müssen die Türken gehabt haben. Unter Sultan Bajazet wurde 1483 das Drucken unter Androhung der Todesstrafe verboten. Die Feindschaft gegenüber der Buchdruckerkunst hielt bis ins 18. Jahrhundert an.

Es ist bezeichnend, dass die Türkei in dieser Zeit jegliche Bedeutung im geistigen Leben Europas verloren hatte.

Von vergleichbarer geistiger Armut zeugen die vielen Bücherverbrennungen, die immer wieder von politischen oder kirchlichen Führern angezettelt wurden. So sind seit dem Niederbrennen der berühmten Bibliothek von Alexandria bis in die jüngste Vergangenheit wertvolle Kulturschätze vernichtet worden. Aber die Macht des gedruckten Wortes konnte nicht gebrochen werden.

Ungarn, ein vom Zentrum Europas etwas abgelegenes Land, hat dagegen den Buchdruck von Anfang an stark gefördert. Unter König Matthias Corvinus entwickelten sich ab 1473 ein reges Druckgewerbe und ein ebenso reges geistiges Leben.

HEIL GUTENBERG

Ein altes Druckerlied

Heil Gutenberg und Heil der Kunst,
die erst der Welt gegeben.
Sie weckte auf die Geister all
und bracht' uns neues Leben.
Ein frischer Hauch, ein neuer Geist
hat alle Welt durchdrungen,
und überall in Nord und Süd
wird seine Kunst besungen.

Gleichwie es bang wird um das Herz,
wenn Dunkel uns umhüllet,
und Sonnenlicht mit Freudigkeit
die Menschenbrust erfüllet,
so ist auch durch die schwarze Kunst
der Freiheit Geist entstanden.
Und „Heil der Kunst, Heil Gutenberg!"
tönt es in allen Landen.

Drum auf, ums Banner Gutenbergs
lasst fest und treu uns scharen,
dass wir des Meisters würdig sind,
soll alle Welt erfahren.
„Gott grüß' die Kunst", dies stolze Wort
soll Mut und Kraft uns bringen.
„Gott grüß' die Kunst" soll fort und fort
von unsren Lippen klingen.

Zusammenstellen einer Zeitungsseite am Umbruchtisch

Die erste Linotypesetz- und Gießmaschine wurde am 3. Juli 1886 in Betrieb genommen.

DIE ETWAS ANDERE LITERATUR

Vor der Zeit Gutenbergs waren Bücher und das Lesen allgemein weitestgehend den Klöstern, den Wissenschaftlern und den höchsten Adelshäusern vorbehalten. Dass mit dem in der Mitte des 16. Jahrhunderts aufkommenden Buchdruck neue Leserschichten gewonnen wurden, zeigt sich sehr gut an manchen Druckerzeugnissen, die um diese Zeit erstmals auftauchten.

In einer frühen Form des Sensationsjournalismus wurden Flugblätter mit Räuber- und Mördergeschichten gedruckt, die vom Publikum, soweit es lesekundig war, begierig, wenngleich schaudernd, verschlungen wurden. Auch Romanfiguren wie Till Eulenspiegel, der mit halbkriminellen Schelmenstücken seinen Lebensunterhalt verdiente, tauchten auf.

Auf der (juristisch) anderen Seite bedienten sich auch Polizei und Gerichte des neuen Mediums. Im Laufe des 16. Jahrhunderts wurde der Steckbrief zu einem wichtigen Fahndungsinstrument. Er konnte schnell vervielfältigt und verteilt werden. Und auch die Zeitungen beteiligten sich an Fahndungsaufrufen, wie die nachfolgende „Warnung“ von 1820 zeigt:

„Warnungen

Gegen den schon mehrfach wegen verübter Betrügereien und kleiner Diebstähle bestraften Schneider Georg Schilling von hier sind schon wieder, nachdem er kaum die wider ihn erkannte Strafe abgebüßt hat, verschiedene Anzeigen kleiner Betrügereien bei uns eingegangen, und es scheint, dass derselbe durch die erlittenen Strafen keineswegs gebessert ist, vielmehr sein früheres Vagabundenleben fortsetzt und sich vom Betruge seinen Unterhalt zu verschaffen sucht. Indem wir das Publikum hier durch darauf aufmerksam machen, ersuchen wir insbesondere die Polizeibehörden, auf den o. g. Schilling vigilieren und solchen, wenn etwa mehrere oder bedeutendere Betrügereien gegen ihn bekannt werden sollten, arretieren und uns vorführen zu lassen.

Heiligenstadt, den 4. Mai 1820
Königlich Preußisches Inquisitoriat“

Ottmar Mergenthaler (1854–1899) Erfinder der Zeilensetzmaschine Linotype

Maschinensetzerei einer Tageszeitung um 1960

Eine druckfrische Zeitung

DRUCKVERFAHREN

Die Lettern, die Gutenberg in Blei gegossen hatte, haben im Prinzip wie ein Stempel funktioniert. Auf einem Sockel oder „Schaft“ erhob sich plastisch der Buchstabe. Zum Drucken wurde – wie auf einem Stempelkissen – die Fläche des Buchstabens gefärbt und dann auf das Papier gepresst. Der Druckvorgang erfolgte natürlich nicht nur für einen einzelnen Buch staben allein, sondern für eine komplette Buchseite in einem Arbeitsgang.

Dies ist das klassische Buchdruckverfahren, das bis vor wenigen Jahren immer noch große Bedeutung hatte und in der Fachwelt als „**Hochdruck**“ bezeichnet wird. Bei modernen Hochdruckverfahren besteht die Druckform allerdings nicht mehr aus einzelnen Lettern, sondern aus lichtempfindlichen Platten, auf welche die Text- und Bildelemente fotomechanisch übertragen werden. Auf den Platten wird ein fotografisches Bild der Buchseite erzeugt, und durch Ätzen werden die nicht zu druckenden Partien abgetragen, sodass die Buchstaben erhaben erscheinen.

Ein anderes Verfahren ist der **Flachdruck**, der speziell in seiner Variante als „Offsetdruck“ sehr weit verbreitet ist. Wie der Name schon sagt, ist hier die Druckform flach in dem Sinne, dass sie keine Erhebungen der zu druckenden Partien zeigt. Ansonsten ist sie nicht flach, sondern fast immer als Walze ausgebildet.

Das Druckbild wird als eine hauchdünne Gelatineschicht dargestellt, an der die ölhaltige Druckfarbe für den Druckvorgang haften bleibt. Die gelatinefreien Stellen der Aluminiumwalze, die leicht angefeuchtet ist, stoßen die Ölfarbe ab. Über eine Gummituchwalze als Zwischenträger wird die Druckfarbe auf das Papier übertragen. Der Offsetdruck erscheint kompliziert, ist in der Praxis aber relativ einfach und kostengünstig und liefert darüber hinaus qualitativ hervorragende Drucke.

Je nachdem, ob das Drucken „endlos“, das heißt, von einer großen Papierrolle, erfolgt oder ob einzelne Papierbogen stapelweise bedruckt werden, spricht man von Rollenoffset oder Bogenoffset. Das vorliegende Buch mag als ein Beispiel für Bogenoffset dienen.

Die wichtigsten Druckverfahren:
Hochdruck
Tiefdruck
Flachdruck (Offset-Druck)

Einfärben der Druckplatte auf einer historischen Presse

Der Druckvorgang

Der **Tiefdruck** ist beinahe eine Art Umkehrung des Hochdrucks. Hier sind die nicht zu druckenden Partien erhaben und das Druckbild vertieft. Allerdings stellt ein Schriftzeichen nicht eine zusammenhängende Vertiefung dar, sondern setzt sich aus einer Vielzahl winziger kleiner Vertiefungen, den so genannten Näpfchen, zusammen.

Zum Drucken wird die Druckform – eine Walze – komplett mit Druckfarbe eingefärbt. Anschließend streicht ein „Rakel" die Farbe von der Walze derart wieder ab, dass nur die Näpfchen mit Farbe gefüllt bleiben. Beim Drucken mit ausreichendem Anpressdruck wird dann die Farbe aus den Näpfchen auf das Papier übertragen.

Die Herstellung der Druckform ist beim Tiefdruck zwar sehr aufwändig, aber die Druckqualität der weitestgehend verschleißfreien Formen bleibt auch bei Auflagen in Millionenhöhe konstant gut.

Eine gewisse Außenseiterrolle spielt der **Siebdruck**, der insbesondere für das Bedrucken unterschiedlichster Materialien wie Karton, Folien aus Kunststoff oder Metallschilder geeignet ist. Als Druckform dient ein sehr feinmaschiges Sieb, auf welches das Druckbild nach einem der üblichen Verfahren, zum Beispiel fotomechanisch, aufgetragen wird. An den zu druckenden Stellen bleibt das Sieb schließlich für die Farbe durchlässig, während die anderen Partien keine Farbe hindurchlassen. Durch das Sieb wird dann die dickflüssige Farbe auf die Druckfläche gepresst.

Zu den Besonderheiten des Siebdrucks gehört, dass der Farbauftrag bis zu zehnmal so dick ist wie bei den anderen Druckverfahren. Der Siebdruck kommt daher vor allem dann infrage, wenn kräftige, plakative Farben gewünscht werden.

Stereotypie (Automatischer Guss der Druckplatten)

Eine Rotationsdruckmaschine

SCHRIFTARTEN

Den Druckereien stehen heute Hunderte von Schrift arten zur Verfügung. Und wenn man die Schriften hinzunimmt, die für den Gebrauch auf dem Computer angeboten werden, dann geht die Zahl in die Tausende. Von diesen Schriften genügen allerdings die wenigsten den professionellen Ansprüchen.

Für den Betrachter einer „normalen" Schrift ist es selbstverständlich, dass der Buchstabe „w" einen breiteren Raum einnimmt als das „i". Für Schreibmaschinen und frühere Computer war dies keinesfalls selbstverständlich. Die meisten mechanischen Schreibmaschinen konnten nur in festen Abständen ihre Schriftzeichen anschlagen. Folglich brauchte man Schriftarten mit einheitlicher „Dickte", bei denen alle Zeichen eine identische Breite aufwiesen. So wurde das „i" durch einen unteren Querstrich künstlich verbreitert, zum Beispiel im Wort „Schwimmen".

Schriftarten, in denen die einzelnen Zeichen unterschiedlich breit sind, werden „proportionale Schriften" genannt. Die im Druckgewerbe verwendeten Schriften sind fast ausschließlich proportionale.

Eine weitere, sehr wesentliche Untergliederung ist jene in Schriften „mit Serifen" und „serifenlose" Schriften. Serifen sind kleine Endstriche eines Buchstabens, die umgangssprachlich auch als „Füßchen" bezeichnet werden. Die Serifen auf der Grundlinie der Buchstaben bilden eine horizontale Linie, an der sich das Auge des Lesers orientieren kann. Eine Textzeile gewinnt so an Zusammenhalt. Überall, wo mehr- oder vielzeiliger Text zu drucken ist, also in Büchern, Zeitungen oder Zeitschriften, verwendet man vorzugsweise Serifenschriften, die sich erheblich angenehmer lesen lassen als serifenlose Schriften. Serifenschriften werden auch als Antiqua-Schriften bezeichnet.

Einzelne Wörter oder Textzeilen sind dagegen als serifenlose Schriften ohne „Schnörkel" besser und klarer lesbar. Man verwendet solche Schriftarten daher gerne für Plakate, Schilder oder Kataloge mit kurzen Texten. Da serifenlose Schriften eher streng und sachlich wirken, werden sie vielfach auch in technischen Handbüchern verwendet. Die serifenlosen Schriften werden unter dem Oberbegriff „Groteskschriften" zusammengefasst.

Als „Moderne Schriften“ werden betont künstlerische Schriften bezeichnet, die vor allem im Bereich der Werbegrafik oder als Schmuckschriften eingesetzt werden. Für den Buchdruck sind sie allenfalls für die Titelseiten von Bedeutung. Ähnliches gilt auch für die so genannten Schreibschriften, die einer Handschrift nachempfunden und so ausgestaltet sind, dass die „Gemeinen“ der benachbarten Buchstaben eines Wortes sich berühren. Damit wird der Eindruck einer fließenden Handschrift erzeugt.

Des Daseins eigentlichen Anfang macht die Schrift.

Heraklit

Aus Gutenbergs Schriftsystem
Holzschnitt
(Druckstock aus Buchsbaum)

Handsatz ist Wertarbeit geblieben.

Typographische Entwurfsbeispiele

BUCHDRUCKERLEBEN

Lied von K. Mayer (Auszüge)

Drucker führen ein lustig Leben,
Freunde trinkt und stimmet ein:
Kann es denn was Schönres geben,
Als ein lust'ger Drucker sein?
Stets in Flor,
Sein Humor,
Von der Wiege bis zum Grabe
Ist er seine treue Habe.
Drum, Kollegen, stoßet an,
Glück auf unserer Lebensbahn!

…

Endlich kommt er in die Lehre,
„Zugerichtet" wird er dort.
Dass der Künstler sich bewähre,
Trifft ihn oft manch salzig Wort.
Doch fürwahr,
Die vier Jahr
Nehmen schließlich auch ein Ende,
Und der „Druck" geht ganz behende.
Drum, Kollegen, stoßet an,
Glück auf unserer Lebensbahn!

…

Und hinaus zieht er zum Wandern,
Sieht sich in der Welt mal um,
Eilt von einem Ort zum andern,
Sucht dort „Kunst fürs Minimum".
Aber nein,
Welche Pein,
Tät es den Verband nicht geben,
Müsste er verhungern eben.
Drum, Kollegen, stoßet an,
Glück auf unserer Lebensbahn!

…

Ist zur Heimat er entlassen,
Sucht er wieder neue Kunst.
Liebessehnsucht wird ihn fassen,
Wirbt um holder Mädchen Gunst.
Lust und Pein
Stellt sich ein;
Reicht man dann zum Bund die Hände,
Folgt ein „Drucken ohne Ende".
Drum, Kollegen, stoßet an,
Glück auf unserer Lebensbahn!

GAUTSCHEN

Unter „Gautschen“ versteht man das Zusammenpressen der geschöpften Papierbogen zum Zweck der Entwässerung. Aber das Wort hat in der Tradition des Druckerhandwerks auch noch eine andere Bedeutung.

Bevor der ausgelernte Drucker in den Kreis der Druckergesellen aufgenommen wird, muss er sich einem feierlichen Taufakt unterziehen. Anschließend wird ihm der „Gautschbrief“ ausgehändigt. Diese Urkunde gilt als Zeugnis, dass der Inhaber ein „zünftiger“ Jünger der schwarzen Kunst ist.

Zum Taufakt, der eigentlichen Gautsch, werden der Gautschmeister, einige Packer und ein Schwammhalter benötigt, die natürlich auch schon alle getauft sein müssen.

Unter dem Kommando des Gautschmeisters wird der Täufling zuerst vom Schwammhalter mit einem großen vollgesogenen Schwamm ausgiebig getauft. Dabei wird das zappelnde Opfer von den Packern festgehalten. Und da ein Schwamm allein zu wenig Taufwasser enthält, wird der Täufling anschließend noch einem Tauchbad in einer wassergefüllten Bütt unterzogen.

Mancherorts ist es Tradition, dass der zu Taufende an einem unbestimmten Tag überraschend in der Bütt getauft wird. Anschließend geht die Arbeit weiter, als ob nichts geschehen wäre. Die Überreichung des Gautschbriefes und die ausgiebige Gautschfeier, zu der ein Gegautschter einladen muss, finden dann einige Tage später statt. Diese Variante hat den unbestreitbaren Vorteil, dass die Hauptperson in trockenen Kleidern feiern kann.

„Ein Buch, das man liebt,
darf man nicht leihen,
sondern muss es besitzen."

Friedrich Nietzsche

DER BUCHBINDER

ZUR GESCHICHTE

Die Anfänge der Buchbinderei lassen sich bis ins Altertum zurückverfolgen. Die beschriebenen Papyrusrollen wurden zwischen Holz- oder Metalltafeln als Schutzhülle gelegt. In frühchristlicher Zeit wurden die Deckel bereits mit Elfenbeinschnitzereien und Goldarbeiten reich verziert.

Die Buchbinderei im heutigen Sinne begann im frühen Mittelalter. Die Lagen der Pergamentblätter wurden auf ihre richtige Reihenfolge überprüft und mit Zwirn zusammengenäht. So entstand der Buchblock, der dann mit einem Einband aus Holzplatten versehen wurde. In dieser Zeit entstanden auch die ersten mit Leder überzogenen Einbände. Um die mit der Buchproduktion beschäftigten Klöster mit Leder zu versorgen, verlieh Karl der Große den Klöstern das Jagdrecht.

Die Bücher dieser Epoche hatten sehr häufig Metallschließen an den Vorderkanten der Deckel, was einen praktischen Grund hatte. Die Pergament blätter waren sehr empfindlich gegen Luftfeuchtigkeit und wölbten sich sehr leicht. Mit den Metallschließen konnten die Blätter fest zusammengepresst und somit glatt gehalten werden. Die Schließen wurden später, als man auf Papier druckte, zwar nicht mehr benötigt, vielfach aber aus dekorativen Gründen beibehalten.

Mit der Einführung des Papiers und der Erfindung des Buchdrucks, die zu einer stark vermehrten Buchproduktion führten, entstand die gewerbsmäßige Buchbinderei. Ab dem 16. Jahrhundert organisierten sich die Buchbinder dann auch in Zünften.

Seit dem späten Mittelalter wurden die Prachteinbände mit Verzierungen vom Goldschmied seltener. An ihre Stelle traten gemalte Ornamente, die aus dem Inneren des Buches übernommen wurden, und Prägungen des Leders. Die Prägungen waren häufig

mit Farbe oder Blattgold ausgelegt („Goldprägung"). Auch Prägungen ohne Farbe („Blindprägung") waren üblich. Vor allem im süddeutschen Raum war der so genannte Lederschnitt verbreitet, bei dem mit dem Messer Motive in das Deckelleder geschnitten wurden. Die ausgeschnittenen Teile wurden dann durch andersfarbiges Leder ersetzt, sodass ein Ledermosaik entstand.

Im 16. Jahrhundert erlebte die Buchbinderkunst ihre größte Blüte. Vor allem die bayrischen Herzöge sowie die Kurfürsten der Pfalz und Sachsens traten als Förderer dieser Kunst auf und ließen unter anderem Künstler wie Hans Holbein den Jüngeren oder Lucas Cranach den Älteren Entwürfe für Bucheinbände anfertigen. Einer der bekanntesten Buchbinder war der Franzose Jean Grolier. Er soll als Erster den Buchtitel auf den Buchrücken gedruckt haben. Bis dahin hatte man den Titel auf den oberen Schnitt eines Buches geschrieben.

Ab dem 18. Jahrhundert wurde die Buchgestaltung, wohl als Folge der Massenproduktion, nüchterner und einförmiger, und die Buchbinderei mündete schließlich im 20. Jahrhundert in der industriellen Fertigung. Aufwändige Handbindungen kann man jedoch noch bei manchen Kleinstauflagen entdecken.

Der wahre Zweck eines Buches ist,
den Geist hinterrücks zum
eigenen Denken zu verleiten.

Christopher D. Morley

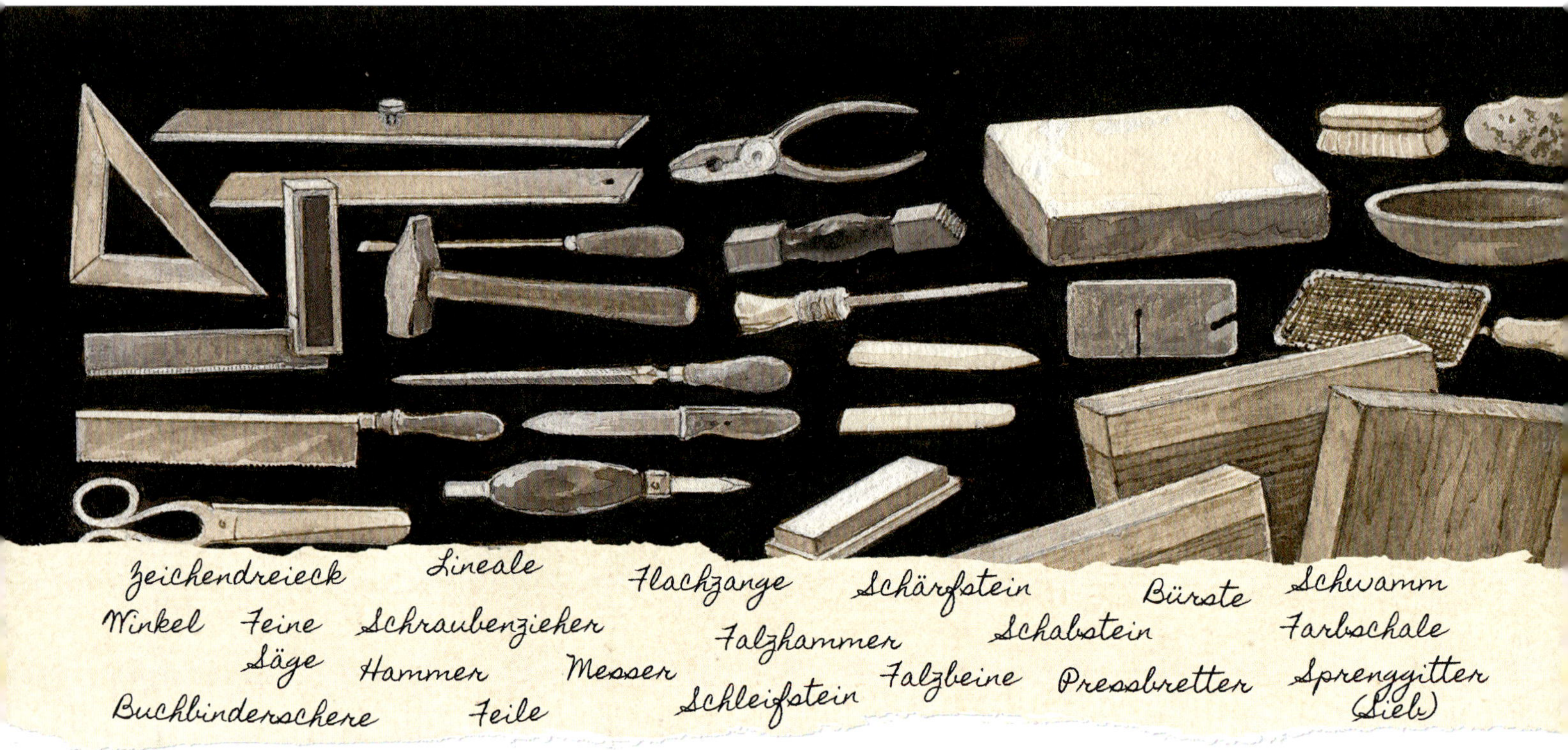

EIN BUCH BINDEN

Die Größe der Druckmaschinen gestattet es, dass in der Regel auf einem Druckbogen mehrere Buchseiten Platz finden, zum Beispiel 8, 16 oder 32 Buchseiten. In dieser Form gelangen die Druckbogen als „Rohbogen“ zum Buchbinder.

Der Buchbinder muss nun die Bogen so zusammen falten, „falzen“, dass die Seiten nach dem Falzen in der richtigen Reihenfolge hintereinander stehen. Damit dies überhaupt möglich ist, musste der Drucker zuvor die Buchseiten auf der Druckform entsprechend anordnen. Das heißt, das Falzschema muss sowohl dem Drucker als auch dem Buchbinder verbindlich vorgegeben sein.

Für das Zusammenfügen der gefalzten Bogen zu einem „Buchblock“ gibt es zwei Verfahren: Die so genannte Fadenheftung und die Klebebindung.

Die Fadenheftung ist die traditionelle Bindung, die auch die größte Qualität und Haltbarkeit verspricht. Hierbei wird jeder einzelne gefalzte Bogen, das „Heft“, mit Nadel und Faden zusammengeheftet. Anschließend werden alle Hefte eines Buches „zusammengetragen“, das heißt, in der richtigen Reihenfolge gebündelt. Dann werden die Hefte miteinander vernäht, wobei Bänder mit eingenäht werden, die später die Verbindung zum Einband herstellen sollen. Wenn alle Hefte eines Buches vernäht sind, werden die Ränder (der Buchrücken natürlich nicht) beschnitten. Damit ist der Buchblock als Innenteil des Buches fertig.

Bei einer Klebebindung werden die Falzrücken der zusammengetragenen Hefte abgeschnitten und die so entstehenden Einzelblätter aufgefächert und mit einem Leimfilm bestrichen. Ein geklebter Buchrücken ist immer etwas dicker als der übrige Buchblock. Klebebindungen findet man überwiegend bei Taschenbüchern und dicken Katalogen.

Der Einband wird zunächst separat gefertigt. Er besteht bei „Hardcover-Büchern“ aus zwei Deckelpappen, einem mit den Deckelpappen verbundenen Rücken und einem Überzug, der meistens aus Papier und eventuell einer auflaminierten Folie besteht. Lederüberzüge sind sehr selten geworden.

Beim „Einhängen" des Buchblocks in den Einband werden die Bänder des Buchblocks mit den Innenseiten des Einbands verklebt. Und schließlich wird die gesamte Innenfläche der Einbanddeckel mit dem so genannten Vorsatz, einem kräftigen weißen oder farbigen Papier, überklebt.

Bei Büchern mit Klebebindung und weichem Einband („Softcover") wird der Einband direkt mit dem Buchblock verklebt, und das Beschneiden des Buchblocks erfolgt erst am fertigen Buch.

Über jedem guten Buch
muss das Gesicht des Lesers
von Zeit zu Zeit hell werden.

Christian Morgenstern

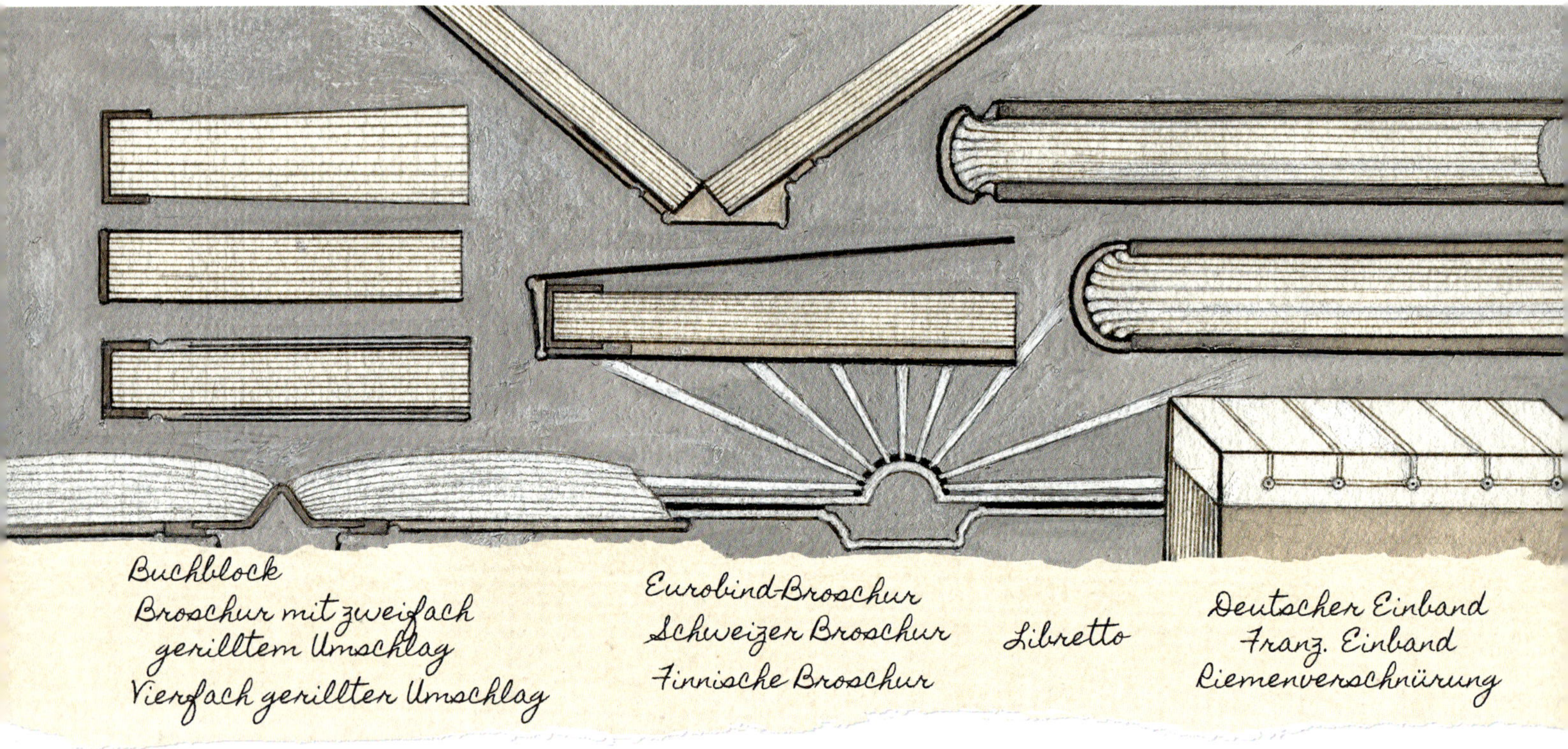

REICHENAUER BUCHKUNST

Bis ins 13. Jahrhundert wurden Bücher fast ausschließlich in Klöstern geschrieben, und ab dem 4. Jahrhundert wurden vor allem für gottesdienstliche Handlungen außerordentlich reich geschmückte Bucheinbände geschaffen.

Unter allen Klöstern besaß die Benediktinerabtei Reichenau die vielleicht größte und wichtigste Malschule Europas. Das Kloster wurde 724 gegründet und pflegte von Anfang an die Künste der Dichtung und der Musik. Seine Bibliothek war schon damals weltberühmt.

Ihre Hauptblüte erlebte die Abtei Reichenau etwa zwischen 970 und 1020, also gegen Ende der ottonischen Zeit. Zur Weihe des Bamberger Doms im Jahre 1012 stiftete der König und spätere Kaiser Heinrich II. eine großartig ausgearbeitete Handschrift, die er bei den Reichenauer Mönchen in Auftrag gegeben hatte.

Ein anderes Werk aus dem Kloster, das Evangeliar Ottos III., ließ der Kaiser mit luxuriöser Ausstattung und mit einem Prachteinband anfertigen. Das Buch stellte insofern eine Neuerung dar, als alle Bilder auf Goldgrund gemalt wurden.

Als alles überragender und gleichzeitig letzter Höhepunkt der Reichenauer Kunst gilt das Perikopenbuch Heinrichs II., das Evangelientexte für das festliche Kirchenjahr enthält. Der Buchtext wird durch 180 Initialen gegliedert, die sich zu wahren Gemälden steigern.

Zehn der Reichenauer handschriftlichen Bücher wurden mittlerweile von der UNESCO zum Weltdokumentenerbe erklärt, und die gesamte Klosterinsel Reichenau bei Konstanz wurde in die Weltkulturerbeliste aufgenommen.

DAS BEUTELBUCH

Im 14. und 15. Jahrhundert waren Bücher noch sehr selten und außerordentlich kostbar. Ordensleute, die als Buchhersteller gewissermaßen an der Quelle saßen, und reiche Kaufleute, die des Lesens kundig waren, trugen so genannte Beutelbücher sichtbar am Gürtel. Für die Mönche war es bequem, ihr Brevier immer bei sich, aber gleichzeitig die Hände frei zu haben. Und die Kaufleute nutzten die Beutelbücher als „Geschäftsbücher“.

Das Beutelbuch zeichnete sich durch einen besonderen Bucheinband aus. Über den normalen Ledereinband wurde ein zweiter Bezug gelegt, der über den Unterschnitt des Buchblocks sehr weit hinausragte. Mit diesem zusätzlichen Umschlag konnte das Buch wie ein Beutel in der Hand getragen oder am Gürtel befestigt werden.

Da sich der Mensch gerne mit allem schmückt, was kostbar ist, trugen adelige Frauen wertvolle kleine Gebetbüchlein als Schmuck an ihrem Gürtel. Und die größeren Beutelbücher mit Holzdeckeln und Metallbeschlägen erfüllten auch noch eine spezielle Aufgabe: Sie dienten ihrem Besitzer in der Not als Schlagwaffe.

Ein gutes Buch ist wie ein Garten,
den man in der Tasche mit sich trägt.

Aus Arabien

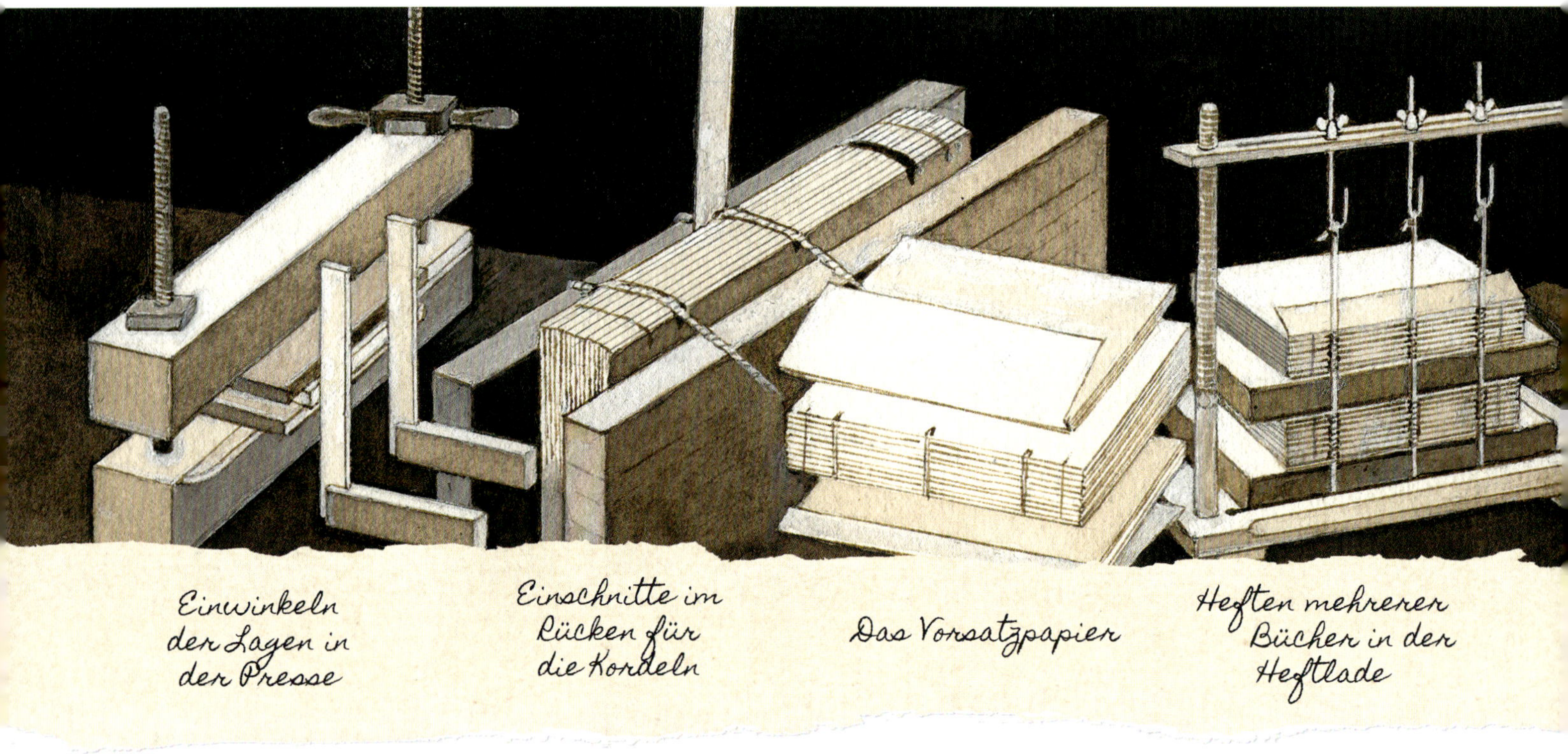

BUCHBESCHLÄGE

Als im Mittelalter die Metalltafeln als Buchdeckel weitgehend durch Ledereinbände abgelöst wurden, schützte man die Buchecken weiterhin mit Metall. Es entstanden die Buchbeschläge. Und um der Neigung des Pergaments zu Verwölbungen entgegen zuwirken und die Bücher fest geschlossen zu halten, erfand man die Metallschließen.

Diese Metallteile wurden in der Blütezeit der Buchbinderkunst von Gold- und Silberschmieden hergestellt und fast immer reich verziert.

Später, im 16. und 17. Jahrhundert, als mithilfe des Buchdrucks sehr viel mehr Bücher produziert wurden, waren es die Gürtler und Gelbgießer, die neben Kleiderschnallen und Beschlägen für Möbel und Hausrat auch Buchbeschläge herstellten. Sie verwendeten Kupfer, Bronze und Messing, um die Teile zu gießen und zu pressen. Die Buchbinder kauften die Beschläge als fertige Ware und hatten nur noch wenig Einfluss auf eine individuelle Ausgestaltung und Verzierung der Stücke.

Noch später ging man dazu über, die Bücher, die sich stark vermehrten, stehend in Regalen aufzubewahren, und man verzichtete immer mehr auf Beschläge.

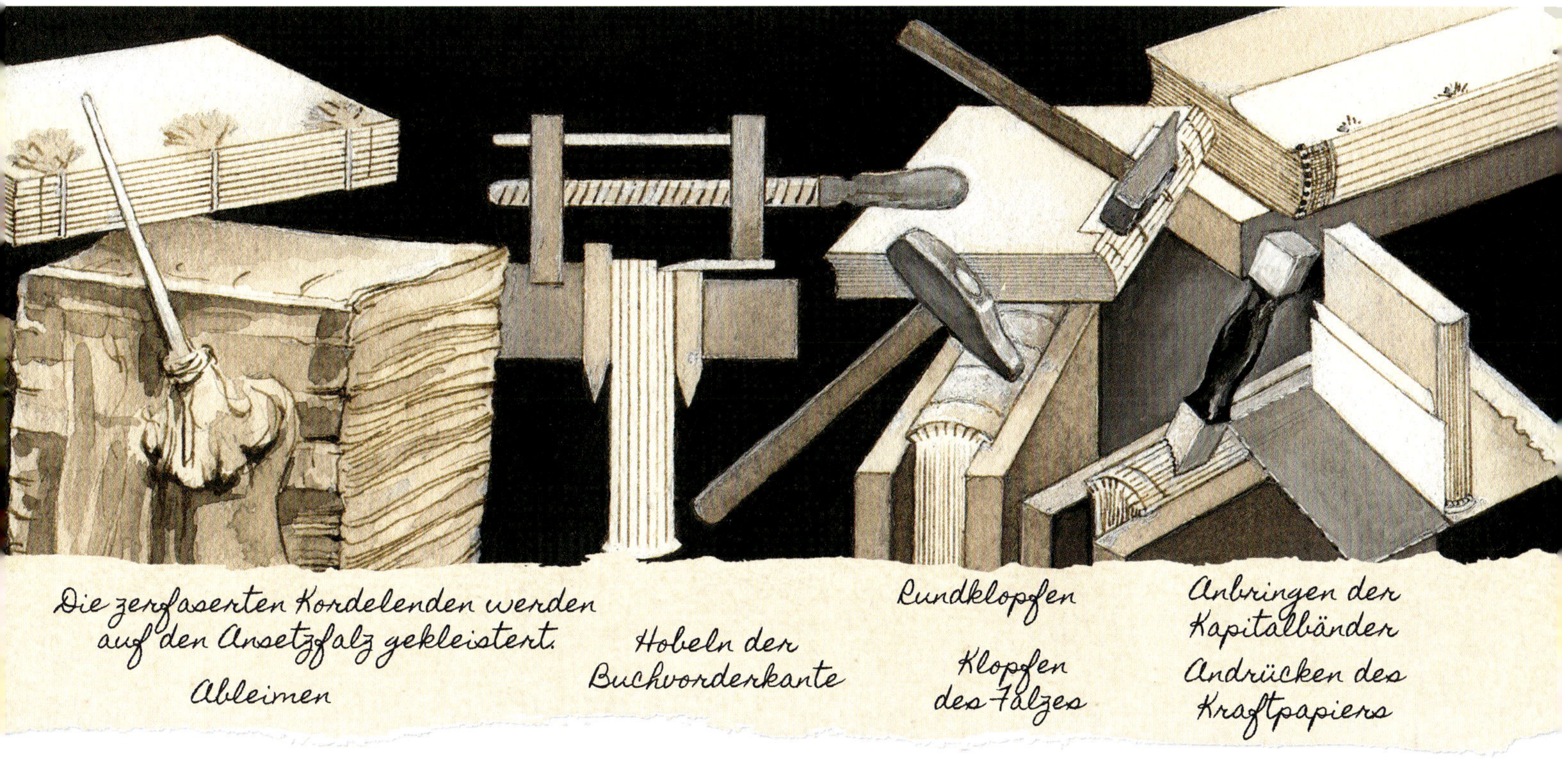

BUCHBINDERLIED

Ein altes Lied, Verfasser unbekannt

Wer kann wohl so zufrieden,
Mit seinem Stand hienieden,
Als ein Buchbinder sein?
Die Arbeit macht ihm Freude.
In Saffian und Seide
Bind' er die Bücher ein.

Halli, hallo, halli, hallo,
Buchbinder sind stets froh.

Wenn die Bücher wir planieren,
Den Hammer kräftig führen
An unserm Schlagestein,
Beim Falzen, Heften, Leimen
Muss uns Vergnügen keimen.
Drum schlagt nur wacker drein!

Halli, hallo, halli, hallo,
Buchbinder sind stets froh.

Beschneiden, Färben, Glätten,
Den goldnen Schnitt, den netten,
Polieren, dass er blitzt.
Mit Seide kapitalen,
Nicht bloß, dass es soll prahlen,
Nein, dass zugleich es nützt.

Halli, hallo, halli, hallo,
Buchbinder sind stets froh.

Dann angesetzt die Decken,
In Pappband, Lederecken
Und Rücken binden wir.
Die Seiten überzogen,
Mit manchem schönen Bogen
Bunt marmoriert' Papier.

Halli, hallo, halli, hallo,
Buchbinder sind stets froh.

An Büchersaales Wänden,
In schöner Mädchen Händen,
Da prangen Bücher fein.
In Kirche, Schul' und Hause,
Sogar beim Hochzeitsschmause,
Muss unsre Arbeit sein.

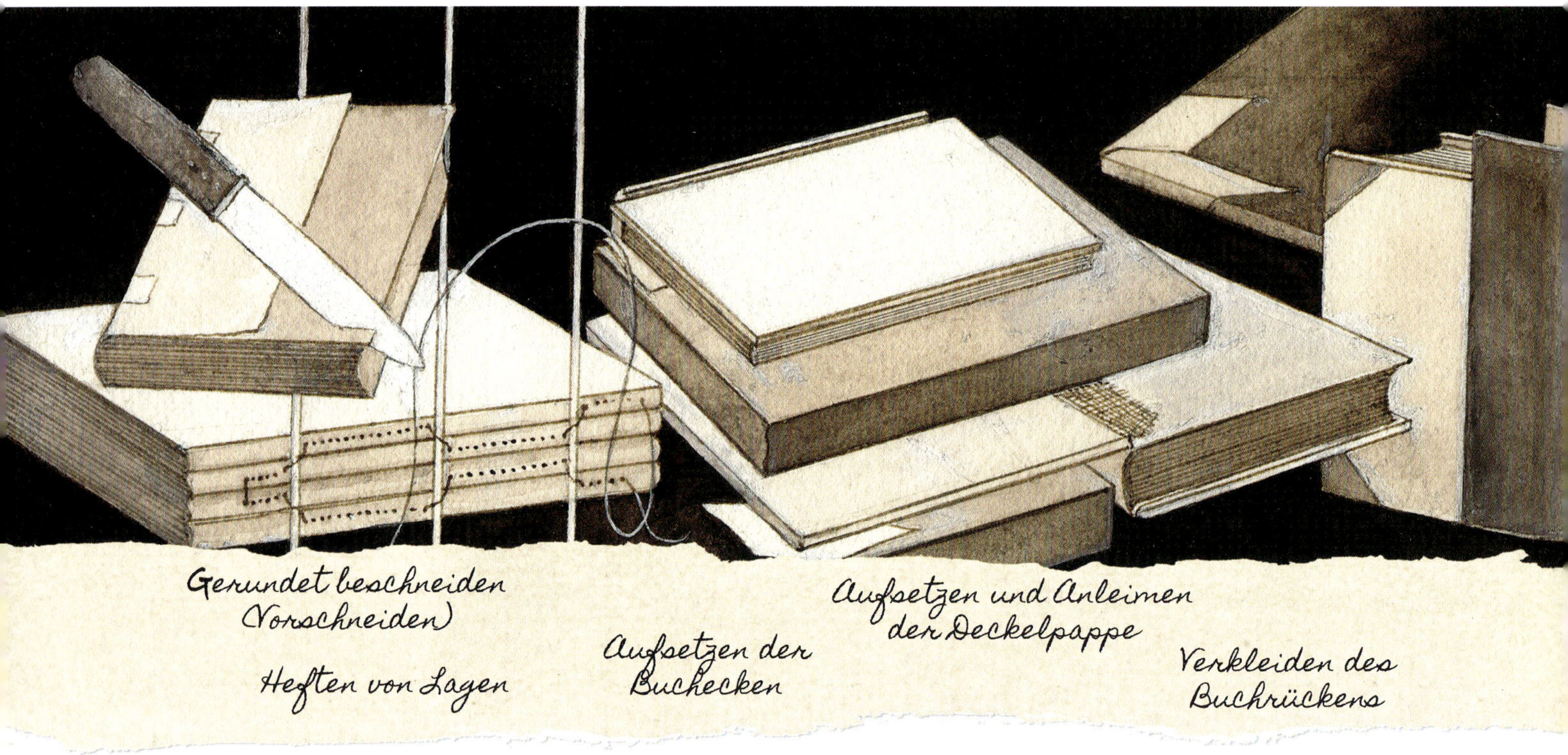

AKADEMISCHER BUCHBINDER

Nachdem im 12. Jahrhundert die ersten Universitäten in Paris und Bologna gegründet wurden, entstand die erste deutsche Universität 1348 in Prag. Die Tübinger Universität wurde 1477 gegründet. Die Universitäten gingen aus Klosterschulen hervor und lehrten als erstes und wichtigstes Fach die Theologie.

Durch den Rückhalt der Päpste waren die Universitäten weitestgehend autonom. Der Rektor stand in fürstlichem Rang und war oberster Herr der universitätseigenen Gerichtsbarkeit. Der Kanzler war ursprünglich der ständige Vertreter des Papstes an der Universität und war befugt, die akademischen Grade zu verleihen. Und der Pedell war so etwas wie ein Polizeichef, der für die Ordnung innerhalb der Universität sorgte und sogar Verhaftungen vornehmen durfte.

Die Professoren, Studenten, Angestellten und Zuarbeiter der Universität durften sich als Angehörige der Universität „akademische Bürger" nennen und deren Privilegien genießen. Zu diesem privilegierten Personenkreis gehörten nicht zuletzt auch die Buchbinder.

Der Posten eines „akademischen Buchbinders" war sehr geachtet und sehr begehrt. Und dass es an den Universitäten nicht nur streng akademisch zuging, beweisen unzählige Studentenlieder, von denen aber nur wenige so druckfähig sind wie die folgenden Verse:

In Genuss und Liebeskunst,
dies beweisen Taten,
übertrifft der Kleriker
immer den Soldaten.
Amors ganzer Liebeshof
gibt sich laut zufrieden,
und für alle Zukunft ist
nun der Streit entschieden.

Es muss vielleicht angemerkt werden, dass der Begriff „Kleriker" damals etwas weiter gefasst wurde und die Studentenschaft mit einschloss.

Einpressen der Seitenstücke mit dem Falzbein

Aufleimen des Deckelzugpapiers

Ein Ganzdeckel-einband entsteht.

Gefütterter Ledereinband eines Poesiealbums

Buchkasten

Das Titelfeld

GENERVTER BUCHBINDER

Einer der bekanntesten Buchbinder, in dessen Rolle wir uns manchmal selbst sehen, ist der Buchbinder Wanninger, alias Karl Valentin.

In diesem Sketch ruft der arme Buchbinder bei der Firma Meisl & Companie an, weil er die bestellten Bücher fertig gestellt hat und gerne abliefern würde:

„Entschuldigen Sie bitte, ich wollt' nur mitteilen, dass ich die Bücher, wo's bestellt haben, fertig habe. Ob ich die Bücher losschicken soll und ob ich die Rechnung auch da gleich mitschicken darf."

Als Antwort hört er nur: „Einen Moment bitte, ich verbinde." Und das nicht nur ein Mal. Immer wieder wird er weiter verbunden, und immer wieder muss er sein Sprüchlein – immer verworrener – von neuem aufsagen:

„Ja, der Ding is hier, der Buchbinder Wanninger, ich hab's jetzt dene andern scho so oft g'sagt, ich möcht nur an Herrn Direktor fragn, dass ich die Bücher – fragen, dass ich die Bücher jetzt fertig hab und ob ich s' nausschicka soll zu Ihna, und d'Rechnung hätt ich auch gschriebn, ob ich die auch gleich

mit die Bücher, zamt die Bücher mit zum Herrn – Ihnen hinschicken soll, dann."

Am Ende scheint er tatsächlich mit dem richtigen Ansprechpartner verbunden zu sein. Doch da wird ihm gesagt, es sei jetzt Mittagspause und er möge doch am anderen Morgen wieder anrufen.

Wanninger legt den Telefonhörer auf und murmelt nur ein aus tiefstem Herzen kommendes und verständliches „Saubande, dreckade!"

Übrigens wird das Telefon, das der Buchbinder Wanninger benutzte, im „Valentin Musäum" in München aufbewahrt. Dort kann man auch den berühmten Nagel, an den Karl Valentin seinen Schreinerberuf hängte, besichtigen.

„Argwöhnisch wacht der Mensch
über alles, was ihm gehört.
Nur die Zeit lässt er sich oft stehlen.“

Linus Pauling

ALLERLEI INSTRUMENTE

„Wenn alle die erste Geige spielen wollen,
kommt kein Orchester zusammen.“

Robert Schumann

DER GEIGENBAUER

Stilisierter Mädchenkopf als Abschluss eines Cellohalses (aus einer Hamburger Geigenbauerwerkstatt)

Blick in eine Geigenbauerwerkstatt in Mittenwald

Namen berühmter Werkstätten (Die Etiketten wurden auch häufig gefälscht)

ZUR GESCHICHTE

Wo und wann die Streichinstrumente entstanden sind, ist nicht genau geklärt. Vermutlich sind sie an mehreren Orten der Erde voneinander unabhängig entwickelt worden. Und wahrscheinlich ist, dass die europäischen Instrumente ihren Ursprung im 9. Jahrhundert n. Chr. in Mittelasien haben.

Ab dem 10. Jahrhundert tauchten zwei Urformen der Geige auf. Die eine, Rebec oder Gigue genannte, verbreitete sich von Spanien aus und stammte wohl von einem arabischen Instrument ab. Es war ein birnenförmiges Instrument mit bis zu drei Saiten, das komplett – Korpus und Hals – aus einem Stück geschnitzt war. Im Deutschen wird das Rebec auch als Geige bezeichnet. Zum Spielen wurde diese Geige an der Brust oder Schulter aufgestützt.

Die zweite Urform der Streichinstrumente war die Fidel, die bis zu sechs Saiten besaß und deren Körper schon viele Gemeinsamkeiten mit der späteren Violine hatte. Der Resonanzkörper war oval und aus mehreren Holzteilen nach Art einer Schachtel aufgebaut. In der Mitte hatte das Instrument ein rundes Loch, das sich später zu zwei sichelförmigen Schlitzen weiterentwickelte. Die Fidel war im Mittelalter weit verbreitet und hat sich in verschiedenen Kulturkreisen bis heute gehalten.

Gegen Ende des 15. Jahrhunderts entstanden, von Italien ausgehend, die heutigen beiden Instrumentenfamilien, die sich unter anderem in der Spielhaltung unterschieden: die „viola da gamba“, die zwischen den Knien gehalten wurde (ital. gamba = Fuß), und die „viola da braccio“, die mit dem linken Arm (ital. braccio = Arm) auf Schulterhöhe gespielt wurde.

Die größeren Klangkörper der Gamba-Instrumente hatten einen dunkleren und weicheren Klang als die kleineren Braccio-Instrumente. Der Korpus aller Instrumente hatte seitlich tiefe Einbuchtungen, damit man den Bogen leichter an den äußeren Saiten ansetzen konnte.

In der ersten Hälfte des 16. Jahrhunderts entwickelte sich vor allem in den oberitalienischen Städten aus der Braccio-Familie die Violine. Die berühmteste Werkstatt für Violinenbau begründete Andrea Amati in Cremona. Die größten Geigenbauer der Welt stammen alle aus Cremona.

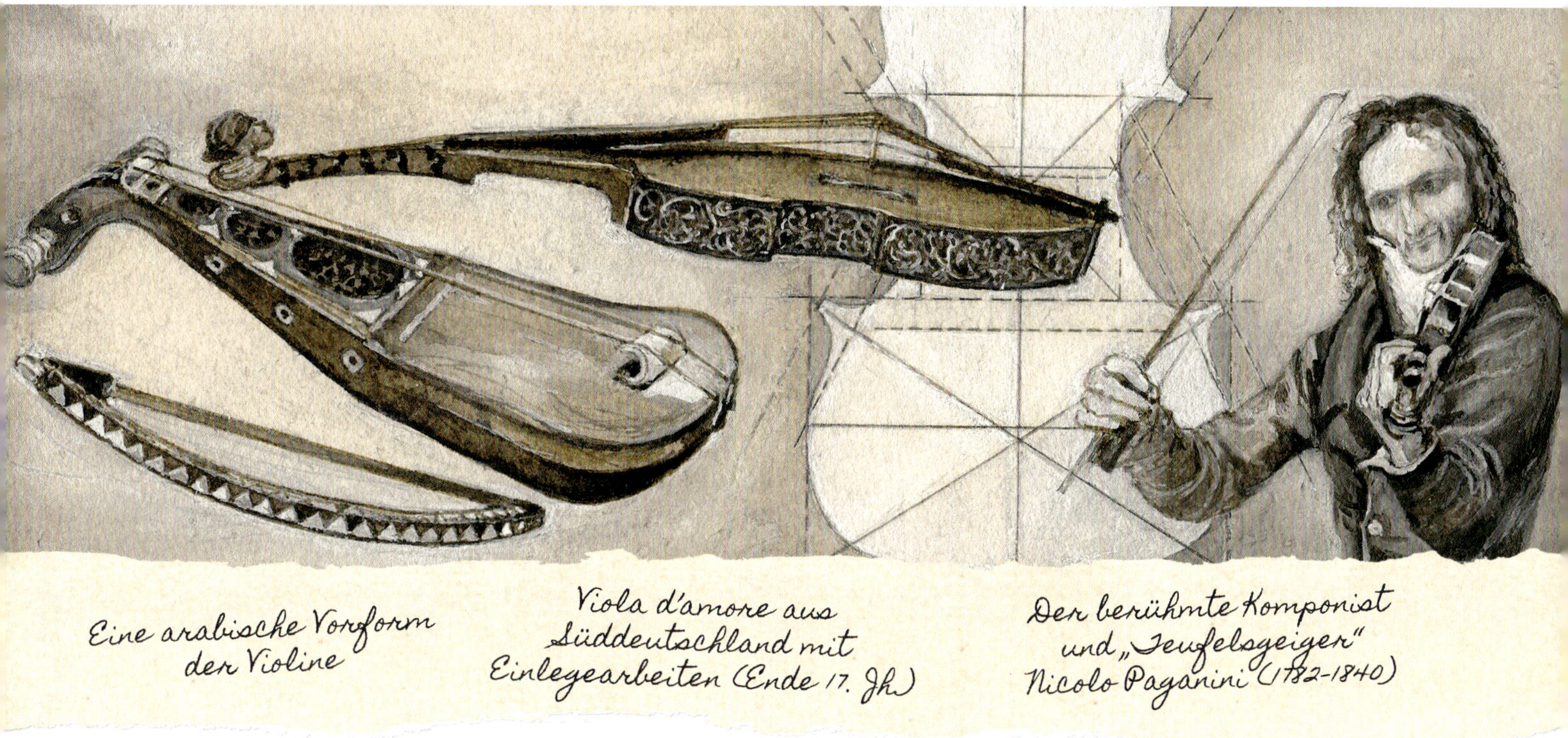

Im deutschsprachigen Raum war in der zweiten Hälfte des 17. Jahrhunderts vor allem die Geigenbauschule von Jacob Stainer in Tirol sehr bedeutend. Einer der bekanntesten Kunden dieser Geigenbauschule war Johann Sebastian Bach.

Ein anderer großer Musiker, Wolfgang Amadeus Mozart, spielte auf einer Violine von Ägidius Klotz, einem sehr bekannten Mittenwalder Geigenbauer. Klotz war einer von 36 Geigenbauern dieses Namens. Der erste, Matthias Klotz (1653–1743), hatte den Mittenwalder Geigenbau begründet.

Zu Beginn des 18. Jahrhunderts gab es einige grundlegende Veränderungen. Nicht zuletzt durch die Französische Revolution nahm das Bürgertum anstelle der Aristokratie am Musikleben teil. Die Konzerte fanden vor immer mehr Menschen und in immer größeren Räumen statt. Dadurch wurde es notwendig, die Lautstärke der Musikinstrumente zu erhöhen. Die baulichen Veränderungen an den Streichinstrumenten führten ihrerseits zu Änderungen im Klangverhalten, sodass die heutigen Geigen sich im Klangbild deutlich von den klassischen Instrumenten unterscheiden.

Gegen Ende des 18. Jahrhunderts war die große Zeit der italienischen Geigenbaukunst vorüber. Es entstanden Geigenfabriken, und die große Nachfrage konnte nur durch schnellere und rationellere Produktionsmethoden befriedigt werden. Vor allem verwendete man schneller trocknende Lacke, was offensichtlich die Klangqualität der Instrumente negativ beeinflusste. Violinen, die mit den damaligen Meisterstücken vergleichbar wären, sind nie wieder gebaut worden.

Aber eine positive Entwicklung kann man aus der späteren Zeit doch noch melden: Um 1820 erfand der deutsche Komponist Louis Spohr den Kinnhalter, der dem Spieler das Gleiten der linken Hand wesentlich erleichterte.

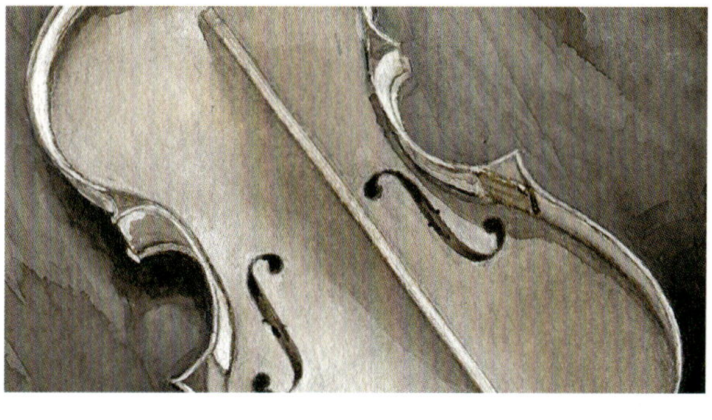

DER GEIGENBAU

Solange es Violinen gibt, hat sich am Geigenbau und an den Werkzeugen des Geigenbauers kaum etwas verändert. In der Werkstatt findet man vieles, was an eine Tischlerei oder Holzbildhauerei erinnert: Hobel, Sägen und Holzmeißel, darüber hinaus aber auch Pinsel und besondere Lacke.

Mehr als in anderen Holz verarbeitenden Handwerken ist die Auswahl des richtigen Holzes von entscheidender Bedeutung für ein gutes Endprodukt. Um die bestmögliche Klangqualität zu erzielen, muss das Holz sehr genau definierte Eigenschaften haben und darf zum Beispiel nicht zu schwer und nicht zu leicht sein.

Dabei kommt es nicht allein auf die Holzart und die Wachstumsregion des Holzes an. Auch innerhalb eines Baumstammes fällt das Holz sehr unterschiedlich aus. Im unteren Teil des Stammes ist das Holz härter als oben, und Holz von der Sonnenseite eines Stammes wird geringfügig andere Resonanzeigenschaften aufweisen als Holz von der Schattenseite.

Die am meisten verwendeten Hölzer sind Tanne oder Fichte für die Decke und Ahorn für den Boden und die Zargen, die „Seitenwände" des Instruments. Das Griffbrett wird aus dem sehr harten Ebenholz gefertigt.

Der Bau einer Geige erfolgt nach Schablonen, die von berühmten oder bewährten Modellen abgenommen wurden. So dienen zum Beispiel die Geigen von Stradivari häufig als Vorlagen, womit aber noch längst nicht sichergestellt ist, dass die so hergestellten Instrumente dann auch genauso klingen wie die berühmten Vorbilder.

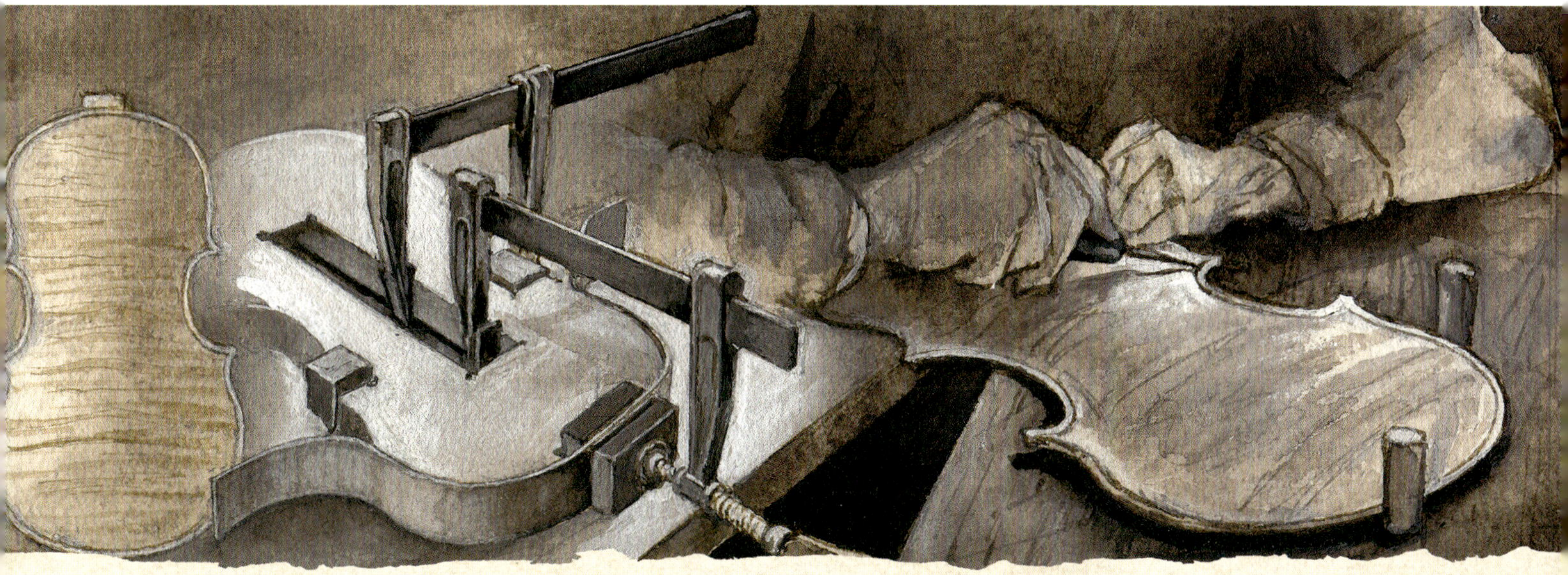

Die Wölbung entsteht durch Hobeln und Schleifen mit Sandpapier.

Biegen und Zurichten der Zargen über der Form

Mit Bildhauermeißeln werden die Kurven exakt vorgearbeitet.

Nach den Schablonen werden die Zargenteile ge formt und die Decke sowie der Boden ausgeschnitten und leicht gewölbt. Die Holzdicke von Decke und Boden ist in der Mitte größer als außen. Hier ist das Können des Geigenbauers gefordert, um für das individuelle Holz die passenden Dicken zu hobeln.

Was der Laie unterschätzt, ist der Einfluss des Lackes auf die spätere Klangqualität. Je nach Beschaffenheit des Lackes kann dieser das Resonanzverhalten, also die Schwingungen, des Klangkörpers verändern. Ein zu weicher Lack dämpft zum Beispiel den Ton, und ein zu harter Lack kann zu schrillen Tönen führen.

Die Geigenbauer achten daher sehr genau auf die Zusammensetzung ihrer Lacke. Allen guten Lacken gemeinsam ist, dass sie sehr langsam trocknen. Das ist aber eine Eigenschaft, die Lacke für industriell gefertigte Geigen aus Gründen der Produktivität nicht haben dürfen.

Eine fertige Geige wird überprüft …

… bevor sie dann im Konzertsaal gespielt wird.

EINE KLEINE GEIGE MÖCHT' ICH HABEN

Hoffmann von Fallersleben

Eine kleine Geige möcht' ich haben,
Eine kleine Geige hätt' ich gern.
Alle Tage spielt' ich mir
Zwei, drei Stückchen oder vier,
Und sänge und spränge gar lustig herum,
Ja, sänge und spränge gar lustig herum.

Di del di del dum dum,
Dumm dumm dumm dumm,
Di del di del dum dum,
Dumm dumm dumm.

Eine kleine Geige klingt gar lieblich,
Eine kleine Geige klingt gar schön.
Nachbars Hans und unser Spitz
Kämen alle wie der Blitz,
Und sängen und sprängen gar lustig herum,
Ja, sängen und sprängen gar lustig herum.

Di del di del dum dum,
Dumm dumm dumm dumm,
Di del di del dum dum,
Dumm dumm dumm.

Ein großes Orchester, hauptsächlich mit Streichinstrumenten besetzt

STREICHINSTRUMENTE

Zur Familie der Geigen kann man vier Instrumente zählen, die sich in ihren Tonlagen und zum Teil in ihrer Handhabung unterscheiden.

Das kleinste, aber im Orchester am stärksten vertretene und beliebteste Instrument ist die Violine, das „Sopraninstrument". Die Violine ist mit vier Saiten bespannt, deren tiefste, die G-Saite, meistens eine mit Silberdraht umsponnene Darmsaite ist. Die D- und die A-Saite bestehen aus Darm oder Kunststoff und sind mit Aluminium umsponnen. Und die E-Saite ist ein Stahldraht.

Der Violinbogen ist eine leicht konkav gebogene Holzstange, die beim klassischen Instrument mit Rosshaar bespannt ist. Die tonerzeugenden Schwingungen entstehen, wenn mit den Rosshaaren über die Saiten gestrichen wird. Dabei ist es jedoch sehr wichtig, dass der Bogen nicht glatt und reibungslos über die Saiten streicht. Sonst entsteht nämlich kein Ton.

Der Ton kommt erst zustande, wenn eine gewisse Haftreibung dafür sorgt, dass die Saite für einen winzigen, unbemerkbaren Augenblick an den Rosshaaren „hängen bleibt" und dann freikommt. Dann beginnt sie zu vibrieren, und der Ton entsteht. Um die Haftreibung auf das gewünschte Maß zu erhöhen, werden die Rosshaare des Bogens vom Musiker mit Kolophonium, einem Harz, bestrichen.

Etwas größer als die Violine ist die Viola mit der Tonlage Alt, die im Deutschen – vom italienischen braccio abgeleitet – auch Bratsche genannt wird. Baulich unterscheidet sich die Viola nicht von der Violine. Aber sie ist eine Quint tiefer gestimmt als die Violine. Ihre Klangfarbe ist dunkler.

Größer als die Viola ist das Violoncello oder Cello. Es ist das Tenor- und Bassinstrument der Violinfamilie. Wegen seiner Größe wird das Instrument beim Spielen auf den Boden gestellt und der Cellist sitzt. Das Cello wurde im 19. Jahrhundert neben der Violine zum wichtigsten Solostreichinstrument.

Der Kontrabass, auch Bassgeige genannt, gehört streng genommen nicht zur Violinfamilie. Während im 18. Jahrhundert dreisaitige Kontrabässe üblich waren, stieg die Anzahl der Saiten im 19. Jahrhundert auf vier und im 20. Jahrhundert auf fünf, wodurch der Tonumfang in den tiefen Tönen erhöht wurde.

Der Korpus einer Violine im Entstehen

Reparaturen an wertvollen älteren Instrumenten

GEIGENBAUER JACOB STAINER

Die nach heutigem Verständnis berühmtesten Geigenbauer kommen zwar alle aus Italien. Aber es gab auch andere Regionen, die großartige und damals ebenso geschätzte Geigenbauer hervorbrachten.

Einer von diesen war der Tiroler Jakob Stainer (1621–1683) aus Absam, der bereits im Alter von 20 Jahren Geigen baute. Er hatte die italienischen Geigen studiert und war möglicherweise bei Niccolò Amati in die Schule gegangen.

Sein Ruhm als Geigenbauer war bis nach Spanien gedrungen, wo er die königliche Hofkapelle mit Instrumenten belieferte. Und von Kaiser Leopold I. wurde er mit dem Titel „Kaiserlicher Diener“ bedacht, weil man seine Arbeit so sehr schätzte.

Bis ins 19. Jahrhundert wurde den Instrumenten Stainers eine höhere Klangqualität zugesprochen als den berühmten Geigen aus dem italienischen Cremona. Auch Bach und Mozart besaßen Geigen von Jacob Stainer.

Musik ist angenehm zu hören.
Doch ewig braucht sie nicht zu währen.

Wilhelm Busch

GEIGENBAUER ANTONIO STRADIVARI

Cremona hat viele berühmte Geigenbauer hervorgebracht, was nicht zuletzt ein Verdienst der Amati-Dynastie und ihrer Schule ist. Einer ihrer begabtesten Schüler war Antonio Stradivari (1644–1737). Er hat nicht nur die Anleitungen seines Lehrmeisters perfekt umgesetzt, sondern um 1700 ein eigenes, neues Violinenmodell entwickelt. Stradivari verwendete Ahorn-, Fichten- und Weidenholz für seine Instrumente. Er vergrößerte das Format, veränderte die F-Löcher, die Austrittsöffnungen für den Schall, und lackierte die Geigen mit bernsteinfarbenem Firnis.

Bei aller Perfektion war Stradivari außerordentlich produktiv. Die genaue Anzahl der von ihm gebauten Streichinstrumente ist nicht bekannt. Aber angeblich sollen noch rund 600 „Stradivaris“ existieren – Fälschungen eingeschlossen.

Antonio Stradivari gilt heute als größter Geigenbauer aller Zeiten. Die Abmessungen und Formen seines Geigenmodells sind heute noch eine verbindliche Vorlage für viele Geigenbauer.

Sorgfältiges Glätten
vor dem Lackieren

Nach dem Lackieren wird poliert.
Dann erfolgt das Einpassen der Wirbel
und das Einspannen der Saiten.

DER GEIGER AUS GMÜND

Eine Sage

Ein armer Geiger klagte einmal vor einem Marienbilde in der Muttergotteskapelle, die zwischen Gmünd und Gotteszell hart am Wege liegt, seine Not. Dann spielte er auf seiner Geige so schön, dass das heilige Bild sich bewegte und ihm einen von seinen beiden goldenen Pantoffeln zuwarf.

Der Geiger wollte nun den Pantoffel verkaufen, aber da wurde er verhaftet und als Kirchenräuber zum Tode verurteilt. Er bat um die Gnade, dass er vor seinem Tode noch einmal vor dem Marienbilde spielen dürfe, was ihm auch gestattet wurde.

Viel Volk versammelte sich dazu. Und als er seinen letzten Bogenstrich getan hatte, da bewegte das Gnadenbild sich abermals und warf ihm auch den andern Pantoffel zu, woraus das Gericht die Unschuld des armen Geigers erkannte und ihm gern die goldenen Pantoffeln ließ.

Lange Zeit hing in der Muttergotteskapelle ein altes Bild, welches diese Geschichte darstellte, wie nämlich der zum Tode verurteilte Geiger im roten Mantel noch einmal vor der Mutter Gottes spielte und ihm von der Maria der zweite Pantoffel geschenkt wurde.

DIE BUCKLICHTEN FIEDLER

Anton W. F. Zuccalmaglio

Es wohnet ein Fiedler zu Frankfurt am Main,
Der kehret von lustiger Zeche heim.
Und er trat auf den Markt, was schaut er dort?
Der schönen Frauen schmausten gar viel' an dem Ort.

„Du bucklichter Fiedler, nun fiedle uns auf,
Wir wollen dir zahlen des Lohnes vollauf!
Einen feinen Tanz, behende gegeigt,
Walpurgis Nacht wir feiern heut'."

Der Geiger strich einen fröhlichen Tanz,
Die Frauen tanzten den Rosenkranz,
Und die erste sprach: „Mein lieber Sohn,
Du geigtest so frisch, hab' nun deinen Lohn."

Sie griff ihm behend' unters Wams sofort,
Und nahm ihm den Höcker vom Rücken fort:
„So gehe nun hin, mein schlanker Gesell,
Dich nimmt nun jedwede Jungfrau zur Stell'."

Der Fiedler schlank in die Herberge trat.
Da wartet sein buckliger Kamerad.
Den fasste der Neid: „Der Hexen Gunst
Erwerbe ich mir auch durch meine Kunst."

Er trat auf den Marktplatz zur fröhlichen Schar,
Die tanzte im Mondenlicht immerdar.
„Ich geige euch gern, wenn für die Kunst
Ihr zahlen wollt' mit gleicher Gunst."

Er geigte falsch zu der Frauen Tanz,
Zerstörte den holden Reigen ganz.
Die erste sprach: „Mein lieber Sohn,
So wie du gegeigest, so sei nun dein Lohn."

Sie nestelt ihm vorne am Wams sofort,
Verbarg des Gesellen Höcker dort.
Und nun ging es – husch – es wirbelt umher,
Der weite Marktplatz war still und leer.

Der neidische Fiedler tappte da lang,
Er dachte er käme nach Hause gar schlank.
Doch wie lachten sie, wie kam er in Zorn,
Er fand sich behöckert so hinten als vorn.

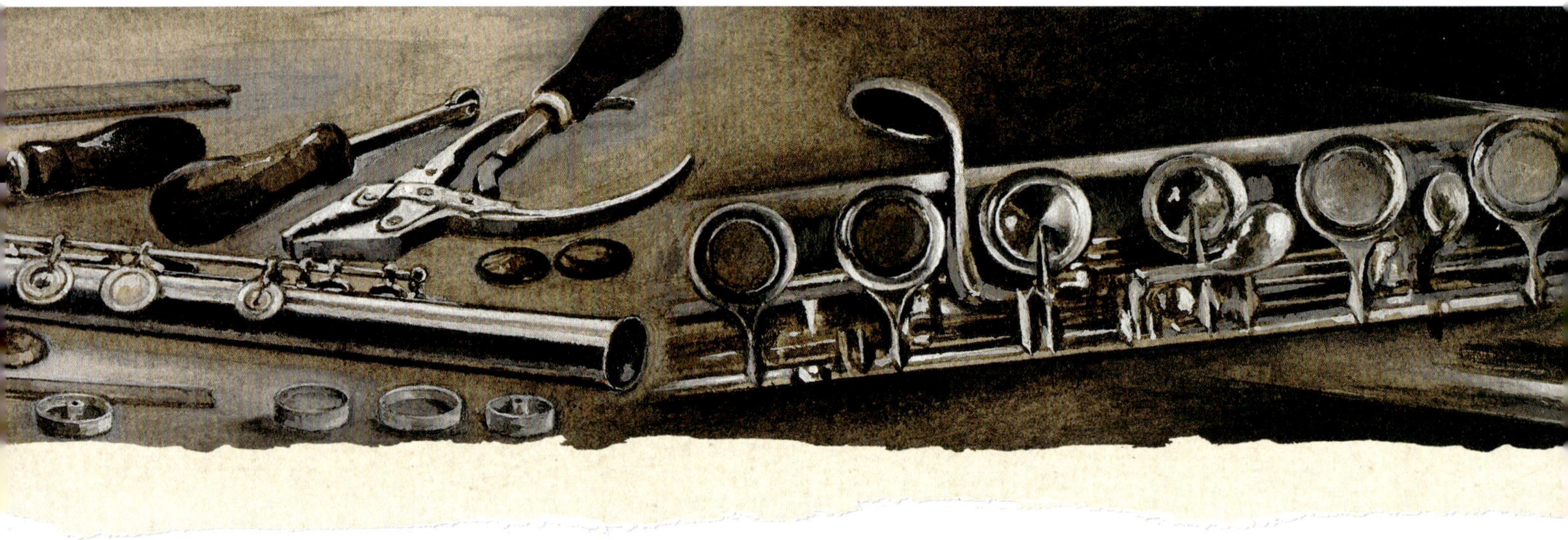

„Wer die Klarinette seelenvoll bläst,
scheint der ganzen Welt,
ja den himmlischen Wesen selbst,
eine Liebeserklärung zu machen.“

Franz Schubert

DER FLÖTENMACHER

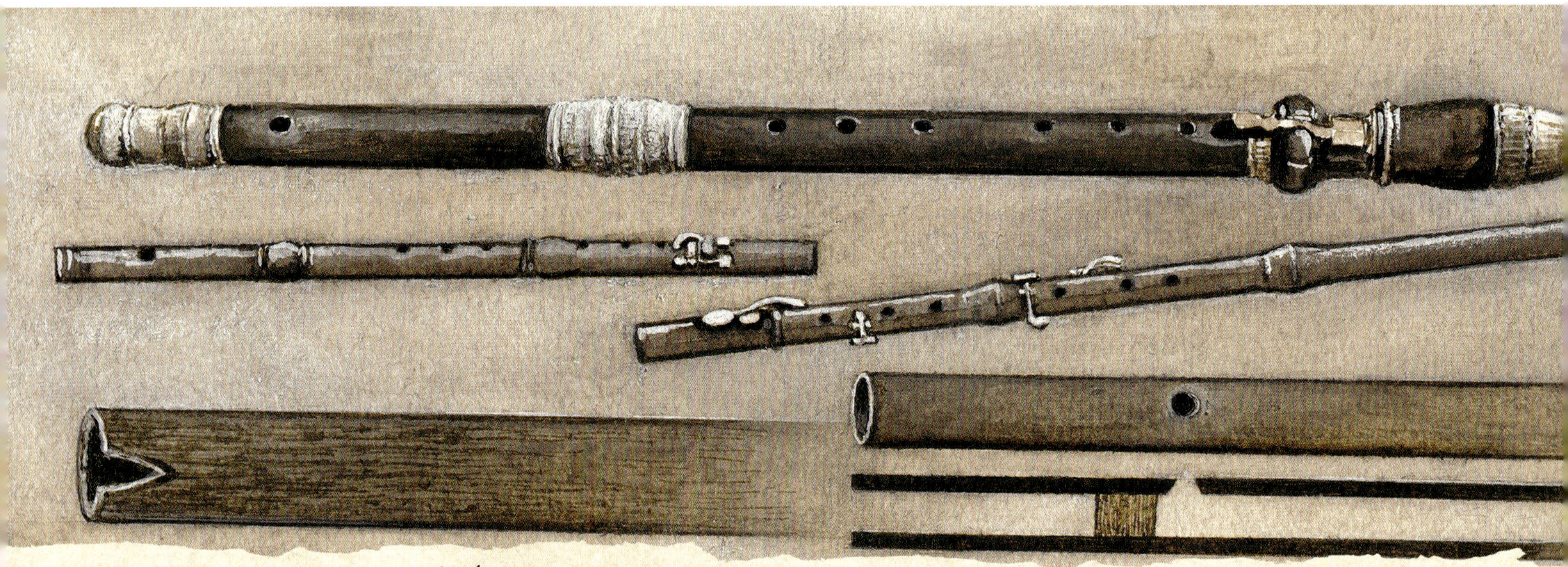

Einklappige Flöte (Paris, um 1700, Länge 68,5 cm)
Zweiklappige Querflöte (1769)
Kopf einer einfachen Kerbflöte (aus Ruanda)
Vierklappige Flöte (leicht zu spielen)
Kopf einer Querflöte der Renaissance

ZUR GESCHICHTE

Vermutlich sind hohle Knochen von Vögeln oder hohle Aststücke die ersten „Instrumente" gewesen, denen der Steinzeitmensch durch Hineinblasen einen Ton entlockte.

Die ersten Flöten kamen auf demselben Weg wie zahlreiche andere Erfindungen zu uns: Im 9. Jahrhundert waren sie in China bekannt, später in Indien, Ägypten, Griechenland und Italien. Im 11. Jahrhundert n. Chr. wurden die Flöten in Deutschland populär.

Im Mittelalter und lange Zeit danach war die Blockflöte in Tonlagen vom Kleindiskant bis zum Großbass dominierend. Auch Johann Sebastian Bach verwendete – als letzter großer Komponist – noch die Blockflöte in seinen Kantaten.

An der Bauart der Flöten änderte sich bis zur Mitte des 17. Jahrhunderts nichts. Dann wurden sie in mehreren Phasen grundlegend umgestaltet, um die Klangqualität zu verbessern. Den sicherlich bedeutendsten Entwicklungsschritt vollzog der Münchner Theobald Böhm, der 1832 ein neues, revolutionäres Mechaniksystem einführte, das als „Böhmsystem" bekannt wurde und heute noch am weitesten verbreitet ist.

Im Jahre 1847 baute Böhm die erste Flöte aus Metall, was sich ebenfalls durchsetzte: Heute wird für Flöten überwiegend Silber verwendet, Holz nur noch selten. Eine Ausnahme bildet hier die kleine Pikkoloflöte, die als Holzinstrument die hohen Töne etwas feiner klingen lässt.

Um 1700 wurde ein neues Holzblasinstrument erfunden: die Klarinette. Bei ihr wird der Ton mit einem Rohrblatt erzeugt, das in der Luftbahn des Mundstücks schwingt. Die ersten Klarinetten waren noch sehr einfach und sahen einer großen Blockflöte ähnlich. Sie eröffneten aber schon neue spielerische Möglichkeiten, hatten einen großen Tonumfang und konnten relativ laut gespielt werden. Ihr Auftauchen kam in der Musikwelt einer Sensation gleich. Die hohen Trompeten, die so genannten „Clarini", wurden sofort durch die neuen Instrumente, die „Clarinetti", ersetzt.

Kopf einer bulgarischen Schrägflöte
Panflöte, in der Antike bedeutend,
heute vor allem in Südamerika gespielt

Flötenspieler (Tarquinia, um 470 v. Chr.)

Zwei Plagiaulen mit seitlichem Kapselansatz
(Klassisches Griechenland, Bronze)

Die Komponisten Vivaldi und Händel bauten die Klarinetten in ihre Konzerte ein, und Wolfgang Amadeus Mozart schrieb 1778 an seinen Vater: „Ach, wenn wir nur Clarinetti hätten! Sie glauben nicht, was eine Sinfonie mit Clarinetten einen herrlichen Effekt macht.“ Kurz darauf schrieb Mozart seine anspruchsvollen Klarinettenwerke.

1839 wurde das Böhmsystem der Griffmechanik auf die Klarinetten übertragen. Das Material des Klangkörpers blieb aber Holz. Was sich bis zum 20. Jahrhundert noch änderte, war die Anzahl der Klappen. Die ersten Klarinetten hatten drei und zu Mozarts Zeiten fünf Klappen. Heutige Klarinetten haben bis zu 24 Tonlöcher.

Spezialdrehbank und Spezialbohrer für Seitelpfeifen (österr. Querflöte) aus Holz

WIE DER TON ENTSTEHT

Die Mitglieder der Flötenfamilie, und zwar die Flöten, die Klarinetten und die Oboen, produzieren ihre Töne nach unterschiedlichen Prinzipien.

Bei allen Flöten, also auch bei den Pikkolo- und bei den Querflöten, wird der geblasene Luftstrom über eine so genannte Kante oder Schneide in eine Luftkammer, das Zylinderrohr, geleitet. Dabei entstehen an der Kante Luftwirbel, die im Zylinderrohr für Luftschwingungen sorgen. Schwingungen, deren Wellenlänge mit der Länge des inneren Zylinderrohrs harmoniert, werden bevorzugt aufgebaut und verstärkt. Es entsteht der für diese „Resonanzschwingung“ typische Ton. Ein ganz einfaches Beispiel für dieses physikalische Prinzip ist die Trillerpfeife.

Da ein Musikinstrument aber mehr als einen Ton von sich geben muss, verändert man kurzzeitig die akustisch wirksame Länge des Zylinderrohrs und erzwingt so eine andere Resonanzschwingung, das heißt, einen anderen Ton. Hierzu dienen die Tonlöcher, über die man mit den Klappen die Luftsäule im Rohr beeinflusst. Der Flötenmacher kann genau berechnen, an welche Stelle des Zylinderrohrs er die Tonlöcher setzen muss, um die gewünschten Töne zu erzeugen.

Bei den Klarinetten – zu ihnen gehört auch das Saxophon – wird eine Art Grundton bereits im Mundstück erzeugt. Das Mundstück läuft in den so genannten Schnabel aus, der vom Musiker mit den Zähnen gehalten wird. Auf der Unterseite des Schnabels befindet sich eine breite Aussparung, die „Bahn“, in der das „Rohrblatt“ befestigt ist.

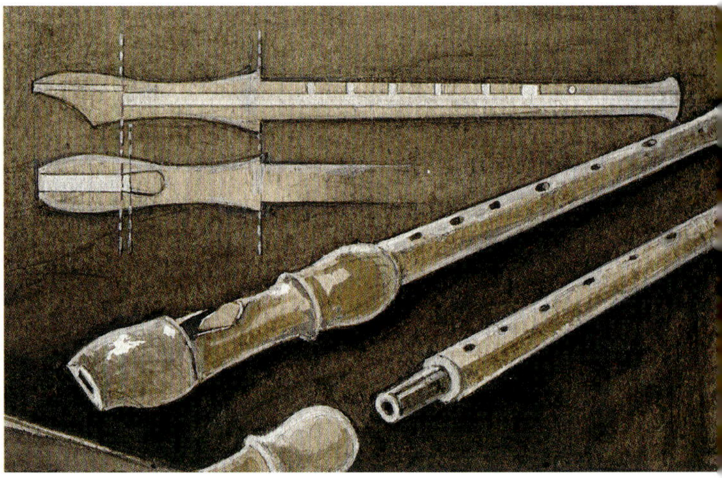

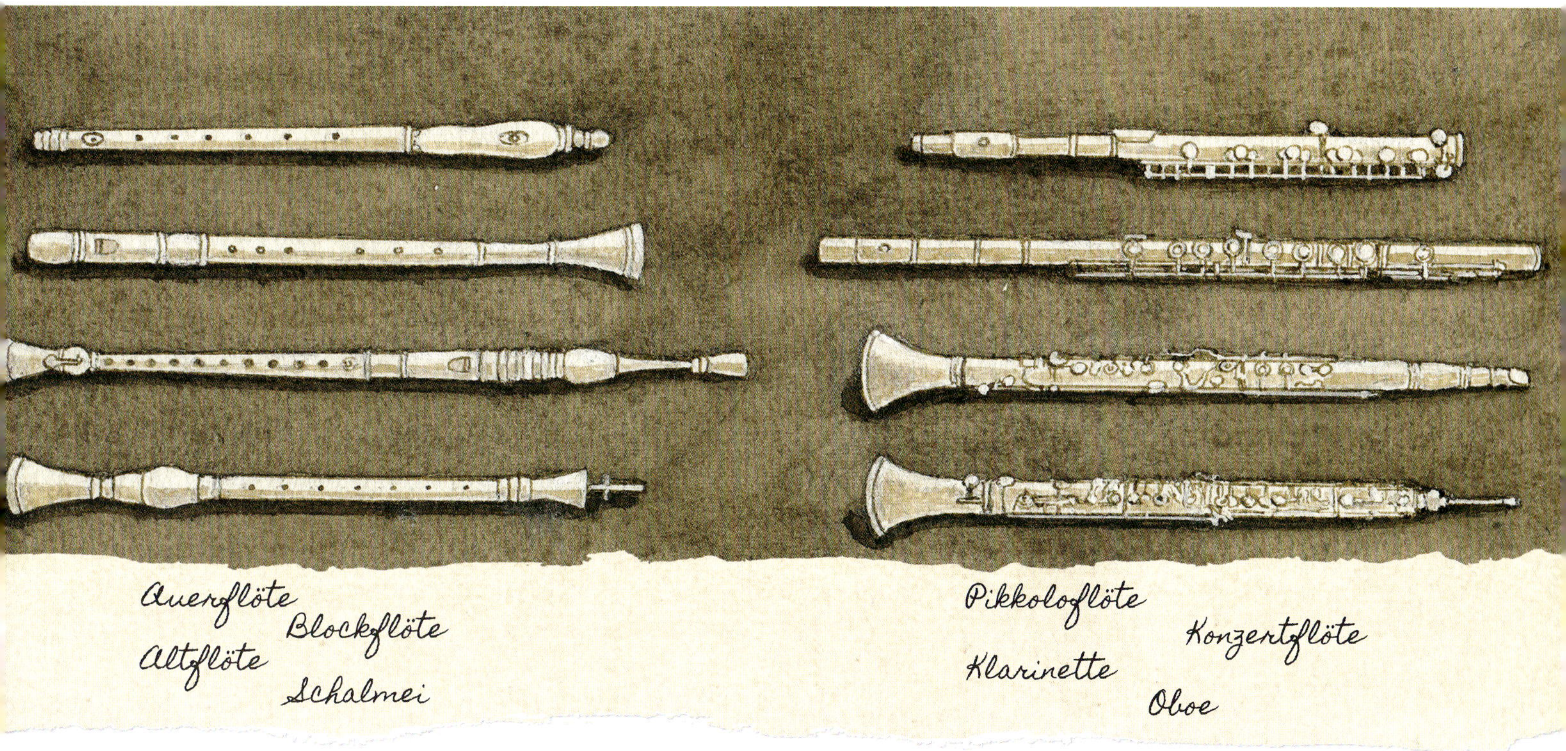

Beim Spielen liegt das Rohrblatt auf der Unterlippe auf und wird durch die geblasene Luft in Vibrationen versetzt. Die vibrierende Luft wird in das Instrument geleitet und gibt seine Schwingungen an die Luftsäule im Klarinettenkörper weiter. Ähnlich wie die Flöten besitzen auch die Klarinetten Tonlöcher und Klappen zum Ändern der Tonhöhe.

Die Oboen funktionieren ähnlich wie die Klarinetten, besitzen aber zwei übereinander liegende Rohrblättchen, die gewissermaßen im Gegentakt vibrieren, wenn der Musiker bläst. Durch diese Anordnung wird der Luftstrom beim Aufeinandertreffen der Rohrblätter unterbrochen und somit in sehr kurze periodische Stöße zerlegt. Hieraus ergibt sich ein etwas anderer Klang als bei der Klarinette.

DAS MUNDSTÜCK

Bei der Klarinette und bei der Oboe ist das Mundstück zusammen mit dem Blatt der wichtigste Teil des Instruments. Das Mundstück gibt ohne den Klangkörper zwar nur einen quietschenden Ton von sich. Aber es bestimmt dennoch ganz entscheidend den Klang des Instruments. Schon allerkleinste Unregelmäßigkeiten oder Kratzer in der Bahn können ein Mundstück für den Berufsmusiker unbrauchbar machen. Mundstücke werden daher immer besonders sorgsam behandelt.

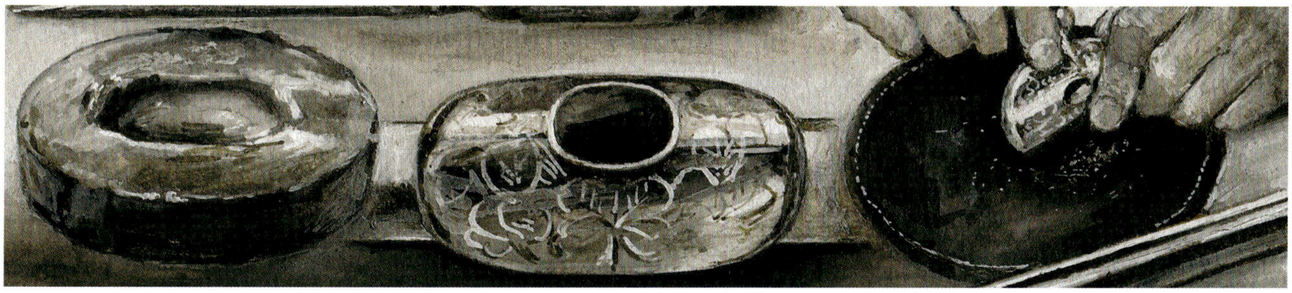

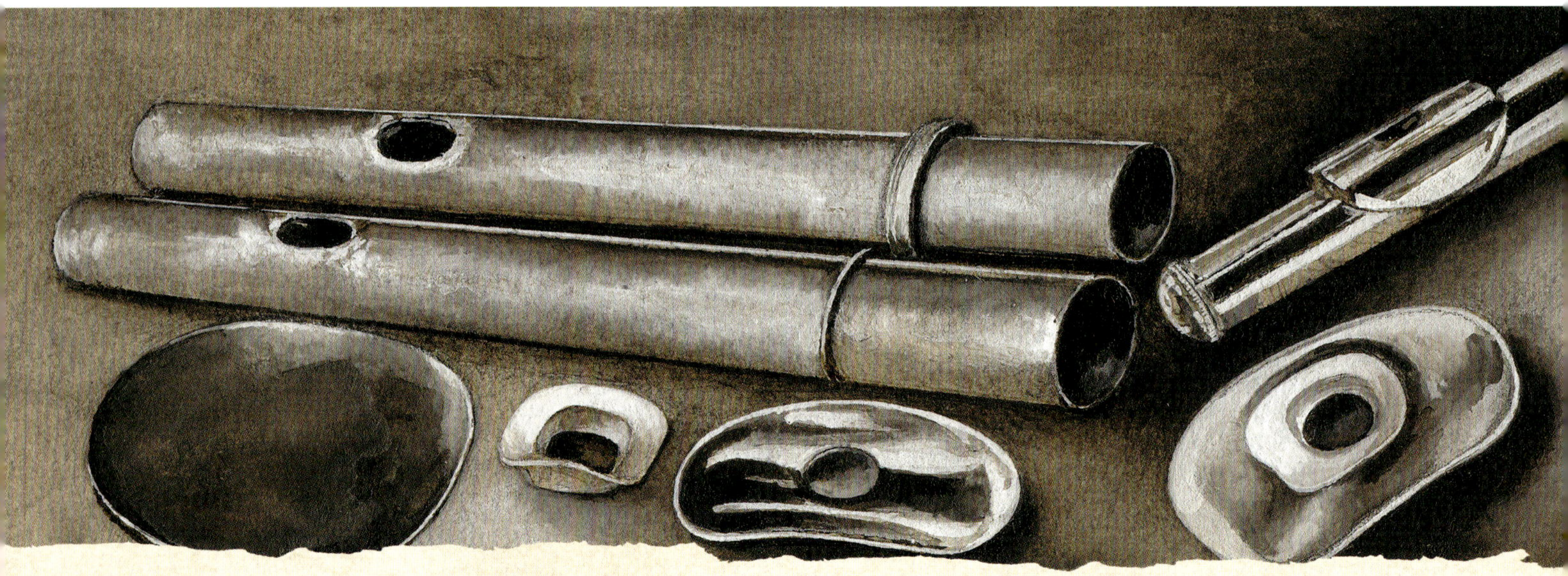

Zwei verschiedene Flötenkopfteile

Lippenstücke – unbearbeitet und fertig gehämmert

Das Lippenstück auf dem Rohr

DIE ZAUBERFLÖTE

Mozarts letzte Oper, die „Zauberflöte", ist wohl gleichzeitig seine populärste. Gut zwei Monate, nach der Uraufführung am 30. September 1791, später starb Mozart im Alter von 35 Jahren.

DIE ARIE DES PAPAGENO

Der Vogelfänger bin ich ja,
Stets lustig, heissa, hopsassa!
Ich, Vogelfänger, bin bekannt
Bei Alt und Jung im ganzen Land.
Weiß mit dem Locken umzugehn
Und mich aufs Pfeifen zu verstehn.
Drum kann ich froh und lustig sein,
Denn alle Vögel sind ja mein.

Der Vogelfänger bin ich ja,
Stets lustig, heissa, hopsassa!
Ich, Vogelfänger, bin bekannt
Bei Alt und Jung im ganzen Land.
Ein Netz für Mädchen möchte ich,
Ich fing sie dutzendweis' für mich!
Dann sperrte ich sie bei mir ein,
Und alle Mädchen wären mein.

Wenn alle Mädchen wären mein,
So tauschte ich brav Zucker ein:
Die, welche mir am liebsten wär,
Der gäb' ich gleich den Zucker her.
Und küsste sie mich zärtlich dann,
Wär sie mein Weib und ich ihr Mann.
Sie schlief an meiner Seite ein,
Ich wiegte wie ein Kind sie ein.

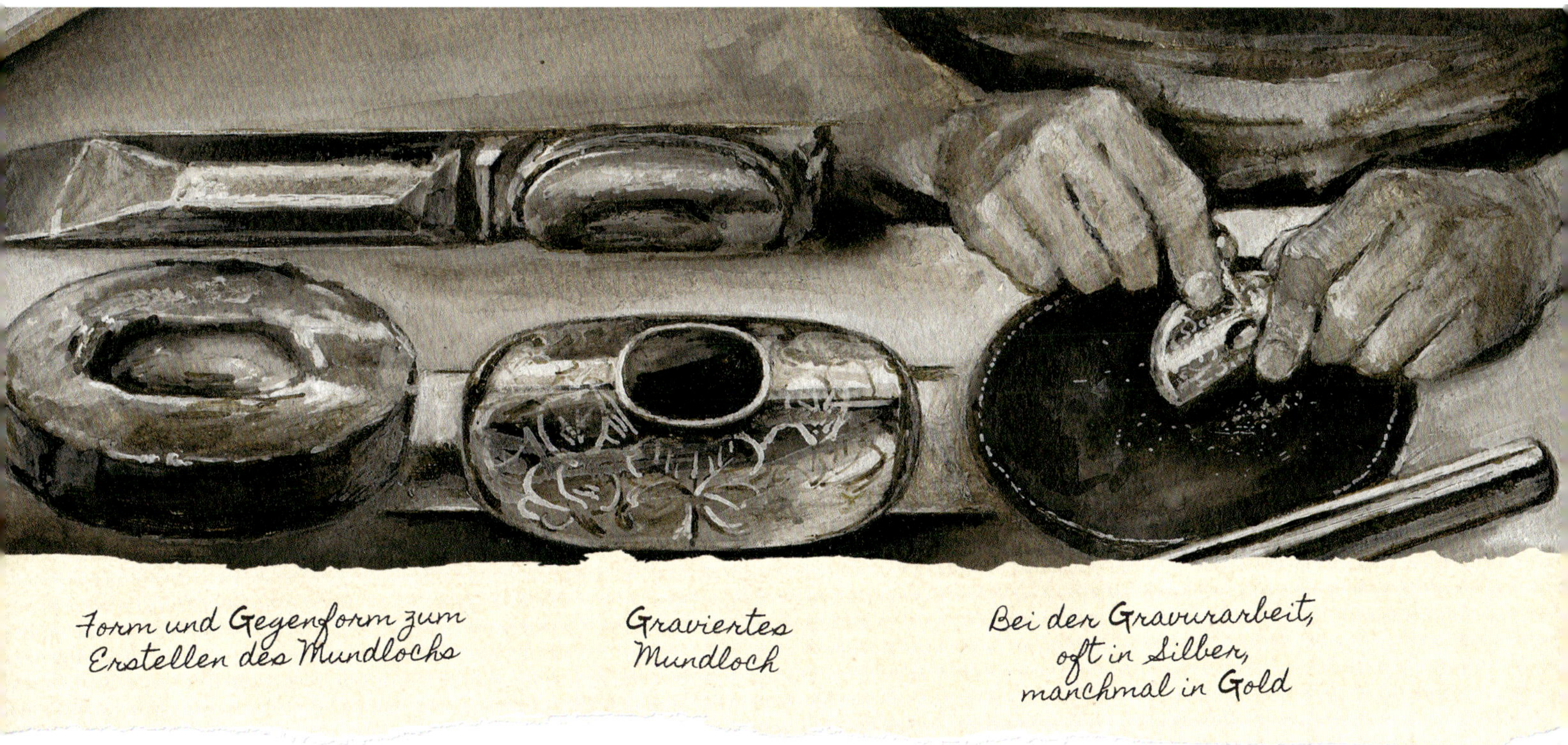

FLÖTENBAUER IN DER HOHEN TATRA

Vor einiger Zeit hatten Fernsehreporter der ARD einen Flötenbauer in der Slowakei ausfindig gemacht, der noch die traditionelle alte Flöte dieser Region, die so genannte Fujara, herstellt. Diese Flöte wurde früher – vermutlich seit dem 6. Jahrhundert – von Schafhirten verwendet und wird heute im Rahmen der Volksmusik eingesetzt.

Roman Bienik, so heißt der Flötenbauer, lebt im Norden der Slowakei am Fuße der Hohen Tatra. Er ist Musikprofessor und mittlerweile ein angesehener Instrumentenbauer. Sein Großvater war Tischler und hatte ihm die notwendigen Fertigkeiten in der Holzbearbeitung beigebracht.

Das Holz für die bis zu zwei Meter langen Flöten sucht sich der Flötenbauer selbst im Wald. Er bevorzugt Holunder, ein Holz, das nicht übermäßig schön gemasert ist, sich aber gut bearbeiten lässt. Ahorn und Akazie sind ebenfalls geeignet, aber noch härter und machen mehr Mühe.

Im ersten Arbeitsschritt wird das Flötenholz ausgehöhlt. Dann folgt eine einjährige Pause, in der das Holz gründlich austrocknen muss. Anschließend wird das Instrument in Handarbeit fertig gestellt und lackiert.

Die Fujaras von Roman Bienik, die mit drei Löchern leicht zu spielen sein sollen, gelten als die besten der Slowakei und wurden bereits preisgekrönt.

Der Klangschalenmechanismus vor der Vollendung auf der Werkbank

DER RATTENFÄNGER ZU HAMELN

Eine alte Sage

Im Jahre 1284 ließ sich zu Hameln ein sonderbarer Mann sehen. Er gab sich für einen Rattenfänger aus und versprach, für einen bestimmten Lohn die Stadt von allen Ratten und Mäusen zu befreien. Die Bürger wurden mit ihm einig und sicherten ihm den verlangten Betrag zu. Der Rattenfänger zog ein Pfeifchen aus der Tasche und begann eine eigenartige Weise zu pfeifen. Da kamen sogleich die Ratten und Mäuse aus allen Häusern hervorgekrochen und sammelten sich um ihn herum. Sobald der Fänger glaubte, es sei keine mehr zurückgeblieben, schritt er langsam zum Stadttor hinaus, und der ganze Haufen folgte ihm bis an die Weser. Dort schürzte der Mann seine Kleider, stieg in den Fluss, und alle Tiere folgten ihm und ertranken.

Nachdem die Bürger aber von ihrer Plage befreit waren, reute sie der versprochene Lohn, und sie verweigerten dem Mann die Auszahlung, sodass er sich schließlich zornig und erbittert entfernte.

Kurz darauf erschien der Mann wieder, diesmal in Gestalt eines Jägers. Wortlos zog er seine Pfeife hervor und ließ sie in den Gassen hören. Und in aller Eile kamen diesmal nicht Ratten und Mäuse, sondern Kinder, Knaben und Mädchen, in großer Zahl dahergelaufen.

Der ganze Schwarm zog hinter dem Mann her, und er führte sie vor die Stadt hinaus und verschwand mit ihnen. Dies hatte ein Kindermädchen gesehen, das mit einem Kind auf dem Arm nachgezogen war, dann aber umkehrte und die Kunde in die Stadt brachte.

Der verschlungene Tastaturmechanismus im Ausschnitt

Detail einer Goldtastatur

Die Eltern liefen sogleich haufenweise vor alle Tore und suchten jammernd ihre Kinder. Aber alles Suchen war leider vergeblich. Hundertunddreißig Kinder gingen damals verloren. Die Bürger von Hameln haben diese Begebenheit in ihrem Stadtbuch verzeichnen lassen. Im Jahre 1572 ließ der Bürgermeister die Geschichte auf den Kirchenfenstern abbilden.

DER GROSSE ZAPFENSTREICH

Die Flöte hat neben der Trommel eine lange Tradition in der Militärmusik. Die „Pfeifer“ und Trommler dienten früher allerdings weniger der Unterhaltung als vielmehr der Übermittlung von Kommandos an die Truppe. Eines dieser Kommandos war das Zeichen zur Nachtruhe, das bei der Infanterie mit Spielstücken für Flöte und Trommel gegeben wurde. Zugleich wurde mit einem Schlag auf den Zapfen eines Fasses, dem „Zapfenstreich“, der Ausschank von Getränken beendet.

Hieraus hat sich das heutige Zeremoniell des „Großen Zapfenstreichs“ entwickelt, mit dem ab und zu hoch gestellte Persönlichkeiten mit militärischen Ehren aus ihrem Amt verabschiedet werden. Der Ablauf dieser feierlichen Zeremonie wurde im Wesentlichen im Jahre 1838 festgelegt.

Der eigentliche Zapfenstreich ist eine Folge von Trommel- und Pfeifenstücken, die sich an die Landsknechte wenden, und Reiterstücken mit Trompeten für die Kavallerie. Anschließend folgen auf das Kommando „Helm ab zum Gebet“ ein Gebet und als Abschluss die Nationalhymne.

Einsatz der Querflöte im Sinfonieorchester

Der Pfeifer (nach Edouard Manet)

DER BEHERZTE FLÖTENSPIELER

Eine alte Sage (gekürzt)

Es war einmal ein lustiger Musikant, der die Flöte meisterhaft spielte. Er reiste in der Welt herum, spielte auf seiner Flöte und erwarb sich dadurch seinen Unterhalt. So kam er auch eines Abends auf einen Pächtershof. Er wurde von dem Pächter freundlich aufgenommen und durfte mit ihm speisen.

Als er zum Fenster hinausschaute, sah er in kurzer Entfernung eine alte Burg. „Was ist das für ein altes Schloss?", fragte er den Pächter. Der Pächter erzählte, dass vor vielen Jahren ein ebenso reicher wie geiziger Graf da gewohnt hätte. Nach seinem Tod hätten seine Verwandten aber nicht das geringste Geld gefunden. Der Schatz müsse im Schloss vergraben sein. Aber niemand, der den Schatz im Schloss suchen wollte, sei jemals wieder herausgekommen.

Der Musikant hatte aufmerksam zugehört und hatte großes Verlangen, auch einmal ins Schloss zu gehen, denn er kannte keine Furcht. Er ging ins Schloss, setzte sich an einen alten Tisch, stellte sein Licht darauf und spielte die Flöte.

Als die Wanduhr zwölf Mal schlug, trat plötzlich ein altes Männchen herein und sprach: „Folge mir!" Der Bursche folgte dem Männchen ohne Zögern und kam in ein tiefes Gewölbe. Hier lag ein großer Haufen Geld. Da gebot das Männchen dem Burschen: „Diesen Haufen teile mir in zwei ganz gleiche Teile, aber dass nichts übrig bleibt, sonst bringe ich dich ums Leben!"

Der Musikant lächelte bloß, fing an zu zählen und teilte das Geld in kurzer Zeit, doch zuletzt war noch ein Kreuzer übrig. Er nahm sein Taschenmesser, setzte es mit der Schneide auf den Kreuzer und schlug ihn mit einem Hammer entzwei. Als dies das Männchen sah, wurde es ganz heiter und sprach: „Du himmlischer Mann, du hast mich erlöst! Schon hundert Jahre muss ich meinen Schatz bewachen, bis es einem gelingen würde, das Geld in zwei gleiche Teile zu teilen. Der eine Haufen Geld ist nun dein, den andern aber teile unter die Armen." Darauf verschwand das Männchen.

Der Musikant aber stieg die Treppe hinauf und spielte lustige Stücklein auf seiner Flöte. Dann erzählte er die Geschichte dem Pächter und tat, wie ihm das Männchen befohlen hatte.

Aus dem „Flötenkonzert" (nach Adolph Menzel)

Hirte mit Schalmei (nach Ludwig Richter)

DIE BEKEHRTE

Johann Wolfgang von Goethe

Bei dem Glanz der Abendröte
Ging ich still den Wald entlang.
Damon saß und blies die Flöte,
Dass es von den Felsen klang.

So la la! ral la la!
Ral la la la la la la la!

Und er zog mich zu sich nieder,
Küsste mich so hold, so süß.
Und ich sagte: „Blase wieder!"
Und der gute Junge blies.

So la la! ral la la!
Ral la la!

Meine Ruh' ist nun verloren,
Meine Freude floh davon,
Und ich hör vor meinen Ohren
Immer nur den alten Ton.

So la la, ral la la!
Ral la la la la ral la la la!
La la!

„Wenn ich die Folgen geahnt hätte,
wäre ich Uhrmacher geworden.“

Albert Einstein

DER UHRMACHER

Alte Schwarzwälder Uhrmacherwerkstatt

Schwarzwälder Uhrmacher

ZUR GESCHICHTE

Der Wunsch, einen Tag in messbare Zeitabschnitte zu gliedern, war bereits bei den Händlern im alten Ägypten vorhanden. Sie definierten Tageszeitpunkte anhand der Länge ihrer eigenen Schatten und legten so Zeiten für Verabredungen fest. Aus dieser Methode heraus entstanden dann die Sonnenuhren.

Von richtiger Zeitmessung kann man bei den seit der Antike bekannten Wasseruhren sprechen. Die Römer lösten mit ihnen ein Problem, das auch heute noch aktuell ist: die Begrenzung der Redezeit bei Versammlungen. Die römischen Wasseruhren waren Tongefäße mit einem kleinen Loch im Boden – ähnlich Blumentöpfen. Aus diesen ließ man langsam Wasser rinnen, und am Wasserstand der Restmenge konnte man die verflossene Zeit ablesen. Die Genauigkeit dieser damaligen Uhren war allerdings nicht groß. Von Seneca (4 v. Chr. bis 65 n. Chr.) stammt der Satz:

„Es ist einfacher,
zwei Philosophen als zwei Uhren
in Einklang zu bringen."

Bis ins Mittelalter waren Wasseruhren die vorherrschenden Zeitmesser. In der Stadtchronik von Köln aus dem Jahre 1170 wird das Gewerbe der „Urluge", das sind die Wasseruhrmacher, erwähnt, und in der Chronik von 1220 ist von einer „Urlugingasse", der Gasse der Wasseruhrmacher und Kleinschmiede, die Rede. Eines der letzten Glanzstücke aus der Epoche der Wasseruhren war eine große astronomische Wasseruhr, ein Geschenk des Sultans von Bagdad an Kaiser Friedrich II.

Eine Revolution in der Zeitmessung waren die ersten mechanischen Turmuhren mit einem Zeiger, die 1284 und 1288 (Westminster Hall) in England in Betrieb genommen wurden. Damit begann die Einteilung des Tages in zwei Mal zwölf Stunden. Einen zweiten Zeiger hatten die ersten Uhren noch nicht.

Konzentrierte Arbeit

Schweizer Prunk-Quarzuhr

Nur wenige Jahre später wurde die vielleicht wichtigste Erfindung eingeführt, der Antrieb mit einem schweren Gewicht und die so genannte Hemmung, mit deren Hilfe die Energie des sinkenden Gewichts in kleinen, wohl dosierten Einheiten an das Uhrwerk übergeben werden konnte. Dies war die Voraussetzung für einen gleichmäßigen Lauf des Uhrwerks.

In der Mitte des 15. Jahrhunderts wurden Uhren transportfähig. 1451 baute Jean Liebure in Paris die ersten Reiseuhrwerke, deren Kupfergehäuse vom Glockengießer stammten. Und 1509 erfand Peter Henlein in Nürnberg die Taschenuhr.

Mit zunehmender Genauigkeit der Uhren wurde auch die Anzeige verfeinert. Zunächst, um 1550, zeigte man auf einem gesonderten Zifferblatt die Viertelstunden an. Dann wurde 1573 der Minutenzeiger eingeführt, während der Sekundenzeiger noch rund 200 Jahre auf sich warten ließ.

Die Zeit bis zur Mitte des 19. Jahrhunderts kann man als die Blütezeit der Uhrmacherkunst bezeichnen. Es entstanden sowohl mechanisch als auch künstlerisch wahre Wunderwerke.

Mit der industriellen Massenproduktion, die um 1860 einsetzte, wurde die Uhr zum billigen Gebrauchsgut, und die handwerkliche Herstellung wurde weit gehend zurückgedrängt. Heute befinden sich in vielen Geräten – Computern, Handys, Fernsehapparaten – hochpräzise Zeitanzeigen, die eine klassische Uhr eigentlich überflüssig machen.

Aber gerade durch diese Entwicklung wurde die feine mechanische Uhr wieder entdeckt – als Luxusartikel, den man nicht braucht, um die Zeit abzulesen, sondern weil man die Schönheit dieser Uhren und die handwerkliche Kunst ihrer Hersteller schätzt.

AUTOMATIKUHREN

Das Aufziehen einer Uhr ist – außer vielleicht bei alten Turmuhren – keine anstrengende Tätigkeit, wird aber hin und wieder vergessen. Deshalb haben die Uhrmacher sich schon frühzeitig Gedanken gemacht, wie man das Aufziehen automatisieren könnte.

Die wohl erste „Automatik" wurde 150 v. Chr. in Griechenland erfunden. Dort wurde für eine Wasseruhr der Wassereinlauf automatisiert, sodass das Nachfüllen der Wasseruhr entfallen konnte.

Im Jahre 1680 stellte der deutsche Uhrmacher Becher eine „Barometeruhr" her, die den wechselnden Luftdruck der Atmosphäre nutzte, um sich selbst aufzuziehen.

Ebenfalls die Luft, aber bewegte Luft, nutzte 1770 der Franzose Jean Andre Lepaute, um seine „Atmosphärische Uhr" aufzuziehen. Hierzu genügte schon ein leichter Luftzug. Im selben Jahr entstanden auch die ersten Automatikaufzüge für Taschenuhren. Und 1780 wurde – ebenfalls von einem französischen Uhrmacher – der automatische Rüttelaufzug erfunden, dessen Prinzip in Taschenuhren und später auch in Armbanduhren angewandt wurde.

Deutsches Glockenspiel-uhrwerk, Holz mit Steuerwalze (um 1760)

Flötenuhrwerk mit zwölf Musikstücken (ca. 1825)

Mechanismus eines Präzisionsregulators (1932)

PETER HENLEIN

Eine alte Anekdote

In Nürnberg wohnte ein Schlosser namens Peter Henlein. Der hatte sein Lebtag immer gern über die Zeit hinaus getüftelt und an eigenen Dingen gebastelt.

Einmal hatte er sich eingeschlossen, Tag und Nacht gefeilt, gehämmert und geklopft und kein Mensch wusste, was er da machte. Die Nachbarn ringsherum wunderten sich, waren neugierig und fragten seine Frau, die Schlossermeisterin. Aber auch die wusste nichts.

Man horchte an den Fenstern und an der Tür, aber man wurde nicht klug. Da erzählte man in der ganzen Stadt: „Der Henlein Peter ist verrückt geworden! Er ist ein Narr!“ Und seine Frau weinte sich die Augen rot, weil sie glaubte, was alle sagten.

Aber es dauerte nicht lang, da ging die Tür auf und der Schlosser Peter Henlein kam mit einem kleinen eiförmigen Ding heraus. Das tickte und klopfte, als wäre es lebendig. Auf dem „Ei“ sah man ein kleines Zifferblatt wie bei einer Uhr.

Mit diesem Ding ging der Peter aufs Rathaus, zeigte es den Herren und durfte bald darauf seine neue Erfindung öffentlich ausstellen. Es war das „Nürnbergisch Ei“, eine Uhr, die man bequem in die Tasche stecken konnte.

Sorgfältige Überprüfung der kostbaren Uhr

Die Taschenuhr hatte einen besonderen Prestigewert (Modell um 1860, Silber)

ÜBER DIE ZEIT

Man kann die Uhr anhalten,
aber niemals die Zeit.

Aus Spanien

Die Wanduhr meldet Mitternacht.
Ich höre Hohn in ihrem Schlage.
„Was hast du“, fragt sie, „Mensch, gemacht
mit diesem nun gewichnen Tage?“

Charles Pierre Baudelaire

Denkt ans fünfte Gebot: Schlagt eure Zeit nicht tot!

Erich Kästner

Du schlimme Uhr, du gehst mir viel zu schnell;
und doch – dich schauend, sah ich selber hell.
Unschuldig Räderwerk, was schalt ich dich?
Ich geh zu langsam, ach zu langsam – ich.

Christian Morgenstern

TEURE UHREN

Zu den wohl teuersten Uhren aus neuerer handwerklicher Fertigung gehört die astronomische Taschenuhr „Calibre 89“ von Patek Philippe. Sie wurde 1989 in vier Exemplaren aus jeweils anderem Material hergestellt.

Die Uhren wurden zunächst an einen einzigen Kunden verkauft, der sie aber einzeln weiterveräußerte.

Eine der Uhren – in Weißgold – erzielte schließlich bei einer Versteigerung in Genf die Rekordsumme von rund 3,8 Millionen Euro.

Taschenuhr mit Walzenspielwerk (Schweiz, um 1890)

Faszinierendes Feinwerk und kunstvoller Gehäusemechanismus

Goldenes Wunderwerk aus Paris mit ewigem Kalender, Weltzeit, Sternzeit und Zeitgleichung

PREISWERTE UHREN

Einen anderen Weg beschritt 1980 die Schweizer Uhrenindustrie, als sie die „Swiss Corporation for Microelectronics and Watchmaking“ gründete. Die Firma begann als Antwort auf die billige japanische Konkurrenz Uhren zu bauen, die noch preiswerter waren.

Man reduzierte die Anzahl der Bauteile auf das absolut notwendige Maß, gab den Uhren ein modernes und pfiffiges Aussehen und verkaufte sie unter dem Namen „Swatch“.

Das Geschäft wurde ein unglaublicher Erfolg. Es entstand eine unüberschaubare Anzahl von Modellen, die heute entweder wie Modeschmuck getragen oder auch von Liebhabern nur gesammelt werden.

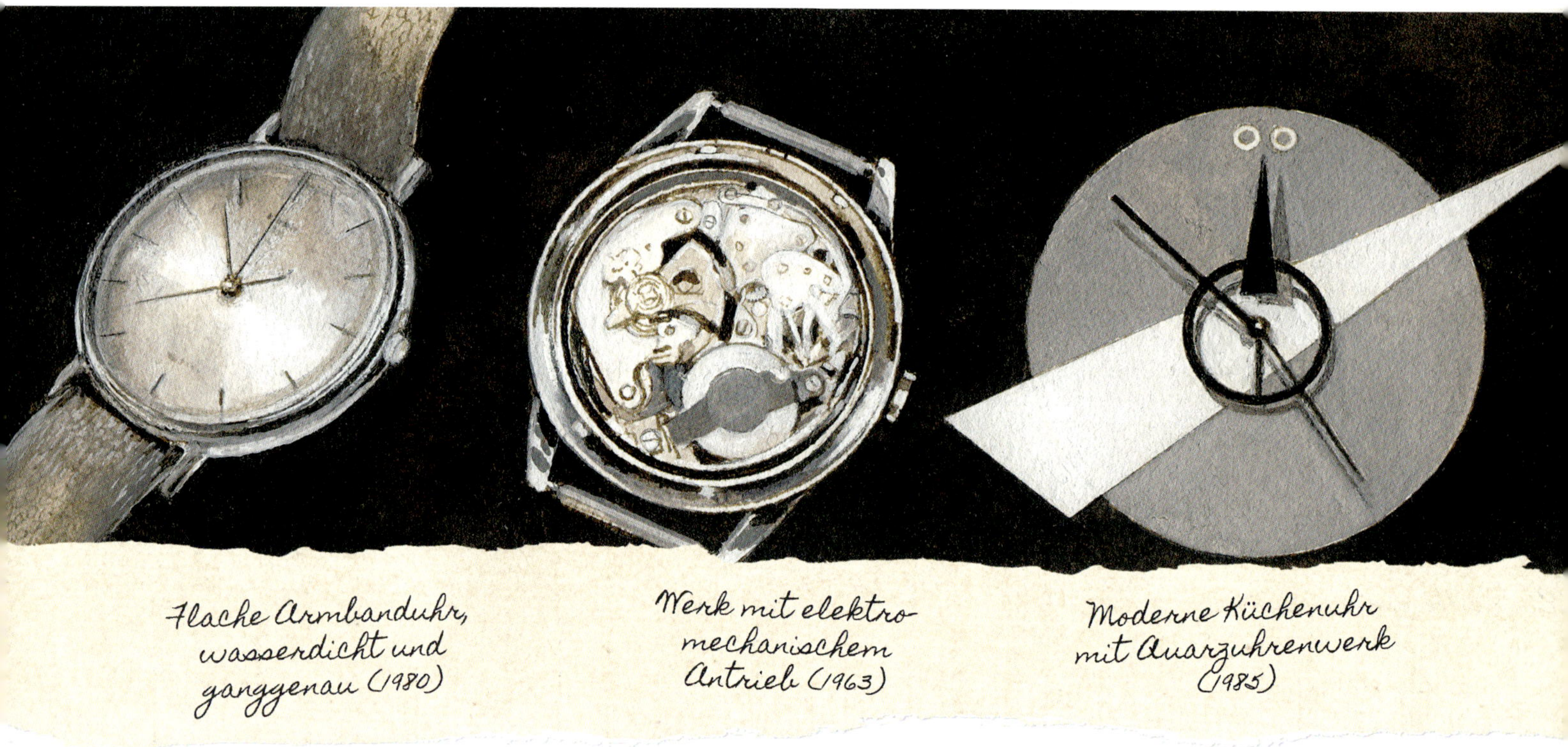

SCHWARZWALDUHREN

Holzwaren, und insbesondere Drechslerarbeiten, haben im Schwarzwald eine sehr lange Tradition. Eine hölzerne Standuhr, die ein Händler aus Böhmen um 1750 mitbrachte, soll den Anstoß für eine eigene Uhrenproduktion im Schwarzwald gegeben haben.

Im Gebiet der Städte Neustadt, Triberg und Villingen entwickelte sich ein Uhrmachergewerbe, das rasch an Bedeutung gewann. Um 1810 wurden im Schwarzwald nahezu 200 000 Uhren hergestellt, und um 1840 waren es schon fast 600 000. Im Jahre 1850 wurde in Furtwangen, Schwarzwald, die erste deutsche Uhrmacherschule gegründet.

Die Produktion der Holzuhren fand überwiegend in bäuerlichen Familienbetrieben, meistens in der Wohnstube, statt. Eine eigene Zunftverfassung hatten die Schwarzwälder Uhrmacher nicht. Sie lehnten sich nur an die Gebräuche anderer Uhrmacherzünfte an. Allerdings durfte sich jeder als „Meister“ bezeichnen, der selbstständig Uhren produzieren konnte. Anfangs stellte auch jeder Betrieb seine Uhren komplett her.

Eine Arbeitsteilung mit der Spezialisierung auf einzelne Arbeitsschritte fand erst später statt, als immer mehr Metall verwendet und die Zifferblätter reichhaltiger und künstlerisch aufwändiger verziert wurden. Und ab etwa 1850 wurden Uhren im Schwarzwald industriell hergestellt.

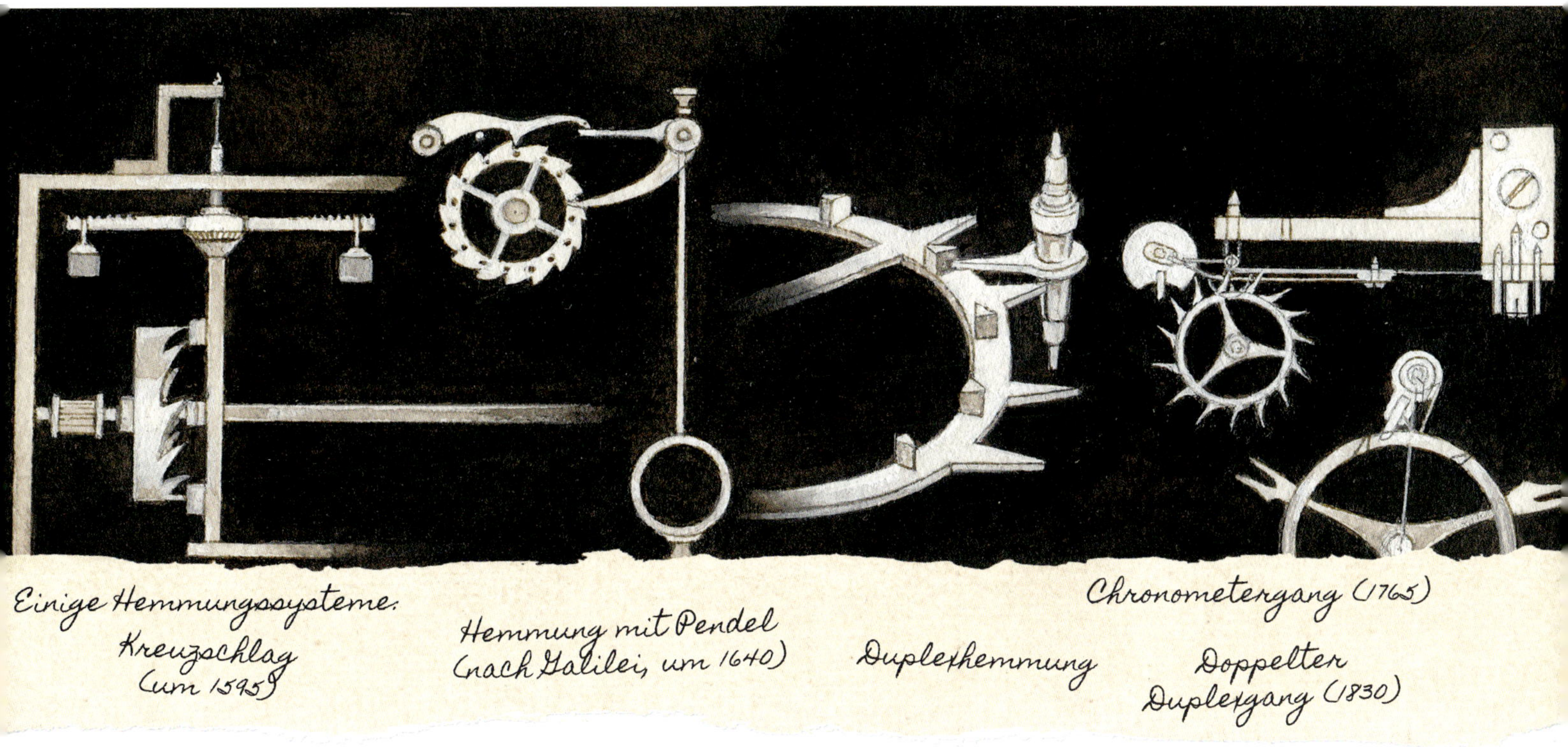

DIE UHR

Johann Karl Gottfried Loew

Ich trage, wo ich gehe,
Stets eine Uhr bei mir.
Wie viel es geschlagen habe,
Genau seh ich an ihr.

Es ist ein großer Meister,
Der künstlich ihr Werk gefügt,
Wenngleich ihr Gang nicht immer
Dem törichten Wunsche genügt.

Ich wollte, sie wäre rascher
Gegangen an manchem Tag.
Ich wollte, sie hätte manchmal
Verzögert den raschen Schlag.

In meinen Leiden und Freuden,
In Sturm und in der Ruh,
Was immer geschah im Leben,
Sie pochte den Takt dazu.

Und ward sie auch einmal träger,
Und drohte zu stocken ihr Lauf,
So zog der Meister immer
Großmütig sie wieder auf.

Doch stände sie einmal stille,
Dann wär's um sie geschehn,
Kein andrer, als der sie fügte,
Bringt die Zerstörte zum Gehn.

Dann müsst ich zum Meister wandern,
Der wohnt am Ende wohl weit,
Wohl draußen, jenseits der Erde,
Wohl dort in der Ewigkeit!

Dann gäb ich sie ihm zurücke
Mit dankbar kindlichem Flehn:
„Sieh, Herr, ich hab nichts verdorben,
Sie blieb von selber stehn."

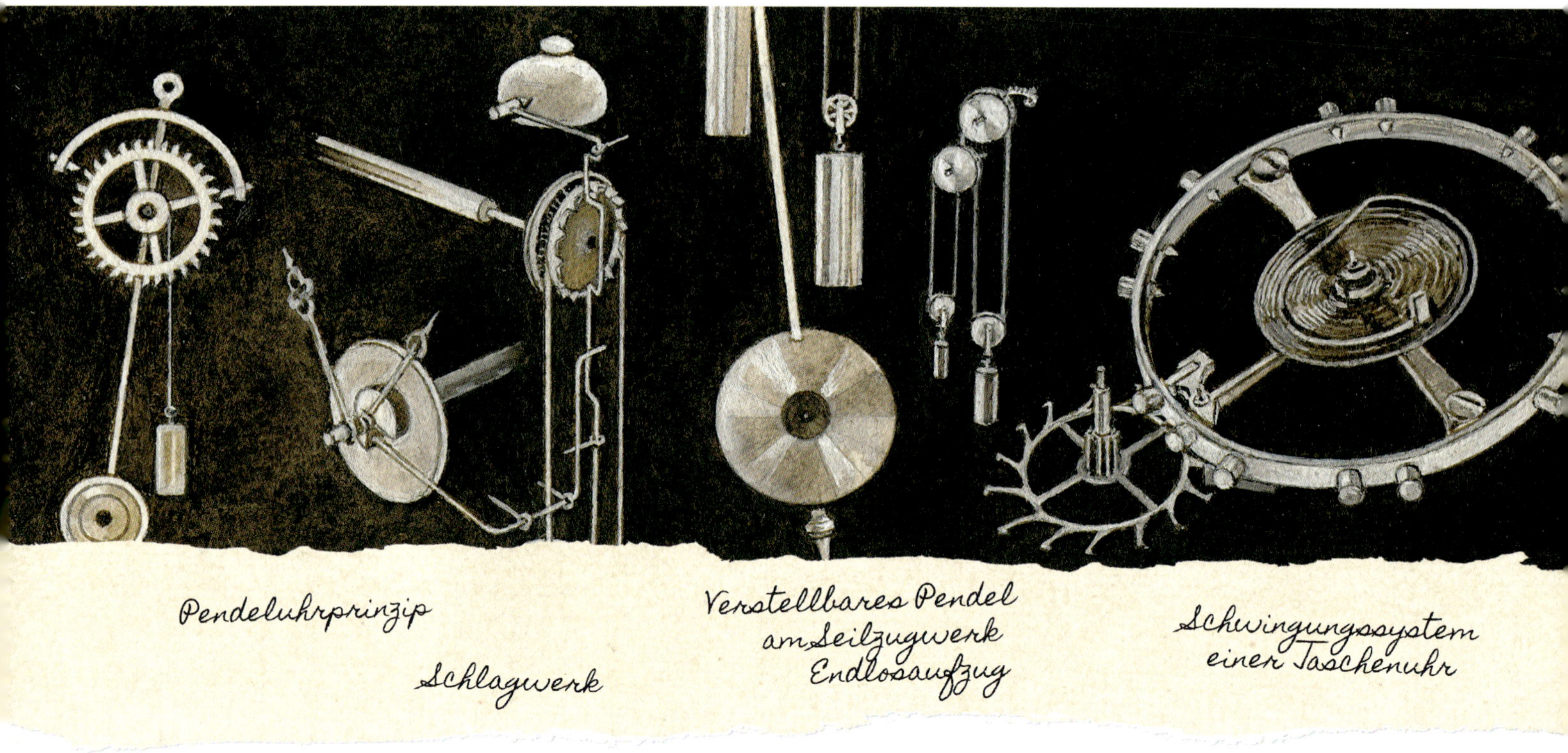

DIE KUCKUCKSUHR

„Die hölzernen Uhren werden hier in sehr großen Mengen gefertigt … und man hat begonnen, sie mit dem Ruf des Kuckucks auszustatten.“ Diese Meldung schrieb 1762 ein päpstlicher Legat an seinen Chef.

Die Kuckucksuhr ist die wohl bekannteste Uhr aus dem Schwarzwald. Die typische Form der Kuckucksuhr, das kleine Häuschen, entstand als Ergebnis eines Wettbewerbs im Jahre 1850. Der Schöpfer, ein Karlsruher Architekturprofessor, nahm dabei die Bahnwärterhäuschen, die er für die Badischen Bahnen entworfen hatte, als Vorbild.

Zur selben Zeit wurde von Franz Ketterer in Schönwald der Mechanismus der Uhr entwickelt, bei der jede Stunde durch einen Kuckuck ausgerufen wird. Die Türen im Giebel des Häuschens öffnen und schließen sich selbstständig, der Kuckuck verbeugt sich und bewegt gleichzeitig Schnabel und Flügel.

Seine Luft zum Rufen bekommt der Kuckuck aus zwei kleinen Blasebälgen, die vom Schlagwerk angehoben und so mit Luft gefüllt werden. Dann fallen die Blasebälge durch ihr Eigengewicht wieder zusammen, und die ausgepresste Luft lässt über zwei Pfeifen den typischen Kuckucksruf erklingen.

Viele der heutigen Kuckucksuhren, die für den Tourismus gebaut werden, bestehen aus Kunststoff und geben elektronisch erzeugte Laute von sich. Echte, handwerklich hergestellte Uhren werden leider immer seltener.

Blasebälge und Gong einer traditionellen Kuckucksuhr

Ziffernblätter und Zeigerformen

DIE UHR

Wilhelm Busch

Fürwahr, ein feines Kunstwerk ist die Uhr!
Der Wilde zwar, nach dummer Väterweise,
Besitzt noch nicht ein solches Zeitgehäuse,
Denn was ihn drückt, ist Mangel an Kultur.

Wir dahingegen, die schon mehr gescheit,
Sind längst beseelt vom Geist der Pünktlichkeit.
Unfehlbar sicher trifft die Exzellenz
Bei Hofe ein zur höchsten Audienz.

Der Herr Beamte, immer tatenfroh,
Erscheint auf die Minute im Büro.
Dem Reiseonkel, selbst in größter Hast,
Passiert es nie, dass er den Zug verpasst.

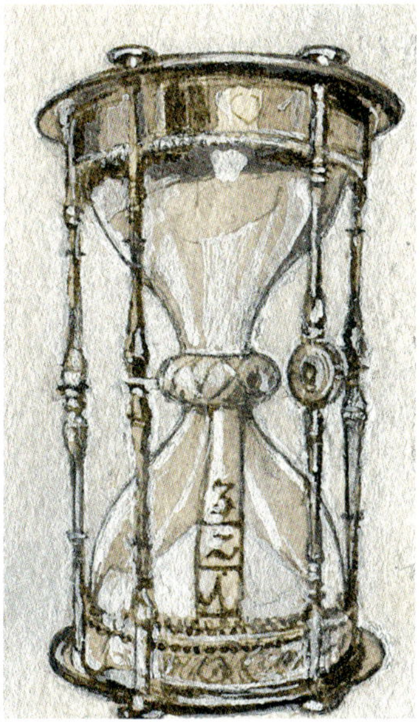

Der Schüler, dem das Lernen ein Genuss,
Weiß ganz genau, wann er zur Stunde muss.
Und der Soldat erst recht ist prompt am Platz
Bei der Parade wie bei seinem Schatz.

Kurzum, präzis benimmt sich fast ein jeder.
Das macht allein die kleine stramme Feder,
Die innerlich das runde Ding bewegt,
Das man zur Zier am warmen Busen trägt.

Genehmigte Lizenzausgabe
Limitierte Auflage 999 Exemplare
EDITION XXL GmbH
Industriestraße 19
64407 Fränkisch-Crumbach 2019
www.edition-xxl.de

Text: Dr. Peter Albrecht
Illustrationen: Horst Wolniak
Umschlaggestaltung: design cat GmbH

ISBN 978-3-89736-337-3